Armin Strohmeyr
Geheimnisvolle Frauen

PIPER

Zu diesem Buch

Maria Mancini Colonna, Mary Shelley oder Bonnie Parker – sie alle mussten für ihre Freiheit, ihre Anerkennung und ihr Glück kämpfen, sie alle trugen dabei ein dunkles Geheimnis. Armin Strohmeyr erzählt von ehrgeizigen Frauen, deren Sehnsüchte allen verborgen blieben, von Intrigantinnen, denen es bis zuletzt gelang, über ihre Absichten hinwegzutäuschen, und von verbotenen Liebschaften, die nie ans Licht der Öffentlichkeit kommen durften. Er berichtet von gefährlichen Doppelleben, von Hochstapelei und Betrug, die oft ein glückliches Ende nahmen, manchmal aber auch zum bitteren Verhängnis wurden. In 12 fesselnden Porträts wird Einblick gewährt in die unbekannten Geheimnisse der Frauen, die wir alle zu kennen glauben, deren wahres Ich aber bisher stets im Dunkeln lag.

Armin Strohmeyr ist promovierter Germanist und Autor viel beachteter Biografien und Porträtsammlungen. Sein Buch »Verkannte Pioniere« wurde von der Zeitschrift DAMALS beim Wettbewerb »Historisches Buch des Jahres« mit dem 3. Platz prämiert und stand auf der Shortlist »Wissenschaftsbuch des Jahres« des Österreichischen Bundesministeriums für Wissenschaft und Forschung. Zuletzt erschienen bei Piper »Abenteuer reisender Frauen« und »Einflussreiche Frauen«.

www.armin-strohmeyr.de

Armin Strohmeyr

Geheimnisvolle Frauen

Rebellinnen, Mätressen, Hochstaplerinnen

12 Porträts

Mehr über unsere Autoren und Bücher:
www.piper.de

Von Armin Strohmeyr liegen im Piper Verlag vor:
Abenteuer reisender Frauen
Einflussreiche Frauen
Geheimnisvolle Frauen

MIX
Papier aus verantwor-
tungsvollen Quellen
FSC® C083411

Originalausgabe
ISBN 978-3-492-30605-8
1. Auflage Januar 2015
4. Auflage Dezember 2017
© Piper Verlag GmbH, München 2015
Umschlaggestaltung: semper smile, München
Umschlagabbildung: Everett Collection/actionpress, IMAGNO/ÖNB
Satz: Kösel Media GmbH, Krugzell
Gesetzt aus der Berling
Druck und Bindung: CPI books GmbH, Leck
Printed in the EU

»Und das Geheimnisvolle hat nun mal das, worauf es ankommt, will sagen den Charme. Schon die beliebte Wendung ›rätselhafte Frau‹ spricht dafür; eine Frau, die nicht rätselhaft ist, ist eigentlich gar keine, womit ich mir persönlich freilich eine Art Todesurteil ausspreche.«

                        Baronin Berchtesgaden, in: Theodor Fontane,
                        Der Stechlin, Kap. 24

für Sigrid

Inhalt

Agrippina die Jüngere (15–59)
Kaisermörderin und Kaisermacherin 11

Christina von Schweden (1626–1689)
»Semiramis des Nordens« 36

Maria Mancini Colonna (1639–1715)
Geliebte des Sonnenkönigs, Fürstin, Nonne 66

Émilie du Châtelet (1706–1749)
Physikerin, Philosophin, Geliebte Voltaires 79

Mary Shelley (1797–1851)
Frankensteins Schöpferin 99

Adele Spitzeder (1832–1895)
»Das Geldmensch« 129

Elisabeth von Österreich (1837–1898)
»Titania« in der »Kerkerburg« 153

Thérèse Humbert (1856–1918)
Hochstaplerin mit leerem Tresor 182

Edith Cavell (1865–1915)
Krankenschwester, Fluchthelferin, Spionin 208

Greta Garbo (1905–1990)
Die »schwedische Sphinx« 232

Bonnie Parker (1910–1934)
Der Mythos von Bonnie und Clyde. 261

Nancy Wake (1912–2011)
Geheimagentin »Weiße Maus« 292

Auswahlbibliografie 316

1 Agrippina die Jüngere (15–59)
Kaisermörderin und Kaisermacherin

Am 13. Oktober des Jahres 54 stirbt der römische Kaiser Claudius. Doch das Testament des Imperators, der wegen seiner Hässlichkeit, seines Sprachfehlers und seiner verwachsenen Statur oft verspottet worden ist, wird unter Verschluss gehalten. Der Kaiserpalast auf dem Palatinhügel wird von den Prätorianern, der kaiserlichen Elitegarde, hermetisch abgeriegelt. Man will vermeiden, dass sich Gerüchte über die Todesursache des Imperators im römischen Volk verbreiten und vielleicht gar zu einer Revolte führen. Hinter diesen Vorsichtsmaßnahmen steht eine Frau, die seit Jahren systematisch ihre Gegner ausschaltet und mit Intrigen und allerlei taktischen Winkelzügen ihre Macht am kaiserlichen Hof ausgebaut hat: Agrippina, genannt die Jüngere (in Abgrenzung zur Älteren Agrippina, ihrer Mutter). Agrippina ist schön, klug, gerissen, von einem eisernen Machtwillen getragen. Geheimnisvolles umgibt sie. Sie ist die vierte Ehefrau von Claudius, und sie ist die Mutter Neros. Ihr Mann Claudius ist an einem Pilzgericht gestorben. Ein tragischer Unfall? Keineswegs. Denn Agrippina hat ihm giftige Pilze zu essen gegeben. Sie hat ihren Mann aus dem Weg geräumt, um endlich ihren geliebten Sohn Nero an die Macht zu bringen – und damit sich selbst. Denn sie glaubt zu jenem Zeitpunkt den Sechzehnjährigen gängeln und lenken zu können. Die Aufregung um Claudius' unerwarteten Tod ist indes rasch verflogen. Plötzliche Sterbefälle sind in den herrschenden Kreisen Roms nicht selten, und kaum jemals wird eine Untersuchung angeordnet. Erst spätere römische Historiker haben den

Fall aufgegriffen und die wahren Hintergründe der Nachwelt übermittelt. So schreibt Tacitus (um 58–um 120) in seinen *Annalen* (115/117) – freilich mit dem historischen Abstand von sechzig Jahren:

»Unter solcher Last von Sorgen wurde Claudius von einer Krankheit überfallen und ging, um seinen Kräften durch die Milde des Himmels und die Heilsamkeit der Bäder wieder aufzuhelfen, nach Sinuessa. Jetzt ratschlagte Agrippina, die längst zu dem Frevel entschlossen war und die Gelegenheit dazu eilig nutzte, da es ihr auch an Helfern nicht fehlte, nur noch über die Art des Giftes. Ein rasches und plötzlich tötendes Mittel würde die Tat verraten können […]. Daher entschloss sie sich zu etwas ganz Besonderem, was den Verstand verwirrte und den Tod verzögerte. Ausgewählt wurde eine Meisterin in solchen Dingen namens Locusta, die unlängst erst wegen Giftmischerei verurteilt worden war, aber lange als ein Werkzeug der Regierung diente. Durch den Erfindungsgeist dieses Weibes wurde ein Gift bereitet, welches einer der Verschnittenen, Halotus, der die Speisen aufzutragen und zuerst zu kosten pflegte, ihm darreichen musste.

Es wurde auch bald alles so weltbekannt, dass die Geschichtsschreiber jener Zeit erzählen, Pilzen, seiner Lieblingsspeise, habe man das Gift beigemischt. Die Wirksamkeit der Mischung sei nicht gleich bemerkt worden, sei es wegen der Sorglosigkeit oder wegen der Trunkenheit des Claudius. Dazu schien ihm Erbrechen geholfen zu haben. Daher bestürzt, und weil ja das Äußerste zu fürchten war, wendete sich Agrippina, die für den Augenblick daraus entstehende Gehässigkeit nicht achtend, an den im Voraus schon mit ins Vertrauen gezogenen Arzt Xenophon. Dieser, glaubt man, stieß ihm, als wollte er die Anstrengung des sich erbrechenden Kaisers unterstützen, eine mit augenblicklich wirkendem Gifte bestrichene Feder in den Hals, wohl wissend, dass die größten Verbrechen zwar mit Gefahr begonnen, aber mit Belohnung vollendet werden.«

Die Satiriker haben für den fähigen und weitgehend gerecht regierenden Kaiser angesichts seiner körperlichen Gebrechen und Missbildungen posthum nur Spott übrig. So höhnt Juvenal (um 60–nach 127) in seiner 6. *Satire:* »Da war unschädlicher Agrippinas/Schwämmegericht; denn einem allein nur drückt' es das Herz ab,/der schon alt, und befahl, in den Himmel – herniederzusteigen/einem stets zittrigen Haupt und den Schleimfäden sabbernden Lippen [...].«

Noch kann Agrippina allerdings nicht aufatmen, denn Britannicus, Claudius' Sohn aus der Ehe mit Messalina, könnte von den Prätorianern zum Kaiser ausgerufen werden. Deshalb lässt sie den Kaiserpalast abriegeln und verhindert, dass die Nachricht vom Tod des Kaisers nach außen dringt und spontane Sympathiebekundungen für Britannicus die Lage verkomplizieren. Doch die Prätorianer akklamieren Nero zum Kaiser. Damit ist seine Mutter Agrippina die erste Frau im Staat. Bereits wenige Tage später werden Goldmünzen geprägt (diese haben in der Antike nicht nur die Funktion eines Zahlungsmittels, sondern verbreiten gleichzeitig – ähnlich dem heutigen Fernsehen und Internet – Bildnisse von Herrschern binnen kurzer Zeit im ganzen römischen Weltreich). Die neuen Münzen zeigen auf der Vorderseite die einander zugewandten Porträts Agrippinas und Neros. Eine Frau, die gleichwertig neben dem Herrscher dargestellt wird: ein Novum in der Geschichte der römischen Numismatik. Die Umschrift nennt die Kaisermutter an erster Stelle, und zwar mit ihrem soeben vom Sohn verliehenen Ehrentitel »Augusta«, was wörtlich übersetzt »die Erhabene« bedeutet, sie aber in Anlehnung an den ersten Kaiser Roms Octavianus Augustus in den Rang einer Kaiserin erhebt: »Agrippina Augusta, Gemahlin des vergöttlichten Claudius, Mutter des Nero Caesar«. Agrippina steht im Zenit ihrer Macht. Sie ist in ihrer Position unangreifbar – so jedenfalls scheint es. Doch ihr Sturz wird sich bald vollziehen, und er wird umso tiefer sein, als sie höher als alle Frauen Roms gestiegen war.

Tochter eines Helden

Agrippina wird um das Jahr 15 in einem römischen Lager geboren, das später – und bis heute – mit ihrem Namen verbunden wird: im Oppidum Ubiorum, dem heutigen Köln. Damals ist das Lager einer der äußersten Vorposten des Römischen Reichs, an der Grenze zum Gebiet der barbarischen Germanen. Wer hier lebt, tut dies kaum freiwillig, sondern weil er dorthin dienstverpflichtet wurde und sich daraus einen Vorteil für seine Karriere erhofft. So geht es auch dem römischen Heerführer Germanicus (15 v. Chr. – 19 n. Chr.), Sohn des Drusus und der Antonia, ein Großneffe von Kaiser Augustus. Germanicus ist mit Agrippina (der Älteren) verheiratet, einer Enkelin des Augustus. Er gilt den Zeitgenossen als ein aufrechter, tapferer, tugendvoller Mann, der im Jahre 17 bei den Olympischen Spielen sogar Sieger in der Disziplin des Tethrippon, des Wagenrennens, wird. Von Octavianus Augustus wird Germanicus als Nachfolger des Tiberius in der Würde des Princeps, des regierenden Fürsten Roms, vorgesehen (erst später kommt der Begriff Caesar, Kaiser, auf). Nach der vernichtenden Niederlage der Römer unter Varus gegen die Germanen im Jahre 9 im Teutoburger Wald müssen sich die Römer, die kurzzeitig das germanische Gebiet zwischen Rhein und Elbe besetzt hielten, hinter den Rhein zurückziehen. Damit ist das Oppidum Ubiorum wieder Grenzlager, und von hier aus versucht Germanicus in den Jahren 14 bis 16, die Gebiete jenseits des Rheins erneut zu besetzen oder den Germanen zumindest Niederlagen zuzufügen – mit wechselndem Erfolg. Zwar kann er mit seinen Truppen – acht Legionen, ein Drittel der damaligen römischen Streitkräfte – ins Emsland und bis zur Weser vorstoßen, doch in den schier unendlichen, dichten Wäldern und tiefen Sümpfen bleibt der Feind oft unsichtbar und ungreifbar. Dennoch gelten die siegreichen Scharmützel nach dem Trauma der verlorenen Varusschlacht als große Erfolge. So wird Germanicus im Jahre 16 aus Germanien abberufen, in Rom mit einem Triumphzug geehrt und von Kaiser Tiberius, seinem Adoptivvater, ein Jahr später in den Osten des Reiches beordert. In Syrien kommt Germanicus im Oktober 19 unter ungeklärten Umständen ums Leben – wahrscheinlich wurde er vom dortigen Provinzstatthalter, der mit Germanicus in Streit lag, vergiftet.

Germanicus blieb eine Legende, vom Volk als Held verehrt und betrauert. Der Umstand, dass er der Adoptivsohn des Kaisers Tiberius war und seine Frau Agrippina die leibliche Enkelin des Octavianus Augustus, führte dazu, dass man deren Kinder – neun an der Zahl – als Kern einer Dynastie ansah, die sich nach und nach herausbildete. Zu diesen Kindern zählen Gaius (geboren im Jahre 12, erst nach seinem Tod nennt man ihn abschätzig »Caligula«, »Stiefelchen«) und die drei Mädchen Agrippina, Drusilla (16–38) und Livilla (18–42). Über die Kindheit Agrippinas und ihrer beiden Schwestern ist nur wenig bekannt. Da ihre Mutter Agrippina die Ältere zusammen mit dem Sohn Caligula ihren Mann Germanicus nach Syrien begleitet, werden die drei Mädchen wohl im Haus der Urgroßmutter Livia erzogen. Als Agrippina vier Jahre alt ist, verliert sie den Vater. Die Mutter Agrippina und der Bruder Caligula kehren zu Beginn des Jahres 20 nach Rom zurück, die Urne mit der Asche des Germanicus im Gepäck, die im Mausoleum des Augustus feierlich beigesetzt wird. In den folgenden Jahren kommt es zwischen Agrippina der Älteren und Kaiser Tiberius zu Spannungen, da sie für einen ihrer Söhne die Nachfolge als römischer Kaiser einfordert. Tiberius, der selbst keine Kinder hat, verbannt die lästige Witwe des Germanicus, die er wohl mehr fürchtet als verachtet, auf die Insel Pandataria (das heutige Ventotene im Tyrrhenischen Meer), ihre Söhne Nero (nicht zu verwechseln mit dem späteren Kaiser Nero) und Drusus werden ins Gefängnis geworfen. Man unterstellt ihnen eine versuchte Verschwörung – ein Vorwurf, den der um seine Macht bangende Seianus, der Prätorianerpräfekt, beim Kaiser erhoben hat. Beide Söhne der Agrippina lässt man in der Haft verhungern. Im Oktober 33 verhungert auch Agrippina die Ältere auf Pandataria, ob erzwungenermaßen oder aufgrund freiwilliger Nahrungsverweigerung, ist ungeklärt. Agrippina die Jüngere entgeht dem kaiserlichen Zorn nur dadurch, dass sie im Jahre 28, gerade einmal dreizehn, einen um sechzehn Jahre älteren, reichen Senator namens Gnaeus Domitius Ahenobarbus heiratet, der zudem mit der augusteischen Familie verwandt und deshalb für Tiberius unangreifbar ist.

Agrippina die Jüngere kann aus dem schützenden Abseits ihrer Ehe heraus die Machtkämpfe und Intrigen am kaiserlichen Hof beobachten. Tiberius, ein zunehmend verbitterter, einsamer und menschenscheuer Mann, zieht sich in seinen letzten Lebensjahren auf die Insel Capri zurück. Er stirbt im März 37 in Misenum am Golf von Neapel im Alter von siebenundsiebzig Jahren eines natürlichen Todes – ein recht seltenes Schicksal unter den römischen Herrschern. Freilich wird auch beim natürlichen Tod noch etwas nachgeholfen: Als Tiberius (scheinbar) tot ist, sendet man Boten nach Rom, und Gaius Caligula zeigt sich bereits dem Volk als neuer Caesar. Doch im fernen Misenum zeigen sich bei dem totgesagten Tiberius plötzlich wieder schwache Lebenszeichen. Der Historiker Tacitus berichtet: »Da verbreitete sich Schrecken über alle, die Übrigen zerstreuten sich nach allen Richtungen, jeder stellte sich niedergeschlagen oder unwissend. […] Macro [der Prätorianerpräfekt], voll Unerschrockenheit, befahl, den Greis durch eine Menge auf ihn geworfener Gewänder zu ersticken und sein Zimmer zu verlassen. So endete Tiberius im achtundsiebzigsten Jahre seines Lebens.«

Inzest und Verbannung

Nun schlägt die Stunde der Familie des Germanicus: Caligula, der überlebende Sohn des Germanicus, wird von den Prätorianern an die Macht gebracht. Es beginnt eine vierjährige Schreckensherrschaft, die bereits die damaligen Historiker – etwa Tacitus und Sueton – gleichermaßen fasziniert und abgestoßen hat und die bis in die jüngste Zeit hinein nichts von ihrer erzählenswerten Drastik eingebüßt hat. Vor allem der 1979 nur zensiert in die Kinos gekommene Film *Caligula* des Regisseurs Tinto Brass, nach dem Drehbuch von Gore Vidal, mit Malcom McDowell in der Hauptrolle des blutrünstigen und sexbesessenen Kaisers, hat das Publikum gleichermaßen schockiert und angezogen.

Auch Caligulas drei Schwestern werden Opfer des psychopathischen Bruders: Zunächst ehrt er sie, was sich bis in die letzten Winkel des Weltreichs in einer neu geprägten Messingmünze (Sesterze) niederschlägt, die die drei Schwestern Agrippina, Drusilla und Livilla auf der Rückseite porträtiert und namentlich nennt, wobei die drei als Gottheiten auftreten: als Securitas, Concordia und Fortuna (Sicherheit, Eintracht und Glück). Auf der Vorderseite ist der junge Kaiser dargestellt. Bruder und Schwestern sind einander nicht nur auf der Münze nahe: Caligula nämlich hat in jenen Jahren sexuelle Beziehungen zu allen dreien, so zumindest kolportieren es die Zeitgenossen. Bereits als Knabe soll er Drusilla entjungfert haben. Immerhin verleiht Caligula Drusillas Ehemann Lepidus einige Privilegien und setzt im Jahre 37 die Schwester in seinem Testament als Erbin seines Vermögens und seiner Herrschaft ein – ein unerhörter Wille, denn in der römischen Vorstellungswelt ist es undenkbar, dass eine Frau Regentin sein kann. Doch Drusilla stirbt im Jahr darauf, im Juni 38, und der Kaiser zeigt seine Trauer, indem er ein pompöses Begräbnis ausrichtet und das gesamte öffentliche Leben für einen Tag zum Stillstand bringt. An den Begräbnisfeierlichkeiten nehmen Ritter und Bürger Roms teil, ebenso die Prätorianergarde, und wer seine Trauer nach Meinung Caligulas nicht angemessen zeigt, den lässt er hinrichten. Etliche Menschen, berichtet der Historiker Cassius Dio in seiner *Römischen Geschichte*, haben so am Begräbnistag Drusillas, die Caligula zudem zur Staatsgöttin mit eigenem Tempel und eigenem Priesterkollegium erheben lässt, ihr Leben verloren.

Caligula liebt nicht nur seine Schwestern, er hat auch Umgang mit anderen Frauen und Männern gleichermaßen (er lässt sich Wagenlenker und Tänzer in den Palast und in sein Bett kommen). Sueton berichtet: »Ja, er verkuppelte sie [seine

Schwestern] sogar öfters an seine Lustknaben.« Im Jahre 38 heiratet der Kaiser eine gewisse Lollia Paulina, die er nach wenigen Monaten, ihrer überdrüssig geworden, vom Hofe jagt. Im Jahre 39 ehelicht er Milonia Caesonia, die ihm eine Tochter gebiert, die Caligula Iulia Drusilla nennt – nach seiner über alles geliebten Schwester. Immerhin hält diese Ehe bis zu Caligulas Tod, was den Kaiser freilich nicht von anderweitigen amourösen und sexuellen Abenteuern und Ausschweifungen abhält. Der Historiker Sueton mag in Details übertrieben haben, gibt aber sicherlich die öffentliche Meinung wieder, die über Caligula herrschte. In seinem Standardwerk *Das Leben der Cäsaren* schreibt er: »Schamgefühl besaß er [Caligula] nicht, noch achtete er das der andern. [...] Valerius Catullus, ein junger Mann aus konsularischer Familie, beklagte sich laut darüber, von Caligula geschändet und durch diesen Verkehr vollständig geschwächt zu sein. – Ganz abgesehen von der Unzucht mit seinen Schwestern und seiner allbekannten Leidenschaft zu der Prostituierten Pyrallis, verschonte er auch sonst kaum eine unter den vornehmen Damen. Oft lud er sie mit ihrem Gatten zum Essen, und wenn sie an ihm vorbeigingen, betrachtete er sie lange aufmerksam, wie das die Händler tun, und hob ihnen auch das Gesicht mit der Hand in die Höhe, wenn sie es aus Scham gesenkt hielten; wann immer es ihm dann beliebte, rief er diejenige, die ihm am besten gefiel, zur Seite und verließ mit ihr das Speisezimmer. Kurz darauf kam er wieder zurück, noch deutliche Spuren der Ausschweifungen zeigend, und lobte oder tadelte sie vor allen Leuten, indem er einzeln die Vorzüge oder Mängel ihres Körpers und ihres Benehmens beim Verkehr aufzählte.«

Seine Schwestern Agrippina und Livilla, die er kurz zuvor noch ins Bett gezwungen hat, schickt der Kaiser im Jahre 39 auf die Verbannungsinsel Pandataria. Man hat eine Verschwörung der beiden Schwestern gemeinsam mit Lepidus, dem Witwer der verstorbenen Drusilla, aufgedeckt. Lepidus habe, so kolportiert man, mit Agrippina nicht nur bildlich unter einer Decke gesteckt, sondern auch wortwörtlich. Caligula befiehlt, Lepidus und andere Verschwörer hinzurichten und lässt – eine besonders zynische Strafe – Agrippina die Asche ihres Geliebten in einer Urne nach Rom bringen, bevor er sie in die Verbannung schickt. Ihren Sohn Nero aus ihrer Ehe mit Gnaeus Domitius Ahenobarbus lässt Caligula zu Neros Tante Domitia Lepida bringen. Die kümmert sich um den Knaben, was ihr Agrippina später nicht dankt: Im Jahre 54 lässt sie die Schwägerin töten.

Immerhin lässt Caligula seine Schwestern auf Pandateria nicht verhungern, doch droht er ihnen – so berichtet Sueton – mit eindeutigen Worten, »dass er nicht nur Inseln besitze, sondern auch Schwerter«. Was der Grund für Agrippinas Verschwörung gegen den Bruder gewesen sein könnte, lässt sich nur vermuten. Wahrscheinlich plant sie bereits damals, ihren Sohn Nero an die Macht zu bringen. Und da Caligulas Frau Milonia Caesonia schwanger geht, fürchtet Agrippina die Geburt eines Knaben (Milonia gebiert dann aber ein Mädchen), der einmal als Caligulas Stammhalter von den Prätorianern zum Kaiser ausgerufen werden würde.

Caligula ist beim Volk verhasst. Er lässt Sklaven und Adlige gleichermaßen und meist grundlos foltern und hinrichten. Er verschleudert den Staatsschatz, unternimmt in Germanien einen kleinen Feldzug, der keinerlei Erfolge trägt, und lässt sich daraufhin als großer Sieger feiern. Er demütigt die vornehmsten Familien Roms, entmachtet den Senat, ruiniert die Wirtschaft, verhöhnt Anstand, Moral und Religion. Ausgerechnet die Prätorianer, die sonst als Elitetruppe des Herrschers diesem treu ergeben sind, bereiten dem Diktator am 24. Januar 41 beim Verlassen des Theaters ein blutiges Ende. Geradezu mit Genugtuung berichtet Sueton: »Sabinus habe, nachdem die Menge durch mitverschworene Offiziere entfernt worden sei, dienstlich um Bekanntgabe der Losung gebeten. Als Gaius (Caligula) ›Iuppiter‹ sagte, habe Chaerea ausgerufen: ›So sei's denn erfüllt!‹ und dem Kaiser, der sich nach ihm umwandte, das Kinn gespalten. Während dieser schmerzverkrümmt am Boden lag und rief, er lebe noch, wurde er von den übrigen Verschworenen durch dreißig Hiebe erledigt. Ihre Parole war nämlich ›Noch einmal!‹ gewesen. Einige stießen ihm sogar das Schwert durch die Schamteile.«Agrippina auf der fernen Insel Pandateria kann noch keineswegs aufatmen, als sie vom Tod ihres Bruders hört. Wer wird nun Herrscher? Und wird man sich auch an ihr, als Caligulas Schwester, rächen? Ihr Sohn Nero ist erst drei Jahre alt, kommt also noch nicht für die Herrschaft infrage. Doch sie hat Glück: Der Senat ernennt – auf Druck der Prätorianer – Claudius, den Bruder des Germanicus, zum Princeps. Angeblich versteckt sich Claudius bei der Nachricht von Caligulas Ermordung hinter einem Vorhang, so berichtet es Sueton: »Ein zufällig herumrennender Soldat sah seine Füße, wollte wissen, wer das sei, erkannte ihn, zog ihn aus seinem Versteck, und als sich Claudius voll Furcht vor ihm auf die Knie warf, begrüßte er ihn als Kaiser.« Claudius fügt sich in sein Schicksal, Kaiser zu sein, ein Amt, das er nicht angestrebt hat. Der kluge, gemäßigte Mann lässt Agrippina und Livilla nach Rom bringen. Er ahnt nicht, dass er sich seine Mörderin ins Haus holt.

Messalina, Kaiserin und Hure

Agrippinas Verhalten ist in den nächsten dreizehn Jahren ausschließlich darauf gerichtet, ihre eigene Position bei Hofe zu stärken und den Weg für ihren Sohn Nero zu ebnen. Noch ist Nero der einzige männliche Stammhalter der kaiserlichen Familie. Doch im Jahre 41 gebiert Messalina, die dritte Frau von Kaiser Claudius, einen Sohn, Britannicus. Agrippina verfolgt das Aufwachsen des Knaben argwöhnisch. Und sie beobachtet Messalina mit Furcht und Hass: Die damals Achtundzwanzigjährige gilt als große Schönheit – nicht von ungefähr ist ihr der alternde, stotternde, hinkende und sabbernde Claudius so verfallen – und als eine gerissene Intrigantin und schamlose Hure. Da Claudius sich irgendwann auch für Iulia Livilla, Agrippinas Schwester, interessiert, räumt Messalina die Nebenbuhlerin kurzerhand aus dem Weg: Sie bezichtigt Livilla des Ehebruchs (ihr Liebhaber soll der Senator, Philosoph und Schriftsteller Seneca gewesen sein). Die Angelegenheit kommt vor den Senat. Claudius verbannt Livilla erneut nach Pandateria, kurz darauf wird sie auf Geheiß Messalinas umgebracht. Seneca wird zum Tode verurteilt, aber von Claudius begnadigt und nach Spanien verbannt. Später wird man den Philosophen nach Rom zurückholen und ihn mit dem ehrenvollen Amt des Erziehers Neros bekleiden.

Messalina ist das, was man heute eine Nymphomanin nennt: Mehr oder weniger offen hält sie sich bei Hof diverse Gespielen. Da ihr das nicht ausreicht, schleicht sie sich nachts in Begleitung einer Dienerin in die übelsten Spelunken und Bordelle, wo sie sich den Soldaten, Matrosen und Arbeitern anbietet und sich reihenweise benutzen lässt. Natürlich kommen auch Claudius diese Gerüchte zu Ohren, aber er mimt den Naiven, vielleicht, weil es ihm egal ist, vielleicht, weil sein Amt ihm schon genügend Sorge bereitet, vielleicht auch, weil er sich so nicht gebunden fühlt und seinen eigenen amourösen Abenteuern frönen kann. Die Zeitgenossen und auch spätere römische Historiker und Satiriker haben Messalina zum Paradebeispiel eines Schandweibs stilisiert. Juvenal etwa schreibt in seiner 6. *Satire*:

»Was Claudius tragen/musste, vernimm! Sobald seine Frau ihren Gatten sah schlafen,/wagte sie statt palatinischen Lagers die Matte zu wählen/und griff sich dreist, die Kaiserin-Hure, des Nachts die Kapuze,/eilte hinweg, zum Geleit ein einziges Mädchen sich nehmend/und mit der blonden Perücke die schwärzlichen Locken bedeckend,/trat sie hinein in das schwüle Bordell, das mit Lumpen verhängt war,/und in die frei ihr gehaltene Zelle und bot sich dann nackend/feil mit vergoldeten Brüsten, ›Lycisca‹ als Deckname wählend,/stellte den Leib zur Schau, der, edler Britannicus, dich trug;/zärtlich empfing sie die Gäste und forderte klingende Münze,/und auf dem Rücken dann liegend, verschlang sie die Stöße von vielen./Drauf, wenn endlich der Wirt nach Hause entlassen die Mädchen,/schlich sie sich trauernd davon, und, wenn irgend sie konnte, als letzte/ schloss sie die Zelle, noch heiß von der Brunst ihrer lüsternen Scheide,/und zog, erschöpft von Männern, doch nimmer befriedigt, nach Hause:/Hässlich die Wangen geschwärzt und entstellt vom Blaken der Lampe,/trug sie den Mief des Bordells mit sich hin zum Lager des Kaisers.«

Messalina treibt es nicht nur in den Bordellen wild. Auch im Kaiserpalast gibt sie sich immer ungebärdiger, will rücksichtslos ihren Launen folgen und ihre Macht ausweiten. Im Jahre 48 ehelicht sie einen jungen Mann, den Senator Gaius Silius, der sogar zum Konsul designiert ist und damals als der schönste Mann Roms gilt. Damit ist Messalina doppelt verheiratet, verheimlicht dies aber vor Claudius. Dennoch sind in ihrem Umkreis einige Sklaven und Freigelassene von dieser Bigamie unterrichtet. Ob Claudius tatsächlich nichts davon weiß oder den Naiven mimt – aus der Erfahrung, dass dies in seiner Familie lebensverlängernd wirkt –, sei dahingestellt. Vor allem will Messalina die zukünftige Macht für ihren Sohn Britannicus sichern (ob Claudius dessen Vater ist, oder einer der vielen Freier aus dem Bordell, darüber gehen schon damals die Meinungen auseinander). Gefährlich erscheint Messalina Claudius' Schwiegersohn Gnaeus Pompeius Magnus zu sein, der im selben Jahr 41 Claudius' Tochter aus einer früheren Ehe, Claudia Antonia, heiratet. Als Mann ist er eine Gefahr für die Thronfolge, wie sie Messalina vorschwebt. Auf Veranlassung Messalinas wird Gnaeus Pompeius im Jahre 47 exekutiert. Über die genauen Hintergründe weiß man nichts, doch scheint die Hinrichtung mit Claudius' Einverständnis erfolgt zu sein. Angeblich hat man Gnaeus Pompeius Magnus im Bett mit einem jungen Mann erwischt. Ob das allein ausreichend für die Todesstrafe war, darf bezweifelt werden. Homosexualität galt im alten Rom zwar offiziell als nicht vereinbar mit den römischen Tugenden, wurde aber strafrechtlich nicht verfolgt. Vermutlich hat Messalina eine Verschwörungstheorie zusammengezimmert – das wirkte auf einen Herrscher zuverlässig, um einen möglichen Rivalen, und sei es ein enger Verwandter, töten zu lassen.

Agrippina sieht all diesem Treiben zu – und wartet auf ihre Gelegenheit, den Sohn Nero auf den Thron zu hieven. Zwei Männer muss sie dazu ausschalten: ihren Onkel Claudius und ihren Cousin Britannicus, damals noch ein Knabe. Um sich selbst zu schützen (denn eine Ehe bedeutet damals Schutz), heiratet sie kurz nach ihrer Rückkehr von Pandateria (ihr erster Mann ist verstorben) Gaius Sallustius Crispus Passienus. Seiner überdrüssig geworden, vergiftet sie ihren Mann im Jahre 47 – so zumindest behauptet es Sueton: »Er kam um durch eine Tücke Agrippinas, die er als Erbin eingesetzt hatte, und wurde in einem Staatsbegräbnis beigesetzt.«

An der Wende vom Jahr 47 auf das Jahr 48 kommt es zum Eklat, und den Konkurrentinnen Messalina und Agrippina (die seit Kurzem wieder Witwe ist) wird bewusst, dass sie handeln müssen, um ihren jeweiligen Favoriten auf den Kaiserthron – Britannicus oder Nero – durchzusetzen: Beim Säkularfest anlässlich der achthundertjährigen Gründung Roms treten auch der gerade einmal siebenjährige Britannicus und der elfjährige Nero als Akteure auf. Das Publikum begrüßt die beiden Knaben aus kaiserlicher Familie – allerdings, so zumindest Agrippinas Eindruck, Nero weniger stark als Britannicus. Vielleicht, so mutmaßt der Historiker Tacitus, drückt sich darin noch immer die Begeisterung des Volkes für Germanicus aus, denn Britannicus' Vater, der amtierende Kaiser Claudius, ist ein Bruder des Germanicus. Wie dem auch sei: Agrippina fasst spätestens nach diesem Schlüsselerlebnis auf dem Säkularfest den Entschluss, ihren Weg und den Neros mit Gewalt freizuräumen.

Ob sie Claudius einen Hinweis auf Messalinas Bigamie gibt, ist nicht bekannt. Doch irgendwer muss es dem Kaiser gesteckt haben. Der nämlich übergibt im Herbst 48 einem Freigelassenen namens Narcissus, der Claudius' Vertrauen besitzt, für nur einen einzigen Tag die Befehlsgewalt über die Prätorianer. Streng genommen ist das ein Skandal, denn ein Freigelassener darf nicht einmal als gewöhnlicher Soldat in einer Legion dienen. Nun aber befehligt Narcissus die Elitegarde des Kaisers. Und wie viele Freigelassene ist auch er ein intelligenter, tatkräftiger Mann. Narcissus weiß von Messalinas Bigamie, und auch davon, dass Silius den Britannicus heimlich adoptiert hat (obwohl dessen leiblicher Vater Claudius noch lebt). Wie anders kann man das deuten als den Versuch Messalinas, sich des Gatten zu entledigen? Einem Komplott kommt der Befehlshaber schnell zuvor – denn er hat ja nur einen einzigen Tag, um Fakten zu schaffen. Claudius hat sich ins Prätorianerlager zurückgezogen, um vor etwaigen Anschlägen der Parteigänger von Messalina und Silius geschützt zu sein. Narcissus lässt Silius festnehmen und ins Prätorianerlager bringen. Der bekennt seine Schuld und verlangt selbst die Todesstrafe, die sofort vollzogen wird.

Messalina hingegen kämpft um ihr Leben – mit den Waffen einer Frau. Erst vor Kurzem hat sie sich widerrechtlich die Lukullischen Gärten auf dem Hügel des Pincio angeeignet, den einstigen Besitzer hat sie unter falschen Anschuldigungen ans Messer geliefert. In diesen Gärten hält sie sich versteckt und hofft, Claudius werde persönlich kommen und dem Locus amoenus, dem lieblichen Ort, und auch der immer noch berückenden Schönheit seiner Frau verfallen und so gnädig gestimmt sein. Claudius scheint zu wanken, denn er ordnet am Abend jenes denkwürdigen Tages an, Messalina solle am anderen Morgen erscheinen, um sich zu verteidigen. Narcissus aber handelt. Nach römischem Verständnis endet der Tag morgens gegen sechs Uhr. Bis dahin hat er Zeit, dann verliert er seine Befehlsgewalt. Er schickt nachts einige Prätorianer in die Lukullischen Gärten. Als die Soldaten im Anmarsch sind, fordert Messalinas Mutter, Domitia Lepida, die Tochter auf, sich selbst zu erdolchen. Doch Messalina bringt den Mut nicht auf. Wenige Augenblicke später dringen die Prätorianer in das Haus ein und stechen sie nieder. Claudius nimmt die Nachricht vom Tod seiner Frau mit Gelassenheit auf. Er fragt nicht einmal nach den Umständen ihrer Liquidierung. Im Innersten ist er wohl erleichtert, sie los zu sein und einem anderen, Narcissus, die Entscheidung überlassen zu haben.

Agrippina Augusta

Agrippina ist nun wieder die mächtigste Frau am kaiserlichen Hof. Und: Witwe und Witwer sind sich nahe, räumlich, geistig, verwandtschaftlich. Agrippina setzt alles daran, ihren eigenen Onkel zu ehelichen, um sich zur Augusta zu machen und später den Sohn Nero zum Kaiser. Es ist wie in der griechischen Sage vom Urteil des Paris: Aber kein neuer Trojanischer Krieg soll deshalb vom Zaune gebrochen werden, sondern die Wahl der neuen Augusta soll Garant für Frieden und Stabilität im Reich sein. Drei Kandidatinnen stehen Claudius zur Auswahl: Da ist Lollia Paulina, die schon einmal kurz mit Caligula verheiratet war; dann Aelia Paetina, mit ihr war Claudius schon einmal verheiratet, gemeinsam haben sie die Tochter Antonia; und schließlich Agrippina. Es ist eine politische Entscheidung, keine private. Bei einer Kabinettssitzung werden Für und Wider erörtert. Alle drei Ehekandidatinnen werden von mächtigen Freigelassenen, Drahtziehern hinter den Kulissen, unterstützt. Agrippinas Fürsprecher Pallas preist an ihr, so Tacitus, »dass sie die Enkel des Germanicus mitbrächte, einen wahrlich der kaiserlichen Hoheit würdigen Spross. Er möchte doch die Nachkommen der julischen und claudischen Familie vereinigen, damit nicht die so anerkannt fruchtbare, noch jugendlich blühende Frau der Cäsaren Berühmtheit einem anderen Hause zubrächte.« Dieses Argument überzeugt, und förderlich sind auch die körperlichen Reize Agrippinas, die, so Tacitus, »den Oheim unter dem Vorwande der Verwandtschaft häufig besuchte und ihn so an sich zog, dass sie den Übrigen vorgezogen, obgleich noch nicht seine Gattin, schon die Gewalt der Gattin übte«. Nur eines steht einer Heirat im Wege: das Gesetz, wonach eine Verbindung von Onkel und Nichte dem Inzesttabu unterliegt. Doch Gesetze sind von Menschen gemacht, und der Senat fügt sich gern dem Wunsch des Kaisers, solche Verbindungen zu legitimieren (während Ehen zwischen Tanten und Neffen verboten bleiben). Zu Beginn des Jahres 49 heiratet Claudius seine Nichte Agrippina mit viel Pomp, gleichzeitig adoptiert er ihren Sohn Nero. Agrippina scheint am Ziel ihrer Machtträume zu sein – fast. Denn noch immer ist da Britannicus, der – obgleich jünger als Nero – doch der leibliche Sohn des Kaisers ist. Also muss Nero nicht nur der Adoptivsohn des Kaisers werden, sondern zugleich dessen Schwiegersohn – die Angelegenheit ist kompliziert und nach heutigem Recht nicht vorstellbar, aber für einen römischen Kaiser wurde manches Gesetz geändert oder großzügig ausgelegt.

In jene Zeit fällt auf Wunsch Agrippinas ein Entschluss des Claudius, dessen Folgen bis heute im besten Sinne sichtbar sind: Die Gründung der Stadt Köln am 8. Juli 50. Agrippina, die im Römerlager Oppidum Ubiorum, benannt nach dem germanischen Stamm der Ubier, geboren ist, will mit ihrem Mann Claudius gleichziehen: Der nämlich, im Römerlager Lugdunum, dem heutigen Lyon, geboren, hat der Ansiedlung an der Rhône im Jahre 48 die römischen Stadtrechte verliehen. Gleiches geschieht nun am Rhein: »Colonia Claudia Ara Agrippinensium« (»Claudische Kolonie und Opferstätte der Agrippinensier«), so der ausführliche Name der Stadt, die sogar Sitz des Statthalters der römischen Provinz Germania inferior wird und die man bald verkürzt nur noch »Colonia« nennt, oder später eingedeutscht »Köln«. Die im Kölner Karneval auftretende Figur der »Kölner Jungfrau« im römischen Gewand – zusammen mit Prinz und Bauer bilden sie das Kölner Dreigestirn – ist eine über die Jahrhunderte tradierte Darstellung Agrippinas, der Stadtgründerin, die zwar alles andere als eine Jungfrau war, deren Wunsch, der Ansiedlung am Rhein die Stadtrechte zu verleihen, aber ihre folgenreichste, nachhaltigste und sicherlich auch beste Tat war.

Claudius hat eine Tochter aus der Ehe mit Messalina: Claudia Octavia (die Schwester des Britannicus). Sie wäre eine angemessene Braut für Nero, um die Bande zwischen den Familien von Claudius und Agrippina enger zu knüpfen. Doch Claudia Octavia ist bereits verlobt, mit Iunius Silanus, der im Senat sitzt und von Claudius hochgeschätzt wird. Agrippina verbündet sich daraufhin mit dem Zensor Lucius Vitellius, der öffentlich macht, Silanus unterhalte eine inzestuöse Beziehung zu seiner Schwester Iunia Calvina. Ohne den Beschuldigten anzuhören, wird er aus dem Senat ausgestoßen – Vorverurteilungen und Diskreditierungen funktionierten zu allen Zeiten. Der Kaiser ist dadurch in Zugzwang und löst offiziell die Verbindung seiner Tochter mit Silanus, der zudem sein Amt der Prätur verliert. Silanus ist beruflich, gesellschaftlich und privat am Ende. Wenig später heiraten Claudia Octavia und Nero, am Hochzeitstag nimmt sich Silanus das Leben.

Britannicus ist nun weitgehend isoliert, die Thronfolge für Nero scheint gesichert. Claudius ehrt seine neue Gemahlin zudem mit dem Ehrennamen »Augusta«, sie wird damit namentlich in der Nachfolge von Octavianus Augustus genannt, ein Titel, der auch ihre Macht zum Ausdruck bringt. Auf Münzen jener Zeit wird Agrippina als Ceres, als Göttin der Fruchtbarkeit, porträtiert. Auch damit wird ihr hoher Rang bei Hofe versinnbildlicht und zugleich ihr Porträt im ganzen Weltreich in Umlauf gebracht.

Im Jahre 51 erwirkt Agrippina, dass ihr Sohn Nero mit gerade einmal vierzehn Jahren vorzeitig für volljährig erklärt wird. Er wird zudem zum Princeps iuventutis, zum Fürsten der (senatorischen) Jugend, gewählt – damit steht er in Anwartschaft auf den Kaisertitel, sobald sein Schwiegervater, Stiefvater, Großonkel und Adoptivvater Claudius einmal nicht mehr lebt. Britannicus hingegen, damals erst zehn, wird weiter zurückgedrängt – Agrippinas Pläne gehen mehr und mehr auf. Zu jener Zeit soll sie einen Ausspruch getan haben, den Tacitus überliefert: »Möge er [Nero] mich töten, wenn er nur herrscht.« Der Satz ist wie ein Orakelspruch, der sich immer als richtig herausstellt, meist aber in überraschender Weise. Agrippina ahnt damals nicht, wie sich ihr Wunsch bewahrheiten wird.

Sie ist eine eifersüchtige, herrschsüchtige Mutter, die ihren Sohn Nero über alles liebt und ihn ganz für sich besitzen will. Im Jahre 54 rechnet sie mit Domitia Lepida ab, der Mutter Messalinas und Tante Neros, die einst, als Agrippina in die Verbannung gehen musste, ihren Neffen bei sich aufgenommen hat.

Da Domitia Lepida wieder näheren Anschluss an die Familie sucht und wohl auch eine innige Gefühlsbeziehung zu Nero hat, muss sie sterben: Agrippina streut Gerüchte, Domitia Lepida wolle sie mit Zaubermitteln schädigen. Agrippina ist zu jener Zeit so mächtig, dass solch ein Vorwurf allein schon genügt, die Beschuldigte ohne weitere Anhörung aus dem Weg zu räumen. Domitia Lepida wird ohne Gerichtsverfahren hingerichtet. Wenig später, am 13. Oktober 54, vergiftet Agrippina ihren Mann, Kaiser Claudius. Ihr Sohn Nero wird von den Prätorianern noch am selben Tag zum Kaiser ausgerufen.

Nero begehrt auf

In diesem Machtkampf hat Agrippina eines nicht bedacht: Neros eigenen Kopf. Der inzwischen sechzehnjährige junge Mann, der in seinen Charakterzügen noch nichts von dem späteren Gewaltverbrecher trägt, versucht sich – das ist in seinem Alter nur normal – aus der geistigen Gängelung seiner übermächtigen Mutter zu lösen. Die heutige Psychologie würde von einem klassischen Ödipus-Komplex sprechen, gegen den der junge Nero revoltiert. Nicht in Agrippinas Konzept gehört die in ihren Augen Ungehörigkeit des Jungen, sich nach seinem Gusto eine Geliebte zu nehmen, eine gewisse Acte, eine Freigelassene noch dazu, die sich standesgemäß nicht für einen Adligen geziemt. Seine Frau Claudia Octavia hingegen, die Schwester des Britannicus, wird von Nero nicht weiter beachtet. Auch der Prinzenerzieher Seneca taktiert gegen die Mutter seines Zöglings. Auf seinen Rat hin entlässt Nero den Schatzmeister Pallas, einen mächtigen Freigelassenen und Parteigänger Agrippinas. Deren Macht am kaiserlichen Hof beginnt zu bröckeln, und in ihrer Not – und ihrer Eifersucht – begeht Agrippina einen entscheidenden Fehler: Sie macht ihrem Sohn Vorwürfe, er habe ihr alles zu verdanken, und wenn er nicht gehorsam und brav sei, werde sie Britannicus ihm vorziehen! Nero reagiert panisch und lässt den Schwager am 12. Februar 55, an dessen vierzehntem Geburtstag, bei einem Mahl (seinem Geburtstagsessen!) mit Gift beseitigen. Der Groll des jungen Kaisers wendet sich indes auch gegen seine Mutter: Er entzieht ihr die Prätorianergardisten, die zu ihrem persönlichen Schutz abkommandiert waren, zudem die beiden Liktoren, Träger von Axt und Rutenbündeln, die zum Zeichen ihrer exekutiven Macht bei offiziellen Anlässen vor Agrippina einhergingen. Zudem verweist Nero seine Mutter des Kaiserpalastes auf dem Palatin, sie muss eine Wohnung in der Stadt nehmen. Es ist eine symbolische Verstoßung, und Agrippina wird begriffen haben, dass die nächste Stufe der Verbannung Pandateria heißen wird. Das sind – bildlich gesprochen – lediglich Schüsse vor den Bug, sie sollen aber der eifersüchtigen, machtbesessenen und zu Bevormundung neigenden Mutter ein warnendes Exempel dafür sein, wer wirklich die Gewalt am Hof und im Staat innehat: Nero.

Es kommt noch schlimmer: Die Verwandten der von Agrippina Geschädigten und Getöteten verbünden sich gegen die Kaisermutter. Domitia, eine Schwester der hingerichteten Domitia Lepida, und Iunia Silana, deren Heirat von Agrippina einst verhindert worden ist, tun sich zusammen und klagen Neros Mutter vor Gericht an, sie plane eine Verschwörung gegen Nero mit dem Ziel, ihn zu stürzen. Nero, ein unsicherer, unreifer und gerade deswegen zu Gewalt neigender junger Mann, will seine Mutter sofort töten lassen. Doch der Vertraute Burrus, den er mit dem Meuchelmord beauftragt, bringt ihn zur Räson. Und tatsächlich erweisen sich die Vorwürfe der beiden Römerinnen als unwahr. Noch einmal kommt Agrippina glimpflich, das heißt mit dem Leben, davon. Doch im Innersten ist sie verletzt und enttäuscht, sie fühlt sich vom eigenen Sohn verstoßen und ihre Liebe und ihr ganzes Lebenswerk mit Undank vergolten. Resigniert zieht sie sich in den nächsten Jahren bis zu ihrem Lebensende zurück, während Nero seine unumschränkte und unangefochtene Herrschaft beginnt, die man bald als Tyrannei empfindet. Schließlich ist keiner mehr da, der ihn zur Vernunft bringt: Agrippina ist kaltgestellt, und Seneca, Neros Erzieher, wird zum käuflichen Handlanger und zudem zu einem der reichsten Bürger Roms. Durch Neros Zuwendungen besitzt Seneca bald ein Vermögen von rund dreihundert Millionen Sesterzen. Er handelt nach der Devise »Geld stinkt nicht«. Vorwürfen, er predige Wasser und trinke Wein, sein Reichtum fuße auf dem Unglück und der Ausbeutung anderer, tritt der Philosoph in seiner Schrift *De vita beata (Vom glücklichen Leben)* entgegen, mit recht bequemen Ausflüchten: »Hör also auf, den Philosophen das Geld zu verbieten! Niemand hat die Weisheit zur Armut verurteilt. Der Philosoph wird reiche Schätze besitzen, die aber niemandem entrissen sind, nicht von fremdem Blut triefen, erworben sind ohne Unrecht an irgendwem, ohne schmutzige Herkunft.«

Den Vertrauten Neros indes wird ihre Loyalität nichts nützen: Burrus wird im Jahre 62 auf Geheiß des Kaisers vergiftet, Seneca begeht auf Befehl Neros im Jahre 65 Selbstmord, indem er sich die Pulsadern öffnet. Und Neros unglückliche Ehefrau Claudia Octavia wird auf die Verbannungsinsel Pandateria geschickt und dort am 8. Juni 62 auf Neros Geheiß ermordet, indem man sie fesselt und ihr die Adern öffnet. Ihr Kopf wird abgetrennt und nach Rom gesandt.

All das muss Agrippina nicht mehr erleben, wohl aber, wie sehr sich ihr geliebter und gegängelter Sohn von ihr abwendet, sich von ihr und ihren Machtspielen entfernt und ein eigenes, verantwortungsloses, libertinäres Leben führt, das sie verabscheut – weniger aus moralischen Gründen, sondern weil sie selbst nicht mehr teilhat am höfischen Leben und an der kaiserlichen Macht. Über die letzten vier Jahre im Leben Agrippinas ist nur wenig bekannt. Die zeitgenössischen Historiker wenden sich zu jener Zeit lieber einer anderen Frau zu, die die Macht an sich bringt: Poppaea.

»Stoß in den Mutterleib!«

Neros Geliebte Poppaea ist kein unbeschriebenes Blatt. Sie lebt bereits in zweiter Ehe. Und sie hat mit Agrippina bereits ihre Erfahrungen gemacht: Die nämlich hat im Jahre 51 Poppaeas ersten Ehemann, Rufrius Crispinus, als Chef der Prätorianergarde absetzen lassen. Dessen Nachfolger wurde Burrus. Sieben Jahre später lässt sich Poppaea von ihrem ersten Mann scheiden. Im selben Jahr heiratet sie den karriereversessenen Otho (er wird für drei Monate, vom Januar bis April 69, sogar römischer Kaiser, unterliegt aber in einer Schlacht den Truppen seines Konkurrenten Vitellius und erdolcht sich). Otho ist so unklug, Nero gegenüber von seiner Frau Poppaea zu schwärmen. Der wird auf sie aufmerksam und verbindet sich mit ihr. Nero wird sie, nachdem er sich von Claudia Octavia und Poppaea sich von Otho hat scheiden lassen, im Jahre 62 heiraten.

Poppaea ist nicht nur eine schöne Frau. Sie ist auch ehrgeizig und eifersüchtig. Agrippinas Einfluss auf Nero ist ihr ein Dorn im Auge, und sie arbeitet mit zuverlässigen Mitteln, in Nero Hass gegen seine Mutter zu schüren: mit Spott und Bloßstellung. Tacitus berichtet, Poppaea, »die noch dazu, solange Agrippina lebte, die Ehe mit ihm [Nero] und seine Scheidung von [Claudia] Octavia nicht hoffen konnte«, habe »deshalb unter häufigen Beschuldigungen, bisweilen durch Spottreden dem Fürsten Vorwürfe« gemacht und ihn »unmündig« genannt, »da er von den Befehlen anderer abhängig, nicht nur keine Herrschaft, sondern auch nicht einmal Freiheit besäße. Denn warum würde die Vermählung mit ihr aufgeschoben? Gewiss missfalle ihre Gestalt und die triumphgeschmückten Ahnen, oder fürchte man etwa ihre Fruchtbarkeit und ihren geraden Sinn, dass sie als Gattin wenigstens die Kränkungen des Senates und den Zorn des Volkes über den Stolz und die Habsucht der Mutter zur Sprache bringe? Könne Agrippina keine andere als eine ihrem Sohne feindlich gesinnte Schwiegertochter ertragen, nun, so möge man sie der Ehe Othos wiedergeben.« Tacitus beschreibt auch die Reaktion oder vielmehr die mangelnde Reaktion des

Hofes auf diese Hetzreden Poppaeas: »Dem und ähnlichem, das durch Tränen und alle Kunstgriffe einer Ehebrecherin der Wirkung nicht verfehlte, wehrte niemand, da alle ja wünschten, dass die Macht der Mutter gebrochen würde, und keiner glaubte, dass der Hass des Sohnes bis zu ihrer Ermordung gehen würde.« Tacitus zitiert sogar einen anderen Historiker, Cluvius (ca. 2 v. Chr.– nach 70 n. Chr.), der von Agrippinas verzweifelten Versuchen berichtet, Neros Gunst wiederzuerlangen: So habe Agrippina »am Mittag, da zu dieser Zeit Nero durch Wein und Speise erhitzt zu sein pflegte, wiederholt sich dem Trunkenen dargeboten [...], geschmückt und zur Blutschande bereit.«

Poppaeas böse Saat geht auf: Nero, im Innern ein schwacher und wenig selbstbewusster Mann, will der Geliebten und der Welt zeigen, dass er ein Herrscher ist, der sich auch vor unangenehmen Entscheidungen nicht scheut. Er befiehlt den Tod seiner Mutter. Es soll wie ein tragischer Unfall aussehen. Im März 59 lädt er Agrippina nach Baiae am Golf von Neapel ein, damals ein Modebad der betuchten römischen Gesellschaft. Am Strand wird mit Pomp die Versöhnung von Mutter und Sohn gefeiert. Agrippina, die seit Jahren vor Attentaten auf der Hut ist, fasst Vertrauen zu ihrem Sohn. Nach der Feier lädt Nero seine Mutter ein, die Fahrt hinüber über die Bucht zu ihrem Landhaus an Bord eines Schiffes zu machen. Doch Nero hat das Schiff mit Luken präparieren lassen. Er verabschiedet sich von Agrippina unter Küssen und »mit heiterer Miene«, wie Sueton weiß. Die besteigt arglos das Schiff. Mitten im Golf von Neapel öffnet der von Nero instruierte Kapitän die Luken, Wasser schießt in den Schiffsbauch. Doch Nero hat nicht mit der Zähigkeit seiner Mutter gerechnet: Sie und eine Dienerin springen über Bord. Die gedungenen Matrosen verfolgen die flüchtigen Frauen. Die Dienerin, die ihre Herrin schützen will, schreit, sie sei Agrippina. Die Schiffsleute, die im Dunkel der Nacht kaum etwas sehen, erschlagen im Glauben, Neros Mutter vor sich zu haben, die Dienerin mit den Ruderblättern. Agrippina zeigt mehr Verstand, indem sie sich ganz still verhält und im Schutze der Nacht ein Stück weit davonschwimmt. Schließlich werden andere Bootsleute auf sie aufmerksam und holen sie an Bord. Durchnässt und durchgefroren, aber unversehrt gelangt sie zu ihrem Landhaus. Nero aber will nun Nägel mit Köpfen machen, auch wenn die Nachwelt ihn deswegen brandmarken wird: Auf seinen Befehl hin dringen wenig später Prätorianer in die Villa ein. Burrus, der Anführer der Garde, hat sich diesem Befehl widersetzt, aber der Philosoph des glücklichen Lebens Seneca hat im Vorfeld Kaiser Nero instruiert, dieser solle dem Offizier Anicetus, der weniger zimperlich und gewissensscheu ist, die Meucheltat überlassen. Tacitus berichtet: »Anicetus umstellte das Landhaus mit Wachen und riss, nachdem er die Pforte erbrochen hatte, die ihm entgegentretenden Sklaven hinweg, bis er zur Tür des Schlafgemachs gelangte […]. Im Schlafgemach war schwaches Licht und eine einzige Sklavin und Agrippina, banger und banger […]. Als hierauf die Sklavin hinausging, rief sie ihr nach: ›Auch du lässt mich allein.‹ Sie erblickte den Anicetus, vom Schiffshauptmann Herculeius und einem Centurio der Flotte Obaritus begleitet, und sprach, wenn er gekommen sei, um zu sehen, wie es ihr ginge, so möchte er melden, sie habe sich erholt, wenn aber, um eine Untat zu vollbringen, so glaube sie es nicht von ihrem Sohn, befohlen sei der Muttermord ihm nicht. Da stellten sich die Mörder um das Bett, und zuerst schlug der Schiffshauptmann die Kaiserin mit einem Knüttel auf das Haupt. Als dann der Centurio zum Todesstoß das Schwert zog, rief sie, ihren Leib hinhaltend, auf: ›Stoß in den Mutterleib!‹, und erlag unter vielen Wunden.«

Nero eilt herbei und beschaut mit einer Mischung aus Grausen und Erleichterung die Leiche der Mutter. Er habe, so Sueton, »ihre Glieder betastet, das eine getadelt, das andere gelobt und zwischenhinein, als er Durst bekam, getrunken«. Agrippinas Leichnam wird verbrannt, auf einem Tischpolster, wie Tacitus weiß: »Auch wurde, solange Nero die Herrschaft besaß, keine Erde über sie gehäuft oder eingefriedet. Nachher bekam sie durch die Fürsorge ihrer Dienerschaft einen unbedeutenden Grabhügel neben der misenischen Straße […].« Nero gibt dem feigen Attentat seine eigene Interpretation: Im

Volk und vor dem Senat lässt er die Nachricht verbreiten, Agrippina habe ihn ermorden wollen, das Komplott sei jedoch aufgedeckt, die feige Verschwörerin zu Recht bestraft worden. »Ghostwriter« dieser unsinnigen Anschuldigung ist Seneca, der dem Schreiben seinen stilistischen und rhetorischen Schliff gibt. Der Senat, eingeschüchtert, reagiert umgehend: Eine Damnatio memoriae, eine Austilgung der öffentlichen Erinnerung, wird beschlossen. Statuen Agrippinas werden zerstört, Inschriften mit ihrem Namen ausgemerzt. Sie gilt fortan als eine gewissenlose Mörderin und Intrigantin, ungeachtet der Tatsache, dass im Umfeld des kaiserlichen Hofes Mord und Intrige an der Tagesordnung waren. Das entschuldigt nicht Agrippinas Untaten, relativiert sie jedoch. Einzig die Bewohner Kölns gedenken ihrer Stadtgründerin bis heute mit Dank.

Sueton behauptet, Nero sei später von Gewissensbissen geplagt worden, er habe gestanden, »dass er vom Geist seiner Mutter und den Geißeln und brennenden Fackeln der Furien umgetrieben werde«. Das schlechte Gewissen hält Nero indes nicht davon ab, eine Schreckensherrschaft zu errichten, die dem seines Vorvorgängers Caligula in nichts nachsteht. Am 19. Juli 64 lodern vierzehn Stadtviertel Roms, drei brennen völlig ab. Auf Neros Geheiß haben Brandstifter gehandelt, denn der Kaiser braucht Platz für seine größenwahnsinnigen Pläne zur Umgestaltung der Hauptstadt und zum Bau seines neuen Palastes, der Domus aurea (dessen gigantische Gewölbe heute wieder zu besichtigen sind). Neros zweite Ehefrau Poppaea, um derentwegen er seine Mutter ermorden ließ, wird von ihm im Sommer 65 getötet. Tacitus berichtet: »Nach Beendigung des Spieles [der vorgezogenen Neronia des Jahres 65] fand Poppaea ihren Tod zufällig durch den Jähzorn des Gemahles, von welchem die Schwangere einen Fußtritt erhielt.«

Der von vielen Römern – Adligen, Bürgern und dem einfachen Volk – zutiefst gehasste Kaiser endet so, wie er es vielen selbst befohlen hat: Als sich im Juni 68 Senatoren und Offiziere gegen ihn erheben und der Senat Nero zum Staatsfeind erklärt, erdolcht sich der Kaiser, als die Verschwörer ihm auf seiner

Flucht nach Ostia nachsetzen, am 9. oder 11. Juni selbst. Sein Leichnam wird verbrannt, die Asche im Familiengrab auf dem Hügel des Pincio beigesetzt. Wie gegen seine Mutter verhängt der Senat auch gegen Nero eine Damnatio memoriae: Statuen werden gestürzt, Inschriften mit seinem Namen getilgt. Doch in der Erinnerung der Welt lebt der Kaiser fort: als größenwahnsinniger, getriebener Tyrann und Massenmörder, als blutrünstiger Christenverfolger und Anstifter des großen Brandes von Rom, als gewissenloser Mörder seiner Freunde, seiner Ehefrauen und seiner Mutter Agrippina.

2 Christina von Schweden (1626–1689)
»Semiramis des Nordens«

Am 6. November 1657 kommt es in Schloss Fontainebleau bei Paris zu einer abscheulichen Bluttat: Graf Gian Rinaldo Monaldesco, der einunddreißigjährige Günstling Christinas von Schweden, wird auf Befehl der Königin in einem dreistündigen Tötungsritual von zwei Wächtern und dem italienischen Adligen Francesco Santinelli abgemetzelt. Die Schreie des Opfers, das von der Königin des Geheimnisverrats bezichtigt worden ist und dem man zuvor unter Folter ein Geständnis abgepresst hat, hallen durchs Schloss. Doch die jämmerlichen Wehklagen und Bittrufe um Gnade erweichen Christinas Herz nicht.

Christina zeigt sich von dem brutalen Mord an ihrem einstigen Günstling unbeeindruckt, selbst als sie vom französischen Hof, dessen Gast die Königin ohne Land ist, scharf kritisiert wird. Schaulustigen, die es damals schon gibt, zeigt Christina höchstpersönlich den Tatort und verweist auf das Blut, das in die Steinfliesen eingesickert ist. An Kardinal Jules Mazarin, Premierminister des französischen Staats, der die Königin auf die möglichen politischen Folgen ihres Tuns hinweist, schreibt Christina uneinsichtig: »Wir Menschen aus dem Norden sind ein bisschen wild und von Natur aus wenig furchtsam. Ich bitte Sie zu glauben, dass ich bereit bin, Ihnen alles zu Gefallen zu tun, nur nicht, mich zu fürchten. Was meine gegen Monaldesco ausgeführte Tat betrifft, so sage ich Ihnen, dass ich, wenn ich sie nicht getan hätte, diesen Abend nicht zu Bett ginge, ohne sie zu tun, und dass ich keinen Grund zur Reue habe, aber hunderttausend Gründe, höchst zufrieden zu sein.«

Spätestens nach dieser Gräueltat verleiht man ihr den Beinamen »Semiramis des Nordens«, in Anlehnung an die legendäre Königin von Babylon, die für ihre Prunkliebe, aber auch für ihre Grausamkeit und ihre Rachsucht bekannt war. Damals macht ein Spruch die Runde, der das scheinbar Widersprüchliche in Christinas Wesen zu umschreiben versucht: »Königin ohne Reich, Prinzessin ohne Untertanen, großzügig ohne Geld, politisierend ohne Motiv, Christin ohne Glaube, Urheberin ihres eigenen Ruins.« Doch das erklärt kaum das komplexe und komplizierte Seelenleben der Königin. Auch wenn nicht alles in Christinas Wesen psychologisch gedeutet werden kann, muss doch betont werden, dass man ihr weder gerecht wird, stellt man sie als Ungeheuer dar, noch wenn man sie als strahlende Heldin und Vertreterin einer frühen Emanzipation verklärt. Die Wahrheit liegt wie so oft in der Mitte, und Christina besaß bei aller Grausamkeit, Rücksichtslosigkeit und Machtbesessenheit auch einige bewundernswerte Züge: eine hohe Bildung, ein unablässiges Verlangen nach philosophischer und religiöser Erkenntnis, einen Drang nach persönlicher Freiheit. Nicht alle ihre Handlungen sind im Nachhinein verständlich, trotz oder gerade wegen der großen zeitlichen Distanz. Manches wird auf immer Christinas Geheimnis bleiben. Aber gerade das macht ihr Leben bis heute so unerhört interessant, lässt ihre Biografie wie eine Oper erscheinen. Und tatsächlich haben etliche Komponisten, Librettisten und Romanciers sich von der »Semiramis des Nordens« inspirieren lassen – mehr oder weniger frei auf den historischen Quellen fußend.

»Sie hat uns alle genarrt«

Bereits ihre Geburt am 17. Dezember 1626 (nach dem Gregorianischen Kalender) ist von einem Geheimnis umwittert – oder von einem Skandal, je nach Sichtweise. Christina selbst hat das später in ihrer Fragment gebliebenen Autobiografie beschrieben: »Ich war ein Sonntagskind, hatte eine raue, kräftige

Stimme, und der ganze Körper war behaart. Auf all das hin glaubten meine Hebammen, die mich in Empfang nahmen, ich sei ein Knabe. Sie füllten das Schloss mit ihren falschen Freudenrufen, die eine Zeit lang sogar den König betrogen. Wunsch und Hoffnung verbanden sich, um alle zu täuschen, und höchst verlegen wurden die Frauen, als sie sahen, dass sie sich geirrt hatten. Sie waren in großer Bedrängnis, wie sie dem König die Wahrheit sagen sollten. Prinzessin Katharina, des Königs Schwester, übernahm es. Sie trug mich so in ihren Armen, dass der König selbst bemerken konnte, was sie ihm nicht zu eröffnen wagte.«

Der königliche Vater: Gustav II. Adolf aus dem Hause Wasa, der im Dreißigjährigen Krieg als Heerführer großen Ruhm erwirbt (und gleichermaßen viel Hass auf sich zieht) und Schweden auf die Höhe seiner Macht bringt. Die Mutter: Maria Eleonora von Brandenburg, eine schöne, aber psychisch labile Frau, die pathologisch auf ihren Mann fixiert ist und – das empfindet sie als ihre größte Niederlage – dem König keinen Stammhalter zur Welt bringt. Mehrere Kinder sterben bei oder nach der Geburt, einzig Christina bleibt am Leben. Doch der Vater sieht die Geburt des Mädchens nicht nur gelassen, sondern sogar mit Freude. Christina berichtet: »[...] doch dieser große Fürst zeigte keine Überraschung und nahm mich so liebevoll in Empfang, als wären seine Hoffnungen nicht enttäuscht worden. Und er sagte zu der Prinzessin: ›Lass uns Gott danken, meine Schwester. Ich hoffe, dieses Mädchen wird mir ebenso taugen wie ein Junge. Ich bitte Gott, dass er sie bewahre, da er sie mir gegeben hat. [...] Sie wird schlau werden, denn sie hat uns alle genarrt.‹«

Gustav Adolf, der eiserne Soldat und große Feldherr, der von seinen katholischen Gegnern aus Verachtung und Furcht als »Löwe aus Mitternacht« betitelt wird, ist als Vater ein durch und durch liebevoller Mensch. Anders als die Mutter Maria Eleonora sieht Gustav Adolf das Mädchen immer als Erfüllung seiner Wünsche. Das Geschlecht des Kindes interessiert ihn herzlich wenig – das ist außergewöhnlich für jene patriarchalische Zeit. Im Gegenteil: Er nimmt es von der komischen Seite und unterstützt dieses Wechselspiel der Geschlechterrollen, indem er Christina wie einen Jungen erziehen lässt. Das ist mehr als eine königliche Laune: Christina soll später einmal den Thron besteigen und die Staatsgeschäfte übernehmen. Damit will er dem lutherischen Zweig des Hauses Wasa (der katholische Zweig herrscht in Polen) den Bestand sichern und auch Schwedens Vormachtstellung innerhalb des protestantischen Lagers wahren.

Christina wird bereits als kleines Mädchen zu ihrer Tante Katharina gegeben. Es ist eine Schutzmaßnahme für das Kind, auf dem die ganze Last und die ganze Hoffnung eines Königreichs ruhen. Die Mutter Maria Eleonora, eine neurotische Person, hasst das Mädchen, wirft es – offensichtlich in der Absicht, es zu töten – einmal sogar zu Boden. Christina wird davon eine verwachsene Schulter zurückbehalten, später werden Besucher bei Hof von der schiefen Statur der Königin berichten.

Früher als erwartet tritt das königliche Dekret der weiblichen Thronfolge in Kraft: Am 6. November 1632 – Christina ist noch nicht einmal sechs Jahre alt – fällt Gustav Adolf in der Schlacht bei Lützen in Sachsen. Schweden steht zu jener Zeit auf der Höhe seiner Macht: Schwedische Truppen haben Vorpommern besetzt und sind in mehreren siegreichen Feldzügen durch Sachsen und Bayern bis nach München vorgedrungen. Feierlich wird der Leichnam des mächtigen Königs nach Stockholm überführt. Maria Eleonora versinkt in lähmende Depressionen: Sie lässt den Sarg in ihren Gemächern aufstellen und verweigert zunächst, dass der König bestattet wird. Das Herz ihres Gemahls lässt sie in eine goldene Kapsel legen, die über ihrem Bett aufgehängt wird.

Christina, die bei der Tante wohnt, schließt Freundschaft mit ihrem vier Jahre älteren Cousin Carl Gustav. Die Vormundschaft liegt in Händen des Kanzlers Axel Oxenstierna und zweier Mitglieder des schwedischen Reichsrats. Christina wird wie ein männlicher Thronfolger erzogen: Sie lernt reiten und fechten und erhält einen gründlichen und breit angelegten Unterricht nach besten humanistischen Maßstäben. Später beherrscht sie acht Sprachen. Zudem hat sie fundierte Kenntnisse in Literatur, Kunst und Musik, in Theologie, Mathematik, Astronomie, Geografie, Geschichte und Staatslehre. Ihr Lehrer ist Johan Matthiäe, einer der besten Köpfe des Landes, der sich im schwedischen Königreich, in dem die lutherische Konfession bis zum Jahr 2000 Staatskirche ist, für eine Annäherung der Bekenntnisse einsetzt. Auch Axel Oxenstierna, der vierzig Jahre lang als Kanzler die Geschicke Schwedens bestimmt, unterrichtet die Prinzessin, vor allem in Staatslehre und Geschichte. Christina ist lernbegierig und von schneller Auffassungsgabe. Zu ihrem Lehrer Matthiäe entwickelt sie ein enges, liebevolles Vertrauensverhältnis. Zwölf Stunden täglich dauert der Unterricht, der das Mädchen mehr anspornt denn ermüdet. »Ich liebte«, schreibt sie, »gute Bücher und las sie mit Vergnügen. Ich hatte einen grenzenlosen Wissensdurst, war in allen Disziplinen bewandert und begriff alles mühelos.« Später wird sie sogar ihren Feinden, die sie politisch und moralisch verurteilen, in puncto Gelehrsamkeit Respekt abnötigen.

Eine doppelte Bürde

Obgleich der Reichsrat Christina vertritt und die Regierungsgeschäfte übernimmt, gilt es, ein Machtvakuum zu verhindern, denn der konkurrierende katholische Zweig der Wasa erhofft sich eine Rückkehr nach Schweden. Bereits am 15. März 1633, gut vier Monate nach Gustav Adolfs Tod, wird Christina vor den Reichsständen auf ihr Amt als Königin vereidigt. 1644, mit Vollendung des achtzehnten Lebensjahres, wird sie für volljährig erklärt, aus der Vormundschaft entlassen und mit der Übernahme der Regierungsgeschäfte betraut. Sie herrscht nicht nur über das Gebiet des heutigen Schweden, sondern auch über Vorpommern und Rügen, die einstigen Hansestädte Stralsund, Greifswald und Wismar, über Bremen und Verden, über Estland, Livland, Ingermanland, Finnland und Karelien. Schweden ist durch die siegreichen Kriege gegen Dänemark, Russland und

Polen sowie durch die Feldzüge Gustav Adolfs in Deutschland nicht nur die größte Territorialmacht Nordeuropas, sondern zugleich als größtes lutherisches Königreich das politische und konfessionelle Gegengewicht zum katholischen Habsburg und zum Papst in Rom. Gerade aus der Position als geistiges Oberhaupt der schwedischen Staatskirche speist sich die Bedeutung des schwedischen Throns. Es ist eine doppelte Bürde, die auf Christina lastet. Die Erwartungen sind hoch – auch und gerade, weil sie eine Frau ist und sich gegen Vorurteile erst durchsetzen muss.

Seltsam ist, dass Christina, die am liebsten Jungenkleidung trägt, früh die allgemeinen Vorbehalte gegen ihr Geschlecht verinnerlicht und übernimmt. Später wird sie auf viele Menschen wie ein Zwitterwesen wirken: männlich im Gebaren, in der Haltung, in Sprache und Kleidung, aber zugleich geprägt von ihrem biologischen weiblichen Geschlecht. Der französische Botschafter Pierre-Hector Chanut wundert sich sehr über ihre körperliche Ausdauer: »Die Natur hat ihr keine Eigenschaft versagt, die einem jungen Ritter Ehre brächte, keine ritterliche Übung kann sie ermüden. Ich habe sie bis zu zehn Stunden auf der Jagd zu Pferd gesehen, Kälte und Frost fallen ihr nicht beschwerlich.« In ihren Memoiren äußert sich die Königin so: »Es ist fast unmöglich für eine Frau, den Pflichten dieses Amtes würdig zu genügen, gleichgültig, ob sie in eigener Person oder für einen minderjährigen Erben regiert. Die Unwissenheit der Frauen, ihre seelische, geistige und körperliche Schwäche taugen nicht für den Fürstenberuf.« Doch gerade weil Christina die angeblichen Fehler und Schwächen des weiblichen Geschlechts verinnerlicht und akzeptiert, will, ja muss sie selbst den Gegenbeweis liefern: Sie muss die Ausnahme sein. Volk, Reich und lutherische Konfession erwarten das von ihr. Also verleugnet sie ihre Weiblichkeit, will es den Männern an Mut, Willenskraft, körperlicher und geistiger Stärke gleichtun.

Die Liebe zu Männern und Frauen

Liebe ist in diesem System der Vernunft und des Machtkalküls nicht vorgesehen. Unversehens kommt sie aber doch ins Spiel, anders allerdings, als es den dynastischen Erwartungen entspricht: Christina verliebt sich in ihren vier Jahre älteren Cousin Carl Gustav. Aus den Gefährten der Kindheit werden zwei junge Menschen, die sich gegenseitig begehren. Christina ist fünfzehn, als sie dem Cousin ihre Zuneigung bekennt und ihn um Geduld bittet, bis sie volljährig ist. Die beiden sehen sich in jenen Jahren kaum, denn Carl Gustav dient als Soldat. Die Zuneigung der beiden bleibt dem Hof und dem Regierungsrat nicht verborgen. Oxenstierna und ihre anderen Lehrer reden auf Christina ein: Eine Verbindung zwischen ihr und Carl Gustav sei weder sittlich zu vertreten (der Grad der Verwandtschaft ist zu eng) noch politisch wünschenswert. Christina solle durch eine eheliche Verbindung mit einem der führenden protestantischen Herrscherhäuser Schwedens Stellung in Europa festigen. Christina ist zweiundzwanzig, als ihr Cousin sie drängt, sie möge ihr Heiratsversprechen einlösen. Doch da ist sie bereits selbst vom Geist ihrer königlichen Position durchdrungen und antwortet ihm ausweichend, er möge sich gedulden, sie werde jedoch keinen anderen ehelichen.

Ihre Antwort ist sibyllinisch: Sie wird tatsächlich niemand anderen heiraten. Denn sie wird überhaupt nie die Ehe eingehen. Die Vorstellung, intimen Verkehr mit einem Mann zu haben oder gar Kinder zu gebären, ist ihr ein Gräuel, das äußert sie mehrfach. Sie lehnt es ab, wie sie schreibt, der »Acker« eines Mannes zu sein. Ihre Sympathie zu Carl Gustav ist nicht geheuchelt, doch bekennt sie, ihr Eheversprechen sei »aus jugendlichem Unverstand geschehen«. Immerhin bestimmt sie ihn im März 1649, wenige Monate nach dem Westfälischen Friedensschluss, zu ihrem Thronfolger. In jüngerer Zeit wurde mehrfach versucht, Christinas Gefühlswelt psychologisch oder gar psychoanalytisch zu interpretieren, doch bleiben solche Annäherungen unsicher. Die Deutungen reichen von einer narzisstischen Störung über sexuelle Frigidität bis hin zu Bisexualität oder weiblicher Homosexualität. Die Verhaltensmuster Christinas sind indes nicht eindeutig, die Quellen der damaligen Zeit widersprüchlich und psychologisch schwer auszuwerten.

Unbezweifelbar sucht Christina zeitlebens näheren Kontakt zu Frauen. Eine ihrer Herzensdamen, der sie über Jahre hinweg leidenschaftliche Briefe schreibt, ist Gräfin Ebba Sparre, eine Hofdame, die von der Kammerfrau bald zur Hofrätin aufsteigt und von der in Leidenschaft entbrannten Königin stets »Belle«, »schöne Frau«, genannt wird. Dass Ebba Sparre 1653 Jakob de La Gardie heiratet, einen der Günstlinge der Königin, hält Christina nicht davon ab, die Gräfin weiterhin ihrer Liebe und Leidenschaft zu versichern. Die Erotik jener Zeit bedient sich zumindest an den hochgezüchteten Höfen einer eigenen Formensprache: Zu einem Skandal kommt es, als Christina der angebeteten Ebba Sparre im Beisein des englischen Gesandten die Handschuhe auszieht. Diese »Entblößung« der (im Übrigen damals viel gerühmten) schönen Hände der Hofdame wird nach dem damaligen Kodex als erotische Pikanterie gewertet, und dass Christina die Handschuhe zerreißt und die Fetzen an die Umstehenden verschenkt, mag damals so gewagt gewesen sein wie in heutiger Zeit ein fetischistisch motivierter Handel mit getragener Reizwäsche. Noch nach ihrer Abdankung schreibt Christina der Freundin aus dem Exil gleichermaßen leidenschaftliche wie resignative Briefe: »Was würde ich glücklich sein, wäre es mir vergönnt, Sie zu treffen, Belle, aber ich bin verurteilt, Sie auf ewig zu lieben und anzubeten, ohne Ihnen jemals begegnen zu dürfen; der Neid, den die Gestirne menschlichem Glück gegenüber kennen, hindert mich, ganz glücklich zu werden, weil ich das nicht kann, solange Sie mir fern sind. Zweifeln Sie nicht [...], glauben Sie mir, wenn ich sage, dass Sie, wo immer auf Erden ich mich auch befinden möge, in mir eine Person haben, die Ihnen stetig ergeben ist.«

Königin der Künste und Wissenschaften

Christinas Leidenschaft erstreckt sich nicht nur auf »Belle«. Sie ist – zumindest in ihren ersten Jahren als Königin – ebenso von der Idee getrieben, Schweden zu dienen und das Staatswesen zu reformieren, Wissenschaften und Künste zu fördern, dem Hof zu Glanz zu verhelfen und die Macht ihres Reichs zu festigen. Die Vorzeichen hierzu stehen bei ihrem Regierungsantritt nicht schlecht, und auch die persönlichen Eigenschaften der jungen Frau, vor allem ihre hervorragende Ausbildung durch Matthiäe und Oxenstierna, sind eigentlich die besten. Sie hat durchaus ihren eigenen Kopf, ihre eigenen Vorstellungen von einer »modernen« Gesellschaft. So sieht sie – ganz im Sinne ihres Lehrers Matthiäe – die Stellung des Luthertums als Staatsreligion eher kritisch. Das ist ein Angriff auf die schwedische Staatsdoktrin, die sich als Bastion gegen den Katholizismus versteht, und gefährdet überdies die Macht des lutherischen Zweigs des Hauses Wasa gegenüber dem katholischen.

1648 wird mit dem Frieden von Münster und Osnabrück der Dreißigjährige Krieg beendet. Schweden erhält große Gebiete in Deutschland zugesprochen. Es ist ein Pyrrhussieg, denn der schwedische Staat ist hochverschuldet, viele junge Männer sind im Krieg gefallen, was sich negativ auf die heimische Wirtschaft niederschlägt. Christina kann sich dennoch als Siegerin und Friedensbringerin betrachten und feiern lassen. Kurz vor dem Abschluss der Verträge schreibt sie selbstbewusst: »Was ich über alles wünsche und anstrebe, ist, der Christenheit den Frieden wiederzugeben! Wenn Gott uns den Frieden schenkt, werde ich mein Ziel erreichen.« Ihr Ziel: Schweden nicht nur die Macht zu erhalten, sondern auch, es zu einem Hort der Wissenschaft und der Künste zu machen – vergleichbar dem großen Frankreich, zu dem Schweden damals, trotz der unterschiedlichen Staatskonfessionen, enge politische und kulturelle Verbindungen unterhält.

Es ist langwierig und mühselig, ein kulturelles Erbe über Generationen aufzubauen. Schneller und effektiver ist bisweilen der Raub. Einer der größten Kunstraubzüge der Geschichte findet kurz vor dem Ende des Dreißigjährigen Kriegs statt – auf Geheiß der kunstliebenden Königin Christina: Am 26. Juli 1648 erobert Carl Gustav, der designierte Thronfolger seiner Cousine, den Hradschin, die Burg der alten Kaiser- und Universitätsstadt Prag. Es wird weniger wild geplündert, als vielmehr geregelt und systematisch: Die schwedischen Truppen requirieren die Schätze der Kunst- und Wunderkammer, die Sammlungen, die einst von Kaiser Rudolf II. zusammengetragen und seither stetig vermehrt wurden. Aber auch mehrere Adelspaläste werden leergeräumt, so das Waldstein-Palais und die berühmte Rosenberg-Bibliothek. Man schafft wenige Monate vor dem Friedensschluss Fakten. In aller Eile werden die Schätze verpackt und per Schiff nach Stockholm verfrachtet. Sie bilden den Grundstock der späteren königlichen Sammlungen – bis heute. Zur Beute gehören Bibliotheken mit wertvollen Handschriften und Inkunabeln, Gemälde und Grafiken, Münzen, Fayencen, Skulpturen, Edelsteine und Schmuck. Unter den rund siebenhundert Gemälden sind etliche Meisterwerke von Leonardo da Vinci, Michelangelo, Raffael, Dürer, Tizian, Tintoretto, Veronese, Bosch und Brueghel. Zu den wertvollen Handschriften gehören der *Codex Argenteus* (ein Evangeliar in gotischer Sprache) und der *Codex Gigas* (die sogenannte »Teufelsbibel« aus dem 13. Jahrhundert).

Christina will Stockholm, das sie anstelle der alten Krönungsstadt Uppsala zu ihrer Residenz wählt, zu einem Paris des Nordens ausbauen. Hilfe erhält sie dabei von dem französischen Botschafter in Schweden, Pierre-Hector Chanut. Er ist von der jungen Königin hingerissen. In einem Bericht an Ludwig XIV. schreibt er: »Sie spricht Französisch, als sei sie im Louvre geboren, ihr Geist ist lebhaft und schrankenlos wissbegierig, ihre Seele ist weise und zurückhaltend. Würde man ihr die Krone nehmen, wäre sie noch eine der empfehlenswertesten Personen, die es gibt.« Chanut stellt für Christina Kontakt zu französischen Gelehrten und Wissenschaftlern her, etwa zu dem im niederländischen Exil lebenden Philosophen René Descartes. Die

Königin lädt Descartes nach Stockholm ein, warnt ihn zugleich aber vor den strengen nordischen Wintern. Dessen ungeachtet macht sich Descartes, von so viel königlicher Gunst geschmeichelt, Anfang Oktober 1649 nach Schweden auf. Christina empfängt ihn mit allen Ehren. Die philosophisch interessierte Monarchin will mit dem Franzosen nicht nur gelehrt disputieren, sie hat darüber hinaus die Absicht, eine Akademie der besten und klügsten Köpfe Skandinaviens zu gründen, benötigt dazu aber den geistigen Austausch mit Wissenschaftlern aus West- und Mitteleuropa. Descartes, dessen Gesundheit schwach ist und der die müßiggängerische Angewohnheit hat, bis Mittag im Bett zu liegen, wird mit den Eigenheiten seiner Gönnerin konfrontiert: Die lädt ihn zu philosophischen Gesprächen in die Schlossbibliothek ein, morgens um fünf Uhr, mitten im langen skandinavischen Winter. Descartes gehorcht, ist aber von der Königin eher befremdet, zumal sie von ihm verlangt, er solle das Libretto zu einem Singspiel schreiben. »Es kommt mir vor«, schreibt er ratlos, »als würden die Gedanken der Menschen hier im Winter zu Eis erstarren, ebenso wie das Wasser.« Wenig später zieht er sich in der eiskalten, unbeheizten Bibliothek eine schwere Erkältung samt Lungenentzündung zu, an der er am 11. Februar 1650 stirbt.

Trotz dieses Rückschlags lässt sich Christina nicht davon abbringen, eine königliche Akademie zu gründen. Dafür beruft sie einige der führenden Köpfe nach Stockholm: den Latinisten Johan Freinsheim, die Philologen Claude Saumaise, Isaac Vossius und Nicolaas Heinsius, den Physiker und Biologen Olaf Rudbeck, den Historiografen Gabriel Naudé und den Mediziner Pierre Bourdelot. Nicht nur der Wissenschaft, auch den Künsten und dem Theater gilt Christinas Liebe. Sie lädt diverse Schauspieler- und Balletttruppen aus Frankreich an den Stockholmer Hof. Besonders die Dramen Corneilles (und später Racines) finden ihr Gefallen, außerdem französisches Ballett und italienische Opern. Mit dem mäzenatisch wirkenden Herzog von Bracciano, Paolo Giordano Orsini, unterhält Christina einen Briefwechsel und lässt sich von ihm über Neuigkeiten auf dem italienischen Kunstmarkt und im Opernleben unterrichten. Orsini, der seine Briefe an die nordische Semiramis stets mit den Worten »Ihr mit eisernen Ketten an sie gefesselter Sklave« unterzeichnet, entfacht in Christina die Sehnsucht nach Italien, der Wiege des Humanismus und der Renaissance, der Gegenreformation und des Barock.

Sinnenfreude und Katholizismus

Christina, eine leidenschaftliche, weltzugewandte Frau, leidet unter der Strenge und Freudlosigkeit des lutherischen Glaubens und Weltbildes. Immer mehr wendet sie sich dem Katholizismus zu, weniger dessen Glaubensdoktrin, als vielmehr dessen Sinnenfreude und Pracht, dessen Irrationalität und Mystizismus. Ihre Wünsche und Projektionen in jenen Jahren vermischen sich: Italien und Rom, Humanismus und barocke Kunst, Sinnenfreude und Katholizismus. Gegenüber Orsini äußert sie 1651 den Wunsch, nach Rom zu ziehen. Und dem Botschafter Chanut bekennt die Königin unter dem Siegel der Vertraulichkeit (der berichtet das natürlich gleich nach Paris) bereits 1646, sie empfinde eine innere Distanz zum kalten Rationalismus und zur Prädestinationslehre der protestantischen Konfession. Auch bedaure sie den Zwist der verschiedenen protestantischen Richtungen.

Bereits in den ersten Regierungsjahren äußert Christina nicht nur ihre Distanz zur protestantischen Konfession, sondern zeigt auch eine resignative Haltung gegenüber den Staatsgeschäften und den Regierungspflichten eines Monarchen. Ihr Liebäugeln mit dem Katholizismus kommt bald auch der Kirche in Rom zu Ohren. Der Papst schickt den Jesuitenpater Antonio Mancedo, als Dolmetscher getarnt, nach Stockholm, mit dem Geheimauftrag, die Königin der protestantischen Großmacht zur Konversion zu bewegen. Christina nimmt die Gelegenheit, einen gelehrten Jesuiten vor sich zu haben, gerne wahr, um sich mit ihm über theologische Fragen auszutauschen. Bald verkündet sie ihm, sie wolle zum katholischen Glauben übertreten, Mancedo solle den Papst vertraulich darüber informieren. Der Pater verlässt Schweden und eilt nach Rom. Dort stellt man ein »Spezialkommando« zusammen: Die Jesuitenpatres Francesco Malines und Paolo Casati werden nach Stockholm geschickt, um die Konversion vorzubereiten. Im Vatikan reibt man sich die Hände: Eine Konversion der Königin von Schweden, dem Herzstück der protestantischen Mitternacht, wäre der größte Triumph der Gegenreformation und eine Revanche für die siegreichen Feldzüge von Christinas Vater im Dreißigjährigen Krieg! Christina indes macht es den Patres nicht leicht: Sie zeigt sich grundsätzlich willens, überzutreten, gesteht aber offen, sie könne nicht von Herzen katholisch werden und alle Lehrmeinungen der Kirche akzeptieren. Also muss man die Zauderin ködern: Der Sonderbotschafter Spaniens, Antonio Pimentel del Prado, der in die Angelegenheit eingeweiht ist, eröffnet in Hamburg ein Konto für Christina. Später macht er ihr vage Hoffnungen auf Neapels Thron, ein Land des ökonomischen und kulturellen Reichtums. Denn eines ist klar: Christina kann als Katholikin niemals Königin von Schweden bleiben. Die Konversion zum katholischen Glauben beinhaltet automatisch den Verzicht auf die Krone, aber sie bedeutet auch die Freiheit von der Bürde der politischen Verantwortung. Somit ist die Konversion nicht nur ein Bekenntnis zu einer anderen Glaubensrichtung, sondern auch ein Bekenntnis zur Selbstverwirklichung (in unserer heutigen Sprache ausgedrückt) oder zur Verantwortungslosigkeit gegenüber dem eigenen Volk – je nach Sichtweise.

»Endlich bin ich frei!«

Christina geht bei der Vorbereitung auf Konversion und Thronverzicht absolut stringent vor und wird dabei von den Jesuiten, den Protagonisten der Gegenreformation, beraten: Zunächst schaltet sie Axel Oxenstierna aus, der vierzig Jahre lang Kanzler des Reichs gewesen ist, und dem Schweden wohl mehr als seinen Monarchen zu verdanken hat. Sie entlässt ihn 1651 von seinen Ämtern als Kanzler und Vorsitzendem des Reichstags. Im Mai 1651 informiert sie ihren Cousin, der sich noch immer vage Hoffnungen auf eine Ehe mit Christina macht, und den sie zwei Jahre zuvor zu ihrem Nachfolger bestimmt hat, über ihre Abdankungspläne. Am 8. August setzt sie auch Reichsrat und Reichstag von ihren Absichten in Kenntnis. Die Räte sind teils empört, teils hilflos und vor den Kopf gestoßen. Der Druck auf Christina ist so groß, dass sie ihren Plan – einstweilen – zurückzieht. Doch die Jesuiten lassen nicht locker. Und Christinas Sehnsucht nach Freiheit von allen Bürden und nach einem Leben im kulturgesättigten Rom nimmt stetig zu. Am 11. Februar 1654 unternimmt sie einen zweiten Anlauf und kündigt den Reichsräten erneut an, sie wolle zurücktreten. Die Räte sind so wütend über die ihrer Ansicht nach undankbare und verantwortungslose Monarchin, dass sie deren Abdankung sogar schleunig herbeisehnen. Carl Gustav hat sich als Feldherr inzwischen einen Namen gemacht, ihm trauen sie zu, dass er Schweden auf der Höhe seiner Macht hält, ganz im Sinne des großen Gustav Adolf, und dass er sparsam wirtschaftet, denn der Staatshaushalt ist durch den Krieg, aber auch durch die Prunksucht Christinas völlig zerrüttet, das Reich steht vor dem Bankrott.

Also wird zwischen der Monarchin und dem Reichstag ein Vertragswerk ausgehandelt: Es bestimmt den künftigen Status Christinas, ihre Rechte und Ansprüche gegen den schwedischen Staat und den Umfang der verlustigen Rechte gegenüber Krone und Staat. Sie behält den protokollarischen Status einer Königin im In- und Ausland, nicht jedoch die exekutiven Rechte. Sie bleibt im Status einer Landesherrin, nämlich über die Inseln Gotland, Öland und Ösel, über Stadt und Schloss Norrköping in Schweden und die Stadt Wolgast in Pommern, außerdem erhält sie die Einnahmen aus mehreren großen Gütern in Pommern. Zudem wird sie vom schwedischen Staat mit einer Pension und einer Apanage von rund dreihundert Bediensteten versehen. Bedingung ist allerdings, dass sie nicht zum Katholizismus konvertiert, sondern die lutherische Konfession, die schwedische Staatsreligion, beibehält. In diesem letzten Punkt hält sich die Königin in den Verhandlungen stets bedeckt und weicht klaren Festlegungen aus.

Am 6. Juni 1654 kommt im großen Saal des alten Königsschlosses zu Uppsala der Reichstag zusammen, um die Abdankung der Königin entgegenzunehmen. Die Zeremonie, die in der Art noch nie stattgefunden hat, ist kurz und emotional. Wohl die Einzige, die seltsam unbewegt bleibt, ist Christina. Axel Oxenstierna, der alte und altgediente Staatsmann (der drei Monate später stirbt), übergibt der Königin den Reichsapfel, sein Sohn Johan Oxenstierna reicht ihr das Zepter. Per Brahe, ein alter Vertrauter König Gustav Adolfs, setzt Christina zum zweiten Mal (das erste Mal bei ihrer Krönung im Oktober 1650) die Krone aufs Haupt. Etlichen im Saal, so berichten Augenzeugen, stehen die Tränen in den Augen. Ein alter Bauer, Vertreter des dritten Standes, wendet sich entgegen der Etikette persönlich an seine Königin und bittet sie im Namen der treuen Bauernschaft Schwedens, auf dem Thron zu bleiben. »Wir alle wollen Ihnen helfen«, so der alte Mann mit Tränen in den Augen, »die schwere Bürde zu erleichtern.« Vergebens. Die Königin verliest die kurze Abdankungserklärung, verzichtet darin auf Thron und Herrschaft, wünscht ihrem Cousin Carl Gustav als neuem König Glück und Erfolg. Dann verlangt sie, dass man ihr die Krone abnehme. Doch keiner der Räte tritt vor. Oxenstierna und Brahe weigern sich, diese traurige Aufgabe zu übernehmen. Für sie bedeutete es Verrat am Vaterland. Christina bittet den Grafen Tott und den Baron Steinberg. Auch sie weigern sich. Erst als sie die beiden erneut ermahnt, führen sie gemeinsam diesen letzten Befehl aus. Nun treten andere hervor, nehmen Zepter und Reichsapfel entgegen, wieder andere nehmen ihr die königlichen Gewänder ab. Zum Schluss steht Christina in einem einfachen weißen Kleid da, ohne alle Insignien der Macht, »schön wie ein Engel«, wie der alte Per Brahe bekundet. Christina macht vor Carl Gustav, dem künftigen König, einen tiefen Knicks, einen vor dem Reichstag, dann zieht sie sich wortlos in ihre Privatgemächer zurück. Fassungslos schreibt der gelehrte Isaac Vossius: »In was für einer Zeit leben wir, da die Königinnen ihr Zepter ablegen und als Privatiers leben möchten, für sich selbst und für die Musen.«

Am anderen Morgen wird Carl Gustav im Dom zu Uppsala zum neuen König gekrönt und gesalbt. Christina ist nicht anwesend, sie geht vor der Stadt spazieren und genießt die Freiheit einer Privatperson. An den französischen Prinzen Louis de Condé, einen engen Vertrauten, schreibt sie einen Brief, der ihre Unerschütterlichkeit betont: »Ich werde niemals meine Tat anschwärzen durch eine Reue, die gewöhnlich die schwachen Seelen ohne Grundsätze kennzeichnet.« Wenig später macht Carl X. Gustav seiner Cousine einen Heiratsantrag. Sie lehnt ab. Sie hat andere Pläne, die sie aber geheim hält. Eilig lässt sie packen. Ein ganzer Tross ist zusammenzustellen, mit Kleidern, Schmuck, Hausrat, Tausenden von Büchern, Gemälden und Kunstgegenständen. In Männerkleidern, unter dem Pseudonym eines Grafen Dohna, verlässt Christina das Land. Als sie die Grenze hinter sich gelassen hat, bemerkt sie erleichtert: »Endlich bin ich frei!«

Zur Rechten des Papstes

Über Dänemark reist sie nach Hamburg, wo sie am 23. Juli eintrifft. Sie wird die Hansestadt an der Elbe in den kommenden Jahren noch mehrfach aufsuchen und sogar einige Zeit dort wohnen. Dabei entfaltet sie einen Pomp, der selbst einer regierenden Königin zur Ehre gereichte, und verärgert damit die zwar wohlhabenden, aber keineswegs extrovertierten Hamburger Patrizier. Der Grund für Christinas Liebe zu der Stadt: Hier lebt ihr Freund und Gläubiger, der jüdische Bankier Diego Teixeira, der sie mehr als einmal durch großzügig gewährte Kredite rettet. Die Hamburger Kaufmannschaft ist indes nicht nur von Christinas »Pomp auf Pump« abgestoßen: Die mit dem Katholizismus liebäugelnde Monarchin benimmt sich beim Besuch eines protestantischen Gottesdienstes unangemessen, indem sie lacht, laut spricht und demonstrativ statt im Gesangbuch in Vergils Dichtungen liest.

Die Reise geht weiter, über Münster, wo Christina sich die Bibliothek der Jesuiten zeigen lässt, nach Antwerpen, in den habsburgischen Niederlanden. An die immer noch umworbene Ebba Sparre schreibt sie: »Ich esse gut, schlafe gut, lese ein wenig, plaudere, lache, sehe mir französische, italienische oder spanische Theaterstücke an und lasse die Zeit in angenehmster Weise verstreichen. Mit einem Wort – ich höre keine Predigten mehr [...].« Der habsburgische Erzherzog Leopold lädt Christina nach Brüssel ein, dort trifft sie am 23. Dezember 1654 ein. Tags darauf, am Heiligen Abend, empfängt sie zum ersten Mal und in aller Heimlichkeit, nur im Beisein des Erzherzogs Leopold, des Feldherrn Raimondo Montecuccoli und einiger Vertrauter, die Kommunion. Doch die katholische Kirche und das Haus Habsburg wünschen eine öffentliche Konversion, denn das Ereignis soll als Triumph der Gegenreformation gefeiert werden. Dies geschieht im Jahr darauf, am 3. November 1655, in der Hofkirche von Innsbruck: Vor der Kulisse des monumentalen Grabmals für Kaiser Maximilian, mit den davor wie Wache stehenden vierzig Bronzefiguren von Kaisern, Königen und Fürsten, den »schwarzen Mandern«, wird die feierliche Zeremonie im Beisein von Vertretern des Vatikans und des Kaiserhofs abgehalten. Christina betritt die Kirche in einem schlichten schwarzen Gewand, ein Diamantenkreuz auf der Brust. Sie kniet vor dem Altar nieder und spricht das Tridentinische Glaubensbekenntnis. Anschließend wird das Te Deum gesungen und die Messe gelesen. Nach dem Gottesdienst wird die Konversion in der Innsbrucker Hofburg bei einem Festmahl mit Musik und Tanz gefeiert. Tags darauf wird die Oper *L'Argia* von Marc Antonio Cesti zu Ehren der konvertierten Schwedin uraufgeführt.

In Schweden ist man über die Konversion der Königin aufgebracht und zutiefst getroffen. Im Vorfeld, als die Nachricht durchsickerte, haben schwedische Unterhändler versucht, Christina davon abzubringen, sogar König Carl Gustav schrieb seiner Cousine einen geharnischten Brief – vergebens. Christina betrachtet den Katholizismus weniger als allein selig machende Religion, sondern vielmehr als ihren Protest gegen die ihr zugefügte Unfreiheit und als Zeichen, dass sie nun ganz der barocken Sinnenfreude frönen will. Und das beabsichtigt sie in Rom zu tun, im Herrschaftsbereich des Papstes. Rasch zieht sie mit ihrem Hofstaat weiter, über Trient, Mantua, Ferrara, Bologna und Spoleto nach Rom. Auch dort empfängt man sie mit allen Ehren, als Königin und als prominente Konvertitin. Doch der Einlass in Rom ist nicht umsonst zu haben: Der Papst hat Christina auferlegt, sie müsse ihm und der Kirche öffentlich Gehorsam schwören. Das tut sie denn auch brieflich, denn Papier ist geduldig, und zieht am 20. Dezember 1655 durch die Porta Pertusa, die seit dem Einzug Kaiser Karls V. zugemauert gewesen ist, in Rom ein. Inkognito – doch die Bürger Roms haben von dem berühmten Gast bereits vernommen und jubeln ihr zu. Papst Alexander VII. empfängt Christina in einer Privataudienz. Sie wirft sich vor ihm nieder und gibt ihm den rituellen Fußkuss, dann darf sie sich zu seiner Rechten setzen. Nach dem Empfang werden die Königin und ihr Tross im Torre dei Venti des Vatikans untergebracht. Kurz zuvor hat man eilends in einem Fresko mit der Darstellung der vier Himmelsrichtungen die Inschrift »Alles Böse kommt aus dem Norden« überpinselt. Am 23. Dezember findet der offizielle Einzug Christinas in Rom statt: Durch die Porta del Popolo betritt der Tross die Stadt. Die Menschen stehen an den Straßenrändern und jubeln erneut. Pauken und Trompeten verkünden Christinas Ankunft. Der Papst bestimmt den 23. Dezember zum alljährlichen Festtag im Kirchenstaat. Die Feierlichkeiten gehen weiter: Das Weihnachtsfest 1655 wird ganz im Sinne der feierlichen Aufnahme der Königin in Rom und in der katholischen Kirche begangen. Christina empfängt am 25. Dezember im Petersdom aus den Händen des Papstes die Kommunion, tags darauf die Firmung: Sie erhält die Beinamen Maria Alexandra, zu Ehren der Muttergottes und des Papstes Alexander. Noch am 26. Dezember verlässt Christina mit ihrem Gefolge den Vatikan und logiert sich im Palazzo Farnese ein (heute Sitz der französischen Botschaft), einer der prächtigsten Paläste Roms, mit Werken von Michelangelo, Guido Reni, Annibale und Agostino Carracci. Gastgeber ist der Herzog von Parma.

Der wird seine Großzügigkeit noch bereuen, denn Christinas Hofstaat, über zweihundertfünfzig Höflinge und Bedienstete, geht mit dem Gebäude und dem Mobiliar nicht eben pfleglich um. Will man zeitgenössischen Berichten glauben, so hausen die Gäste wie die sprichwörtlichen Vandalen (deren Königin Christina ihrem Titel nach übrigens auch ist): Die Räume sind bald verschmutzt, die Wände und Türen zerkratzt und ramponiert, die Möbel in den mitunter kalten römischen Wintern zum Teil verheizt. 1658 ziehen die Schweden in den Palazzo Mazarin (der heutige Palazzo Pallavicini Rospigliosi auf dem Quirinal), 1659 in den Palazzo Riario (Palazzo Corsini) im Stadtteil Trastevere.

Die Diva des römischen Barock

Christinas Verhalten in jenen Jahren ihres selbstgewählten Exils ist schwer zu bewerten: Bereits den Zeitgenossen war das Wesen der Königin ein Rätsel, und auch heute, aus der Distanz von dreieinhalb Jahrhunderten, kann man die Divergenz ihrer Anschauungen, Interessen und Handlungsweisen allenfalls als barocke Üppigkeit umschreiben, ohne dem Geheimnis dieser Frau wirklich nahezukommen. Letztlich muss Christina sich selbst ein Rätsel gewesen sein. Ihre Reisen und Unternehmungen ähneln Fluchten: vor Geschwätz und Gerüchten, vor Gläubigern und Verehrern, und ein wenig auch vor sich selbst.

In Rom gilt Christina über die Jahre und Jahrzehnte als die Diva des gesellschaftlichen Lebens: Sie entwickelt in ihrem Palazzo einen ungeahnten Prunk – auf Pump, denn sie lebt von den Zuwendungen aus Stockholm, von den Erträgen ihrer Güter in Pommern, von den Dotationen aus dem Vatikan und von Krediten Teixeiras in Hamburg. Aber sie gilt für die katholische

Kirche als ein Aushängeschild der Gegenreformation, als ein lebender Triumph über den Protestantismus, und das lässt sich die Kirche einiges kosten. Sie unterhält eine innige Freundschaft mit Kardinal Decio Azzolino (vielleicht auch ein intimes Verhältnis, aber das bleibt unklar), dem Ambitionen auf die Cathedra Petri nachgesagt werden. Christinas Kontakte zu dem Fürsten Lorenzo Colonna und seiner Frau Maria Mancini Colonna, einer der Nichten Mazarins, sind hingegen eher von Konkurrenz und Eifersucht durchzogen: Die Colonnas sind große Mäzene und Sammler, und mit ihnen misst sich die schwedische Königin. Es geht darum, wer die rauschenderen Feste veranstaltet, wer die besseren Kontakte zu den römischen Adelshäusern pflegt, wer die größeren Künstler seine Freunde nennt, wer die bedeutendere Gemäldesammlung besitzt und wer die prächtigeren Opern- und Ballettaufführungen veranstaltet. Christina trumpft gehörig auf: Gianlorenzo Bernini gehört zu den Freunden ihres Hauses, sie sammelt die Gemälde italienischer Meister der Renaissance und des Barock, sie errichtet in einem ehemaligen Gefängnis, dem Tor di Nona, ein öffentliches Theater – das Erste in Rom. Stolz prangen an der Brüstung der mittleren Loge das Wappen des Hauses Wasa und die schwedische Königskrone. Im Theater werden Opern von Francesco Cavalli und Alessandro Scarlatti aufgeführt, zudem französische Dramen von Corneille und Racine. Geladenen Gästen zeigt die Königin voller Stolz ihre Kunstsammlung, und ganz erlesene Freunde kommen sogar in den Genuss, ihre Sammlung erotischer Kunst – darunter auch Darstellungen nackter Mädchen und Jünglinge – zu bewundern (so befindet sich etwa Giovanni Lanfrancos bekanntes Gemälde *Liegender Jüngling mit Katze auf einem Bett* in ihrem Besitz). 1656 findet im Palazzo Farnese die erste Sitzung der auf Initiative Christinas gegründeten Accademia Reale statt. Die Akademie, nach dem Vorbild der Académie française errichtet, soll sich in Literatur und Wissenschaft der toskanischen Hochsprache bedienen und den klassischen Kanon der septem artes liberales, der sieben freien Künste, fördern. So steht Christina in brieflichem Kontakt mit einigen Künstlern und Literaten ihrer Zeit, etwa mit der von ihr bewunderten französischen Autorin Madeleine de Scudéry. Literarisch ist Christina auch selbst tätig: Sie verfasst eine – leider Fragment gebliebene – Autobiografie und schreibt eine Sammlung von Maximen im Stil der philosophischen Sentenzen eines Seneca oder Mark Aurel. Christinas Aphorismen zeugen nicht nur von ihrem unabhängigen Denken, sondern auch vom Schmerz der Einsamkeit: »Einsamkeit«, so schreibt sie, »ist das Element der außergewöhnlichen Menschen.« Das höchste Gut ist und bleibt ihr die Freiheit, um derentwillen sie ein Königreich aufgab und zeitlebens auch nie eine eheliche Bindung eingeht: »Niemand gehorchen zu müssen, ist ein größeres Glück, als der ganzen Erde zu gebieten.«

Der fromme Alexander VII. sieht Christinas übersteigerten Lebensgenuss und ihre Offenheit gegenüber dem weltlichen Dasein mit Sorge und Ablehnung. Gegenüber dem venezianischen Gesandten lässt er sich zu der Bemerkung hinreißen, Christina sei »als Barbarin geboren, barbarisch erzogen und [habe] den Kopf voller barbarischer Gedanken«. Enttäuscht ist der Heilige Vater auch davon, dass die Konvertitin zwar die Messe besucht, aber die Beichte verweigert, was er als Verstocktheit und Geheimniskrämerei wertet. Christinas sinnenfrohes Leben stößt nicht nur beim Klerus auf Argwohn, sondern schürt auch die Fantasie des einfachen Volkes. Spottlieder und Lazzi (Spottverse aus der italienischen Commedia dell'Arte) machen die Runde, worin Christina mal als Zwitterwesen, mal als Nymphomanin oder Hure verunglimpft wird. Als der vergleichsweise liberale Papst Alexander VII. 1667 stirbt, folgen ihm Clemens IX. (1667–1669), Clemens X. (1670–1676) und Innozenz XI. (1676–1689). Sie alle haben sich mit der Unangepasstheit und dem Eigenwillen der exilierten Königin auseinanderzusetzen, und etliches an Christinas Verhalten erscheint in ihren Augen als Ausgeburt von Ungehorsam und Unmoral. Vor allem der konservative, moralinsaure Innozenz sieht sich von Christinas Verhalten herausgefordert und ergreift harte Gegenmaßnahmen: So lässt er das von ihr finanzierte Theater schließen, da es den sittlichen Verfall fördere. Christina ist gezwungen, ihre Opern- und Theateraufführungen in ihrem Palazzo in kleinerer Runde zu veranstalten. Auch wird die Freundschaft Christinas mit Kardinal Decio Azzolino vom Vatikan argwöhnisch beobachtet. Azzolino, von dem die Königin sagt, er habe »den Verstand eines Dämons, die Tugend eines Engels und ein Herz, so groß und edel wie das Alexanders«, muss sich wegen dieser für damalige Verhältnisse ungewöhnlich engen Freundschaft mehr als einmal vor dem Papst erklären und seine moralische Unschuld beteuern.

Nicht allen Verehrern gegenüber ist Christina so freundlich und freundschaftlich gesinnt wie dem Kardinal. Das bekommt etwa der spanische Herzog von Terranova zu spüren, der Christina den Hof macht, allerdings von ihr fordert, mit bedecktem Haupt vor ihr zu erscheinen – eine Frage der damals höchst ausgefeilten Etikette. Christina weist dieses Ansinnen entrüstet zurück, da der Herzog im protokollarischen Rang weit unter ihr steht. Immerhin hat sie laut Abdankungsvertrag weiterhin den Status einer Königin. Terranova beschimpft sie daraufhin und verlangt Genugtuung. Auch sein Freund, der General Antonio de la Cueva, und dessen Frau wettern gegen Christina, die Señora bezeichnet die Königin sogar als »größte Dirne der Welt«. Christina antwortet gelassen, nur aus Achtung vor dem spanischen König lasse sie dessen General nicht auspeitschen.

Bemühungen um zwei Königreiche

Christina denkt und spricht nicht nur weiterhin wie eine Königin, sie setzt in den Jahren ihres Exils auch alles daran, wieder an die Macht zu kommen – in einem katholischen Königreich. Die vagen früheren Versprechungen auf Neapels Thron konkretisieren sich im Sommer 1656. Aus Paris sickern Gerüchte nach Rom durch, Christina könnte Königin in Unteritalien werden, nach ihrem Tod könnte Neapel dann an das Haus Bourbon fallen. Damals grassiert in Unteritalien die Pest, in Rom befürchtet man ebenfalls einen Ausbruch der Seuche, und so verlassen viele adlige Römer die Stadt und suchen ihr Heil auf dem Land. Auch Christina will Rom auf eine gewisse Zeit verlassen und nach Hamburg gehen, wo sie zu Gast im Haus ihres jüdischen Bankiers sein kann. Sie informiert den Papst über ihre Reisepläne. Der ist darüber recht froh, denn ihre Extravaganzen beleidigen sein sittliches Gefühl und gefährden den sozialen Frieden. Also bittet der Papst Kardinal Mazarin, der Königin freies Geleit durch Frankreich zu geben. Auf der päpstlichen Prunkgaleere reist Christina zusammen mit ihrem Hofstaat von über vierhundert Männern und Frauen von Civitavecchia nach Marseille. Auf dem Schiff befinden sich auch Rudersträflinge und Soldaten zum Schutz der bekanntesten Frau der katholischen Christenheit. Das Schiff ist zudem mit Kanonen und Musketen bewaffnet. Solche Vorsichtsmaßnahmen sind nicht überzogen, denn Piraten und osmanische Raubschiffe machen das Mittelmeer unsicher, und Christina scherzt, sie wolle, nachdem sie dem Papst den Fuß geküsst habe, nicht auch noch dem osmanischen Sultan die Hand küssen müssen. Sicher kommt sie in Marseille an, weiter geht es unter französischem Geleitschutz rhôneaufwärts nach Lyon. Mit von der Partie ist der junge, schöne Graf Gian Rinaldo Monaldesco, einer der Favoriten Christinas, der sich wohl auch größere Hoffnungen auf die Königin macht. Er wird seine Anhänglichkeit mit dem Tod bezahlen ... Von Lyon aus geht es weiter nach Paris. Christina wird von hohen Beamten empfangen. Sie besucht die bekannte und von ihr verehrte Schriftstellerin Madeleine de Scudéry und die gebildete Kurtisane und Salondame Ninon de Lenclos und trifft sich mit Bibliophilen, von denen sie sich mit Begeisterung und wissenschaftlichem Sachverstand deren Sammlungen zeigen lässt.

In Fontainebleau wird sie vom Hof willkommen geheißen, auch von dem erst siebzehnjährigen Ludwig XIV., in Chantilly von Kardinal Mazarin. Mit ihm schließt Christina einen Geheimvertrag: Mit Hilfe französischer Diplomatie und französischer Truppen (über fünftausend Mann Infanterie und Kavallerie sollen bereitgestellt werden) soll sie bereits Anfang des kommenden Jahres das Königreich Neapel erhalten. Zudem leiht der Kardinal der stets knapp bei Kasse stehenden Monarchin fünfzigtausend Taler. Christina verzichtet daher auf eine Weiterreise nach Hamburg zu Teixeira, macht sich auf den Rückweg nach Italien und lässt sich eine Weile in Pesaro nieder, da die Pest in Rom noch nicht abgeebbt ist. Die Eroberung Neapels verzögert sich auch aus diesem Grund, zudem ist Christina bald wieder pleite: Im Juli 1657 reist sie daher erneut nach Frankreich, um mit Mazarin das weitere Vorgehen zu besprechen und wieder Geld zu leihen. Bei diesem zweiten Frankreichaufenthalt kommt es in Schloss Fontainebleau am 6. November 1657 zu jenem grausamen Tötungsritual an Monaldesco, dem vorgeworfen wird, politische Pläne an England verraten zu haben. Der Mord ruft Entsetzen in ganz Europa hervor und zeigt Christina, die Kunstliebhaberin und gebildete Förderin der Wissenschaften, von einer ganz anderen, dunklen Seite.

Nach diesem Eklat wird Christina zwar noch im Frühjahr 1658 in Paris von Kardinal Mazarin empfangen, doch ist das Interesse der Franzosen an der Königin merklich erkaltet. Von einer französischen Militärintervention zugunsten Christinas im Königreich Neapel ist nicht mehr die Rede. Die Schwedin verlässt Frankreich im März, ohne das Land je wieder zu betreten. Ihr Traum von der neapolitanischen Königswürde ist damit ausgeträumt. Auch in Rom hat sich die Stimmung gegen sie gekehrt: Dem Papst ist nichts mehr an einer Frau gelegen, die sich gegen Anstand und Etikette benimmt und deren Fehlverhalten nur zu diplomatischen Verwicklungen führt.

Noch mehrmals versucht Christina in den folgenden Jahren und Jahrzehnten, irgendwo ein Königreich oder ein kleineres Herrschaftsgebiet zu ergattern. Doch sie hat keine Hausmacht und kein Geld. Mehrmals reist sie in den Jahren 1660 bis 1668 nach Hamburg und wohnt im Hause ihres Bankiers Teixeira, den sie immer wieder überreden kann, ihr großzügige Kredite zu gewähren. Ihre Sicherheiten für diese Kredite sind spekulativ: Die vage Aussicht auf einen Thron oder eine Herrschaft.

Dazu reist sie im Frühjahr 1667 in ihre alte Heimat Schweden, obwohl dessen Regierung sie ausdrücklich aufgefordert hat, fernzubleiben. Man hat ihr nicht verziehen, dass sie 1659 dem katholischen Kaiser in Wien vorgeschlagen hat, eine Armee nach Vorpommern zu entsenden, um die Region den Schweden zu entreißen. Im schwedischen Reichstag diskutiert man sogar darüber, ob man ihr die Einreise verweigern solle. Aber Christina ist dem Protokoll nach immer noch eine Königin, wenn auch keine regierende, zudem ist sie gemäß dem Abdankungsvertrag Herrin über Schloss Norrköping, wo sie Ende Mai 1667 Logis nimmt, aber bereits eine Woche später Schweden wieder verlässt und zurück nach Hamburg reist. In Teixeiras Haus fühlt sie sich wohler als in ihrem Schloss in Schweden, denn hier ist sie als Gast willkommen, dort als Königin verschmäht. Ihre Forderung an den schwedischen Reichstag hat sie recht dreist überbracht: Sie verlangt die Herrschaft über das in schwedischer Hand befindliche Herzogtum Bremen und Verden und bietet dafür ihre Güter in Pommern an. Ein schlechter Handel, denn mit Bremen ist eine Landeshoheit verbunden, mit den pommerschen Gütern hingegen nicht.

Noch während im Reichstag über das Ansinnen gestritten wird, tritt etwas Unerwartetes ein: In Polen dankt am 16. September 1668 König Johann II. Kasimir aus dem katholischen Zweig des Hauses Wasa wegen unüberwindlicher Streitigkeiten mit dem Sejm ab. In dem katholischen Land wird von alters her der König von den Ständen gewählt. Christina macht sich – mit gewissem Recht – Hoffnungen auf die Königskrone, immerhin ist sie katholisch, und zudem ist sie eine Wasa, was keine Voraussetzung ist, aber doch für Kontinuität bürgte. Ihr Freund Azzolino lässt seine Beziehungen beim hohen polnischen Klerus spielen, um Christinas Ansinnen den Weg zu ebnen. Er versichert dem päpstlichen Nuntius in Warschau sogar, Christina könne trotz ihrer bereits zweiundvierzig Jahre durchaus noch heiraten und Kinder gebären, da sie noch sehr »blühend« sei, und ködert den Nuntius mit einem Kardinalsposten. Doch im protestantischen Schweden regt sich Unmut. Diplomatische

Noten wandern hin und her, und auch andere Mächte schalten sich als Bewerber um Polens Krone ein: Kandidaten sind unter anderen Karl von Lothringen, Philipp Wilhelm von Pfalz-Neuburg, Prinz Louis von Condé und der russische Zar Alexej. Das Rennen macht schließlich der polnische Fürst Michael Wiśniowiecki. Christina hat bei der Königswahl trotz der Versprechungen und Köder Azzolinos keine Chance, im erzkatholischen Polen hat man schlicht keine Lust auf eine Konvertitin, die durch einen leichtfertigen Lebenswandel auffällt, sich in der heiligen Messe laut unterhält und über die Predigt Witze reißt. Im November 1668 kehrt Christina aus Hamburg nach Rom zurück – endgültig. Sie gibt sich als geschlagen, ja als alte, verhärmte Frau, wenn sie an Azzolino schreibt: »Sie werden sehen, wie ich das unglücklichste Wesen der Welt bin, ohne zu klagen, und an dem Ort, wo alle Gegenstände mich an vergangenes Glück erinnern, werde ich mir nur den Tod wünschen. Mein Schmerz wird ihn mir bald bringen.«

Glanz und Elend des Alters

So schnell geht es mit dem Sterben indes nicht. Noch mehr als zwanzig Jahre bringt Christina am Tiber zu, durchaus in angenehmer Weise. Ihre Rückkehr nach Rom im November 1668 gerät sogar erneut zu einem Triumphzug: Im Jahr zuvor hat ein neuer Papst, Clemens IX., das Amt übernommen. Bei dessen Antritt befindet sich Christina im fernen, protestantischen Hamburg. Dort feiert sie den neuen katholischen Oberhirten mit einem rauschenden Fest im Palais des reichen Juden Teixeira. Auf dem Platz vor dem Haus strömt aus Springbrunnen roter und weißer Wein, an der Fassade des Hauses werden nachts sechshundert Fackeln entzündet, die weithin sichtbar den Satz formen: »Clemens IX. Pontifex maximus vivat.« – »Der oberste Priester Clemens IX. lebe hoch.« Es ist seit der Einführung der Reformation in Hamburg die größte und auch dreisteste katholische Demonstration, und noch in der Nacht wirft die aufgebrachte Menge, alkoholisiert vom Wein aus den Springbrunnen, Steine in die Fenster von Teixeiras Haus. Erst der Einsatz städtischer Soldaten kann den Mob verscheuchen.

Der neue Pontifex maximus steht Christina bei deren Rückkehr freundlich gegenüber. Erneut zieht sie wie eine regierende Königin in Rom ein, durch die Porta del Popolo. Im Quirinalspalast richtet der Papst ihr ein Festbankett aus. Zudem gewährt er ihr eine üppige Pension, die es ihr ermöglicht, wirklich königlich in ihrem Palazzo Riario zu logieren, zu repräsentieren, rauschende Feste zu feiern und Theateraufführungen und Konzerte zu geben. Sie erweitert in jenen Jahren ihre Kunstsammlung (einen Teil hat sie ja beim Weggang aus Schweden mitgenommen, darunter etwa fünfundvierzig Gemälde des Kunstraubs von Prag). Nun sammelt sie mit Leidenschaft, meist über Kunstagenten, Werke der großen italienischen Meister: Raffael, Tizian, Michelangelo, Correggio, Veronese, Bernini, Reni, Domenichino, Caravaggio, Rosa, Cortona, Guercino und andere. Beim römischen Volk ist sie in jener Zeit beliebt, da sie auch karitative Stiftungen großzügig unterstützt. Doch der kunstsinnige Papst Clemens IX. stirbt bereits im Dezember 1669 an einem Schlaganfall. Ihm folgt Clemens X. aus der Adelsfamilie Altieri. Er stirbt 1676. Sein Nachfolger Innozenz XI., ein konservativer und freudloser Mann, verbietet öffentliche Feste, Opern- und Theateraufführungen, da sie seiner Ansicht nach die Unmoral fördern. Auch Christinas Theater Tor di Nona wird geschlossen und in einen Getreidespeicher verwandelt. Innozenz stellt außerdem die Pension für Christina ein, was sie schwer trifft (obgleich sie noch immer über Einkünfte aus Schweden und aus ihren pommerschen Gütern verfügt). Ihre Beziehung zum Papst kühlt stark ab. Wenn der Papst geglaubt hat, sie dadurch brechen zu können, irrt er sich allerdings. Christina bleibt zwar katholisch, aber weniger aus Frömmigkeit, sondern weil sie die römische Lebensart nach wie vor am höchsten schätzt. Über Innozenz meint sie voller Verachtung, er sei ein »Hypokrit, der nur den Schein der Religion wahrt und einen maßlosen Stolz und ebenso maßlose Eitelkeit besitzt. Ein Hypochonder, ein Fanatiker, der den Heiligen spielt, ohne es zu sein, den Kühnen und den Ehrbaren, ohne es im Geringsten zu sein«.

Das gesellschaftliche Leben zieht sich weitgehend in den Privatbereich zurück. Christinas Palazzo Riario bleibt im römischen Kulturleben eine feste Institution. Gäste schildern Christina in den letzten Jahren als eine Frau, die sich gehen lässt, charakterlich und äußerlich. Der Herzog von Guise beschreibt sie in einem Brief an einen Freund so: »Ihr Kopfputz ist wunderlich und besteht aus einer großen Perücke, die auf einer großen Stirn liegt, zuweilen trägt sie auch einen Hut. Das Hemd ragt über ihr Kleid hervor, das sie ziemlich schloddrig trägt. Ihre Haare sind beständig dick gepudert und stark pomadiert. Sie zieht fast nie Handschuhe an und trägt Schuhe wie die Mannsleute, deren Stimme und Wesen sie fast gänzlich an sich hat. Sie will durchaus eine Amazone darstellen. Wenigstens ist sie ebenso wild und stolz wie ihr Vater, der große Gustav.«

Die Unbill des Alters trägt Christina mit einer Mischung aus stoischem Gleichmut, Trotz und Selbstverachtung. An die Literatin Madeleine de Scudéry schreibt die Königin im Herbst 1687: »Lassen Sie sich gesagt sein, dass ich mich seit der Zeit, da Sie mich gesehen haben, keineswegs verschönert habe. Ich habe alle meine guten und bösen Eigenschaften ganz und gar behalten und bin trotz der Schmeichelei noch ebenso unzufrieden mit meiner Person, wie ich es immer gewesen bin. […] Ich habe einen heftigen Widerwillen gegen das Alter und weiß nicht, wie ich mich daran gewöhnen soll. Würde man mir die Wahl zwischen dem Alter und dem Tod geben, so würde ich ohne Zögern letzteren wählen. […] Der Tod, der nie seine Stunde verpasst, beunruhigt mich nicht. Ich warte auf ihn, ohne ihn herbeizuwünschen und ohne ihn zu fürchten.«

Der Tod verpasst auch ihre Stunde nicht. Christina stirbt am 19. April 1689 in ihrem Palazzo an den Folgen einer Lungenentzündung. Auf dem Sterbebett lässt sie Papst Innozenz ausrichten, sie bitte ihn um Vergebung für alles, was sie ihm angetan habe. Der Papst lässt der reuigen Sünderin über seinen Kardinal

Pietro Ottoboni seinen Segen erteilen. Der treue Azzolino ist während ihrer letzten Stunden an ihrer Seite.

Ikone der Gegenreformation

Drei Tage später, am 22. April, wird Christinas Leichnam in die Kirche der Oratorianer, die Chiesa Nuova, überführt und dort aufgebahrt. Auch die Jesuiten melden ihren Anspruch auf die »Beute« an. Innozenz jedoch befiehlt, den Leichnam in der Gruft des Petersdoms beizusetzen: Auch wenn ihre Person umstritten war, galt und gilt Christina doch als eine Ikone der Gegenreformation. Im Petersdom wird mit allem Pomp ein feierliches Requiem gelesen. Der letzten, unverschämten Forderung der Königin wird allerdings nicht stattgegeben: Sie hatte verlangt, man solle zwanzigtausend Seelenmessen für sie lesen. Offensichtlich hatte sie begründete Angst vor den Strafen des Fegefeuers.

Christina von Schweden wird die hohe Ehre zuteil, als einzige Frau neben Königin Charlotte von Zypern in den Katakomben der Päpste beigesetzt zu werden. Der einbalsamierte Körper (man hat kurz zuvor bei der Obduktion einwandfrei festgestellt, dass sie weiblichen Geschlechts und kein Zwitterwesen war) wird, in einem silberweißen Kleid, eine silberne Maske auf dem Gesicht, eine Krone auf dem Haupt, ein Zepter in der Hand, in den Steinsarg gebettet. Eine Inschrift auf dem Sarkophag benennt sie mit ihren weltlichen Titeln: Königin der Goten, Schweden und Vandalen. 1702 wird im Petersdom zudem ein prunkvolles Marmorgrabmal errichtet, das bis heute die zahllosen Besucher aus aller Herren Länder an die berühmte Konvertitin erinnert.

Ihre Sammlung von Gemälden und Kunstgegenständen sowie ihre riesige Bibliothek vermachte Christina ihrem Intimus Kardinal Decio Azzolino. Der stirbt wenige Wochen nach Christina am 8. Juni 1689 und vermacht die Sammlungen seinem Neffen, der wiederum noch im gleichen Jahr die Bibliothek an

Kardinal Pietro Ottoboni verkauft. Dieser wird im Oktober 1689 Nachfolger von Innozenz XI. (er stirbt am 12. August) auf dem Papstthron und verleibt Christinas Bücher der Vatikanischen Bibliothek ein. Die Kunstsammlung wird 1692 von dem reichen römischen Sammler Livio Odescalchi gekauft, dessen Erben wiederum die Gemälde verhökern, sie sind heute in öffentlichen und privaten Sammlungen in der ganzen Welt verstreut.

Das Gedächtnis an die geheimnisumwitterte, unangepasste schwedische Königin blieb und bleibt lebendig: Sie wurde über die Jahrhunderte zu einem Mythos und zu einem beliebten Sujet in Kunst, Oper, Literatur und Film, dessen Züge nicht immer viel mit der historischen Person zu tun haben. So komponierte Fridrich Wilhelm von Redern 1820 die Oper *Christina, Königin von Schweden*, eine weitere Oper stammt von Jacopo Foroni (*Cristina, regina di Svezia*, 1849). Der schwedische Dichter August Strindberg schrieb über seine rätselvolle Landsmännin sein Drama *Kristina* (1901). Und 1933 kam der melodramatische Hollywood-Film *Königin Christine* mit der nicht minder geheimnisvollen Greta Garbo in der Hauptrolle in die Kinos. Etliche Biografen und Historiker haben sich mit der »Semiramis des Nordens« befasst, haben die Quellen gesichtet, ausgewertet und interpretiert und sind der historischen Figur sicherlich ein gutes Stück näher gekommen. Restlos enträtselt ist die widersprüchliche Königin jedoch nicht. Und wird es wohl nie sein.

3 Maria Mancini Colonna (1639–1715)
Geliebte des Sonnenkönigs, Fürstin, Nonne

Paris, Herbst 1658: Der zwanzigjährige Ludwig XIV. ist König von Frankreich. Doch noch ist er nicht souverän, nicht volljährig, noch glauben seine Mutter Anna und der allgewaltige Premierminister Kardinal Mazarin, den jungen Mann in ihrem Sinne gängeln zu können, in politischen Belangen, aber auch in der persönlichen Lebensplanung. Ludwig soll nach Maßgabe der Staatsraison vermählt werden. Mazarin hat einen Plan ausgeheckt: Er will mit dem habsburgischen Erzfeind Spanien Frieden schließen und zum Zeichen der Aussöhnung den jungen König mit der Infantin Maria Theresia verkuppeln. Da sich der spanische Hof ziert, ersinnt Mazarin ein Ablenkungsmanöver: Er beschließt, Ludwig nach Lyon zu bringen, um ihn dort mit der Tochter des Herzogs von Savoyen bekanntzumachen. Alle Welt weiß, dass das savoyische Mädchen Marguerite nicht eben schön ist. Sie ist klein, hat breite Hüften und einen kleinen Kopf. Mehrmals schon haben Freier sie sitzen lassen. Gleichviel: Als Mittel zum Zweck ist sie Kardinal Mazarin gut genug. Der spanische Hof soll glauben, dass man auf die Infantin nicht angewiesen ist!

Mazarin lässt für das Unternehmen einen Tross von Höflingen, Unterhändlern und Soldaten zusammenstellen. Im Gefolge befindet sich entgegen Mazarins Wissen auch eine seiner sieben Nichten: Maria Mancini. Sie ist ein Jahr jünger als der König und von blendender Schönheit. Die Marquise de Villars schwärmt von der jungen Frau: »Um zwei Worte über ihr Äußeres zu sagen: Ihre Taille ist eine der schönsten. Ein Körper, nach spanischer Mode gekleidet, mit nicht zu großen, nicht zu kleinen Schultern. Was sie von ihrem Körper zeigt, ist von Wohlgestalt: Zwei dicke Zöpfe von schwarzem Haar, mit einem schönen, feuerfarbenen Band hochgebunden [...], auf ihrem Hals sehr schöne Perlen; ihr Auftreten hat etwas Nervöses, was einer anderen schlecht stünde, ihr jedoch, da es ihrem Naturell entspricht, nicht schadet; auch hat sie schöne Zähne.«

Kein Wunder, dass Ludwig auf dieser wochenlangen Brautschaureise Gefallen an Maria Mancini findet. Bald weigert er sich, in der königlichen Kutsche zu sitzen. Stattdessen reitet er Seite an Seite mit Maria Mancini durch das herbstliche Land. Diese Zwanglosigkeit kommt nicht von ungefähr: Bereits im Sommer haben sie sich auf Schloss Fontainebleau bei Paris kennengelernt. Maria Mancini erinnert sich in ihren Memoiren: »Die Vertraulichkeit, in der ich mit dem König und seinem Bruder lebte, war so ungezwungen und angenehm, dass ich alles, was ich dachte, aussprach. Bei der Rückkehr von einer Reise nach Fontainebleau merkte ich, dass er mich nicht hasste. Mein Scharfsinn war schon groß genug, um zu verstehen, dass es eine beredte Sprache gibt, die der schönen Worte nicht bedarf. Es kann auch sein, dass meine Zuneigung in ihm größere Gaben als in jedem anderen Mann des Königreichs ahnte und mich besonders feinfühlend machte. Das Zeugnis meiner Augen genügte mir nicht, um mich zu überzeugen, dass mir eine Eroberung von diesem Gewicht gelungen war. Die Hofleute, die alles, was ein König tut, belauern, wurden so gut wie ich darauf aufmerksam, dass Seine Majestät Liebe für mich empfand.«

Hat der Hofstaat angesichts der sommerlichen Tändeleien noch ein Auge zugedrückt, so betrachtet man nun auf der Reise nach Lyon dieses Geturtel recht pikiert: Ludwig verletzt die Etikette und konterkariert Kardinal Mazarins raffinierte Strategie. Der König hingegen schätzt als galanter Edelmann das amouröse Spiel. Kaum in Lyon angekommen und Marguerite von Savoyen vorgestellt, findet er entgegen aller Erwartung Gefallen an der unscheinbaren Prinzessin und erklärt dem entsetzten französischen Hof, er wolle die Savoyardin heiraten. Mazarin in Paris ist aufgebracht und reagiert mit Depeschen nach Lyon, wobei er nicht offen einräumen darf, dass Marguerite nur der Lockvogel für die politisch wichtigere Verbindung mit dem spanischen Königshaus ist.

»Sire, Ihr seid König und Ihr liebt mich«

Das königliche Feuer entfacht rasch und fällt ebenso rasch wieder zusammen. Ludwigs Begehren schwindet, als er von Maria Mancini gesteckt bekommt, die Taille der savoyischen Prinzessin werde nur durch ein Korsett mühsam in Form gehalten. Auf der Rückreise von der Brautschau jedenfalls sieht der Hofstaat den König wieder mit Mazarins Nichte scherzen. Entrüstet schreibt eine Hofdame: »Sie lief dem König überall nach und flüsterte ihm ständig ins Ohr, selbst in Gegenwart der Königin [Ludwigs Mutter], ohne Rücksicht auf Respekt und gute Manieren.«

Als Ludwig seinen Premierminister Mazarin offiziell um die Hand der Nichte bittet, schrillen beim Kardinal alle Alarmglocken. Zwar hat er seine sieben Nichten wenige Jahre zuvor aus Italien nach Frankreich kommen lassen, um sie geschickt an den Amts- und Standesadel zu verheiraten, doch erscheint dem Strategen eine Verbindung seiner Familie mit dem Hause Bourbon als unklug: Frankreich benötigt für seine Feldzüge gegen Deutschland einen freien Rücken, der Friedensschluss mit Spanien muss um jeden Preis herbeigeführt werden. Ludwig hat die spanische Infantin zu heiraten, und seine Nichte Maria Mancini gefälligst einen anderen Mann! Inzwischen hat auch der spanische Gesandte – aufgeschreckt durch die Brautschau von Lyon – Ludwig die Hand der Infantin angeboten und dem französischen Staat den Frieden mit Spanien.

Mazarin handelt entschlossen: Als ihr Vormund schickt er Maria Mancini nach La Rochelle. Der Abschied fällt ihr wie auch dem König schwer. Was beide nicht wissen: Es ist ihre letzte Begegnung. In der Rückschau schreibt Maria Mancini:

»Unterdessen kam der Zeitpunkt der Abreise, die ich mehr mit einem Gefühl von Zorn denn von Neigung betrachtete. Schuld daran trug das letzte Lebewohl des Königs, der mich begleitete, um mir zu sagen, er sei über meine Abreise sehr betrübt. Ich antwortete ihm: ›Sire, Ihr seid König und Ihr liebt mich, dennoch duldet Ihr, dass ich abreise!‹ Er antwortete darauf mit einem Schweigen, und als ich ihn verließ, zerriss ich ihm eine Manschette und sagte: ›Ach! Ich bin verloren!‹« Diese Szene gelangt zu literarischer Bedeutung. Zehn Jahre später verfasst der französische Dichter Jean Baptiste Racine seine Tragödie *Bérénice*. Darin fleht Königin Bérénice von Palästina ihren Geliebten, den römischen Kaiser Titus, der sie aus Gründen der Staatsraison verlassen will, an: »Ihr seid der Kaiser, und Ihr weint!«

Maria Mancini ist todunglücklich: »Alle Qualen, die man erleiden kann, erschienen mir süß und leicht, verglichen mit einer so grausamen Abwesenheit, die begann, so zarte und edle Ideen schwinden zu lassen. Alle Augenblicke wünschte ich den Tod herbei, das einzige Heilmittel für meine Übel. Der Zustand, in dem ich mich befand, war solcher Art, dass weder das, was ich darüber sagte, noch alles, was ich darüber hätte sagen können, ihn hätte ausdrücken können.« Doch selbst in der Verbannung in La Rochelle wechselt Maria mit Ludwig heimlich Briefe. Erst als sie von der Verlobung Ludwigs mit der spanischen Infantin erfährt – sie wird der damaligen Sitte in hochadeligen Kreisen gemäß in Abwesenheit Ludwigs durch einen Stellvertreter geschlossen –, bricht sie die Korrespondenz mit dem König ab.

Eine Hochzeit und ein Todesfall

Mazarin ist unterdessen nicht untätig. Durch Vermittlung des Bischofs von Fréjus bietet er seiner Nichte die lukrative Heirat mit dem Fürsten Lorenzo Colonna an, dem Großkonnetabel von Neapel und Vizekönig von Aragon. Doch erneut regt sich Widerspruch in der eigensinnigen Maria Mancini. In ihren

Memoiren schreibt sie: »Der Bischof von Fréjus unterließ es nicht, zu betonen, dass Colonna eine der größten Partien Roms sei, ebenso berühmt durch seinen Edelmut wie durch die Reichtümer seines Hauses. Und er fügte hinzu, Colonna würde mich ausdrücklich meinen Schwestern vorziehen. Eine andere als ich hätte in solchen Vernunftgründen vielleicht Trost gefunden, aber ich hegte solch eine Verachtung für alle Männer im Allgemeinen, dass ich, empört über die drängenden Bitten des Bischofs, ihm antwortete, er könne sich die Mühe dieser Reise sparen, wenn er nichts Besseres wüsste, um mich aus Frankreich zu vertreiben, und das Ehrenwort, das mir mein Onkel gab, bevor man mich zwang, den Hof zu verlassen, um ihm zu folgen, bestand darin, dass man mich niemals und in keinster Weise zwänge, mich gegen meinen Willen zu verheiraten.« Kardinal Mazarin – durch die Gicht ans Bett gefesselt – resigniert und sucht nach weiteren möglichen Heiratskandidaten. Doch selbst Herzog Karl von Lothringen wird von der stolzen Nichte abgewiesen. »Ich war«, so erklärt sie lapidar, »noch nicht in der Lage, eine neue Leidenschaft zu empfangen. Der Sturz, den ich eben erlitten hatte, war zu groß, und ich benötigte Zeit, um Trost zu finden und keine Seufzer.«

Als Maria Mancini bald darauf an den Hof in Fontainebleau gerufen wird, empfängt die junge Königin die einstige Nebenbuhlerin verständlicherweise kühl. »Da ich mir nicht hatte vorstellen könne, dass der König mich mit Gleichgültigkeit empfangen könnte«, gesteht Maria Mancini, »blieb ich völlig verwirrt zurück. Mein ganzes Leben lang habe ich nichts so Grausames empfunden. Ich litt so sehr über diese Veränderung, am liebsten wäre ich sofort nach Paris zurückgekehrt.« Nach diesem Erlebnis aufs Tiefste verletzt und an das Liebesabenteuer mit Ludwig schmerzlich erinnert, gibt sich Maria Mancini besiegt und willigt in Lorenzo Colonnas Heiratsantrag ein.

Der Kontrakt ist noch nicht unterzeichnet, als Kardinal Mazarin am 9. März 1661 stirbt. Über den Tod des herrschsüchtigen und machtbewussten Onkels sind die Nichten und der Neffe Philippe wenig betrübt. Hortense, die jüngste der sieben

Schwestern, schreibt in ihren Erinnerungen zynisch: »Auf die erste Nachricht, die wir hiervon erhielten, sagten mein Bruder und meine Schwester zueinander: ›Gott sei Dank, er ist verreckt.‹ Um ehrlich zu sein, ich selbst war auch kaum betrübter; und es ist doch bemerkenswert, dass ein Mann mit diesen Verdiensten, der sein ganzes Leben lang gerackert hat, um seine Familie nach oben zu bringen und ihr Reichtum zu verschaffen, nur Reaktionen des Widerwillens geerntet hat, selbst nach seinem Tod. Wenn Ihr wüsstet, mit welcher Strenge er uns in allen Belangen behandelte, wäret Ihr weniger erstaunt. Nie zuvor hatte ein Mensch sanftere Umgangsformen in der Öffentlichkeit und ein so rohes Gebaren zu Hause.«

Kurz nachdem der unterzeichnete Heiratsvertrag in Paris angelangt ist, zieht die inzwischen zweiundzwanzigjährige Maria Mancini mit Gefolge und Aussteuer über die Alpen nach Mailand. Da sie Lorenzo Colonna noch nie gesehen hat und auch kein Bildnis von ihm kennt, passiert bei der ersten Begegnung mit Höflingen und dem Konnetabel ein Fauxpas. Maria Mancini glaubt in dem Mann, der ihr zuerst entgegentritt, nur einen Gesandten vor sich zu haben. Sie gesteht: »Er trat also als Erster hervor, um mich zu begrüßen; aber da dieser Marquis nicht der Konnetabel zu sein schien, den ich in meiner Vorstellung trug, nahm ich sein Kompliment mit ein wenig Staunen und Kälte entgegen. Und ich drehte mich plötzlich zu einer meiner Zofen um, die Hortense hieß, und sagte zu ihr, wenn das der Ehegatte sei, den man mir bestimmt hatte, wollte ich ihn keinesfalls, und es bliebe ihm nichts anderes übrig, als sich eine andere Frau zu suchen.«

Kein gelungener Auftritt! Den Konnetabel jedoch, von Marias Schönheit entzückt, scheint das nicht zu stören: Er verlangt einen Vollzug der Ehe noch in der Nacht, und Maria, von der anstrengenden Reise erschöpft, hat Mühe, ihn abzuwehren: »Er hörte nicht einmal auf die Einwände meiner Gouvernante, die sagte, dass das ja wohl Zeit habe bis zum nächsten Tag, nach der Messe.« Selbstkritisch räumt sie später ein: »Ich war von solch schlechter Laune, dass ich dem Konnetabel nicht wenig Gram bereitete. Er tat alles, was er konnte, um mich zu zerstreuen. Er gab sogar Order, Karussells und Reifenspiele aufzustellen.« Lorenzo Colonna scheint nach dem zu urteilen, was die Quellen berichten, kein schlechter Ehemann gewesen zu sein. Mehrere Zeitzeugen bekunden, er sei in Maria närrisch verliebt gewesen und habe all ihren Wünschen, ihrer Vergnügungs- und Prunksucht gerne stattgegeben.

Venus und Apoll

Zu jener Zeit lebt Christina, die einstige Königin von Schweden, in Rom. Sie steht seit ihrem Übertritt zum katholischen Glauben in der Gunst des Papstes und weiß ihr Leben amüsant zu gestalten. So feiert sie rauschende Feste und beschießt einmal, nur aus Lust und Laune, von der Engelsburg herab die Stadt mit Kanonenkugeln. Doch im Karneval, bei den Maskeraden und Wagenrennen, stiehlt ihr die junge Fürstin Maria Colonna die Aufmerksamkeit: Die Kavaliere und feinen Damen versammeln sich weit lieber in Marias Loge als in der der Ex-Königin, worüber sich Christina bitter beklagt. Schließlich muss der Papst höchstpersönlich intervenieren, der die Herren auffordert, mit Rücksicht auf die Königin doch zumindest den Hut abzunehmen.

Der Palazzo der Colonnas wird ein beliebter Treffpunkt von Künstlern: Hausdichter wird Filippo Acciajoli, der viel von der Welt gesehen hat und sogar in Amerika war. Er führt Marionettenspiele im Hause Colonna ein, deren größtes hundertzwanzig Figuren besitzt.

Maria Colonna bringt innerhalb weniger Jahre drei Söhne zur Welt, und sie erleidet mehrere Fehlgeburten, die sie jedes Mal für Wochen auf das Krankenbett werfen. Die »feine« Gesellschaft in Rom zerreißt sich darüber bald den Mund, wie die Fürstin sich erinnert: »Diesem Zwischenfall der Fehlgeburt folgte ein Fieber von achtundvierzig Tagen, was in Rom zum Gerücht führte, der Konnetabel sei mit einer unheilbar kranken

Frau verheiratet, die den Arzt öfter braucht als die Hebamme, und die er niemals hätte ehelichen sollen.«

Irgendwann hat Maria Colonna genug und verlangt von ihrem Mann, dass sie in Zukunft wie Bruder und Schwester zusammenleben. Das Stichwort »Bruder« nährt in Lorenzo Colonna jedoch einen eifersüchtigen Verdacht. Philippe, Marias Bruder, kommt zu Besuch. Ihm eilt aus Frankreich das Gerücht voraus, er unterhalte ein inzestuöses Verhältnis zu seiner jüngsten Schwester Hortense, die er in heißblütigen Gedichten als Venus besungen habe. Nun also ist dieser Taugenichts Philippe in Rom und spielt – wie Colonna vom Fenster aus ansehen muss – mit Maria im Garten »Blindekuh« und tauscht mit ihr zärtliche Küsse! Maria Colonna rechtfertigt ihr Verhalten so: »Ich fuhr in Begleitung meines Bruders in der Karosse auf dem Corso oder zum Spanischen Platz, wobei wir uns umschlungen hielten; [...] Wir fuhren oft zu zweit in einer Kalesche nach Marino oder nach Frascati, und da wir uns manchmal herzten, entstand das Gerücht, wir seien von der Sekte der Adamiten [eine häretische Sekte]. [...] Unterdessen sah Monsieur le Connetable sehr wohl, dass alle Gespräche, die ich mit meinem Bruder führte, sehr unschuldig waren.« Ob Lorenzo Colonna wirklich so unbesorgt war, darf bezweifelt werden. Immerhin überrascht er einmal seine halbnackte Gattin und deren Bruder gemeinsam im Bett! Philippe reist nach einiger Zeit wieder aus Rom ab und kehrt nach Frankreich zurück, um dort seiner Schwester Hortense erneut den Hof zu machen.

Ein weiterer Kavalier lässt den Fürsten Colonna misstrauisch werden: Der schöne Chevalier Philippe de Lorraine, ein Herzensbrecher, der gleichermaßen Frauen wie Männern nachstellt und von Zeitgenossen als »neuer Apoll« gerühmt wird, taucht im Jahre 1670 in Rom auf. Ludwig XIV. hat ihn vom französischen Hof verbannt, da sich seine Schwägerin Henriette, die Frau von Ludwigs Bruder Philippe, bitter beklagte, der Chevalier habe ein Verhältnis mit ihrem Mann und zerstöre ihre Ehe. Philippe tat daraufhin vergebens einen Kniefall vor seinem Bruder, dem König, um den »Mignon« behalten zu dürfen. Nun also ist der Chevalier auf Jagd in Rom und findet sein erstes Opfer in Maria Colonna, die lange Spaziergänge mit ihm unternimmt und vor seinen Augen im Tiber badet. Lorenzo Colonna rast vor Eifersucht. Maria hingegen mimt die Naive: »Als ich bis zum Hals im Wasser stand, bat der Chevalier um die Erlaubnis, mich so malen zu lassen, da er nie einen Körper von so guten Proportionen gesehen habe. Der Konnetabel behauptete, ich hätte mich dem Chevalier ganz nackt gezeigt, aber meine Bediensteten wissen, dass ich das Badehäuschen nicht verließ, ohne ein Hemd von Gaze zu tragen, das mich bis zu den Füßen einhüllte. Der Konnetabel schickte Spione hinter mir her, wohin ich auch ging, und bediente sich dazu der ältesten Ghettojuden, die gewohnt waren, überall herumzustreichen [...]. Man hat mich wie die größte Verbrecherin der Welt behandelt.«

Noch weit folgenreicher gestaltet sich wenig später ein Besuch von Marias jüngster Schwester Hortense. Seit Jahren liegt sie im Streit mit ihrem Ehemann Armand de La Porte, ein Zwist, zu dem sogar der König als Schlichter hinzugezogen wird. Sie flüchtet, als Mann verkleidet, aus Paris und reitet gemeinsam mit ihrem ins Gerede gekommenen Bruder Philippe quer durch Frankreich über die Alpen nach Italien. In Rom sucht Hortense bei Maria Colonna vor ihrem Mann, den Gläubigern und dem bösen Geschwätz Zuflucht. Aber auch Armand de La Porte – der Visionen vom Erzengel Gabriel hat und glaubt, er handle auf höheres Geheiß – ist an der Ehemisere nicht unschuldig: Er sperrte seine Frau ein oder schickte sie hochschwanger über Wochen kreuz und quer durch Frankreich, weil ihn die Eifersucht plagte. Maria Colonna indes spielt die Ereignisse, die heute eine Vorabendserie mit Stoff versorgen könnten, herunter: »Wenige Tage später fuhren wir nach Mailand, um dort meine Schwester, Madame Mazarin, zu empfangen, die Paris wegen ein paar Meinungsverschiedenheiten mit ihrem Mann verlassen hatte.«

Aufsehenerregende Flucht

Kaum in Rom und in Sicherheit vor ihrem bigotten Armand, beginnt Hortense ein Verhältnis mit einem Stallburschen, das bald sichtbare Folgen hat. Die Chronistin Maria Colonna deutet das sehr diskret an: »Einige Wochen später besuchte uns mein Bruder und war sehr erfreut, Hortense zu sehen. Diese große Freundschaft zerbrach jedoch bald wegen eines Kavaliers meiner Schwester, dem sie ein wenig zu viel Aufmerksamkeit schenkte.«

Nachdem die Folge dieser »Aufmerksamkeit« heimlich aus dem Weg geschafft ist und der Stallbursche den Laufpass bekommen hat, überredet Hortense die in ihrer Ehe leidende Schwester Maria, mit ihr zusammen aus Rom zu fliehen. Der Ausbruch wird, wie schon zuvor die Flucht aus Paris, wie in einem Abenteuerroman geplant und vollzogen: Bei Nacht verlassen die Schwestern die Stadt in einer Kutsche. Vor den Toren Roms lassen sie die Kalesche zurück, legen Männerkleider an und flüchten, um weniger Aufmerksamkeit zu erregen, zu Fuß weiter. Ein paar Stunden schlafen sie in einem Wald, am anderen Morgen wandern sie weiter Richtung Küste. Maria Colonna, weniger kräftig als ihre Schwester, ist bald erschöpft. Sie steckt einem Bauern ein paar Münzen zu, der sie huckepack das letzte Stück bis zum Strand trägt. Dort wartet ein Lakai, der ein Schiff angeheuert hat, das sie nach Südfrankreich bringen soll. Die Matrosen gleichen Seeräubern und verlangen einen unverschämten Preis für die Überfahrt. Notgedrungen willigen die Schwestern ein und hoffen inständig, nicht als Frauen erkannt zu werden. Einmal müssen sie sich zwischen Felseninseln vor kreuzenden Piraten verstecken. Endlich erreichen sie La Ciotat in der Provence und gehen an Land – während Lorenzo Colonnas Agenten im Hafen von Marseille vergeblich auf die Ausreißer warten. Die Schwestern nehmen voneinander Abschied. Hortense flieht rhôneaufwärts nach Savoyen, Maria Colonna versucht, nach Paris zum König zu gelangen. Ludwig jedoch lässt ihr mitteilen, dass er sie nicht zu sehen wünsche, sie solle vielmehr Aufenthalt in einem Kloster nehmen. Maria begibt sich also in ihrer Not in das Kloster Avenay in der Nähe von Reims. Ludwig hat Mitleid und lässt ihr eine halbjährliche Rente von tausend Pistolen anweisen – doch auch weiterhin darf sie Paris nicht betreten. Nun versucht Maria Colonna nach Savoyen zu gelangen, wo Hortense Unterschlupf gefunden hat. Doch dem savoyischen Herzog reicht schon *eine* entlaufene Ehefrau: Er lässt Maria an der Grenze abweisen. Daraufhin schlägt sie sich, von den Agenten ihres Mannes verfolgt, durch das Elsass und die Pfalz, wo wieder einmal Krieg wütet, ins spanische Flandern durch. In Mecheln, wo Lorenzo Colonna Freunde hat, lässt der spanische Gouverneur sie festnehmen. Auf einem Kriegsschiff wird sie nach San Sebastián im Baskenland verschleppt, von dort nach Madrid gebracht und ins Kloster San Domingo el Real gesperrt.

Eine widerspenstige Nonne

Noch immer ist Maria Colonna lebenshungrig und unbeugsam. Eine Zeit lang hat sie eine Ausgeherlaubnis, die die noch junge Frau – sie ist inzwischen achtunddreißig – auch für erotische Abenteuer zu nutzen weiß. Die in Madrid lebende Madame d'Aulnoy schreibt in ihren Erinnerungen: »Sie blieb lange Zeit im Kloster, und manchmal entwischte sie des Abends mit einer ihrer Zofen, und promenierte überwiegend zu Fuß, in einen weißen Mantel gehüllt, zum Prado, wo sie genügend vergnügliche Abenteuer hatte, da die Frauen, die dorthin gehen, hauptsächlich ›Abenteurerinnen‹ sind, und selbst die vornehmsten Damen des Hofes sich dort ein sinnliches Vergnügen gönnen, wenn sie dorthin gehen können und man sie nicht erkennt.«

Um ihren Mann bloßzustellen, veröffentlicht Maria Colonna 1678 ihre Memoiren, die sie als »Apologie«, als Verteidigungsschrift bezeichnet. Nun wird es dem Fürsten Colonna endgültig zu bunt: Über seinen Bruder Fernando erhebt er bei der spanischen Königin Beschwerde und verlangt, man solle seiner

Frau keine Vergünstigung mehr gewähren. Maria solle vielmehr nicht nur hinter Klostermauern gehalten werden, sondern auch den Nonnenschleier nehmen. Und er hilft mit Gewalt nach. Madame d'Aulnoy berichtet:

»[...] ein königlicher Ratsherr mit seinen Offizieren, gefolgt vom Konnetabel Colonna und vom Marquis de Los Balbasez, [...] alle bewaffnet, als handle es sich um die Verhaftung eines Bandenchefs und nicht um die einer unglücklichen und wehrlosen Frau, schlugen um elf Uhr abends die Wohnungstür ein [...]. Maria Colonna war in ihrem Zimmer; einer wollte ihr die Arme mit einem Strick zusammenbinden. Als sie sich so unwürdig behandelt sah, ergriff sie ein kleines Messer, das zufällig auf dem Tisch lag, verteidigte sich damit und versetzte ihm einen Stich in die Hand. Ihr Widerstand zwang alle, sich erbittert auf sie zu stürzen und diese arme Frau, an den Haaren gezogen und halbnackt, wie den letzten Dreck zu behandeln. Man brachte sie in dieser Weise noch in der Nacht ins Schloss von Segovia, ohne Nachsicht zu üben, weder hinsichtlich ihrer hohen Geburt noch ihres guten Rufes, obwohl sie keinen Anlass dazu gegeben hatte, sie so zu behandeln. Endlich war sie also im Haus ihres Mannes, und ihr einziges Vergehen war, dass sie nicht mit dem Konnetabel zurück nach Rom wollte; so wurde sie gezwungen, den Nonnenschleier zu nehmen, ohne die Freiheit zu haben, wieder aus dem Kloster auszutreten.«

Maria Colonna wird in das Kloster des Ordens von San Jeronimo gebracht. Sie gewöhnt sich nie richtig ein, versucht weiterhin, im Kleinen ihr eigenes Leben zu führen. Madame d'Aulnoy weiß: »Sie war so ergeben in ihr Unglück, dass sie niemanden außer ihren Kindern sehen wollte; sie sagte ihnen, sie wüsste niemanden auf der Welt, der so unglücklich sei wie sie. [...] Sie stieg in den Chor hinab, wo bereits alles für die Zeremonie der Einkleidung vorbereitet war, und nahm das Habit der Novizin in der festen Absicht, eher zu sterben, als jemals die ewige Profess abzulegen; sie trug auch weiterhin Röcke aus Gold- oder Silberbrokat unter ihrem Leinenkittel, und sobald sie nicht mit den anderen Nonnen beisammen war, warf sie ihre Kutte von sich und frisierte sich nach spanischer Mode mit bunten Bändern im Haar. [...] Einmal war ich im Gefolge der Königin dort und besuchte den Konvent, und die Frau Konnetabel führte mich in ihre Zelle: Ich glaubte darin vor Kälte zu Eis zu erstarren. Die Zelle war so hoch wie eine Halle, in der man das Ballspiel Jeu de paume spielt, und, um es offen zu sagen, im Grunde war es nur ein großer Dachboden.«

Staub und Asche

Über das weitere Leben Maria Colonnas ist wenig bekannt: Im Jahre 1684 gelingt es ihr, bevor sie die ewige Profess ablegen muss, aus dem Kloster zu fliehen. Sie entkommt nach Frankreich. Maria Theresia, Ludwigs Frau, die in Maria Colonna immer die Nebenbuhlerin gesehen hat, ist ein Jahr zuvor gestorben. Ludwig XIV. hat nun Mitleid mit Maria Colonna und lässt sie in Frankreich wohnen. Lorenzo Colonna stirbt 1689, und Maria siedelt wieder nach Italien über, wo sie bis 1705 bleibt. Danach kehrt sie – sechsundsechzig Jahre alt – nach Paris zurück. Ludwig ist inzwischen am Gängelband seiner bigotten Mätresse Madame de Maintenon. Der Hof von Versailles, einst so berühmt für seine festliche Musik und für die sprühenden Komödien Molières, gleicht einem Trauerhaus, in dem die steife Etikette jedes Lachen, jede Sinnlichkeit erstickt. Maria Colonna wird von Madame de Maintenon der Zutritt zum Hof und zum alten König verwehrt. Sie lässt sich in Passy bei Paris nieder. Am 11. Mai 1715 stirbt sie sechsundsiebzigjährig auf einer Italienreise in Pisa, im selben Jahr wie ihre erste Liebe Ludwig XIV. Ihr Sohn lässt ihr einen Grabstein mit den von ihr gewählten schlichten Worten setzen: Maria Mancini Colonna. Pulvis et Cinis. Staub und Asche.

4 Émilie du Châtelet (1706–1749)
Physikerin, Philosophin, Geliebte Voltaires

Paris, zu Beginn des Jahres 1733: Die Stadt an der Seine befindet sich geradezu im Kaffeerausch. Erst wenige Jahre zuvor wurden die braunen Bohnen in Frankreich eingeführt. Und sehr bald sind die Pariser auf den Geschmack gekommen. Die Cafés schießen wie Pilze aus dem Boden. In ihnen tummeln sich Adlige, vornehme Bürger, Offiziere, hohe Geistliche, Künstler, Gelehrte – nicht nur, um das türkische Getränk zu genießen, sondern auch, um wissenschaftliche Diskussionen und literarische Gespräche zu führen. Das Kaffeehaus ist zu jener Zeit das öffentliche Forum der Universität. Frauen jedoch ist es verwehrt, ein Café zu betreten. Es ziemt sich nicht für eine Dame, in solchen Etablissements zu verkehren und mit Männern ins Gespräch zu treten.

Eines Tages sitzen im beliebten Café Gradot die Stammgäste – überwiegend Wissenschaftler von der Sorbonne – gerade beisammen und unterhalten sich angeregt, als die Tür aufgeht: Herein tritt ein fein herausgeputzter junger Mann. Er trägt einen Zweispitz, Kniebundhosen, tadellose weiße Strümpfe, Schnallenschuhe. Der Kavalier setzt sich an einen Tisch. Die Gäste blicken hinüber. Sie haben diesen Herrn hier noch nie gesehen. Doch als sie genauer hinschauen, erstarren sie: Der junge Mann hat Rouge und Puder aufgelegt, die Augen sind mit Kajal umrandet. Es ist eine Frau! Einer der Gäste erkennt sie: Es ist die erst sechsundzwanzigjährige Marquise Émilie du Châtelet, geborene Le Tonnelier de Breteuil, eine der ersten Damen der Pariser Gesellschaft.

Der Wirt zaudert. Wie soll er sich verhalten? Er wählt schließlich den Weg des geringsten Widerstands und bedient Émilie du Châtelet, als wäre sie ein junger Herr: zuvorkommend und voller Respekt. Émilie du Châtelet hat damit einen Präzedenzfall geschaffen. Von nun an kommt sie jeden Tag ins Café Gradot, lässt sich den türkischen Kaffee munden und unterhält sich geistvoll mit den dort verkehrenden Gelehrten.

Einer der Stammgäste des Cafés, ein elegant gekleideter, schmächtiger, knapp vierzigjähriger Mann, betrachtet die schöne Marquise in Männerkleidern wohlwollend. Sein Name: François Marie Arouet. Er ist Schriftsteller und Philosoph und nennt sich selbst »Voltaire«, das Pseudonym ist ein Anagramm aus »A R O V E T L [e] J [eune]«. Auch Voltaire ist vom sprühenden Geist der Marquise fasziniert. Bald kommen sie ins Gespräch und finden aneinander Gefallen. Später wird der ewige Spötter Voltaire über Émilie du Châtelet schreiben: »Wahrhaftig: Émilie ist [...] ausgestattet mit Schönheit, Witz, Mitgefühl und allen anderen weiblichen Tugenden. Doch wünsche ich oft, sie wäre weniger gelehrt, ihr Geist weniger scharf und ihr Verlangen nach Liebe weniger unmäßig; und vor allem wäre ich glücklich, wenn sie zuweilen den Wunsch und die Fähigkeit hätte, den Mund zu halten.«

Bücher, Degen, Kartenspiel

Émilie wird am 17. Dezember 1706 als Tochter des Barons Louis-Nicolas de Breteuil und dessen Frau Alexandra-Elisabeth geboren. Breteuil ist ein hoher Beamter am Hofe Ludwigs XIV. in Versailles. Er ist für die protokollarischen Abläufe verantwortlich. Ein wichtiges Amt, das so viel einbringt, dass er und seine Familie mit vier Kindern in einem stattlichen Pariser Palais in Wohlstand leben können. Über Geld spricht man in diesem Hause nicht – und muss es auch nicht. Das hat für Émilies charakterliche Entwicklung fatale Folgen: Sie wird verzogen und verhätschelt. Was immer Émilie sich in den Kopf setzt, bekommt sie. Noch später schreibt sie in einem Brief an ihren Geliebten, der ihr Verschwendungssucht vorwirft: »Geld langweilt mich fast ebenso sehr wie Ihr ewiges Nörgeln.«

Die Eltern empfinden wohl auch Mitleid für die Tochter und kompensieren ihre Gefühle mit zu viel Nachsicht. Émilie ist nämlich ein unschönes, beinahe hässliches Mädchen. Ihre Hässlichkeit ist jedoch ihr größtes Glück: Denn da sie auf dem Heiratsmarkt als nicht vermittelbar gilt, gibt man ihr allerlei Bücher zur Hand. Zwar gilt es für eine Frau als unschicklich, »gebildet« zu sein – man hält intelligente Frauen für faul, naseweis, vorlaut und für Ehe und Hausstand ungeeignet –, aber bei Émilie, so denken die Eltern wohl insgeheim, ist das eh schon egal.

Émilie will nicht irgendwelche Bücher. Keine Abenteueroder Liebesromane. Nein: Sie begehrt die Schriften von Aristoteles, Sophokles, Cicero und Vergil, liest Dante und Petrarca, Racine und Molière, außerdem philosophische und theologische Abhandlungen und nicht zuletzt mathematische und physikalische Lehrwerke. Und da es von spezielleren Studien damals noch kaum Übersetzungen ins Französische gibt, erlernt sie sechs Fremdsprachen, die sie fließend beherrscht.

Doch Émilie ist kein Bücherwurm, keine Stubenhockerin. Sie bekommt Unterricht im Reiten und Fechten und gilt noch als erwachsene Frau am Hof von Versailles als eine gefürchtete Kämpferin, die es im spielerischen Degenduell mit den besten Musketieren ihrer Zeit aufnimmt. Einer ihrer Liebhaber, der Herzog von Richelieu, schreibt, als seine Beziehung mit der Marquise kriselt: »Hoffentlich gelingt es mir, unsere Verbindung so zu beenden, dass der Abschied von ihr, nicht von mir kommt. Ich habe keine Lust, mit ihr die Klingen zu kreuzen, denn die Ihre wäre sicher ebenso tödlich wie ihre Zunge.«

Vielleicht hätten die Eltern das Mädchen der damaligen Sitte gemäß in ein Stift für adlige Fräulein abgeschoben, hätte sich nicht ein kleines Wunder vollzogen: Émilie kommt in die Pubertät, und aus dem hässlichen Entlein wird ein schöner Schwan. Ihr Teint ist jetzt makellos, ihr Gesicht gut geschnitten, die Augen sind groß und ausdrucksstark, das Haar ist voll, die Brust wohlgeformt, die Taille unvergleichlich schmal. Einzig mit der Körpergröße stimmt es nicht: Émilie ist rund einen Meter siebzig groß, für damalige Verhältnisse eine Riesin.

Sie lässt die meisten ihrer Zeitgenossen auch geistig hinter sich. Ihre vielfältigen Interessen wollen aber gestillt sein, was damals schwieriger ist als heute. Große Leihbibliotheken gibt es noch nicht, die Universität ist Frauen verwehrt. Émilie verfällt auf ein probates Mittel: Da sie gut taktieren kann und gewöhnlich über eine Portion Glück verfügt, tut sie am Hof von Versailles ein paar reiche, gelangweilte Schranzen auf, die mit ihr bei Vingt-et-un um horrende Summen spielen. Émilie steigt in das Spiel ein – ohne wirklich über solche Beträge zu verfügen. Aber was schert es sie: Sie gewinnt und gewinnt. Fassungslos schreibt ihr Vater: »Meine Tochter ist wahnsinnig. In der letzten Woche hat sie mehr als zweitausend Louisdor am Kartentisch gewonnen. Die eine Hälfte wurde für neue Kleider ausgegeben, die andere Hälfte für neue Bücher. Vergeblich trat ich ihr entgegen; sie wollte einfach nicht einsehen, dass kein Edelmann eine Frau heiraten wird, die man jeden Tag lesen sieht.«

»Sie reden einander tot«

Émilie ist das Gejammer ihres Vaters und die Vorhaltungen ihrer Mutter leid. Deshalb entschließt sie sich, einen Mann nach *ihrem* Geschmack zu suchen: Er soll weder schön noch intelligent sein, sondern ihr lediglich einen hohen Lebensstandard sichern können und im Übrigen so tolerant oder gleichgültig sein, dass er sich um die Allüren, Extravaganzen und geistigen Interessen seiner Frau nicht weiter kümmert.

Bald zappelt ein Fisch an der Angel: Es ist der Marquis Florent-Claude du Châtelet, Kommandeur, später sogar Generalleutnant in der königlichen Armee. Châtelet verfügt nicht nur über große Ländereien in der Champagne, sondern auch über ein vornehmes Palais in Paris und über viel Geld, was Émilies erlesenen Gelüsten entgegenkommt. Außerdem ist der Marquis einen Großteil des Jahres im Krieg, an der Front in der Pfalz oder in Baden, wo er im Auftrag seines Königs Ludwig XV. deutsche Städte belagert und erobert und Felder und Dörfer verwüstet.

Am 12. Juni 1725 geben sich der Marquis du Châtelet und Émilie de Breteuil in der Kathedrale von Notre-Dame in Paris das Jawort. Fortan nennt sich Émilie »Marquise du Châtelet«, und unter diesem Namen geht sie in die Geistesgeschichte ein. Eine böse, aber nicht unwahrscheinliche Anekdote weiß übrigens, dass Émilie die Trauungszeremonie unterbricht, um den Geistlichen ungeniert auf einen Aussprachefehler in seinem liturgischen Latein hinzuweisen.

Die Ehe scheint nicht besser und nicht schlechter zu sein als andere Ehen jener Zeit: Émilie gebiert ihrem Mann bald den ersehnten Stammhalter. Vom pflichtgemäßen ehelichen Beischlaf abgesehen, lässt der Marquis seine junge Frau frei schalten und walten. Als er wieder einmal an der badischen Front steht, lässt Émilie das etwas heruntergekommene Stadtpalais der Châtelets mit immensem Aufwand renovieren und neu ausstatten. Émilie residiert nun wie eine Prinzessin: Sie schläft lange, empfängt gegen Mittag – noch im Bett liegend – gelehrte Besucher, um mit ihnen über Descartes und Erasmus zu diskutieren, steht am Nachmittag auf, lässt sich von ihren Zofen ankleiden, frisieren und pudern, besucht künstlerische und gelehrte Salons oder geht ins Theater, um sich bei den neuesten Komödien des Pierre de Marivaux zu amüsieren oder sich von den sentimentalen Stücken Pierre-Claude Nivelle de la Chaussées zu Tränen rühren zu lassen. Wenn sie am späten Abend nach Hause kommt, ist sie noch keineswegs müde, sondern studiert bis in die Morgendämmerung wissenschaftliche Traktate oder die lateinischen und griechischen Klassiker. All diese Amüsements können sie jedoch nicht über die Einsamkeit hinwegtrösten. Ihr Mann kommt nur alle paar Monate nach Paris. So beschließt sie, sich einen Liebhaber zu nehmen. Das ist damals in aristokratischen Kreisen nicht nur geduldet, sondern wird geradezu als Recht angesehen.

Émilie knüpft zarte Bande mit mehreren Männern. Einer ist der Graf Pierre de Vincennes, ein gemütlicher, kleiner, rundlicher Mann mit kahlem Schädel, der sich hauptsächlich für gutes Essen interessiert und gern und viel redet. Bald macht der böse Witz die Runde: »Was sie wohl miteinander anfangen?« – »Sie reden einander tot.« Émilie nimmt das gelassen: »Der Graf und ich unterhalten uns über die Natur des Menschen und seine Beziehung zu sich selbst und zum Universum. Was können die Leute, die über uns spotten, schon reden, ohne dass ihre abgrundtiefe Ignoranz zutage tritt?«

Wie Feuer und Eis

Schließlich lernt Émilie du Châtelet Voltaire kennen. Der damals knapp Vierzigjährige ist bereits eine Koryphäe, als Philosoph und Dichter. Er ist nicht nur berühmt, sondern auch berüchtigt. Seine spitze Feder macht ihn zugleich beliebt und verhasst. Keiner in der »besseren« Gesellschaft, der nicht fürchtet, von ihm in einer Satire durchgehechelt zu werden. Man amüsiert sich in seiner Nähe und hat zugleich Angst vor ihm.

Nachdem Voltaire und Émilie sich im Café Gradot näher gekommen sind, werden sie bald ein Liebespaar. Endlich hat der Philosoph das Gefühl, einer ihm geistig ebenbürtigen Frau begegnet zu sein. Entzückt schreibt er: »Alles an ihr ist edel. Ihre Haltung, ihr Geschmack, ihr Briefstil, ihre Reden, ihre Höflichkeit. Sie wählt ihre Worte ohne Affektiertheit, ihre Konversation ist angenehm und interessant. […] Wären Bücher so gut geschrieben, wie sie spricht, so würde man in der ganzen Welt mit Freude lesen.« Émilie du Châtelet ist sich ihres Charmes, ihres Geists, ihrer Anziehung bewusst. Nicht eben bescheiden – und vor allem ungerecht – schreibt sie an Voltaire: »Ich leugne Ihren Genius nicht, deshalb verstehe ich nicht, warum Sie den Meinen niemals anerkennen wollen. Nun wohl: Ich bin großzügig, eine Eigenschaft, die Ihnen leider Gottes fehlt, doch das macht nichts. Sie mögen die Augen noch so fest schließen: Das

Licht meines Genies wird durch Ihre Lider dringen und Sie blenden.«

Die sechzehn Jahre, in denen Voltaire und Émilie du Châtelet eine Liebesbeziehung führen, stellen eine einzigartige Symbiose zweier bedeutender und höchst eigenwilliger Persönlichkeiten dar. Es sind Jahre gemeinsamer Unternehmungen und kooperativer literarischer Arbeit, Jahre des geistigen Austauschs und der intellektuellen Anregung. Dabei sind Voltaire und Émilie du Châtelet keineswegs gleichgestimmte Naturen. Sie verhalten sich eher wie Eis zu Feuer: Voltaire, der kühle Spötter mit menschenfeindlichen Zügen; Émilie du Châtelet hingegen die unternehmungslustige Frau, die auch in ihrer geistigen Arbeit die Themen mit Eifer und Verve anpackt und dabei oft hitzige Anwandlungen zeigt. Neben ihrer Liebe verbindet die beiden der Glaube an die Wahrheit der Wissenschaft, das Licht des Geistes und die Unbestechlichkeit des Worts.

Émilie du Châtelet will mit ihrem Geliebten gern allein sein, fern des eitlen Getriebes der Hauptstadt, und auch Voltaire sehnt sich nach mehr Ruhe, um sich ungestört dem Schreiben widmen zu können. So entschließt sich Émilie, einen alten, heruntergekommenen Landsitz ihres Mannes zu beziehen: Schloss Cirey in der Champagne, an der Grenze zum Herzogtum Lothringen gelegen. Das Liebespaar richtet sich dort ein, und in monatelanger Arbeit – die Rechnungen gehen zum Teil an den Marquis du Châtelet, zum Teil werden sie von dem durch Finanzspekulationen reich gewordenen Voltaire beglichen – wird das Schloss renoviert und wohnlich gemacht. Freilich zerren die Umbauarbeiten an den Nerven der beiden geistig tätigen Menschen, vor allem, da Émilie sehr eigene und genaue Vorstellungen von »schöner wohnen« hat. Voltaire berichtet in einem Brief an Madame de La Neuville: »Madame du Châtelet will da Fenster einsetzen, wo ich Türen gesetzt habe. Sie macht aus Treppen Schornsteine und aus Schornsteinen Treppen. Wo ich die Zimmerleute angewiesen habe, die Bibliothek einzurichten, lässt sie einen Salon erstehen. Mein Salon wird zum Badezimmer. Limonen will sie pflanzen, wo ich Ulmen vorgesehen habe, und wo ich Kräuter und Gemüse gepflanzt habe (mein eigener Küchengarten, endlich!!, auf den ich schon so stolz war!), da muss unbedingt ein Blumenbeet gesetzt werden. Und trotzdem versichere ich Ihnen, sie ist einfach eine Zauberin, die Wunder vollbringt in diesem schrecklich unfertigen Haus. Aus Lumpen macht sie Gobelins und aus Holzklötzen Stühle, die selbst ein Mann mit schmerzenden Beinen wie Kardinal F[leury]. bequem finden würde – sie gefallen auch denen, die an nichts als der Mode des Augenblicks Freude haben. Kurz, es gelingt ihr, das Haus aus dem Nichts heraus wohnlich zu machen.«

Um unabhängig mitten in der Provinz arbeiten zu können, werden große Buchbestände zusammengetragen, sodass das Gelehrtenpaar innerhalb der Mauern des Schlosses, fern jeder Universität, eine Bibliothek von über zehntausend Bänden sein Eigen nennt – zu jener Zeit eine der größten Bibliotheken Frankreichs. Ein Physiklaboratorium wird eingerichtet, denn Émilie du Châtelet und Voltaire forschen zu Fragen der Optik und des Luftvakuums (1740 veröffentlicht Émilie du Châtelet ihre Überlegungen zu den Grundlagen der Physik unter dem Titel *Institutions de Physique*). Und ein Liebhabertheater wird gebaut, um Voltaires Stücke vor Gästen aufführen zu können. Über das Leben auf Schloss Cirey schreibt Voltaire: »In dieser köstlichen Abgeschiedenheit wollten wir nichts als lernen, und wir kümmerten uns nicht um Dinge, die die übrige Welt angingen.«

Und Émilie erklärt, durchaus von Kalkül geleitet: »Zunächst bin ich der Ansicht, dass alle leidenschaftlich Liebenden auf dem Lande leben sollten, wenn sich das einrichten lässt; doch vor allem bin ich sicher, dass es mir nirgends sonst gelungen wäre, Voltaires Gedanken und Gefühle für mich zu bewahren. In Paris würde ich ihn über kurz oder lang verlieren, oder jedenfalls würde ich unablässig befürchten müssen, ihn zu verlieren und ihm nachzuweinen. Ich gestehe es: Ich liebe ihn so sehr, dass ich gern auf alle Freuden und Vergnügungen in Paris verzichte um des Glückes willen, ohne Furcht mit ihm zu leben und ihn vor seinen eigenen Unvorsichtigkeiten zu bewahren.

[…] Liebe vermag es, Dornen in Rosen zu verwandeln, wie hier in unseren Bergen um Cirey, unserem irdischen Paradies. Ich kann nicht glauben, dass ich zum Unglück bestimmt bin, ich kenne nur die Seligkeit, jeden Augenblick meines Lebens mit dem zu verbringen, den ich liebe.«

Stille Tage in Cirey

Besucher sind über die Sitten und Gebräuche auf dem Schloss bisweilen düpiert. Von Monsieur de Villefort, der 1736 nach Cirey kommt, ist Folgendes überliefert: Eines Nachmittags im Winter kommt er an und klopft ans Portal. Alle Läden sind geschlossen, die Vorhänge zugezogen. Endlich öffnet ein Diener und führt den angemeldeten Besucher durch stockfinstere Gänge, an seltsamen physikalischen Apparaturen vorbei, zu Émilie du Châtelets Zimmer. Sie sitzt in einem völlig verdunkelten Raum am Schreibtisch, nur ein paar Kerzen flackern. Der Tisch ist überladen mit Büchern und Manuskripten. Die Hausherrin sitzt in voller Robe da, mit Schmuck und Juwelen behangen, als wollte sie auf einen Ball gehen. Sie unterhält sich ein paar Minuten artig mit dem Gast. Dann wird Villefort auf sein Zimmer geleitet und allein gelassen. Erst am Abend kommt man im Speisesaal zum Diner zusammen. Madame du Châtelet und Voltaire sind in großer Toilette. Die Tafel ist festlich gedeckt, aber es sind keine Diener zu sehen. Auf ein Klingelzeichen hin öffnet sich im Boden eine Luke, und ein Tischleindeck-dich kommt emporgefahren, worauf ein opulentes Mahl angerichtet ist. Sechs Stunden dauert das Diner. Danach sitzt man noch bei Wein und Kaffee bis in die Morgenstunden beisammen und plaudert über Literatur und Philosophie. Endlich darf der völlig übermüdete Monsieur de Villefort – draußen dämmert es bereits – zu Bett und fällt in einen schweren Schlaf der Erschöpfung.

Doch bereits drei Stunden später wird Villefort unsanft von einem Diener geweckt: Die Herrschaften erwarten ihn Punkt acht Uhr zum Frühstück! Voltaire und Émilie du Châtelet legen großen Wert auf einen geregelten Tagesablauf. Normalerweise ziehen die beiden sich nach dem Frühstück wieder in ihre abgedunkelten Arbeitszimmer zurück, aber da die Sonne prachtvoll scheint, beschließen sie, einen kleinen Ausflug mit Picknick zu machen. Es ist ein klarer Wintertag mit Minusgraden. Das macht den Gastgebern jedoch nichts aus. Schnell sind drei Kutschen zur Stelle: In die erste steigen Voltaire und Émilie, Villefort darf nebenher reiten. Die zweite Kutsche ist angefüllt mit Büchern, in der dritten sitzt die Dienerschaft mit Picknickkörben und Geschirr.

Es ist ein seltsamer Ausflug, den Monsieur de Villefort erlebt: Auf einer Lichtung gibt Émilie du Châtelet das Zeichen zum Halten. Die Diener breiten auf dem funkelnden Schnee Decken aus und darauf Geschirr und die mitgebrachten Delikatessen. Dick eingemummt sitzen Voltaire, Émilie du Châtelet und Villefort mitten auf der zugigen Lichtung, unter fahler Wintersonne, in der Eisesluft sind die Atemwolken zu sehen. Mit großem Appetit sprechen die Gastgeber dem mehrgängigen Mahl zu, sie amüsieren sich sichtlich und genießen das Picknick im Schnee. Villefort sitzt übermüdet und verschüchtert da und friert. Ihm ist der Appetit vergangen.

Nach dem Mahl beginnen Émilie du Châtelet und Voltaire über Literatur und Politik zu diskutieren, und zwar nach strengen Regeln: Jede These, jede Antithese muss verifiziert und belegt werden. Natürlich kommt es bald zu widersprüchlichen Ansichten – dann wird ein Diener zu der hundert Meter entfernten Bibliothekskutsche geschickt, um einen bestimmten Band zu holen, anhand dessen eine Meinung belegt werden kann. Dieser Disput zieht sich über Stunden hin, ohne dass die Gastgeber zu frieren scheinen. Endlich – der kurze Wintertag neigt sich bereits dem Ende zu – bricht man auf und fährt zum Schloss zurück. Émilie und Voltaire – vom Picknick und dem Symposion im Schnee angeregt – wünschen dem bibbernden Gast einen schönen Abend und ziehen sich in ihre Arbeitszimmer zurück, um die Nacht ihren Studien zu widmen. Villefort hingegen hüllt sich in warme Decken und trinkt heißen Gewürzwein, bevor er in einen Schlaf der Erschöpfung sinkt. Die nächsten Tage gestalten sich ähnlich anstrengend und skurril. Bald ist Villefort mit seinen Kräften am Ende, seine Laune befindet sich auf einem Tiefpunkt. Nach ein paar Tagen sagt er Adieu und reist ab.

Ein anderer Bericht über das Leben auf Schloss Cirey stammt von Françoise de Graffigny, die in die französische Literaturgeschichte mit ihrem Roman *Briefe einer Peruanerin* (1747) eingeht. Sie macht im Februar 1739 auf einer Reise Halt in Cirey und ist einige Zeit zu Gast. Sogleich wird sie als Schauspielerin in die hektische Regiearbeit des exaltierten Paars eingebunden. Erschöpft schreibt Madame de Graffigny an ihren Bekannten Monsieur Devaux, den Vorleser des lothringischen Herzogs Stanislaus Leszczyński:

»Ich ergreife einen Augenblick, in dem Madame du Châtelet mit Desmarets [ein Offizier, ebenfalls zu Gast im Schloss] ausgeritten ist, um Ihnen zu schreiben. Denn man kann hier wahrhaftig nicht aufatmen. [...] Wir spielen heute den *Verlorenen Sohn* [eine Komödie Voltaires] und einen anderen Dreiakter, den wir proben müssen. Wir haben *Zaïre* [eine Tragödie Voltaires] bis drei Uhr morgens geprobt, wir spielen sie morgen zusammen mit der *Serenade* [ein Lustspiel Jean Regnards]. Man muss sich frisieren, umziehen, fertigmachen, eine Oper singen hören. Oh, welche Strafe! Man gibt uns entzückende handschriftliche Kleinigkeiten zu lesen, die man in aller Eile durchfliegen muss. [...] wir haben gestern Abend gezählt, dass wir innerhalb vierundzwanzig Stunden dreiunddreißig Akte sowohl aus Trauerspielen und Opern, wie aus Komödien geprobt und gespielt haben. [...] Und dieser Schelm [Voltaire], der nichts lernen will, der nicht *ein* Wort aus seinen Rollen kann, ist in dem Augenblick, wo er auf die Bühne tritt, der Einzige, der sie ohne Fehler spielt. Daher gilt alle Bewunderung nur ihm. [...] Ich will Dir sagen, wie sie arbeiten. Sie [Émilie du Châtelet] verbringt alle Nächte fast ohne Ausnahme bis fünf und sechs Uhr morgens mit Arbeiten. [...] Sie werden alle glauben, dass sie bis drei Uhr nachmittags schlafen muss. Keineswegs. Sie erhebt sich um neun oder zehn Uhr morgens, und um sechs Uhr, wenn sie sich um vier Uhr hingelegt hat; was sie mit dem ersten Hahnenschrei zu Bett gehen nennt. Kurz, sie schläft nur zwei Stunden am Tag und verlässt ihren Schreibtisch innerhalb von vierundzwanzig Stunden nur während der Kaffeezeit und der Zeit des Soupers und eine Stunde anschließend. Manchmal isst sie einen Bissen um fünf Uhr abends, aber an ihrem Schreibtisch und sehr selten.«

Triumph über Friedrich von Preußen

Unterdessen droht dem heimeligen Schlossleben Gefahr: Im fernen Preußen zeigt sich der junge Kronprinz Friedrich als ein begeisterter Leser von Voltaires Schriften. Er will den Philosophen unbedingt in Berlin empfangen, aber ohne dessen Geliebte. Bereits den Zeitgenossen ist bekannt, dass Friedrich kein Freund der Frauen ist. Und Frauen, die sich noch dazu wissenschaftlich oder literarisch beschäftigen, sind ihm geradezu ein Gräuel. Also spricht der Kronprinz eine Einladung aus, die sich ausdrücklich nur an Voltaire richtet. Émilie du Châtelet ist wütend. Sie will nicht dulden, dass Voltaire allein nach Berlin reist. Durch die Geringschätzung Friedrichs fühlt sie sich nicht nur gedemütigt, in ihr lodert auch die Eifersucht. Schließlich bringt sie Voltaire dazu, die Einladung des Kronprinzen höflich mit dem Verweis abzulehnen, er wolle ohne Madame du Châtelet Frankreich nicht verlassen. In einem Brief an Voltaires Freund Charles Augustin d'Argental bekennt Émilie du Châtelet unumwunden ihre Bedenken und Vorbehalte: »Ich wünsche ausdrücklich, dass er nicht nach Preußen fährt […]. Er wäre dort verloren, ganze Monate würden vergehen, bevor ich von ihm hörte. Ich käme um vor Sorge, bevor er zurückkäme. Das Klima ist schrecklich kalt. Außerdem: Wie könnte er jederzeit zurückkehren? […] Alle diese Gründe hingegen sind nichts, verglichen mit denen, die der Charakter des Königs von Preußen [Friedrich

Wilhelm I.] offenlegt. Der Kronprinz [Friedrich] ist noch nicht König. [...] Sein Vater legt nur Wert auf Männer von zehn Fuß Größe; er hasst und malträtiert den Sohn und hält ihn unter einem eisernen Joch; er wird annehmen, dass Monsieur de Voltaire ihm gefährliche Ratschläge erteilt. Der König ist imstande, Monsieur de Voltaire verhaften zu lassen oder ihm dem Siegelbewahrer zu überantworten.«

Friedrich ersinnt nach dieser Absage eine List: Er weiß um Voltaires schier grenzenlose literarische Eitelkeit. So schreibt er seinem Idol einen schmeichlerischen Brief, der vor Heuchelei und Zweideutigkeiten nur so strotzt: »Wie sehr schätze ich einen Philosophen, der sich in der Gesellschaft der unvergleichlichen Émilie zu erholen versteht! Auch ich gebe zu, dass mir viel mehr an ihrer Bekanntschaft läge als am Wissen von der Schwerkraft, von der Quadratur des Kreises, der Verflüssigung des Goldes oder der Sünde wider den Heiligen Geist.« Zudem schickt er einen Höfling nach Cirey, mit dem Auftrag, eine Abschrift des satirischen Epos *Die Jungfrau* zu erbitten. Friedrich hege den Wunsch, Voltaires Meisterwerk, das von der französischen Zensur indiziert ist, zu lesen. Und der Bote aus Preußen hat eine weitere Nachricht vom Kronprinzen. Darin heißt es in geradezu platter Anbiederung: »Denken Sie daran, dass Sie sich in ein irdisches Paradies begeben, an einen Ort, tausendmal schöner als die Insel der Kalypso; [...] Sie werden in ihr alle Grazien des Geistes finden, die denen des Körpers so hoch überlegen sind, und werden erleben, dass dieses Wunder unter den Frauen noch in ihren Mußestunden nach der Wahrheit sucht. Sie werden dort den Geist in seiner höchsten Vollendung erleben, Weisheit ohne Schärfe, umgeben von Liebe und Lächeln.«

Voltaire ist von so viel hoheitlicher Kennerschaft und Gunst geschmeichelt und neugierig auf jene »Insel der Kalypso«, die Friedrich ihm in leuchtenden Farben malt. Er ist drauf und dran, Friedrichs Wunsch stattzugeben. Doch Émilie schätzt die Situation realistischer ein: Wer bürgt denn dafür, dass dieser Zug nicht eine Finte ist? Wenn Voltaire nach Berlin ginge und das indizierte Epos dem Kronprinzen aushändigte, würde sich nicht der alte König dessen bemächtigen und Voltaire einsperren oder an Paris ausliefern lassen? Kurzerhand entwendet sie Voltaire das Manuskript und versteckt es. Voltaire protestiert, verlangt die Herausgabe seines geistigen Eigentums. Émilie stellt sich taub und jagt den Boten des preußischen Kronprinzen aus ihrem Schloss. Kleinlaut schreibt Voltaire an Friedrich: »Ihr Gesandter wird Ihnen berichten, dass es unmöglich war, Ihre Bitte zu erfüllen. Das lag nicht an mir. Seit vielen Monaten befindet sich das kleine Werk in den Händen von Madame du Châtelet, die es nicht hergeben will. Dank der Freundschaft, mit der sie mich beehrt, kann ich nichts riskieren, das mich für immer von ihr trennen könnte.« Friedrich sieht sich für diesmal geschlagen, besiegt von einer Frau. Schlimmer noch: Wenige Wochen später wird ihm ein Essay Émilie du Châtelets zugespielt, worin sich die Autorin mit der Natur des Feuers befasst. Der Aufsatz wird 1744 sogar von der Französischen Akademie der Wissenschaften publiziert. Zwei Jahre später wird die gelehrte Marquise in die Akademie der Wissenschaften zu Bologna berufen. In ihrem Heimatland bleibt ihr das verwehrt: Frauen sind dort von akademischen Institutionen ausgeschlossen. Friedrich in Berlin schmollt und schreibt einen giftigen Brief an die gelehrte Marquise: »Ohne Ihnen schmeicheln zu wollen, darf ich Ihnen versichern, dass ich niemals Ihr Geschlecht, das die Grazien mit allen holden Gaben versahen, eines solchen Wissens, so gründlicher Forschung und profunder Entdeckungen für fähig gehalten hätte, wie sie in Ihrer Arbeit zutage kommen.«

Die Zerbrechlichkeit des Glücks

Vielleicht war Émilie du Châtelet bisweilen wirklich zu eifersüchtig und vereinnahmend: Liebe – eine banale Weisheit – ist weder zu erzwingen, noch kann sie eingefordert werden. So war es auch im Verhältnis zwischen Voltaire und der klugen und schönen Schlossherrin: Fünfzehn Jahre verbringen die beiden – von einigen Reisen Voltaires abgesehen – zusammen in Cirey. Einige Arbeiten jener Zeit sind der gegenseitigen Inspiration und Kritik zu verdanken. Émilie du Châtelet schreibt in jenen fünfzehn Jahren rastlos: Sie übersetzt Sophokles, verfasst eine philosophische Abhandlung über das Glück und beschäftigt sich in Aufsätzen und Kommentaren mit der Philosophie von Leibniz und den Arbeiten Isaac Newtons. In ihrer *Rede vom Glück* (*Discours sur le bonheur*, 1744) schreibt sie recht selbstbewusst über die Befriedigung durch geistige Beschäftigung:

»Je weniger unser Glück von anderen abhängig ist, desto leichter gelingt es uns, glücklich zu sein. [...] Aus diesem Grund, der Unabhängigkeit nämlich, ist auch die Liebe zur Wissenschaft unter allen Leidenschaften die, welche am meisten zu unserem Glück beiträgt. In der Liebe zur Wissenschaft findet sich eine Leidenschaft eingeschlossen, von der keine edlere Seele ganz frei ist: die für den Ruhm; ihn zu erlangen, gibt es für die Hälfte der Menschheit sogar nur diese eine Möglichkeit, und gerade dieser Hälfte werden durch die Erziehung die nötigen Mittel vorenthalten und der Geschmack daran unmöglich gemacht. Es ist gewiss, dass die Liebe zur Wissenschaft den Männern zu ihrem Glück weit weniger notwendig ist als den Frauen. Männer haben unendlich viele Quellen des Glücks, die den Frauen versagt sind. Sie verfügen über ganz andere Möglichkeiten, Ruhm zu erlangen, [...]; aber die Frauen sind aufgrund ihrer Lage von jeder Art Ruhm ausgeschlossen, und wenn sich unter ihnen zufällig eine mit einer höhergesinnten Seele findet, dann bleibt ihr nur die Wissenschaft, um sich über all die Abhängigkeiten und Ausschlüsse hinwegzutrösten, zu denen sie durch ihre Lage verdammt ist.«

Und von stoischem Gleichmut durchdrungen resümiert sie: »Versuchen wir also, es uns gutgehen zu lassen, keinerlei Vorurteile zu hegen, Leidenschaften zu haben und sie unserem Glück dienlich zu machen, unsere Leidenschaften durch Neigungen zu ersetzen, mit größter Sorgfalt unsere Illusionen zu bewahren, tugendhaft zu sein, niemals zu bereuen, uns von traurigen Vorstellungen fernzuhalten und unserem Herzen nie zu erlauben, auch nur ein Fünkchen Neigung für jemanden zu bewahren, dessen Neigung schwindet und der aufhört, uns zu lieben.«

Dieser Vorsatz schreibt sich leicht und ist doch schwer zu leben. Émilie du Châtelets schillernde Persönlichkeit kann nicht verhindern, dass Voltaires Liebe zu ihr erkaltet. Als Friedrich von Preußen nach dem Tod seines verhassten Vaters im Jahre 1740 König wird, spricht er erneut eine Einladung an Voltaire aus, der sich der Philosoph nicht mehr zu widersetzen wagt. In seinem Brief hat Friedrich erneut unmissverständlich seine Abneigung gegen Émilie ausgesprochen: »Hinsichtlich Madame du Châtelets Reise möchte ich Ihnen ganz offen sagen: Sie sind es, Voltaire, mein Freund, den ich zu sehen wünsche. Die himmlische Émilie mit allem himmlischen Zubehör ist doch nur ein Accessoire des Newtonschen Apoll.«

Voltaire reist im November 1740 nach Berlin und Potsdam – allein. Es kommt indes zwischen dem König der Philosophen und dem philosophierenden König bald zu tiefen Meinungsverschiedenheiten. Auch leidet der Franzose an den Ränken und Intrigen bei Hofe. Vollends wird das Bild des aufgeklärten Königs getrübt, als Friedrich im Winter 1740/41 Schlesien überfällt und damit eine blutige und lang anhaltende Krise entfacht, die fünfzehn Jahre später in den Siebenjährigen Krieg münden wird. Enttäuscht zieht sich Voltaire vom preußischen Hof zurück. Desillusioniert schreibt er: »Der König von Preußen hält sich für einen zivilisierten Mann, doch unter der dünnen Außenhaut des Ästheten liegt das Fell und die Seele eines Schlachters.«

Émilie du Châtelet triumphiert. Voller Sarkasmus verhöhnt sie Friedrich: »Der Honigmond des kleinen Friedrich und Monsieur de Voltaires ist nun zu Ende, und wir werden nichts weiter erfahren von den herrlichen literarischen Dialogen, mit denen Seine Majestät sich unsterblich zu machen hoffte.«

Doch währt Émilies Triumph nicht lange. Voltaire verliebt sich wenig später in seine junge Nichte Louise Denis, deren Vater er sein könnte. Er verlässt Schloss Cirey und geht zurück nach Paris, um sich mit Kampfeslust wieder in literarische Fehden und politische Kabalen zu werfen. Im Rausch seiner Erfolge unterliegt er bisweilen dem Dünkel, unangreifbar zu sein.

Émilie du Châtelet wird ebenfalls als Berühmtheit herumgereicht und genießt die Annehmlichkeiten der Großstadt: Sie isst und trinkt viel, wohl auch zu viel, geht in gewagten Garderoben, die selbst die legeren Pariserinnen erbleichen lassen, auf Soireen, tanzt dort bis zum Morgengrauen und gibt sich wieder ihrer alten Leidenschaft hin: dem Kartenspiel. Voller Bewunderung meint Voltaire: »Madame du Châtelets Partner beim Spiel machen sich nicht klar, dass sie [Émilie du Châtelet] im Kopf erhebliche Rechnungen anstellt und angeblich immer weiß, welche Karten die Gegner in der Hand halten. Dass sie verliert, liegt, wie man annehmen muss, am Zufall.«

Oder am Falschspiel der Gegner. Als Émilie und Voltaire einmal am Hof von Versailles empfangen werden und Émilie mit der Königin und anderen Hofdamen Vingt-et-un spielt und entgegen ihrer bisherigen Fortune hohe Beträge verliert, tritt Voltaire wütend zu ihnen an den Tisch und sagt zu Émilie leise, aber vernehmlich: »Sie sind wahnsinnig! Wissen Sie nicht, dass Sie mit diesen Frauen nicht spielen dürfen? Jede, aber jede hier schwindelt!« Die vornehme Runde erstarrt: eine offene Beleidigung der Königin, ein Affront, eine üble Unterstellung, die Monarchin sei eine Falschspielerin! Darauf steht Kerkerhaft, wenn nicht gar die Todesstrafe! Auch jetzt bewahrt Émilie kühlen Kopf und rettet damit den Voltaires. Sie entschuldigt sich und verkündet, Voltaire und sie würden die Nacht beim Herzog von Richelieu verbringen. Eine Finte. Sie will nur die Polizei auf die falsche Fährte bringen. Noch in derselben Stunde fahren sie zu einer Vertrauten, der Herzogin von Maine, einer Cousine des Königs. Bei ihr verbergen sie sich eine Zeit lang, bis Émilies Freunde bei Hofe, unter anderen Richelieu, den König besänftigt und für Voltaire Gnade vor Recht erwirkt haben.

Eine Amour fou

Niemand weiß, wie sich Émilie du Châtelets weiteres Leben und ihre wissenschaftliche Karriere gestaltet hätten, wäre nicht das Schicksal in Person eines schönen jungen Mannes in ihr Leben getreten: 1748 lernt sie am Hof des lothringischen Herzogs Stanislaus Leszczyński – des abgedankten polnischen Königs – den zehn Jahre jüngeren Marquis Jean François de Saint-Lambert kennen und lieben. Er gilt als eitler Dandy, verfügt aber über gute Manieren und sieht blendend aus. Saint-Lambert verdreht der berühmten Marquise bald den Kopf – und verlässt sie ebenso bald. In glühenden, bisweilen entblößenden Briefen beschwört Émilie monatelang ihre Liebe zu dem schönen Gecken und begreift nicht, dass sie sich an einen charakterlich und geistig weit unter ihr stehenden Menschen verschwendet. »Wenn Sie mich nicht mehr mit jenem Feuer lieben«, klagt sie in einem Brief vom 2. September 1748, »das auch die Erfüllung nie besänftigte, so ist mein Leben vergiftet durch Sie; lieben Sie mich aber, so wie Sie zu lieben verstehen, werde ich sehr glücklich sein. Ich habe auf dieser Reise meine Vernunft auf die Probe gestellt, ich besitze davon weit weniger, als ich dachte, ohne Sie zu leben ist mir unmöglich, und wenn Sie diesen Winter nicht nach Paris kommen, wird mir das Dasein zur Qual. Um solch grausame Entbehrungen zu erdulden, lohnt es sich nicht zu leben. Heute empfinde ich Widerwillen gegen alles, bis zum Widerwillen gegen mich selbst, aber ich stelle mir vor, dass Sie mich vielleicht noch lieben, und das gibt mir den Geschmack am Leben wieder.«

Die kurze Affäre zeitigt Folgen: Mit zweiundvierzig Jahren wird Émilie du Châtelet nochmals schwanger, was zur damaligen Zeit nicht ungefährlich ist. Sie scheint ihr baldiges Ende zu ahnen. Wie eine Besessene arbeitet sie an der Fertigstellung ihrer umfangreichsten Arbeit, einer Übersetzung von Isaac Newtons *Principia Mathematica*, die posthum 1759 erscheint. Sie selbst nennt sich scherzhaft einmal »Emilia Newtonmania«. Die letzten Monate vor der Niederkunft verbringt sie als Gast des lothringischen Herzogs in dessen Residenzen in Lunéville und Commercy. Voltaire kommt mehrfach zu Besuch und überwirft sich bald mit Saint-Lambert, was in eine Duellforderung mündet. Natürlich wäre der Homme de lettres Voltaire dem waffenerfahrenen Offizier Saint-Lambert unterlegen, und es ist Émilie du Châtelet zu verdanken, dass der große Philosoph kein blutiges Ende findet: Nach viel gutem Zureden lässt Saint-Lambert von seiner Forderung ab. Bis zuletzt also hält Émilie ihrem einstigen Geliebten Voltaire freundschaftliche Treue.

An ihrer Liebe zu Saint-Lambert leidet sie indes bis zuletzt. In ihrem letzten Brief vom 31. August 1749 an den hübschen jungen Mann schreibt sie: »Lassen Sie mich nicht so im Ungewissen, ich bin von einer Niedergeschlagenheit und Mutlosigkeit, die mich erschreckten, glaubte ich an Vorahnungen. Mein einziger Wunsch ist es, Sie wiederzusehen. […] Den Arzt werde ich erst sehen, wenn Sie zurückgekehrt sind, ich hatte während Ihrer Abwesenheit zu arbeiten gehofft. Bislang habe ich es noch nicht vermocht. Ich habe unerträgliche Nierenschmerzen und eine Niedergeschlagenheit im Geiste und in meiner ganzen Person, von der allein mein Herz verschont ist. […] ich endige, weil ich nicht mehr schreiben kann.«

Émilie du Châtelet arbeitet mit großer Disziplin bis unmittelbar vor der Niederkunft. Sie ist so in ein mathematisches Problem vertieft, dass sie – so will es eine Anekdote wissen – die Niederkunft kaum wahrnimmt. Sie überreicht das neugeborene Mädchen einer Amme und begibt sich sofort wieder an den Schreibtisch. Das hätte sie vielleicht besser nicht tun sollen: Wenige Tage nach der Entbindung bekommt sie heftiges Fieber. Drei Tage später, am 7. September 1749, stirbt sie im Beisein Voltaires und Saint-Lamberts im Alter von nur zweiundvierzig Jahren. Stanislaus Leszczyński lässt ihr wie einer Königin ein Staatsbegräbnis mit allem Pomp ausrichten.

»Die Hälfte meiner selbst«

Damit endet das Leben einer der geheimnisvollsten und interessantesten Frauen des 18. Jahrhunderts. Émilie du Châtelets Bedeutung für Voltaires Leben und Schaffen ist kaum zu unterschätzen. Aber auch ihre eigenen geistigen Leistungen heben sie hinaus über die Klatschgeschichten, an denen das aristokratische Frankreich der galanten Epoche so reich ist. Nach dem Tod seiner Geliebten schreibt Voltaire voller Schmerz: »Ich habe nicht nur eine Geliebte, ich habe die Hälfte meiner selbst verloren – eine Seele, für welche die Meine gemacht war.« Nicht alle sprechen nach ihrem Tod so respektvoll von ihr. In Paris macht damals ein Spottvers die Runde, in dem viel Häme über den Mut Émilie du Châtelets, sich in einer Welt der Männer als Wissenschaftlerin und Philosophin behaupten zu wollen, zutage tritt: »Hoffen wir, dass dies die letzte ihrer Posen ist. In ihrem Alter im Kindbett sterben – das tut nur jemand, der um jeden Preis anders sein will als alle anderen.«

Gegenüber solcher Verblendung hätte die gelehrte und weise Marquise wohl nur ein müdes Lächeln des Mitleids übrig gehabt. In ihrer *Rede vom Glück* hat sich Émilie du Châtelet Gedanken über die Vergänglichkeit der Schönheit, der Liebe und des Ruhms gemacht und vor falschem Streben gewarnt: »Da man altert, muss man auf die Liebe eines Tages verzichten, und dieser Tag sollte der sein, an dem sie uns nicht mehr glücklich macht. Denken wir schließlich daran, unsere Neigung für die Wissenschaft zu pflegen, diese Neigung, die das Glück vollkommen in unsere eigenen Hände legt. Nehmen wir uns vor dem Ehrgeiz in Acht, und vor allem seien wir uns im Klaren, was wir sein wollen; entscheiden wir uns für den Weg, den wir für unser Leben einschlagen wollen, und versuchen wir, ihn mit Blumen zu säumen.«

5 Mary Shelley (1797–1851)
Frankensteins Schöpferin

Sommer 1816: Nach der endgültigen Niederlage Napoleons und dem Ende des Wiener Kongresses, auf dem Europa neu geordnet worden ist, atmen die Menschen auf und erfreuen sich nach einem Vierteljahrhundert revolutionärer und kriegerischer Wirren des Friedens. Englische Globetrotter, vordem durch die von Napoleon verordnete Kontinentalsperre behindert, überschwemmen das Festland und bereisen die Sehnsuchtslandschaften, vor allem Italien und die Schweiz. Doch die Sommer jener Jahre sind ungewöhnlich kalt und verregnet, was in manchen Regionen sogar zu Hungersnöten führt. Erst im 20. Jahrhundert wird man eine Erklärung dafür finden: Beim explosionsartigen Ausbruch des indonesischen Vulkans Tambora im Jahre 1815 werden riesige Mengen Staub und Asche in die Atmosphäre geschleudert. Auf Jahre wird das Sonnenlicht absorbiert, was weltweit zu einer spürbaren Absenkung der Temperaturen führt. Die damaligen Menschen wissen nichts von diesen komplizierten meteorologischen Zusammenhängen, leiden aber darunter, viele ganz existenziell, andere eher am Rande, wie auch die englischen Reisenden, denen der ferne Vulkan das Urlaubswetter vermiest.

So geht es in jenen Sommerwochen auch einer kleinen Gesellschaft junger Engländer, die sich im Hôtel d'Angleterre in Sécheron bei Genf eingemietet haben. Der Blick vom Hotel auf den Genfer See und die Savoyer Alpen wäre eigentlich grandios, die Landschaft ringsum ist lieblich und lädt zu Spaziergängen ein, aber das Wetter lässt zu wünschen übrig. Es regnet und ist kühl, starker Wind bläst über den See. Doch die Männer und Frauen machen aus der Not eine Tugend und nutzen die Böen, um mit einem gemieteten Segelboot über den weiten See zu jagen. Eine der jungen Frauen schreibt an ihre Halbschwester nach England:

»Wir haben ein Boot gemietet, und jeden Abend gegen sechs Uhr segeln wir auf dem See. Ob wir über eine glatte Oberfläche gleiten oder von starkem Wind schnell davongetragen werden – es ist immer wundervoll. Die Wellen des Sees verursachen bei mir nicht die Übelkeit, die mich daran hindert, Seereisen zu genießen. Im Gegenteil, das Schlingern des Bootes hebt meine Stimmung und erfüllt mich mit ungewöhnlicher Heiterkeit. Die Dämmerung dauert hier nur kurz, aber im Augenblick nutzen wir den wachsenden Mond und kehren selten vor zehn Uhr zurück [...]. Hier an diesem herrlichen Fleckchen Erde bei diesem göttlichen Wetter fühle ich mich so glücklich wie ein gerade flügge gewordener Vogel und achte nicht auf den Zweig, auf den ich fliege, wenn ich nur meine neuen Schwingen erproben kann.«

Die englischen Touristen lassen sich die gute Laune nicht durch die widrigen Wetterumstände verderben. Ihre Namen: Percy Shelly, seine Geliebte Mary Godwin und deren Stiefschwester Claire, zu ihnen gesellen sich Lord George Byron und ein hübscher junger Italiener namens Giovanni Polidori. Die Fremden werden im Ort argwöhnisch beäugt. Aber auch andere Urlauber werden auf die Gruppe aufmerksam. Byron ist ein in ganz Europa bekannter Dichter, der nicht nur wegen seiner schwärmerischen Gedichte und Epen Aufsehen erregt, sondern auch wegen seiner libertinären Lebensweise. Er ist ein exzentrischer Dandy, dem man zahlreiche erotische Abenteuer gleichermaßen mit Frauen wie mit Männern nachsagt. Sein Begleiter Shelley ist ebenfalls ein Dichter, auch er von eher zweifelhaftem Ruf. Seine gerade einmal neunzehnjährige Geliebte Mary ist die Tochter des Schriftstellers William Godwin und der Frauenrechtlerin Mary Wollstonecraft. Und der hübsche Polidori mit den dunklen Locken? Darüber gehen bei den

Einheimischen die Meinungen auseinander, doch bereitwillig gibt das Hotelpersonal – gegen ein Trinkgeld, versteht sich – den Touristen, die vom Ferienaufenthalt der Prominenten Wind bekommen haben, Auskunft über die Lebens- und Liebesgewohnheiten der exzentrischen Engländer. Schließlich wird es den berühmten Reisenden zu dumm, und sie ziehen in die Villa Diodati in Cologny. Hier sind sie ungestört.

Auch abends wissen sie das Leben zu genießen: Bei Wein und Likör geben die beiden Lyriker ihre jüngsten Gedichte zum Besten. Doch bald wechseln die Themen. Das graue Wetter, der an den Fensterläden rüttelnde Wind und die Finsternis der Nacht mögen ihren Teil dazu beitragen: Shelley und Byron erzählen Gruselgeschichten. Gerade Shelley hat dafür ein Faible: Bereits in England ängstigte er Mary mit Gesichten und grausen Visionen, und sie hatte alle Mühe, ihn wieder in die reale Welt zurückzuholen. Überhaupt liegt das Genre der Gothic Novel, des im Mittelalter spielenden Schauerromans, damals im Schwange der schwarzen Seite der Romantik. England mit seinen zahllosen alten Gemäuern, finsteren Burgen, seiner ungebrochenen Tradition und seinen undurchdringlichen Nebeln scheint dafür prädestiniert. Doch man ergötzt sich auch an den seelischen Untiefen, den verschwiegenen Begierden und verborgenen Wünschen der handelnden und leidenden Figuren – weil man darin unbewusst auch eigene Sehnsüchte und Ängste widergespiegelt sieht. Erst die Psychoanalyse Sigmund Freuds wird neunzig Jahre später die Mechanismen, Kompensationen und Sublimierungen solcher fiktionaler Phantasmen wissenschaftlich beschreiben, aufdecken und verflachen. Doch zu jener Zeit der schwarzen Romantik durchlebt und durchleidet man noch, durchaus mit leisem Schauder, die Geschichten von Gespenstern, umgehenden Gehenkten, Untoten, schwarzen Mönchen, Weißen Frauen, Kobolden und lebendig Begrabenen.

Die erst knapp neunzehnjährige Mary Godwin hat es in dieser illustren Runde nicht leicht: Shelley und Byron sind berühmte Dichter. Zudem muss sie sich als Frau gegen traditionelle Erwartungshaltungen durchsetzen. Dazu gehört auch das Klischee, nur Männer seien zu eigenständiger schöpferischer Produktion fähig, Frauen hingegen mangele es an künstlerischer Fantasie. So wird sie bei den abendlichen Stegreif-Übungen im Fortspinnen von Gruselgeschichten zunächst übergangen, allenfalls verliert man die eine oder andere Stichelei, warum sie, Mary, sich denn nicht an den Gothic-Impromptus beteilige? Mary indes erscheint in jenen Tagen und Wochen seltsam in sich gekehrt, wie weltabgewandt. Sie trägt die Idee zu einer Geschichte in sich. Die wächst sich immer mehr aus – und Mary Godwin selbst ahnt wohl nicht, dass ein veritabler Roman daraus werden wird: Es ist die Geschichte des Forschers Victor Frankenstein, der in gottähnlicher Anmaßung ein menschenähnliches Wesen erschafft – aus Leichenteilen. Doch keine Krone der Schöpfung gebiert sich da, sondern ein Monster, das – von der Welt wegen seiner Hässlichkeit verabscheut – sich von den Menschen abwendet und zum Mörder wird, sich schließlich sogar gegen seinen eigenen Schöpfer Frankenstein wendet und ihn tötet. Es ist eine Geschichte, die vordergründig von Grusel bestimmt ist, zugleich aber von der existenziellen Einsamkeit eines unglücklichen Wesens weiß, das das Produkt menschlicher Hybris ist und für seine bloße Existenz nichts kann. So wendet sich die Frucht menschlichen Schöpfergeistes gegen diesen Geist selbst, sie erweist sich als faul, der Schöpfergeist als Fluch. Es ist eine Erzählung, die bis heute nichts von ihrer tiefen Bedeutung eingebüßt hat und in der Fiktion einer Gruselgeschichte die Tragödie des faustischen menschlichen Geistes wiedergibt, der zu Großem fähig ist, sich aber vom göttlichen Gesetz abwendet und damit dem Ungeist, der Bestrafung und der eigenen Vernichtung anheimfällt.

Mary Godwin-Shelley, die mit ihrem Debütroman *Frankenstein* einen fulminanten Erfolg haben wird, hat in ihrem Buch viel von der eigenen Einsamkeit und Tragik in die Person des unglücklichen künstlichen Menschen hineingelegt. Sie war eine Frau, die auf andere bisweilen abweisend oder abwesend wirkte, melancholisch, geheimnisvoll und wie unbehaust. Sie stand im

Zentrum der englischen Romantik um Percy Shelley, George Byron und John Keats und trug als Tochter der Frauenrechtlerin Mary Wollstonecraft und des liberalen Schriftstellers William Godwin ebenso die Fackel der Aufklärung, des »Century of Enlightenment«, weiter. Der Abenteurer und Byron-Freund Edward John Trelawny beschrieb Mary Shelley voller Faszination: »Allein schon dieser seltene Stammbaum an Genies interessierte mich an ihr, abgesehen von ihren eigenen Verdiensten als Autorin: Das Auffallendste in ihrem Gesicht waren die ruhigen, grauen Augen. Für englische Verhältnisse war sie eher unterdurchschnittlich groß, sehr hell und blond, geistreich, gesellig und munter in der Gesellschaft von Freunden, aber eher traurig, wenn sie allein war. Wie Shelley hatte sie, wenn auch etwas weniger ausgeprägt, die Fähigkeit, ihre Gedanken vielfältig, aber immer angemessen auszudrücken.« Mary Shelley selbst beurteilt im reiferen Alter ihren Weg als eigen- und einzigartig: »Was für ein seltsames Leben hatte ich doch! Liebe, Jugend, Sorgen und Sorglosigkeit führten mich früh weg von der normalen Routine des Lebens.«

Ein Gelehrtenhaushalt

Das Mädchen Mary kommt am 30. August 1797 in Somers Town, London, als Tochter von Mary Wollstonecraft und William Godwin zur Welt. Die Mutter hat bereits eine Tochter, Fanny, aus einer früheren Beziehung. Die Ehe von Mary Wollstonecraft und William Godwin ist ein kühles Zweckbündnis. Die beiden Intellektuellen, vehemente Kritiker der traditionellen Ehe, verbindet mehr mit ihrer Literatur und ihrer Wissenschaft. Doch beide sind pragmatisch genug, dem Kind ein uneheliches und nach damaligem Verständnis schändliches Dasein zu ersparen. Also heiraten sie wenige Wochen vor der Geburt der kleinen Mary, nennen sich aber – aus mangelnder Liebe und aus pragmatischer Ehrlichkeit – stets nur bei ihren biologischen Funktionen als »Mama« und »Papa«. Der Tod kommt einem Dasein in einer tristen Ehe zuvor: Mary Wollstonecraft stirbt elf Tage nach der Geburt ihrer zweiten Tochter am Kindbettfieber. Vater Godwin steht nun als Witwer da, mit zwei Kindern (er hat Fanny adoptiert), und ist verzweifelt, weniger aus Trauer, denn aus Selbstmitleid: »Die armen Kinder! Ich selbst bin völlig unfähig, sie zu erziehen.« Er ist ein Mann des Wortes, nicht der Windeln. Zudem ist seine Einkommenssituation mehr als unsicher, schlägt er sich doch als freiberuflicher Schriftsteller ohne feste Position und mit kläglichen und unregelmäßigen Honoraren mehr schlecht als recht durch. Die Zeit seiner mittelmäßigen Erfolge ist zudem im Sinken begriffen: Die junge Generation der Romantiker zieht das Publikum mehr und mehr in ihren Bann, das aufklärerische und abgeklärte Ethos Godwins wirkt bereits zu jener Zeit auf viele nur noch altbacken. Da kommt es dem sorgengeplagten Literaten, Witwer und Vater nur zupass, dass er die junge, kaum dreißigjährige Witwe Mary Jane Clairmont kennenlernt, die ebenfalls zwei Kinder hat – den siebenjährigen Charlie und die vierjährige Mary Jane (genannt Claire). Mary Jane Clairmont, die ins Nachbarhaus gezogen ist, ist lebenstüchtig und praktisch eingestellt, hat von Büchern kaum Ahnung, versteht sich aber auf Haushalt und Geschäfte. Am 21. Dezember 1801 heiraten Godwin und Clairmont, zwei Jahre später kommt der gemeinsame Sohn William zur Welt. Alles könnte in bester Ordnung sein (von der leidigen Geldfrage abgesehen), wäre die Dame des Hauses nicht so resolut und bestimmend. Vor allem Mary hat unter der nörglerischen Stiefmutter zu leiden.

Mary Godwin-Wollstonecraft zeigt früh literarische Interessen. Sie scheint viel von ihren leiblichen Eltern mitbekommen zu haben: Sie liest Gedichte und Romane und fängt an, aus dem Stegreif zu erzählen. Der Roman *Frankenstein*, den sie mit einundzwanzig Jahren veröffentlicht, mag ihr gedruckter Erstling sein, ihr Debüt als Erzählerin ist er keineswegs. Als sie vierunddreißig ist, bekennt Mary Shelley: »Es ist nichts Besonderes, dass ich als Tochter zweier Personen von beträchtlichem literarischen Ansehen schon frühzeitig in meinem Leben auch selbst ans Schreiben dachte. Schon als Kind kritzelte ich vor mich hin, und in meiner freien Zeit war es eine meiner Lieblingsbeschäftigungen, ›Geschichten zu schreiben‹. Doch es gab ein noch größeres Vergnügen für mich, und zwar, wenn ich Luftschlösser baute, in Wachträume eintauchte und Gedankenketten folgte, in denen sich Geschehnisse meiner Vorstellung zu einem Handlungsablauf gestalteten.«

Mary ist ein schüchternes Kind. Diese Zurückhaltung wird sie nie ablegen, auch später nicht, als Partnerin des berühmten Percy Shelley. Und selbst als Erfolgsautorin, deren *Frankenstein* in etliche Sprachen übersetzt und sogar als Theaterfassung auf die Bühne kommt, bleibt sie eine schwer zu durchschauende Frau, die auf viele wirkt, als stünde sie abseits des tätigen Lebens und der gewöhnlichen Vergnügen. Bereits als Kind steht sie am Rande: Vater Godwin hat seine literarischen Pläne im Kopf und ist zudem damit beschäftigt, Gläubiger zu vertrösten. Die Stiefmutter herrscht im Haus und steht Godwins literarischen Projekten, aber auch den geistigen Neigungen der Stieftochter Mary gleichgültig, ja gehässig gegenüber. Immerhin versucht Mary Jane Clairmont-Godwin, die literarische Werkstatt ihres Mannes in die Gewinnzone zu bringen, indem sie 1805 eine Verlagsbuchhandlung gründet, mit dem Schwerpunkt auf Kinderliteratur – schon damals ein interessantes Segment, in einer Zeit, die sich immer mehr für Pädagogik interessiert. Die Familie zieht von Somers Town nach Clerkenwell in London um, in die Skinner Street, da hier die Privat- und Geschäftsräume nebeneinanderliegen. Und William Godwin lässt sich sogar herab – wohl aus purer Geldnot und um seinen lieben Frieden mit seiner resoluten Frau zu haben – und schreibt mehrere Kinderbücher.

Das Haus in der Skinner Street wird zu einem kleinen Zentrum der damaligen Literatur, auch der Romantiker (obwohl Vater Godwin einer älteren Richtung angehört): Charles und Mary Lamb und Samuel Taylor Coleridge gehen ein und aus, lesen aus ihren gedruckten wie ungedruckten Werken vor – und die kleine Mary kommt in direkten Kontakt mit der damals neuesten Literatur, flüchtet sich in Gedichte und Geschichten, träumt vielleicht davon, selbst einmal Bücher zu schreiben und berühmt zu werden. Der Vater, der trotz seiner liberalen Ansichten kein Verfechter von Frauenrechten ist und sich für Mädchen alles andere als ein selbstbestimmtes, noch dazu künstlerisches Dasein wünscht, ist doch immerhin so vernünftig, seinen Töchtern eine umfassende Bildung zu vermitteln: Er unterrichtet sie selbst, und früh werden Mary und Claire dazu angehalten, die Klassiker zu lesen und zu vorgegebenen Themen Referate auszuarbeiten und diese im Kreis der Familie vorzutragen. Die Stiefmutter freilich steht diesem klassischen Bildungskanon ablehnend gegenüber. Sie ist in lebenspraktischen, ökonomischen Belangen emanzipiert, weiß aber der philosophischen Dimension der Frauenfrage nichts abzugewinnen und hält die Töchter dazu an, im Haushalt mitzuhelfen. Mary entzieht sich häufig der ungeliebten Hausarbeit und versteckt sich in einem Winkel des nahegelegenen St.-Pancras-Friedhofs, wo sie Nachmittage lang liest und sich wegträumt.

Die Welt in der Skinner Street ist klein und piefig, so hochtrabend die Geisteswelt William Godwins auch sein mag. Mary ist daher überglücklich, als ein Bekannter des Vaters sie einlädt, für ein paar Wochen zu ihm nach Schottland zu kommen. 1812, Mary ist fünfzehn, bricht sie nach Norden auf, an den Firth of Tay, und verbringt einige glückliche Monate bei der Familie Baxter. Sie lernt die mystische schottische Landschaft kennen und lieben und blüht in der freundlichen Atmosphäre der Gastfamilie auf. Als sie Ende 1812 nach London zurückkehrt, ist sie bereits eine junge Dame geworden: Sie trägt hübsche Kleider, eine andere Frisur, ist körperlich und geistig gereift. Sie mag keine große Schönheit sein, aber sie ist hübsch und macht vieles durch ihren Charme und ihren wachen Geist wett. Gebildete junge Männer, denen nicht nur an herausgeputzten Dämchen liegt, müssen an solch einer jungen Frau Gefallen finden.

Eine Kuh zum Melken

Mary ist erst einen Tag zurück in London, als sie über ihren Vater den Mann ihres Lebens kennenlernt: Percy Shelley. Der erst neunzehn Jahre junge Mann stammt aus einem adligen Haus und hat die Aussicht auf ein reiches Erbe. In literarischen Kreisen macht er mit seinen Gedichten Furore – sehr zum Leidwesen seines Vaters Timothy Shelley, der das Dichten als unnützen Zeitvertreib verdammt. Percy Shelley ist mit der siebzehnjährigen Harriet verheiratet. Die Ehe ist unglücklich und wird einige Zeit später zerbrechen. Doch keiner ahnt zum damaligen Zeitpunkt, dass Mary Godwin einmal Shelleys Geliebte und Frau werden wird. Noch springt der Funke nicht über, und Mary reist im Sommer 1813 nochmals nach Schottland, wo sie fast ein Jahr lang bleibt. Im Frühjahr 1814 kehrt sie endgültig nach London zurück, erneut gereift und erblüht. Doch von einer raschen Verheiratung, wie sie Vater Godwin vorschwebt (der die »Mitesserin« vom Tisch haben möchte), will Mary nichts wissen. In Schottland hat sie sich ganz ihren literarischen Ambitionen gewidmet. Und obwohl sie nach eigenem Bekunden damals noch einen »Allerwelts-Stil« schreibt, ist ihr doch klar: Sie will nicht im Haushalt versumpfen, am Rockzipfel schreiende Kinder, sondern sie möchte für die Literatur leben und Schriftstellerin werden. Aber das sind Tagträume, die weniger vom Talent als von Stand und Wohlstand abhängen. Literatinnen gibt es auch damals, aber sie besitzen die Freiheiten des Adels oder des ererbten oder angeheirateten Reichtums. Begabung allein hilft kaum weiter.

Die Shelleys hingegen sind als Barone durch Land- und Hausbesitz in der glücklichen Lage, sich nicht um die Existenzsicherung kümmern zu müssen und sich den schönen Dingen des Daseins widmen zu dürfen. Darüber freilich gehen die Ansichten auseinander. Der 1792 geborene Percy bekennt sich unter dem Einfluss der Schriften William Godwins früh zum Atheismus und wird deswegen trotz seines adligen Standes von der Schule verwiesen. Das stört den Hochbegabten wenig. Unbeirrt setzt er seinen Weg fort, studiert in Oxford und veröffentlicht Gedichte, die bei Kritik und Publikum für Aufsehen sorgen. Vater Timothy Shelley hingegen sieht die künstlerischen Ambitionen seines Sohnes mit Widerwillen und hält ihn finanziell recht kurz. Druck erzeugt Gegendruck: Percy verlässt Oxford und brennt mit einem sechzehnjährigen Mädchen namens Harriet Westbrook durch – was nach dem damaligen Sittenkodex ein Skandal ist und nur durch eine Heirat der so »entehrten« Frau wiedergutgemacht werden kann. Percy Shelley geht auf Druck seines Vaters, der mit Enterbung droht, mit Harriet den »Bund fürs Leben« ein, der allerdings nur drei Jahre halten und ein tragisches Ende nehmen wird. Der Ehe entspringt eine Tochter namens Ianthe.

Percy Shelley ist zu sehr Künstler und ein unangepasster Geist, als dass er sich durch Erbe und Ehe in ein konventionelles Schema pressen ließe. Also nimmt er wieder Kontakt zu William Godwin auf, der sich auf den Verehrer gern einlässt, zumal der junge Baron mit einem großen Erbe rechnen darf. Denn der verschuldete Godwin ist bei allem Idealismus in Gelddingen recht pragmatisch (vielleicht unter dem Einfluss seiner zweiten Ehefrau) und wittert in dem jungen Dichter eine Kuh zum Melken. So wird Percy Shelley gern in den beengten Verhältnissen in der Skinner Street empfangen, und dem Dichter wird diskret vermittelt, dass es für ihn sicher eine Ehre sei, sein Erbe mit einer Hypothek zu belasten und dem verehrten Godwin dadurch das irdische Dasein zu erleichtern. Über die Jahre hinweg greift Shelley dem Vorbild (und späteren Schwiegervater) mit Krediten unter die Arme, ohne jegliche Aussicht, sein Geld wiederzusehen.

In gewisser Weise zahlt sich für Percy Shelley das Gläubigerdasein dennoch aus: Er verliebt sich in die junge Mary, als sie im März 1814 von ihrem zweiten Schottlandaufenthalt zurückkommt. Auch Mary verguckt sich in den hübschen, blondgelockten jungen Mann mit den großen Augen. Shelley indes unterhält auch mit den anderen Töchtern des Hauses, Fanny und Claire, eine lockere Korrespondenz, der es nicht an schönen

Worten und Tändeleien mangelt. Im Hause Godwin sind also alle erwartungsvoll gespannt: die Töchter wegen des hübschen Gesichts des jungen Dichters und William Godwin wegen dessen Geldes. Hoffnungen keimen bei den jungen Frauen auf – wider besseres Wissen, da Shelley verheiratet ist. Doch die Hoffnung stirbt bekanntlich zuletzt. Indessen wird Fanny bitter enttäuscht, und Claire arrangiert sich auf eigentümliche Weise mit den Verhältnissen, indem sie kaum noch von Shelleys Seite weicht, ohne ihn erobern zu können. Mary hingegen, die unscheinbarste der drei Godwin-Töchter, wird von ihrem Prinzen erhört. Es ist wie im Märchen: Das Unwahrscheinliche wird wahr. Aber wie im Märchen müssen die Liebenden Hindernisse überwinden und Prüfungen bestehen.

Das Glück zu dritt

Percy Shelley, der kurz zuvor noch mit Selbstmord gedroht hat (er trägt stets ein Fläschchen Laudanum bei sich), ist unter Zugzwang und tut, was er bereits mit Harriet getan hat: Er »entführt« Mary, muss aber die wie eine Klette an ihm hängende Claire mit entführen, damit das Komplott nicht bereits im Vorfeld auffliegt. Die Flucht zu dritt beginnt am Abend des 6. Juli 1814 – Shelley hat Godwin am selben Tag einen Kredit angewiesen. Die Fahrt führt nach Dover, dort setzen sie über den Kanal nach Calais über. Weiter geht es über Boulogne nach Paris, wo sie sich in einem Hotel einmieten. Unterdessen hat sich die resolute Mrs. Godwin aufgemacht, die Ausreißer einzufangen, denn in London kursieren bereits Gerüchte, der hochverschuldete Godwin habe seine Töchter an den betuchten jungen Baron »verkauft«. Mary Jane Godwin ist bald in Frankreich angekommen und folgt der Spur der drei Abenteurer. Denen geht unterdessen in Paris das Geld aus, Shelley muss seine goldene Uhr versetzen. Die Flucht geht weiter, quer durch ein Frankreich, das durch Revolutionswirren und die Belastungen der napoleonischen Kriege personell und wirtschaftlich ausgeblutet ist, was Shelleys Enthusiasmus für die freiheitlichen Ideale der Französischen Revolution dämpft. Doch ist er zu sehr in seine eigenen Angelegenheiten verstrickt, als dass er sich lange damit befasste. Er hegt den Wunsch nach einer Zukunft zu dritt oder zu viert – und schreibt aus Frankreich einen Brief an seine Frau, sie möge doch nachkommen, am besten in die Schweiz, wohin er nun mit Mary und Claire ziehen will, um ein neues Leben zu beginnen. Man kann sich denken, wie diese egozentrische Fantasterei des verliebten Wirrkopfs bei der in England zurückgelassenen Harriet, die sich um ein kleines Kind zu kümmern hat, ankommt.

Ende August ist die Abenteuerlust des Trios erloschen: Das Geld geht aus, die Sehnsucht nach England nimmt zu, und überhaupt ist es in der Fremde nicht so romantisch, wie man es sich vorgestellt hat. Also fahren Percy Shelley, Mary und Claire Godwin rheinabwärts nach Holland, von Rotterdam geht es per Schiff nach England. Seekrank und elend kommen sie in London an. Mary und Claire kehren reumütig ins Elternhaus zurück, Percy Shelley versucht es wieder bei seiner Frau. Alles könnte in den Bahnen der Konvention weiterlaufen, wäre da nicht die »Schande«: Mary ist nach damaligem Sittenkodex entehrt. Einige Wochen später bemerkt sie, dass sie schwanger ist. Shelley trennt sich von seiner Frau und bezieht eine eigene Wohnung, und Mary und Claire ziehen zu ihm. Die Aufregung im Hause Godwin ist groß, und Vater Godwin, in seinen Schriften ein so freigeistiger Mann, bricht die Verbindung zu seinen Töchtern und zu Shelley, seinem Gläubiger, ab.

Die Wellen schlagen hoch, die Aufregungen gehen nicht spurlos an den Nerven der Involvierten vorüber. Percy Shelley und Claire Godwin steigern sich zu jener Zeit in hysterische Wachträume und Schauerfantasien, die sie teils mit Entsetzen erleben, teils mit wohligem Schauer. Claire hat nachts Spukvisionen und sieht – wohl vermengt mit erotischen Projektionen – in Percy Shelley ein Wesen aus einer anderen Welt. Shelley erinnert sich: »Unsere Kerzen brannten herunter. Wir hatten Angst, sie würden nicht bis zum Morgen reichen. Gerade als die Dämmerung mit dem Mondlicht kämpfte, bemerkte Jane [Claire] bei mir diesen unaussprechlichen Ausdruck, der sie vorher so sehr in Schrecken versetzt hatte. Sie beschrieb ihn als Mischung von tiefer Trauer und bewusster Macht über sie. Ich bedeckte mein Gesicht mit den Händen und redete mit ausgesuchter Freundlichkeit auf sie ein. Es half nichts. Ihr Horror und ihre Qualen steigerten sich zu schrecklichen Krämpfen. Sie schrie und wand sich auf dem Boden.« Gegen solch hysterische Ausbrüche, vielleicht auch Folge der unerfüllten Sehnsucht nach Shelley, ist Mary zu jener Zeit gefeit. Das Kind in ihrem Leib wächst, und sie hat andere Sorgen. Zwei Jahre später jedoch, in jenem verregneten und verzauberten Sommer am Genfer See, wird auch sie die Mauer zwischen Realität und Fantasie niederreißen ...

Harriet Shelley, von ihrem Mann sitzen gelassen, prozessiert über einen Anwalt um Unterhalt. Am 30. November 1814 bringt sie den Sohn Charles zur Welt. Damit hat Timothy Shelley einen männlichen Erben, und Percy Shelleys Position ist schwächer denn je. Um den Lebensunterhalt für sich und seine beiden Freundinnen zu bestreiten, schleppt er alles, was er nicht unbedingt benötigt, zum Pfandhaus, sogar sein geliebtes Sonnenmikroskop. Immerhin entspannt sich die Situation etwas, als Shelleys Großvater Bysshe im Januar 1815 stirbt und dem dichtenden Enkel Grundbesitz als »Fideikommiss« vermacht – an das Percy allerdings nicht sofort herankommt. Nach zähen Verhandlungen schlägt er immerhin 7400 Pfund zur freien Verfügung heraus, zudem eine jährliche Pension von eintausend Pfund. Damit kann er Harriet ausbezahlen und auch seinen eigenen Unterhalt und den Claires und Marys einigermaßen sicherstellen.

Mary bringt am 22. Februar 1815 ein Mädchen zur Welt. Es ist eine Frühgeburt, das Kind lebt nur wenige Tage. Sie ist erschöpft. Die Lebensumstände setzen ihr zu. Endlich wird – nach heftiger Auseinandersetzung – Claire nach Lynmouth in Devon geschickt. Doch die Hoffnung, sie los zu sein, trügt. Aber immerhin ist es für Percy und Mary eine Atempause. Zudem gelingt es Shelley, sich mit seinem Vater finanziell zu einigen. Nun sind die beiden Liebenden die drückendsten Sorgen los, und Mary nennt diesen Frühling 1815 beglückt eine »Wiedergeburt«.

Doch die Abhängigkeiten lassen sich nicht so einfach leugnen. Zwar können sie sich ein Dienstmädchen leisten, Shelley arbeitet intensiv an seinen Gedichten und Epen, und Mary betreibt Griechischstudien und liest systematisch die Werke der römischen und griechischen Antike – im Original, versteht sich –, aber kaum verfügt Percy Shelley über Geld, steht bereits wieder ein Bittsteller vor der Tür: William Godwin, der seinen Groll gegen den Entführer seiner Töchter rasch vergessen hat und den Schwiegersohn in spe erneut anpumpt. Shelley zahlt, aus Gutmütigkeit und Bewunderung für den Autor Godwin, und weil er es sich mit dem Vater seiner Geliebten nicht verscherzen will, zumal Mary wieder schwanger ist. Sie bringt am 24. Januar 1816 einen Jungen zur Welt, den sie William nennen. Das Familienglück scheint sich zu runden, mehr denn je ist man um Frieden, Ausgleich und Ruhe bemüht.

Verregneter Sommer am Genfer See

Es ist die Ruhe vor dem Sturm. Denn im Frühjahr 1816 verlässt die quirlige Claire ihren Exilort im nebligen Devon und kehrt nach London zurück. Diesmal hat sie es nicht auf Shelley abgesehen, sondern auf den anderen Stern am Dichterhimmel der Romantik: Lord George Byron. Der damals Achtundzwanzigjährige ist das Idol jener Epoche: gut aussehend, gebildet, ein Meister des poetischen Worts, ein berühmt-berüchtigter Liebhaber – promisk, verführerisch und offen bisexuell. Claire gelingt es, sich dem Lord an die Fersen zu heften, und zudem, den Kontakt zu Percy und Mary herzustellen. Bald bilden sie ein freundschaftliches Quartett. Die Beziehungen innerhalb dieses Grüppchens sind für Außenstehende kaum zu durchschauen, und selbst den Involvierten ist wohl manches unklar. Die Verhältnisse changieren zwischen Liebe und Freundschaft, Leidenschaft und Eifersucht, Erfüllung und Projektion. Gemeinsam ist ihnen ein romantisches Streben nach Freiheit, unkonventionellem Leben, bedingungslosem Erleben. Die Verhältnisse in England werden in jenen Jahren immer bedrückender, beengter, philiströser. Also planen die vier Freunde, der Insel den Rücken zu kehren und auf den Kontinent zu gehen, am besten in die Schweiz, oder nach Italien, das klassische Sehnsuchtsland. Ende April 1816 verlässt Byron England – allein. Auch er ist auf der Flucht vor familiären Verhältnissen, vor einer ungeliebten, nörglerischen Frau mit Kind, vor Gläubigern, vor Verehrerinnen, vor bösen Gerüchten und verklatschten Zeitungsartikeln. Ein wenig auch vor Claire, die nicht locker lässt und ihn beschwört, er solle sie so bald wie möglich nachholen. Byron denkt nicht daran – und übersieht, dass sich eine Claire nicht so rasch abwimmeln lässt.

Wenig später, am 13. Mai, erreichen Claire, Percy und Mary Sécheron bei Genf und mieten Zimmer im Hôtel d'Angleterre. Am 27. Mai trifft Byron, von Italien kommend, in Genf ein und mietet eine herrschaftliche Villa direkt am See. In seiner Begleitung ist ein hübscher Italiener namens Giovanni Polidori, was Claire gar nicht gefällt. Der Sommer ist verregnet. Aber das hält Byron und Shelley nicht davon ab, ein Segelboot zu mieten und damit bei Wind und Wetter auf den See hinauszufahren. Abends sitzen sie beisammen, horchen auf das Toben des Windes, der an den Fensterläden rüttelt, und ersinnen Schauergeschichten. Es ist die Geburtsstunde von *Frankenstein*, und die Initiation einer großen Erzählerin: Mary Shelley.

Der Roman rührt nicht nur an das große, bereits in Goethes *Faust* behandelte Thema von menschlicher Hybris und dem Fall, vom Menschen als Schöpfer und Zerstörer, vom Göttlichen und Teuflischen, die die Seele des Menschen gleichermaßen durchziehen, sondern auch von der Einsamkeit des Ungeheuers, eines unglückseligen Geschöpfs, das in die Welt geworfen wird, ohne zu wissen, warum, und das sich aus verschmähter Liebe und Demütigung an seinem Schöpfer rächt und ihn ermordet.

Der Schlussmonolog des Monsters, kurz vor seinem Freitod, erweckt denn auch mehr Mitgefühl als Abscheu – nicht zuletzt äußert sich darin eine lebenslange Vereinsamung und unerfüllte Sehnsucht seiner Schöpferin:

»Ich bin ein Scheusal, das ist nur zu wahr. Die Arg- und Hilflosen habe ich gemordet, im Schlafe habe die Unschuld ich erwürgt, habe jenem, der mir nichts getan, nicht mir und keinem andern Lebewesen, die Gurgel zugeschnürt! Und noch den Schöpfer meines eigenen Lebens habe ich dem Untergang geweiht, ihn, diesen Auserwählten unter allen, die der Bewunderung und der Liebe wert sind! Verfolgt habe ich ihn bis zu diesem unabänderlichen Ende! Hier liegt er vor mir, bleich und kalt im Tode. Ich weiß, du hasstest mich, und dennoch kommt dein Abscheu auf keine Weise dem Entsetzen gleich, mit dem ich selbst auf mein Leben schaue! Ich blicke auf diese blutbefleckten Hände, denke an das Herz, das alles dies ausgeheckt, und sehne den Augenblick herbei, da diese Hände mir die Augen decken, und solche Bilder mich nicht mehr verfolgen! [...] Doch nur zu bald werde ich nicht länger fühlen, was ich fühle! Dann wird der Brand in mir erloschen sein. So will den Scheiterhaufen ich besteigen und triumphierend jubeln in der Qual der Flammen, welche meinen Leib verzehren! [...] Dann wird wohl auch mein Geist in Frieden schlafen [...].«

Küche, Kinder, Kunst

Ende August 1816 ist der Sommer, der ohnehin verregnet war, zu Ende, und die englischen Reisenden kehren in ihre Heimat zurück. Nur Byron bleibt noch am Genfer See, er ist begütert und kann sich das luxuriöse Leben in der gemieteten Villa nach Lust und Laune leisten. Percy Shelley muss sich in London wieder um seine lästigen Geldangelegenheiten kümmern, und Mary reist in Begleitung von Claire, die von Byron schwanger ist, nach Bath. Dort schreibt Mary weiter an ihrem Roman *Fran-*

kenstein, den sie am Genfer See nur in Teilen zu Papier bringen konnte. Da trifft im Oktober 1816 die Nachricht ein, die Halbschwester Fanny habe sich mit Laudanum das Leben genommen. Auch sie wurde, ähnlich wie Frankensteins künstliches Wesen, von der Einsamkeit aus der Bahn geworfen. Vater Godwin ist mehr um seinen guten Ruf besorgt als mit Trauerarbeit beschäftigt: Fannys Selbstmord wird in der Öffentlichkeit kaschiert, sie sei, so lässt er verlautbaren, an einem Fieber gestorben. Am 10. Dezember gelangt die Nachricht nach Bath, im Serpentine-See des Londoner Hyde-Parks sei die Leiche einer schwangeren Frau gefunden worden. Es ist Harriet Shelley. Das Kind, das sie im Leibe trug, ist jedoch nicht von Percy. Damit ist der Weg für eine Hochzeit von Percy und Mary frei, aber Freude mag darüber nicht so recht aufkommen, allenfalls Erleichterung. Bereits am 30. Dezember 1816 heiraten Percy und Mary Shelley in der St. Mildred's Church in London. Vater Godwin ist nun endlich mit Mary versöhnt, denn es ist ihr doch noch gelungen, eine »gute Partie« zu machen. Timothy Shelley jedoch bleibt weiterhin störrisch. Er will Mary nicht sehen, und um es auch seinem Sohn schwerzumachen, der ja auf sein Erbe und damit auf seine finanzielle Unabhängigkeit wartet, wird er – wohl aus lauter Bosheit und Starrsinn – neunzig Jahre alt. Er überlebt seinen Sohn Percy bei Weitem, und dazu noch mehrere Enkelkinder. Shelleys Kinder aus erster Ehe indes werden von einem Gericht Pflegeeltern zugesprochen – die Richter trauen dem Dichter die Rolle eines treu sorgenden Familienvaters nicht zu.

Mary und Percy Shelley beziehen mit ihrem Sohn William ein Haus in Marlow an der Themse. Auch Claire gesellt sich wieder zu ihnen, mit ihrer kleinen Tochter Allegra (Byrons Kind). Hinzu kommen ein Kindermädchen, ein Koch und ein Gärtner. Man lebt standesgemäß, wie es sich für einen jungen Baron geziemt – wenngleich es immer wieder zu finanziellen Engpässen kommt. Mary hat den Haushalt zu führen und sich um ihr Kind zu kümmern. Erneut ist sie schwanger. Dennoch gelingt es ihr in jenen Monaten, *Frankenstein* zu vollenden. Und weiterhin studiert sie römische und griechische Autoren, als ginge es darum, ein Examen zu bestehen. In Bildungsfragen besitzt sie – ganz Tochter ihres Vaters – klassisch-humanistische Ideale. Zudem liest sie Byrons *Childe Harold*, worin im dritten Gesang die Schweizer Natur emphatisch beschrieben wird. In einem Brief an ihren Mann, der sich wegen Geldangelegenheiten in London aufhält, schreibt Mary: »Es machte mich schrecklich melancholisch. Der See, die Berge und die mit diesen Szenen verbundenen Gesichter erschienen vor mir. Warum ist das Leben nicht ein kontinuierlicher Augenblick, wo Stunden und Tage nicht zählen?« Sie ist in jenen Monaten melancholisch, trotz des jungen Familienlebens. Sie sublimiert den Aufenthalt am Genfer See und sehnt sich nach Italien. Dort, in Venedig, lebt George Byron zu jener Zeit und führt ein unabhängiges (und sexuell promiskes) Leben. Mary beneidet den berühmten Kollegen um dessen Freiheit und Wohlstand, der ihm künstlerische Unabhängigkeit gewährt. Ein Zeitgenosse hat Mary Shelley in jenen Jahren kritisch beschrieben: »Sie war ungewöhnlich blass [...]. Sie vernachlässigte ihre Kleidung, und diese absichtliche Entscheidung, die ihr später den scherzhaften Titel einer ›eigensinnigen Frau‹ eintrug, wurde, zumindest in Gesellschaft, vorwiegend negativ aufgenommen. Denn sie war schnell eingeschnappt, und ihre Verstimmungen bekamen dann einen etwas nörgelnden und gereizten Ton.«

Mary will nach Italien, aber daran ist angesichts ihrer knappen finanziellen Ressourcen und wegen ihrer Schwangerschaft vorerst nicht zu denken. Am 2. September 1817 kommt die Tochter Clara Everina zur Welt. Nach der Niederkunft geht es Mary schlecht, eine Art Wochenbettdepression stellt sich bei ihr ein. Byron schreibt unterdessen aus Venedig und fordert von Claire, ihm seine Tochter Allegra auszuhändigen; notfalls werde er Anwälte bemühen. Und auch Vater Godwin bereitet wieder einmal Schwierigkeiten und fordert von seinem Schwiegersohn Geld. All das wächst Mary über den Kopf. Das Haus in Marlow kann nicht gehalten werden, die Shelleys und ihr Tross ziehen aus. Immerhin erscheint noch im Jahr 1818 der Roman *Fran-*

kenstein (und wird ein nationaler und internationaler Erfolg), ebenso ein von Mary Shelley verfasstes Reisebuch über die Tour durch Frankreich und die Schweiz. Von nun an ist sie als Autorin nicht mehr aus dem literarischen und gesellschaftlichen Leben wegzudenken. Sie ist nicht mehr nur die Tochter und Frau berühmter Männer, sondern eine eigenständige Größe. Allerdings bekennt sich Mary Shelley erst nach einiger Zeit zu ihrer Autorschaft: *Frankenstein* nämlich erscheint anonym, und Walter Scott, der große Autor historischer Romane, bespricht das Buch positiv, äußert allerdings die Vermutung, Percy Shelley sei der Autor. Daraufhin schreibt Mary an Scott einen Brief, worin sie ihn – halb verlegen – über ihre Autorschaft aufklärt. Sie steckt wie andere Schriftstellerinnen ihrer Zeit in dem Dilemma, dass Belletristik von vielen als etwas Anrüchiges betrachtet wird, das Frauen zu unnützen, verbildeten, realitätsfernen Geschöpfen mache. Einzig der kommerzielle Erfolg gibt Mary Shelley recht. Aber sie ist noch nicht selbstbewusst genug, sich offen zu ihrem Werk zu bekennen. Auch ihre späteren Bücher werden nicht ihren Namen tragen, sondern einzig den Vermerk »vom Autor des *Frankenstein*«.

Im März 1818 werden in London Mary und Percy Shelleys Kinder William und Clara getauft, ebenso Claires Tochter Allegra. Die sich sonst so aufgeklärt und atheistisch gebenden Literaten gehorchen – wieder einmal – der bürgerlichen Konvention. Mary fasst in jenem Frühjahr 1818 einen Entschluss: Sie will mit Percy nach Italien reisen. Im Gefolge sind die drei Kinder, zwei Kindermädchen, außerdem die unvermeidliche Claire. Anfang April treffen die acht in Mailand ein. Italien: das Land der Sehnsucht, der Wärme, der Freundschaft und der Kunst. Und: das Land des Todes. Davon ahnen die jungen Leute jedoch nichts.

Odyssee durch Italien

Vier Jahre bleiben die Shelleys in Italien. Doch von einem süßen Dolcefarniente kann nicht die Rede sein. Claire hat Kummer: Byron setzt durch, dass die kleine Allegra ihm zugesprochen wird. Ende April wird das Mädchen nach Venedig geschickt und dort zu einer Pflegemutter gegeben. Der promisk lebende, sich die Nächte um die Ohren schlagende Dandy hat anderes im Kopf, als sich persönlich um die Erziehung seiner Tochter zu kümmern. Mit einer dauerverstimmten Claire im Anhang reisen die Shelleys von Mailand aus weiter nach Parma, Modena, Bologna und Pisa. Die Stadt mit dem berühmten schiefen Turm liegt in einem Märchenschlaf, doch die Shelleys haben hier Bekannte, das Ehepaar Gisborne, bei denen sie einen Monat lang unterkommen können. Dann beziehen sie eine Wohnung in Livorno. Langsam fällt die Schwermut der vergangenen Monate von Mary Shelley ab. In einem Brief an Maria Gisborne schreibt sie: »Wir leben hier in schöner Umgebung, und ich wünschte, ich hätte die Ausdruckskraft eines Dichters, um sie gebührend zu beschreiben und in Ihnen den Wunsch zu wecken, uns besuchen zu kommen. Um uns herum liegen spitz zulaufende, malerische Berge, dicht mit Kastanienwäldern bewachsen, und manchmal treten darüber die nackten Gipfel der fernen Apenninen hervor. [...] Unser Haus ist klein, aber bequem und sehr sauber, denn es ist gerade erst gestrichen worden, und die Möbel sind recht neu. Wir haben einen kleinen Garten, hinten mit einer Laube aus Lorbeerbäumen; sie sind so dicht, dass die Sonne nicht hindurchkommt.«

Einige Wochen später reisen Percy Shelley und Claire nach Venedig, um Byron zu besuchen. Der ist wenig erpicht auf die Mutter seines Kindes und unterbreitet den Vorschlag, sie könnten doch in seinem Landhaus bei Este unterkommen, auch Mary solle nachkommen. Also macht sich Mary im September auf die Reise, doch unterwegs wird ihr Baby Clara krank. Das Mädchen stirbt am 24. September in Padua. Mary ist untröstlich. Das ungesunde Klima der Lagune von Venedig macht ihr zu schaffen. Schließlich überredet sie ihren Mann, mit ihr weiter gen Süden zu fahren. Am 21. November erreichen sie Rom. Sie besichtigen Kirchen und römische Ruinen, doch in Mary kann das keine Begeisterung wecken. Am meisten ist sie von einem Ort angetan, der bis heute nichts von seiner romantischen, stillen Atmosphäre mitten im Gewühle der Stadt eingebüßt hat: der Protestantische Friedhof bei der Cestius-Pyramide. Keiner ahnt, dass dieses Fleckchen Erde bald auch Percy Shelleys letzte Ruhestätte sein wird.

Rom gefällt ihnen nicht recht, und so reisen sie weiter nach Neapel, wo sie am 1. Dezember anlangen. Im März 1819 geht die Fahrt zurück nach Rom. Es ist, als wären sie ständig auf der Flucht, vor den Verhältnissen, dem schlechten Wetter, auch vor sich selbst. Nirgends finden sie Ruhe, nirgends ein Zuhause. In Rom fühlt sich Mary Shelley von den vielen englischen Touristen, die damals die Stadt bevölkern, abgestoßen. Deren Reichtum und Borniertheit widern sie an und lassen sie an die verknöcherten gesellschaftlichen Zustände in England denken. Zudem ist Percy Shelley in jenen Monaten krank, er hat seltsame Seitenschmerzen, die kein Arzt diagnostizieren, geschweige denn behandeln kann. Mary schreibt in einem Brief: »[...] ich bin schlechter Stimmung. Der Himmel weiß warum, aber ich leide darunter zehn Mal mehr, seit ich in Italien bin. Schlimme Ahnungen hängen über mir [...].«

Sie bleiben in Rom, trotz der Warnungen von Freunden, das Klima in Latium sei wegen der Sümpfe ungesund. Anfang Juni 1819 wird der dreijährige William krank, er hat Würmer und Fieber. Der Arzt ist machtlos. William Shelley stirbt am 7. Juni und wird auf dem Protestantischen Friedhof bei der Cestius-Pyramide begraben. Mary und Percy trauern zutiefst. Voller Gram schreibt Mary Shelley in ihrem Tagebuch: »Wir leben nun seit fünf Jahren zusammen, und wenn all die Ereignisse dieser fünf Jahre ausgelöscht werden könnten, wäre ich vielleicht glücklich. Aber dass ich die Beziehungen von vier Jahren zuerst gewonnen und dann so grausam verloren habe, ist etwas, dem sich der menschliche Geist nicht beugen kann ohne schweres Leid.« Sie ist erst zweiundzwanzig und hat doch bereits mehr Verluste hinnehmen müssen als andere in einem langen Leben. Immer tiefer zieht sie sich in ihren Schmerz und ihre Einsamkeit zurück und bekennt der Freundin Marianne Hunt: »Wir kamen nach Italien in der Hoffnung, dies würde Shelleys Gesundheit guttun, aber das Klima ist bei Weitem nicht warm genug für ihn, und doch hat es meine zwei Kinder getötet. Wir verließen England vergleichsweise zufrieden und glücklich, aber nun würde ich elend und mit gebrochenem Herzen zurückkehren. Keinen Augenblick habe ich Ruhe vor meiner Verzweiflung und meinem Jammer, in denen ich aufgehe.«

Bald ist sie wieder schwanger, obgleich ihre Ehe in einer Krise steckt. Mary betreibt Studien zu einem historischen Roman mit dem Titel *Castruccio* (1823 unter dem neuen Titel *Valperga* erschienen) und verfasst die Erzählung *Matilda*, worin sie einen Vater-Tochter-Inzest zum gewagten Thema macht. Doch sie findet nicht recht die äußere und innere Ruhe zum entspannten Arbeiten. Das Zusammenleben mit Claire erweist sich als immer aufreibender. Die ist wie ein Schatten, den man nicht loswird. Im September 1819 kehren die Shelleys nach Pisa zurück. Das nahe Meer lockt Percy. Er will ein Segelboot kaufen, doch Godwin im fernen London liegt ihm mit Geldforderungen in den Ohren. Der Dichter ist es leid, einen Schwiegervater zu haben, der ihn ständig um Geld anpumpt, eine Frau, die immerwährend über Depressionen klagt, eine Schwägerin, die seit Jahren wie eine Klette an ihnen hängt und ihre verlorene Liebe zu George Byron und ihr in Venedig von einer Pflegemutter betreutes Kind Allegra bejammert.

Die Geburt eines Kindes hellt jenen Herbst 1819 auf: Am 12. November kommt der Sohn Percy Florence zur Welt. Auch Mary atmet auf, glaubt, die Phase des Unglücks überstanden zu haben. Der Sohn wird in den nächsten Jahren verhätschelt und ängstlich beobachtet. Die Eltern wollen alles daransetzen, um nicht auch ihn zu verlieren. Shelleys Gesundheit verschlechtert sich in jener Zeit. Der Verdacht auf Tuberkulose bestätigt sich indes nicht. Ein Arzt in Pisa diagnostiziert Überarbeitung. Ein eigenes Segelschiff ist angeraten, um sich frischen Wind um die Nase wehen zu lassen und den Alltag ein wenig zu vergessen. Aber erst muss ein bequemeres Domizil gefunden werden. Zwischen August 1819 und Mai 1822 ziehen die Shelleys unruhig zwischen Pisa, Florenz und Livorno hin und her, bleiben nirgends mehr als drei Monate. Für einige Zeit kommt Lord Byron nach Pisa und mietet sich mit seinem kleinen Hofstaat, seinen Möbeln, Büchern und seiner Menagerie – darunter neun Pferde, mehrere Affen, eine Bulldogge und ein Mastiff, Hühner und sonstiges Federvieh – in dem herrschaftlichen Palazzo Lanfranchi am Ufer des Arno ein. Doch die Vertraulichkeit vergangener Jahre mag nicht mehr aufkommen. Zu sehr empfinden sich Percy Shelley und George Byron inzwischen als Konkurrenten, und zu sehr hat die unglückliche Geschichte um Claire und Allegra die Verhältnisse beschädigt. Byron kehrt einen adligen Dünkel hervor, während die Shelleys sich für die in Italien aufflackernden revolutionären und republikanischen Bestrebungen begeistern. Das passt nicht zusammen, und die romantischen Ideale von einst sind inzwischen ohnehin verwelkt.

Mary Shelley gelingt es trotz aller Unruhe, stetig an ihrem historischen Roman über Castruccio, einen Heerführer des 14. Jahrhunderts, weiterzuarbeiten, und sie studiert hierfür die Geschichte der Kämpfe zwischen Guelfen und Ghibellinen. Sie hat es sich in den Kopf gesetzt, ein zweiter Walter Scott zu werden, der zu jener Zeit der Großmeister des historischen Romans ist. Doch dem Buch, das 1823 unter dem Titel *Valperga* veröffentlicht wird, ist lediglich ein Achtungserfolg beschieden.

Der Tod in Italien

Ende Februar 1821 gelangt die Nachricht nach Pisa, der englische Dichter John Keats sei am 23. Februar in Rom mit nur fünfundzwanzig Jahren an der Schwindsucht gestorben. Auch er wird auf dem Protestantischen Friedhof bei der Cestius-Pyramide begraben. Percy Shelley, der Keats kannte und aufrichtig mochte, betrauert ihn tief. Er hatte Keats vor Kurzem noch nach Pisa eingeladen, nun hat das Schicksal wieder einmal alles anders gewendet.

Eine neue Bekanntschaft hellt Mary Shelleys Seele etwas auf. Im Januar 1822 trifft ein englischer Abenteurer in Pisa ein, der in der kleinen englischen Gemeinde bereits bekannt ist: Edward John Trelawny. Er wird später ernsthaft um die verwitwete Mary werben, aber von ihr abgewiesen werden. In jenen Wochen und Monaten jedoch ist sie von seinem Äußeren – er ist eine virile Schönheit, groß und dunkel – und seiner romantischen Aura hingerissen. Ihrem Tagebuch vertraut sie, die unter Percys Gleichgültigkeit leidet, an: »Trelawny ist extravagant […], teils von Natur, teils vielleicht nur aufgesetzt, aber es steht ihm gut. Seine abrupte, aber nicht unhöfliche Art passt gut zu seinem maurischen Gesicht (er sieht orientalisch, aber nicht asiatisch aus), seinem dunklen Haar und der Gestalt eines Herkules. […] er erzählt seltsame, schauerliche, entsetzliche Geschichten über sich. […] Alle diese Abenteuer fanden zwischen seinem dreizehnten und zwanzigsten Lebensjahr statt, und wenn ich den Mann sehe, glaube ich ihm aufs Wort.«

Auch Percy Shelley findet schwärmerische Abwechslung: Er macht einer in Pisa lebenden, verheirateten Engländerin den Hof, was zwar nicht weit führt, aber seine dichterische Fantasie beflügelt und sein Wohlbefinden bessert. Marys Gemüt hingegen verdüstert sich – trotz Trelawnys Nähe. Zu sehr trauert sie einer romantischen Ganzheit nach, einer Verschmelzung freundschaftlicher Seelen, die so nie stattgefunden hat. Vieles in ihren Klagen ist Projektion auf eine Schimäre, aber das will die sonst so kluge Frau nicht erkennen, wenn sie in ihrem Tagebuch vom Februar 1822 schreibt: »Die Heiterkeit des Gemüts malen, aber nicht entstellen. Hier scheint das Leben sich selbst zu wiegen, und Tausende von Erinnerungen und Vorstellungen, die auf der einen Seite in die Waagschale geworfen werden, lassen die andere Seite hochschnellen. Du erinnerst dich, was du gefühlt und geträumt hast, aber du lebst auf der Schattenseite. Verlorene Hoffnungen und der Tod, den du erlebt hast, scheinen alles mit einem Leichentuch zu bedecken. Die Zeit, die war, ist und sein wird, lastet auf dir. Du stehst mitten in einem Strudel, und schwankend entgleitest du, während die Welt sich dreht.«

Das Bild vom Strudel erhält im Nachhinein eine unheimliche Bedeutung. Percy Shelley hat endlich ein Segelschiff gefunden, das ihm gefällt. Im Frühjahr ziehen die Shelleys ans Meer, in die Casa Magni in San Terenzo, bei Lerici, an der ligurischen Küste. Das Haus liegt direkt am Meer, ist nur vom Wasser aus per Boot zu erreichen, und wirkt wie eine etwas heruntergekommene Trutzburg. Das mag romantisch sein, ist aber weder bequem noch angenehm. Mary, die wieder schwanger ist, hat sich um den Umzug zu kümmern, mit Kind und Gesinde, dem befreundeten Ehepaar Jane und Edward Williams und der unvermeidlichen Claire im Schlepptau, die noch dazu Trauer trägt, denn im April 1822 stirbt ihre Tochter Allegra in einem Kloster in Bagnacavallo bei Venedig, wohin Byron das Mädchen abgeschoben hat, an Typhus. Ende April sind die Shelleys mit Anhang und einem ganzen Hausstand abgekämpft, aber glücklich in der Casa Magni angekommen. Am 12. Mai wird das Schiff aus Genua nach Livorno gebracht, und Shelley kann es kaum erwarten, endlich in See zu stechen. Aber das Boot, dessen Segel George Byron mit dem Schriftzug »Don Juan« hat versehen lassen (Percy Shelley lässt den Namen herausschneiden und nennt sein Schiff nach dem Luftgeist »Ariel«), ist für das offene Meer nur bedingt geeignet: Der Mast ist zu schwach, und die Segel sind zu groß. Bei voll gehissten Segeln kann es über die Wellenkämme schießen, ohne die für bewegte See nötige Masse und Stabilität zu besitzen. Aber daran denkt Shelley nicht, er wittert das Abenteuer, es drängt ihn hinaus aufs offene Wasser – und er vergisst dabei, dass das Meer nicht mit dem Genfer See zu vergleichen ist.

Am 16. Juni erleidet Mary Shelley eine Fehlgeburt. Sie verliert dabei viel Blut. Nur durch die rasche Reaktion ihres Mannes bleibt sie am Leben: Percy Shelley setzt sie in einen Bottich mit Eiswasser und kann so die Blutung stillen. Mary hat eine

Nahtoderfahrung: »Als sich mein Geist von meinem Körper löste, fühlte ich mich, als würde ich von einer wohltätigen und gütigen Macht aufgenommen und getragen. Ich hatte keine Angst, auch keinen aktiven Wunsch, eher eine passive Freude am Tode. Ich weiß nicht, ob die Art meiner Krankheit – schmerzlose Schwäche durch Blutverlust – diese Seelenruhe verursachte, aber so war es. Es hatte den heilsamen Effekt, dass ich seitdem nie mehr den Tod mit Schrecken erwartet habe.«

Der Tod hat an die Tür geklopft, er wird drei Wochen später erneut kommen. Anfang Juli trifft das befreundete Ehepaar Hunt in Livorno ein. Percy Shelley und Edward Williams segeln in die Hafenstadt, begrüßen die Hunts und begleiten sie nach Pisa. Am 8. Juli lichten Shelley, Williams und der Schiffsjunge Charles Vivian in Livorno den Anker, um zur Casa Magni zurückzusegeln. Schlechtes Wetter ist vorhergesagt, doch Shelley will die Fahrt unbedingt wagen, nicht weil er es sehr eilig hätte, sondern weil er Wind und Wellen als Abenteuer empfindet. Trelawny, der sich ebenfalls in Livorno aufhält, verzichtet auf eine Fahrt mit der »Ariel« und bleibt zurück.

Die »Ariel« wird nie bei der Casa Magni anlanden. Der Kapitän eines anderen Schiffes gibt später zu Protokoll, er habe das Segelboot im Sturm gesichtet, mit voll gehissten Segeln. Er habe die Besatzung mit Hilfe eines Sprechrohrs noch gewarnt und sie aufgefordert, die Segel einzuholen, doch da seien die Brecher bereits über das Boot hinweggegangen.

Tagelang warten Mary Shelley und Jane Williams auf ihre Männer. Am 12. Juli trifft ein Brief von Leigh Hunt aus Pisa ein, der sich – mit Datum vom 9. – erkundigt, ob das Segelschiff gut angekommen sei? Noch in der Nacht brechen Mary und Jane auf und fahren nach Pisa, dann nach Livorno. Trelawny versucht, die Frauen zu beruhigen: Vielleicht sei das Segelboot Richtung Korsika abgetrieben worden. Auf dem Weg zurück zur Casa Magni kommen sie durch den Ort Lerici und erfahren, dass dort ein kleines Beiboot an Land gespült worden ist. Trelawny reitet daraufhin die Küste ab. Einige Tage später, am 18. Juli, erfährt er, dass zwei bereits stark aufgedunsene, von

Fischen angefressene Leichen an Land gespült worden sind, die man wegen der hygienischen Vorschriften sofort an Ort und Stelle begraben hat. In der Tasche einer Leiche fand man einen Band Gedichte von Keats, bei der anderen ein schwarzes Seidentuch. Auf Anweisung des britischen Konsulats in Florenz werden die Leichen einige Tage später exhumiert. Byron und Hunt reisen an, um Percy Shelley und Edward Williams zu identifizieren. Der Anblick der stark verwesten, angefressenen Körper ist grauenvoll. Sofort nach der Identifizierung werden die Leichname verbrannt. Byron ist so verstört, dass er – ein unbewusster Akt der Reinigung, des Eintauchens in das Leben – am Strand seine Kleider ablegt und nackt zu seinem Schiff hinausschwimmt, das dort vor Anker liegt. Percy Shelleys Asche wird nach Rom gebracht und auf dem Protestantischen Friedhof in unmittelbarer Nähe von John Keats beigesetzt.

Eine Untote

Mary Shelley ist mit gerade einmal vierundzwanzig Jahren Witwe. An Maria Gisborne schreibt sie erschöpft, aber voller Ergebenheit in ihr Schicksal: »Alles, was glücklich hätte sein können in meinem Leben, hat man mir geraubt […]. Bald schon wird meine müde Pilgerfahrt beginnen. Ich bleibe noch hier, aber bald schon werde ich Italien verlassen müssen, und jede Verzweiflung endet einmal.« Nach einiger Zeit kehrt sie – ungern – nach England zurück. Sie lebt weiter, kämpft weiter, auch um ihres einzigen Sohnes Percy Florence willen. Ihr Mann bleibt für sie die Liebe ihres Lebens, sie wird – trotz der Avancen mehrerer Männer – nie wieder heiraten und keine Verbindung eingehen. Einmal wirbt sie um Jane Williams, die bei dem Unglück auf hoher See ebenfalls ihren Mann verloren hat, wird von dieser jedoch zurückgewiesen. Mary Shelley stilisiert Percy zum vollendeten Übermenschen und blendet dabei all die Widrigkeiten der Zeit mit ihm aus: »Ich habe nun keinen Freund mehr. Acht Jahre lang habe ich in unbegrenzter Freiheit mit jemandem gelebt, dessen Genie weit größer war als meines, der meine Gedanken weckte und leitete. Ich unterhielt mich mit ihm, verbesserte meine Fehler und mein Urteil, erhielt neue Einblicke durch ihn, und mein Geist war zufrieden. Nun bin ich allein! Und wie allein!«

Diese Projektion auf einen Toten ist gefährlich, aber Mary Shelley will das nicht begreifen. Sie trägt Shelleys Namen voller Stolz, aber auch wie eine verpflichtende Bürde. In den folgenden Jahren beschäftigt sie sich mit der Edition seiner Werke und nachgelassenen Schriften, wird dabei aber von Timothy Shelley behindert, der ihr sogar mit gerichtlichen Verboten kommt. Immer noch hat der alte Herr seinem Sohn nicht verziehen, dass er keinen bürgerlichen Lebensweg gegangen ist, und noch immer kann er nicht erkennen, dass sein Sohn einer der großen Dichter Englands war. Sir Timothy verachtet seine Schwiegertochter, die in seinen Augen unnütze Schriftstellerin, die, anstatt sich dem Haushalt zu widmen, mit anrüchigen Bohemiens durch Italien und die Schweiz zog und sich ein schönes Leben machte. Deshalb verweigert er ihr jegliche Zahlung. Erst im Jahre 1844 wird er mit neunzig sterben, und über viele Jahre hinweg muss Mary Shelley, die ja auch ein Kind großzuziehen hat, in bedrückenden finanziellen Verhältnissen leben.

Mehrmals versucht sie, an den großen Erfolg ihres *Frankenstein* anzuknüpfen – vergebens. Nach dem historischen Roman *Valperga* (1823) veröffentlicht sie noch den Roman einer Dystopie *The Last Man* (1826) und die Romane *The Fortunes of Perkin Warbeck* (1830), *Lodore* (1835) und *Falkner* (1837), außerdem ein Buch über eine Reise durch Deutschland. Doch allen diesen Büchern ist keine Aufmerksamkeit beschieden, sie sind wirtschaftliche Flops. Als Autorin ist Mary Shelley kaum noch im Gespräch, eher als Witwe des großen Percy Shelley. Erst im 20. und 21. Jahrhundert wird sie durch mehrere große Biografien (im Deutschen die fulminante von Karin Priester, 2001) wiederentdeckt, außerdem avanciert ihr *Frankenstein* zum Kult-Klassiker, auch in Fassungen für Sprechtheater, Oper, Film und Puppenspiel. Am beeindruckendsten sind bis heute die Filme *Frankenstein* von 1931 unter der Regie von James Whale mit Boris Karloff in der Rolle des unglücklichen Monsters, und *Mary Shelleys Frankenstein* von 1994 unter der Regie von Kenneth Branagh, mit Branagh in der Rolle des Victor Frankenstein und Robert De Niro als die künstliche Kreatur.

Mary Shelley stilisiert sich in den letzten Lebensjahren selbst zur Untoten, als wäre sie ein Wesen aus einem Schauerroman. Sie tut dies nicht ohne wohliges Selbstmitleid. 1835 schreibt sie an Maria Gisborne: »Sie müssen mich als lebendig Begrabene sehen. [...] Wie sehr ich leide und gelitten habe, kann ich gar nicht sagen, ich, die Sympathie, Gesellschaft, Gedankenaustausch nötiger braucht als die Luft zum Atmen. [...] ich habe keinen Ehrgeiz, kein Interesse an Ruhm. Die Einsamkeit hat ein Wrack aus mir gemacht. [...] ich wurde so barbarisch behandelt vom Schicksal und meinen Mitmenschen, dass ich nicht länger die bin, die Sie kannten. Ich habe keine Hoffnung [...].«

Pläne, gemeinsam mit Claire – mit der sie endlich Frieden schließt, nachdem sie keine Konkurrenz in Liebesdingen mehr darstellt – England zu verlassen und Wohnsitz in Italien zu nehmen, scheitern. 1841 beendet Mary ihr jahrzehntelang geführtes Tagebuch mit der Absage an ihr künstlerisches Schaffen: »Mein Geist schlummert und mein Herz ist abgestumpft. [...] Haben die Stürme und Verwüstungen der letzten Jahre meinen Intellekt, meine Fantasie, meine Erfindungskraft zerstört? [...] Alles wurde bereitwillig angenommen und mehr und noch mehr verlangt. Und als ich mehr nicht geben konnte, wurde ich betrogen und verlassen, fürchterlich betrogen, sodass ich lieber sterben würde als noch mehr davon zu erleben.«

Das ist alles reichlich stilisiert. Und ganz so unglücklich ist Mary Shelleys Dasein zuletzt nicht: Ihr Sohn, in den sie immer allzu große Erwartungen gesetzt hat, heiratet eine junge, kinderlose und vermögende Witwe, geht ein wenig in die Politik (ohne wirklich Erfolg zu haben) und zieht sich schließlich vorzeitig als Privatier (mit dem Titel eines Barons und dem Geld seiner Frau und seines endlich verschiedenen Großvaters) aufs Land zurück, in ein gediegenes Gutshaus mit dem Namen

Boscombe Manor, bei Bournemouth. Seine Freizeit widmet er der Musik und dem Theater, spielt auch selbst in Liebhaberaufführungen, und fährt Segelboot – eine Leidenschaft, die er offensichtlich vom Vater übernommen hat. Mary Shelley lebt zuletzt bei Sohn und Schwiegertochter in gesicherten Verhältnissen, zeitweise auch in einer eigenen Wohnung am Chester Square in London, im vornehmen Viertel Pimlico. Sie stirbt am 21. Februar 1851 an einem Gehirntumor, der sich bereits seit Jahren in Form von Kopfschmerzen ankündigte, und wird in Bournemouth beerdigt. Den nachfolgenden Generationen blieb und bleibt sie als geheimnisumwitterte Romantikerin, Ehefrau Percy Shelleys und begnadete Autorin des *Frankenstein* in Erinnerung.

6 Adele Spitzeder (1832–1895)
»Das Geldmensch«

Im Jahre 1872 befindet sich das Königreich Bayern im Goldrausch. Doch anders als im fernen Alaska hat man keine goldführenden Bäche und Flüsse entdeckt, ist nicht auf tief im Berg schlummernde Goldadern gestoßen. Nicht im dunklen Forst des Bayerischen Waldes oder in den Alpen findet sich das Gold, sondern in einem einfachen Wandschrank im Schlafzimmer einer ehemaligen Schauspielerin in der Münchner Schönfeldstraße 9. Und das Gold ist auch nicht in Form des Edelmetalls anzutreffen, sondern in harter Währung, in Wertpapieren und in Schuldscheinen. Die Gerüchteküche Münchens spricht damals von vielen Millionen Gulden. Genau weiß das keiner, aber der Reichtum muss unermesslich sein. Denn Adele Spitzeder, die Eigentümerin des provisorischen Geldschranks, kann sich seit Jahren des Ansturms von Kunden aus ganz Bayern kaum erwehren, die säckeweise ihr Erspartes zu der Bankchefin schleppen, um es bei ihr hochverzinslich anzulegen. Eine lange Warteschlange windet sich täglich von ihrem Büro hinaus in die Vorzimmer, den Flur und den Garten des Hauses in der Schönfeldstraße, ja bis hinüber auf die andere Straßenseite, zum Gasthaus »Wilhelm Tell«. Der Gasthof ist überfüllt: Hier speisen die zahlreichen Anleger und Schuldner der Bank, hier logieren sie, denn etliche kommen von außerhalb, aus dem bayerischen Oberland, aus Niederbayern, aus Franken und Schwaben, vor allem aber aus dem Kreis Dachau. Das hat dazu geführt, dem Geldhaus, das offiziell gar keinen Namen hat und nicht einmal im Handelsregister eingetragen ist, den Titel »Dachauer Bank« zu verpassen. Das Geschäftsgebaren Adele Spitzeders ist bizarr: Den in ihr Büro Stürmenden ruft sie regelmäßig zu, sie sollten sich wohlweislich überlegen, wem sie ihr Geld geben, sie habe keinerlei Sicherheiten zu bieten. Sie wird sogar recht grob: »Kalbsköpfe, ich sage Euch rundheraus, daß ich keine Sicherheit für Euer altes Geld gebe! Ich habe Euch Pack nicht gerufen! Macht, daß Ihr fortkommt mit Eurem Geld!« Doch solche Beleidigungen kommen bei den sogenannten »einfachen Leuten« gut an. Sie werten das als Offenherzigkeit und Ehrlichkeit, als vertrauenswürdige Hemdsärmeligkeit – und rennen der Bankiersfrau erst recht die Tür ein, um ihre Ersparnisse vermeintlich gut und sicher anzulegen.

Doch in der allgemeinen Hysterie – Adele Spitzeder zahlt im Jahr einen Zinssatz von sechsundneunzig Prozent! – gehen die Warnungen der Unternehmerin ungehört unter. Bayerns Bevölkerung befindet sich im Rausch der Gier und im Taumel der Erwartung, das Geld arbeiten zu lassen, statt weiterhin in die Fabrik zu gehen, den Haushalt zu führen und mit den Ochsen hinaus zur schweren Feldarbeit zu ziehen. So verwundert es nicht, dass es gerade die »kleinen Leute« sind, die ihr sauer Erspartes zu Adele Spitzeder bringen: Kleinbauern und Fabrikarbeiter, Hausfrauen und Dienstboten, Kleinhäusler und Kleinrentner. Ihre Sicherheit: die Gerüchte, die über Adele Spitzeders Großzügigkeit die Runde machen. Denn die Unternehmerin macht keinerlei Werbung in Zeitungen oder auf Anschlagstafeln. Einzig durch Mund-zu-Mund-Propaganda wächst ihr Geldgeschäft ins Unermessliche. Und sie macht sich nicht nur durch hohe Zinssätze beliebt. Sie verteilt reichlich Almosen an karitative Einrichtungen, bewirtet ihre Schuldner großzügig und unternimmt Wallfahrten nach Altötting, was bei der katholischen Bevölkerung großen Eindruck macht. Überhaupt gilt die Bankiersfrau als ungemein fromm, was sich schon rein äußerlich zeigt, trägt sie doch immer ein großes Kreuz auf der Brust, das sie von einem Pater geschenkt bekam. Und sie errichtet im Jahre 1872 sogar eine Volksküche, wo sich täglich Tausende armer Frauen und Männer mit einem warmen Essen und mit Bier günstig verköstigen. Da sieht man es der Unternehmerin gern nach, dass sie überall in der Stadt und auf dem Land Häuser und Gutshöfe kauft, denn irgendwie – leuchtet es den Kleinsparern ein – muss sie das viele Geld ja anlegen. Diese Immobilien, die Volksküche und der religiöse und sozial-karitative Nimbus, so meinen viele bayerische Bürger, sind genug an Sicherheit, um der »Spitzederin« weiterhin die Ersparnisse hinterherzutragen.

Es gibt allerdings auch warnende Stimmen: Immer wieder erscheinen in Zeitungen kritische Berichte von linksliberalen Autoren. Selbst der Münchner Magistrat befasst sich mit den undurchsichtigen Geschäften Adele Spitzeders, kann ihr aber nichts Illegales nachweisen. Und Karikaturen, die die Unternehmerin als Geldkönigin zeigen, die auf einem Thron sitzt und die Bittsteller gnädig empfängt, treffen die Geschäftsfrau nicht wirklich. Selbst das rüde bayerische Schimpfwort »das Geldmensch«, das über Adele Spitzeder im Umlauf ist, lässt diese kalt. Der Erfolg gibt ihr recht, und wenn sie in ihrer Equipage am Wochenende hinaus vor die Stadt fährt, stehen die Menschen Spalier und bereiten ihr wie einer Königin rauschende Empfänge.

Doch das Glück währt nur wenige Jahre. Am 12. November 1872 zerreißt das Gespinst der Dachauer Bank. Adele Spitzeder wird verhaftet. Ihr Sturz ist tief. Sechs Jahre später, 1878, veröffentlicht sie ihre Autobiografie unter dem Titel *Geschichte meines Lebens*. Es ist nicht nur die Geschichte ihres Lebens und die der Dachauer Bank, sondern auch der Versuch, ihr Handeln und ihre Unterlassungen vor Welt und Nachwelt zu rechtfertigen und zu beschönigen. Insofern sind diese Erinnerungen mit Vorsicht zu genießen. Doch eröffnen sie den Blick in die Welt einer Hochstaplerin, deren größtes Kapital nicht ihr Geld war, auch nicht ihr Geschick, andere Menschen um den Finger zu wickeln, sie zu belügen und zu betrügen, sondern vielmehr der Umstand, dass ihre Umwelt betrogen sein *wollte*. Es ist ein Lehrstück des Allzumenschlichen, eine Parabel über Gutgläubigkeit und Unvernunft.

Liebe zur Bühne

Dass Adele Spitzeder eine betrügerische Unternehmerin wurde, war ihr keinesfalls in die Wiege gelegt. Die ökonomischen Umstände, einige biografische Zufälle und die Dummheit der Umgebung machten sie dazu. Dabei entstammte sie Verhältnissen, in denen Geld zwar naturgemäß wichtig ist, aber keineswegs den Mittelpunkt des Selbstwertgefühls bildet.

Adeles Eltern sind zu ihrer Zeit angesehene Schauspieler und Sänger: Der Vater Josef Spitzeder (1796–1832), der aus einer Sängerdynastie stammt, ist gefeierter Opernsänger in Wien, Berlin und München. Er heiratet in erster Ehe die Sängerin Henriette Schüler, die ebenfalls in Opernhäusern in Wien und Berlin brilliert. Das Paar bekommt zehn Kinder. 1828 stirbt Henriette Spitzeder-Schüler mit nur achtundzwanzig Jahren bei der Geburt des zehnten Kindes. Josef Spitzeder ehelicht daraufhin eine Kollegin, die seit Jahren mit den Spitzeders in freundschaftlichem Kontakt steht, die 1808 geborene Sängerin Betty (Elisabeth) Vio (1808–1872). Auch sie ist eine Berühmtheit, hat ihre Ausbildung bei Antonio Salieri und Giuseppe Ciccimarra in Wien erhalten und wurde 1829 als Nachfolgerin der legendären Henriette Sontag an die Berliner Hofoper berufen. In Berlin kommt am 9. November (nach ihren eigenen Angaben am 9. Februar) 1832 die Tochter Adele zur Welt. Das Paar zieht nach München, wo Josef Spitzeder am Hoftheater ein Engagement erhält. Kurz darauf, am 13. Dezember 1832, erliegt Josef Spitzeder mit nur sechsunddreißig Jahren einem Lungenleiden.

Betty Spitzeder muss sich nun mit den sechs überlebenden Stiefkindern und der eigenen Tochter Adele selbst durchbringen. Die Kinder werden zu Verwandten gegeben, die Mutter folgt ihren künstlerischen und gut dotierten Engagements nach Berlin, Wien und Graz, wo sie glänzende Erfolge feiert. In der österreichischen Hauptstadt heiratet Betty Spitzeder einen Tuchfabrikanten, der – so behauptet Adele Spitzeder in ihren Memoiren – hoch verschuldet ist und das Vermögen seiner Frau rasch durchbringt. Nach einem Jahr lässt die Sängerin sich scheiden. Sie hat das Glück, in Wien weiterhin gute Engagements zu erhalten und in ihren Rollen viel Applaus zu ernten. Die inzwischen achtjährige Adele wird von der Mutter nach Wien geholt. Das Mädchen wird zunächst von einer Privatlehrerin unterrichtet, bald jedoch im Internat der Ursulinen in der Johannesgasse untergebracht. Adele Spitzeder äußert sich später über diese Zeit selbstkritisch: Sie habe bei den Klosterfrauen, die gütig und liebevoll mit ihr umgingen, leider kaum etwas gelernt, vor allem habe sich ihr jähzorniger Charakter durch zu viel Nachsicht verfestigt. Am liebsten sei sie mit den Buben auf der Straße herumgerannt und habe früh heimlich geraucht. »Ich bin«, bekennt sie, »eigensinnig, unstet und jähzornig geblieben, als ich freigiebig, weichherzig und gutmütig zu sein mir bewußt bin [...].« Nach einiger Zeit nimmt die Mutter ihre Tochter aus dem Internat. Adele bleibt nun weitgehend sich selbst überlassen: »[Ich] führte ein freies, ungebundenes Leben, schwärmte für die Bühne und für Musik, die mich von jeher begeistert hatte, lernte aber nichts und konnte im Alter von beinahe 12 Jahren kaum richtig lesen, geschweige korrekt schreiben. [...] So war ich denn ein total verzogenes, eigensinniges und verweichlichtes Kind.«

1845 nimmt Betty Spitzeder ihren Abschied von der Bühne und kehrt nach München zurück, wo einige ihrer Stiefkinder leben. Adeles Spielgenossen sind nun die vier Söhne ihrer Tante: »Er [der Onkel] ließ mich mit seinen Jungen turnen und fechten, was mir außerordentlich zusagte und mich auch körperlich rasch entwickelte.« Auch später, als Hochstaplerin, wird sie auf viele Zeitgenossen einen burschikosen, beinahe männlichen Eindruck machen. Erst spät gibt Adele dieses freie, ungebundene Leben auf: Sie ist sechzehn, als sie an einer privaten Mädchenschule erstmals geregelten und systematischen Unterricht erhält. Vor allem für Literatur zeigt sie Interesse, auch besitzt sie große sprachliche Begabung und erlernt innerhalb weniger Jahre Englisch, Französisch, Italienisch, Spanisch, Dänisch und Niederländisch, »welche Sprachen ich nicht nur geläufig zu sprechen, sondern auch leicht und korrekt zu schreiben im

Stande bin«. Ihre eigentliche Leidenschaft jedoch wird die Musik – ein elterliches Erbe. Adele wird nach eigenen Angaben eine exzellente Klavierspielerin und nimmt Unterricht in Komposition, Schauspiel und Gesang. Sie fasst – gegen den Willen der Mutter, die vielleicht ahnt, dass die Begabung ihrer Tochter für eine erstklassige Karriere kaum ausreicht – den Entschluss, zur Bühne zu gehen. »Es kostete«, erinnert sich Adele Spitzeder, »sehr viel Überredung, bis sie endlich, obgleich ungern, ihre Einwilligung gab.« Sie nimmt Unterricht bei der Münchner Hofschauspielerin Söltl. 1856, mit vierundzwanzig Jahren, erhält sie ihr erstes Engagement an der Hofbühne in Coburg.

Deutschland ist damals noch in zahlreiche unabhängige, größere und kleine Fürstentümer gegliedert, die sich alle Hoftheater gönnen. Zudem gibt es eine Reihe von Stadttheatern in den ehemals Freien Reichsstädten. Beste Voraussetzungen also für angehende Sänger und Schauspieler, eine solide Karriere aufzubauen und von den Provinzbühnen irgendwann den Sprung in die großen Theater in Berlin, München oder Wien zu schaffen. Adele Spitzeders Laufbahn als Schauspielerin lässt sich zunächst gut an – und bleibt dann aus unerfindlichen Gründen stecken. Sie hat in den 1850er- und 1860er-Jahren diverse Engagements in Coburg, Mannheim, München, Brünn, Nürnberg, Frankfurt am Main, Bern, Zürich, Mainz, Karlsruhe und Altona (damals noch nicht mit Hamburg vereint). Doch über Achtungserfolge kommt sie nie hinaus – auch wenn sie später in ihrer Autobiografie anderes suggeriert. Finanziell ist und bleibt sie von der wohlhabenden Mutter abhängig, die ihr ein größeres monatliches Taschengeld ausbezahlt, da die Einnahmen aus den Bühnenauftritten wegen Adeles etwas nonchalanten Lebenswandels und ihres Hangs zu teuren Garderoben nicht ausreichen. »Leider«, so entschuldigt sich Adele Spitzeder in ihren Memoiren, »war ich auch von meiner Mutter nie zur Sparsamkeit erzogen worden und hatte auch von frühester Jugend an nie gelernt, mit dem Gelde haushälterisch umzugehen.«

Von der Schuldnerin zur Bankiersfrau

Im Herbst 1868 kehrt Adele Spitzeder – sie ist bereits sechsunddreißig – endgültig nach München zurück. Ihre Garderobe hat sie verpfänden müssen. Sie ist »abgebrannt« und ausgebrannt. Da sie nicht wie eine Gescheiterte bei der Mutter unterkommen will, nimmt sie ein bescheidenes Quartier im Gasthof »Deutsches Haus«. Bemühungen, über Theateragenten wieder zu einem Engagement zu gelangen, verlaufen im Sande. Sie ist in einem Alter, in dem sie allenfalls durch außergewöhnliches Können, nicht aber durch Jugend oder Schönheit reüssieren könnte. Weiterhin hängt Adele Spitzeder am Geldtropf der Mutter. Sie wechselt – zusammen mit ihren sechs Hunden – in ein noch bescheideneres Gasthaus, wohnt in einer Mansardenkammer und beginnt dort auf einem kleinen Kocher ihr Essen selbst zuzubereiten: »[...] ich [...] kochte selbst, obwohl ich früher nie auch nur eine Kartoffel abgesotten hatte. [...] Aber meine nunmehrige Sparsamkeit ebensowohl wie auch meine 24füßige Hundefamilie erweckte mir die allerhöchste Ungnade des Hotelbesitzers, obwohl ich stets pünktlich zahlte [...].« Bald muss sie erneut das Quartier wechseln und zieht in den »Österreichischen Hof«, ein von einem Wiener Ehepaar geleitetes Gasthaus.

Im Frühjahr 1869 hat Adele Spitzeder die Idee ihres Lebens. Will man ihren Erinnerungen glauben, wurde sie dazu von einem Bekannten, einem Zimmermann, gebracht. Ihre Memoiren sind durchzogen von antisemitischen Ressentiments, und mehrfach äußert sie – die immer wieder Geld aufnehmen musste, auch bei Juden – Abneigung gegen die »jüdischen Wucherer«. Der Zimmermann, ein kleiner Sparer, trägt der in Geldnöten Steckenden seine paar Gulden als Darlehen an: »Dieser Zimmermann, den der von mir gegebene hohe Zins zu einer Art Schmusergeschäft veranlaßte, brachte mir nicht nur sein eigenes, sondern auch das Geld anderer Leute, so eines weiteren Zimmermanns, einer Geflügelhändlerin und eines Dienstmanns. [...] Dieser Zimmermann erhielt, ebenso wie alle meine künftigen Gläubiger, 10 Prozent per Monat, und er machte sich einen ganz ansehnlichen Profit hierbei [...].« Aus der Schuldnerin wird unversehens eine Bankiersfrau, denn sie vergibt nun auch selbst Kredite. Das Geschäft wächst und gedeiht, und es wächst ihr binnen Kurzem förmlich über den Kopf, »ins Unendliche«, wie sie bekennt, »so daß ich es in der Folge mit einer wahren Kreditlawine zu tun bekam, welche mich förmlich betäubte, jedoch sich weder dämmen noch sonstwie aufhalten ließ. Und doch zahlte ich noch lange nicht jene hohen Zinsen, welche mir die Juden früher abgenommen hatten.«

»Die Juden« sind und bleiben für sie ein Feindbild, auch in ihrer als Rechtfertigung vor der Nachwelt gedachten Autobiografie. Nie wird Adele Spitzeder die Eigenverantwortlichkeit ihres Handelns und ihres Fehlverhaltens erkennen und anerkennen, nie ihre Schuld eingestehen. Es sind immer die anderen, die bösen Gläubiger, die Politiker, die linksliberalen Zeitungen, die Polizei und die Juden, die aus Neid und Missgunst heraus ihre edlen Absichten durchkreuzen und sie, die Wohltäterin der »kleinen Leute«, schließlich zu Fall bringen.

Das System funktioniert erstaunlich gut – wie jedes Schneeballsystem. Aber es funktioniert nur so lange, wie sich die Zahl der Leichtgläubigen, die dem System beisteuern, potenziert. Im Falle der Dachauer Bank geht das Spiel immerhin dreieinhalb Jahre lang gut. Die Umstände erscheinen im Nachhinein skurril, ja komisch. Etliches wirkt wie aus einem Volksschwank oder erinnert an die alte Fernsehserie *Königlich Bayerisches Amtsgericht*. Doch mehr als dreißigtausend Sparern und Anlegern (die Dunkelziffer liegt weit höher), die von Adele Spitzeder nachweislich geprellt und zum Teil um die materielle Existenz gebracht worden sind, verging nach ein paar Jahren des pekuniären Höhenrauschs das Lachen. Das Schneeballsystem wurde zur Lawine und begrub alle unter sich.

Ein seltsames Bankhaus

Doch davon ist in den Jahren 1870 und 1871 noch nichts zu ahnen. Das Königreich Bayern befindet sich in gesellschaftlicher Aufbruchsstimmung. Der siegreiche Krieg gegen Frankreich, die Neugründung des Deutschen Reichs, die Einführung der Gewerbefreiheit, das neue politische Selbstverständnis, der rasante wissenschaftliche Fortschritt und der ungeheure wirtschaftliche Aufschwung jener »Gründerjahre« lassen auch den Geldfluss anwachsen. An den Börsen boomen die Geschäfte (sie werden erst mit dem Börsenkrach vom 9. Mai 1873 erlahmen), und auch die »kleinen Leute« wollen ihr Geld ertragreich anlegen oder benötigen für größere Anschaffungen Darlehen. In jenen Jahren werden in vielen Ländern Deutschlands Sparkassen und Volksbanken gegründet, etwa durch Friedrich Wilhelm Raiffeisen (1818–1888), aber deren Zinssätze sind weit bescheidener als die spekulativen Sätze, die Adele Spitzeder bietet. Zwar senkt sie nach einiger Zeit den Jahreszinssatz auf Ersparnisse von hundertzwanzig Prozent auf sechsundneunzig und schließlich auf sechzig, doch auch das sind noch solch ungeheuer lukrative Sätze, dass viele Menschen Vorsicht und Verstand fahren lassen und voller Gier ihre Ersparnisse zur »Dachauer Bank« bringen. In der Schönfeldstraße 9 schlägt Adele Spitzeder nach wenigen Monaten ihr »Hauptquartier« auf, nachdem der Wirt des »Österreichischen Hofs« sich über die steten Menschenaufläufe vor und in seinem Haus beklagt hat. Und tatsächlich muss man eher von einem Quartier denn von einem repräsentativen Firmensitz sprechen: Denn das keineswegs herrschaftliche Anwesen, mit Hof, Garten, Seitengebäude und Werkstätten, in einer Seitenstraße zwischen der Ludwigstraße und dem südlichen Ende des Englischen Gartens gelegen, gleicht keineswegs den hochherrschaftlichen, palastähnlichen Bankgebäuden der damaligen Zeit. Aber vielleicht trägt auch das zum positiven Image Adele Spitzeders bei den »kleinen Leuten« bei und unterfüttert den Nimbus ihrer Bescheidenheit und Redlichkeit. Adele Spitzeder gilt als eine Frau aus dem Volk, sie ist »eine von ihnen«.

Das Bankhaus der Adele Spitzeder ist keines: Es ist nicht im Handelsregister eingetragen, da die Geldverleiherin als Privatperson gilt. Entsprechend muss sie keine Gewerbesteuern zahlen und unterliegt keiner Bankenaufsicht (was ihren unsauberen Geschäftsmethoden Tür und Tor öffnet). Sie führt nur unzureichend ein Kassenbuch, in dem sie lediglich die Namen der Einzahler und der Kreditnehmer sowie die Beträge notiert – eine doppelte Buchführung oder gar die Erstellung von Jahresbilanzen sind der betriebswirtschaftlich ungebildeten Adele Spitzeder fremd. Zwar stellt sie im Laufe der Jahre mehrere Kassierer und Buchhalter ein, doch auch die sind von recht bescheidenen Kenntnissen und neigen dazu, im buchhalterischen Chaos etliches für sich selbst »abzuzweigen« – die Unternehmerin bemerkt es nur, wenn sie jemanden in flagranti ertappt; meist jedoch kommen die Diebe ungeschoren davon, da Adele Spitzeder jegliche Übersicht über Qualität und Quantität ihrer Geschäfte verloren hat. Büro- und Privatbereich Adele Spitzeders gehen in seltsamer Weise ineinander über: Die Räumlichkeiten befinden sich im selben Haus, bisweilen empfängt Adele Spitzeder Kunden in ihrem Wohnzimmer. Die eingezahlten Gelder sowie Wechsel und Schuldscheine werden in geradezu fahrlässiger Weise ohne jegliche Sicherung in einem hölzernen Schrank im Schlafzimmer aufbewahrt. Freilich dürften sich nie allzu hohe Barbeträge in diesem Schrank befunden haben, denn in all den Jahren gehen nicht nur reichlich Gelder von Kleinanlegern ein (täglich zwischen fünfzigtausend und hunderttausend Gulden), es werden auch pünktlich und zuverlässig die horrenden Zinsen ausbezahlt und Darlehen vergeben. Und nicht zuletzt legt Adele Spitzeder das Geld in Immobilien an: Siebzehn Mietshäuser, Landhäuser und Güter in München und dem Umland nennt sie bis Ende 1872 ihr Eigen. Zudem kauft sie große Anteile an diversen Lebensversicherungen und erwirbt mehrere Münchner Zeitungen – die natürlich über ihre Eigentümerin stets nur Gutes berichten und so die öffentliche Meinung beeinflussen.

Adele Spitzeders Bericht über ihre Geschäftstätigkeit ist beschönigend, doch manches, etwa die Darstellung der Zustände im Kassen- und Büroraum, ist von Zeitgenossen durchaus bestätigt worden:

»Im Auszahlungszimmer stand gleichfalls ein Schreibtisch für einen meiner Controleure, auf jenem Tisch lag stets das Strafgesetzbuch und Wechselstempelbuch zur Einsicht bereit, um mich vor Betrug sichern zu können. [...] Die Mitte des Zimmers war durch ein eichenes Gitter abgeteilt, und hinter diesem Gitter war ein großer mit Wachstuch überzogener Tisch aufgepflanzt, auf welchem die Gelder zum Auszahlen gezählt wurden, und daneben stand ein kleiner Tisch mit dem Quittungsbuch, in welchem die Leute die Zurückgabe ihrer Kapitalien bestätigen mußten. Auf der anderen Seite stand wieder ein kleiner Tisch, und vor diesem saß der erste Controleur, welcher die bezahlten Wechsel in Empfang nehmen und einen kleinen Riß zum Zeichen der Ungültigkeit hineinmachen mußte. [...] Beim Zahltische thronte auf einem Podium einer meiner drei Zahlmeister, während wieder an einem anderen Tische sich mehrere Geldsortierer breit machten. Vor der Türe meines Auszahlungszimmers, vor dem Vorzimmer und auf dem Hofe vor der Eingangstüre in meine Wohnung war je ein Bediensteter aufgestellt, und auch vor dem oben erwähnten Gitter hielten zwei Mann Wache. Alle diese Leute hatte ich unumgänglich notwendig, um dem *immensen Menschenandrange gegenüber* Ordnung zu halten. [...] Das Geschäft des Auszahlens selbst dauerte immer bis Mittag 1 Uhr, diejenigen, welche Zinsen in Empfang zu nehmen hatten, konnten sich schon von 9 Uhr an einfinden [...]. Während der Sturm- und Drangperioden fanden sich oft schon um 4 Uhr morgens die Leute vor meiner Haustüre ein, um ihre Gelder abzuholen und ich ließ deshalb zu solchen Zeiten schon von früh 8 Uhr auszahlen. Aber wenn die Leute während meiner Sturm- und Drangperiode sich um 4 Uhr morgens schon vor dem Haustore einfanden, so kann ich auch sagen, daß ich zu aller und jeder Zeit ungleich mehr bedrängt wurde von jenen Leuten, welche ihre Kapitalien bei mir anlegen wollten. Auch diese fanden sich massenhaft früh um 4 Uhr schon ein, mußten sich aber bis nachmittags 1–2 Uhr, also zehn volle Stunden oft gedulden, bis ihr Geld *angenommen* werden konnte. Nur bei solchen Leuten, welche aus *weiter Ferne* kommend sich melden ließen und um Abfertigung baten, machte ich eine Ausnahme und ich ließ sie in mein Speisezimmer kommen. […] In der Mitte des Zimmers befand sich ein Antritt, und auf diesem ein einfacher lederner Stuhl, worauf ich thronte. Diesen Stuhl hatte ich einst beim Ankaufe des Hauses vom Millionär Kohn erstanden, und zwar war es derselbe Stuhl, auf welchem sich der Unglückliche erschossen hatte. Neben diesem Stuhl befand sich ein großer, einfacher, unpolierter Tisch, auf welchem Geld gezählt und sortiert wurde […]. Ferner befand sich an der Wand dem Eingange gegenüber noch die Inschrift: ›Tue Recht und scheue Niemand‹, ein Denkspruch, den ich schon von meiner frühesten Jugend auf liebte und beachtete. […] Neben meinem Schlafzimmer befand sich ein Wandschrank, welcher von den früheren Bewohnern des Hauses als Speisekasten benützt worden war. Dies altehrwürdige Möbel wurde von mir zum Aufbewahren meines Silbergeldes benützt, um es stets in unmittelbarer Nähe zu haben. Dieser Verschlag war zuweilen dergestalt angefüllt, daß der Boden zu brechen drohte; in selben Verschlag legte ich auch das Depot, welches mir in den letzten 14 Tagen vor der Sperre nach und nach von meinem Hauptkassier zurückgebracht worden war.«

Menschenfreundin und Volksheilige

Das alles ist provisorisch, ja dilettantisch – und doch: Den zahlreichen Kleinanlegern imponiert gerade diese Mischung aus Unkonventionalität, Bescheidenheit und physischer Nähe zur Bankenchefin: Auch wenn Adele Spitzeder wie eine Königin auf einem Sessel »thront« (so wird sie auch immer wieder in Karikaturen abgebildet), ist sie doch körperlich anwesend. Sie hat etwas Distanziertes, Unnahbares (auch durch ihre groben Beschimpfungen gegen die Sparer), aber sie ist doch sichtbar und real. Diese Mischung aus Nähe und Distanz imponiert den »kleinen Leuten« und lässt Adele Spitzeder vertrauenswürdig und solvent erscheinen. Dazu trägt auch ihr offenes, selbstverständliches, »natürliches« Verhältnis zur katholischen Religion und zum karitativen Engagement bei. Denn in einer Gesellschaft, die noch weitgehend von christlichen Werten und besonders von katholischen Verhaltensmustern und Ritualen geprägt ist, wirkt dies vertrauensfördernd und keineswegs aufgesetzt. Adele Spitzeder zeigt sich auf ihren Wallfahrten nach Altötting gern den anderen Pilgern und den Einheimischen, die ihr begeisterte Empfänge bereiten. Immerhin ist sie für viele nicht nur eine fähige Vermögensverwalterin und -mehrerin, sondern sie hat auch das (mit Kalkül gepflegte) Image der Menschenfreundin. Dazu trägt Adele Spitzeder aktiv bei: Auf ihren Fahrten in die Dachauer oder Starnberger Gegend, nach Niederbayern oder in die noch ländlich geprägten Münchner Vorstädte lädt sie die ihr zujubelnden Menschenmengen, die sie mit Blumensträußen, Kränzen, Blasmusik und Festtagsreden empfangen, großzügig zu Brotzeit und Bier ein. »Fräul'n Spitzeder«, so schallt es ihr oft entgegen, »mir hätt'n an Durscht, gengan S', zahl'n S' uns a Maas [eine Maß Bier], es ist so hoaß heut.« Die Wohltäterin antwortet dann gewöhnlich – ob aus Menschenliebe oder aus Kalkül, sei dahingestellt: »No, so lasst's Enk [Euch] halt an halb'n Eimer Bier geb'n!« Nicht nur auf dem Land fließt das Bier. Auch die von Adele Spitzeder gestiftete »Münchener Volksküche« am Platzl 4 (unweit des Max-Joseph-Platzes) dient der guten Stimmung unter den potenziellen Kunden der Dachauer Bank und dem Ansehen der Stifterin. Der Volksküche sind neben Küche und Gastsälen auch eine Metzgerei, eine Bäckerei und eine Brauerei angeschlossen. Der Wochenspeiseplan verzeichnet täglich wechselnd eine Suppe, gefolgt von Rindfleisch mit Kartoffeln, Rüben, Kartoffelsalat, Bohnen oder Sauerkraut, alles zu preiswerten Kantinenpreisen. In einem kleineren Gastraum wird zu etwas gehobenen Preisen bessere bürgerliche Küche serviert. Auch das Bier wird billiger als in anderen Gaststätten ausgeschenkt. Der Andrang ist riesig, bis zu viertausend Menschen nehmen das einzigartige Angebot einer preiswerten und dennoch guten Volksküche wahr. Adele Spitzeder erinnert sich: »Welchen Anklang diese meine Volksküche im Publikum gefunden hat, mag durch die Tatsache illustriert werden, daß zur Zeit des Oktoberfestes nicht weniger als täglich drei Ochsen nebst vielen Kälbern geschlachtet und einmal in einer einzigen Stunde nicht weniger als 2000 Knödel verzehrt wurden. Oftmals wurde so viel konsumiert, daß um 11 Uhr vormittags schon der ganze Vorrat aufgezehrt war.«

Adele Spitzeders angebliche Frömmigkeit und menschenliebende Haltung machen sie für viele aus dem »einfachen Volk« zu einem Vorbild, wenn nicht gar zu einer modernen Volksheiligen. Etliche in Not Geratene treten mit der Bitte um karitative Unterstützung an sie heran, andere erbitten sie zur Patin für ihr neugeborenes Kind. Dem kommt Adele Spitzeder gern nach – auch hier dürfte die Imagepflege ausschlaggebend sein: Nachweislich in vierundsechzig Fällen wird sie Patin fremder Kinder. Ihr soziales Engagement stellt sie indes noch mit anderen, groß angelegten Projekten unter Beweis: Sie kauft die »Westendhalle« in München und beabsichtigt dort für die breiten Massen ein Unterhaltungstheater mit Darbietungen von Lustspielen, Operetten und Balletten zu errichten. Das Vorhaben kommt jedoch wegen des Bankrotts der Dachauer Bank nicht zur Ausführung. Neben der Volksküche will sie eine Brothalle und eine Weinhandlung gründen, um auch diese Lebens- und Genussmittel verbilligt unters Volk zu bringen. Zudem plant sie den Bau von Arbeiterwohnungen mit niedrigem Mietzins und fühlt sich dazu von der altehrwürdigen Fuggerei-Stiftung inspiriert: »Längst hatte ich auch die Absicht, ein Gebäude nach dem Vorbilde der ›Fuggerei‹ in Augsburg zu etablieren und darin kleine Separatwohnungen zu mäßigen Preisen einrichten zu lassen. Zu diesem Behufe besah ich mir auch schon einen großen Bauplatz in Haidhausen, und besprach mich mit einem dortigen Baumeister, da indes die Sache viel zu hoch gekommen wäre, so ließ ich dieses Projekt vorläufig fallen und kaufte das Haus in der Nymphenburgstraße [richtig: Nymphenburger Straße], um darin Arbeiterwohnungen einzurichten.« Nach eigenen Angaben unterstützt Adele Spitzeder in jenen Jahren auch die Klosterschule bei der Herzogspitalkirche mit monatlichen Zuwendungen, sie lässt bedürftigen Studenten Stipendien zukommen, verteilt Almosen an invalide Soldaten des Deutsch-Französischen Kriegs, spendet für die Renovierung von Kirchen und für die Anschaffung von Glocken, für das katholische Casino in Giesing, für einen katholischen Gesellenverein und unterstützt zudem einige Privatpersonen, die sich vertrauensvoll an die reiche, fromme Frau wenden. Das ist im Einzelnen nicht mehr nachzuprüfen, die Großprojekte jedoch sind tatsächlich von ihr realisiert oder zumindest vorbereitet worden. Auch hier bleibt die Frage offen, ob philanthropische oder imagepflegerische Motive im Vordergrund standen. Adele Spitzeder will sogar notleidenden Juden Geld gespendet haben – das jedoch steht in krassem Widerspruch zu den antisemitischen Äußerungen, die sie vor allem gegen jüdische Geldverleiher (die »Wucherer«) vorgebracht hat, auch in den Zeitungen, die zu ihrem Finanzimperium gehörten. Noch in ihrer Autobiografie von 1878 verteidigt sie sich gegen Verdächtigungen, die Motive für ihr karitatives Engagement seien unlauter gewesen: »Ich habe in diesen meinen Memoiren schon verschiedene Male betont, daß ich eine äußerst generöse Natur bin, und selbst meine erbittertsten Feinde konnten dies nicht abstreiten, wohl aber verdächtigten sie meine Freigebigkeit und meine Mildtätigkeit dahin, als ob es nur Spiegelfechterei gewesen sei, um mir die Popularität der unteren Volksklassen zu sichern und zu erhalten. […] Eigennutz und Habsucht, Neid und Geiz war mir stets in der Seele zuwider, und wo ich helfen konnte, da half ich stets.«

Zeitungskrieg

Nicht alle fallen auf solch fromme und philanthropische Beteuerungen herein: Der Münchner Magistrat wird auf Adele Spitzeders Geschäftspraktiken aufmerksam. In der Sitzung vom

18. Mai 1871 unterrichtet der Rat Billing seine Kollegen ausführlich über die geschäftlichen Gepflogenheiten der Dachauer Bank und den immensen Zustrom von Kleinanlegern aus München und ganz Bayern. Zwar verstößt Adele Spitzeder nicht gegen gesetzliche Bestimmungen, dennoch macht sich der Rat Sorgen. Weniger wegen der fehlenden Sicherheiten für die Anleger, sondern weil die Sparkassen, die sich um die Ersparnisse der »kleinen Leute« bemühen, immer mehr Verluste machen: 1870 (in einem Jahr, als die Spitzedersche Bank noch relativ bescheidenen Zulauf hat) sei, so Billing, allein den Münchner Sparkassen dadurch ein Schaden von fünfzigtausend Gulden zugefügt worden. Billing fordert dazu auf, die Öffentlichkeit vor den Praktiken der Dachauer Bank zu warnen. Mehr könne man nicht tun, da die Gesetze keine Handhabe böten. Billings Forderung stößt auf breite Zustimmung, doch die Initiative des Magistrats läuft ins Leere. In den folgenden anderthalb Jahren äußern diverse linksliberale Zeitungen, etwa die *Neuesten Nachrichten*, wiederholt ihre Zweifel an der Solvenz der Dachauer Bank, doch bläst ihnen im Blätterwald starker Wind entgegen: Der kommt von Adele Spitzeders eigenen Zeitungen *(Süddeutscher Telegraph, Volksbote, Münchner Tagblatt)*, aber auch von konservativ-katholischen Blättern, die auf die fromme Gönnerin und Stifterin nichts kommen lassen. Hier sticht vor allem die Zeitung *Das Bayerische Vaterland* unter deren Chefredakteur Johann Baptist Sigl hervor, der nicht nur die karitative Seite Adele Spitzeders hervorkehrt, sondern die Dachauer Bank auch als Bollwerk gegen jüdischen Zinswucher preist. Die Debatte in der Presse gerät immer mehr in ideologische Fahrwasser, selbst ernstzunehmende konservativ-katholische Blätter wie die *Augsburger Postzeitung* nehmen in dieser Angelegenheit eine unkritische und emotionale Haltung ein, werten die Angriffe auf die Münchner Unternehmerin als »Brotneid minder glücklicher Spekulanten« und diffamieren linksliberale Kritik als »großartigen Schwindel der Berliner Juden«. Noch deutlicher wird Sigl, wenn er am 24. Februar 1872 im *Bayerischen Vaterland* polemisiert: »Die Juden haben das jüdische Kapital gegen uns mobil

gemacht, mit ihrem Geld haben sie auf unserm Acker und Eigenthum gearbeitet und uns ausgebeutet […]; die ›Dachauerbank‹ dagegen hat das kleine Kapital, das Geld der Armuth, die ersparten Groschen der Arbeiter, der Dienstboten, der kleinen Leute gegen die Juden und trotz den Juden mobil gemacht.« Der Fall Adele Spitzeder wird in jenen Monaten nicht nur zu einem Gleichnis um Geldgier, Gutgläubigkeit und Verführbarkeit, sondern auch zu einem Paradebeispiel des breit schwelenden, jederzeit entfachbaren Antisemitismus, auch in Kreisen der Intellektuellen.

Der Faden reißt

Adele Spitzeders Unternehmenszentrale in der Schönfeldstraße wird in jenem Jahr 1872 wiederholt von der Polizei ins Visier genommen. Die Gesetzeshüter beobachten die Menschenaufläufe vor dem Haus, Anleger, die ihre Ersparnisse zu der Vermögensverwalterin bringen. Sie suchen mit dem einen oder anderen ins Gespräch zu kommen, erhalten aber meist nur ruppige Antworten oder Bekundungen der Sympathie und des Vertrauens für Adele Spitzeder. Für einen Durchsuchungsbefehl reicht die Faktenlage nicht aus. Im Herbst 1872 spitzt sich die Lage zu: Denn die Aktivitäten der Dachauer Bank gefährden durch Kapitalentzug die Sparkassen immer mehr. Inzwischen befasst sich auch das bayerische Innenministerium mit dem Fall: Der Minister alarmiert sogar den König, Ludwig II., in einem Schreiben vom 22. September: »Nach einem Bericht des Bezirksamtes Altötting ist die Kapitalanlage der sogenannten kleinen Leute bei der Dachauerbank der Adele Spitzeder in München eine so bedeutende, daß die Verwaltung der Distrikts-Sparkasse zu Altötting zu außerordentlichen Mitteln greifen mußte, um die massenhaft gekündeten Sparkassen-Einlagen zurückzahlen zu können.« Der König sieht dem Treiben rat- und hilflos zu. Unterdessen häufen sich die Katastrophennachrichten, sodass der oberbayerische Regierungspräsident Theodor von Zwehl eine

»Landescalamität« befürchtet, sollte die Dachauer Bank zusammenbrechen. Am 29. Oktober kommt die Nachricht aus Ingolstadt, von der dortigen Sparkasse würden die Spareinlagen seit einiger Zeit »wahrscheinlich behufs deren Anlage bei der Spitzederschen Bank dahier in solcher Menge zurückgezogen, daß die Sparkasse bei Fortdauer dieser Calamität zu einer Massenkündigung der auf Hypothek ausgeliehenen Sparkassen-Capitalien ihre Zuflucht zu nehmen gezwungen ist«. Und auch die Traunsteiner und die Mühldorfer Sparkassen melden durch den Abzug von Kapital eine Schieflage. Das Innenministerium kann freilich nur mit öffentlichen Aufrufen reagieren: In großen Zeitungsannoncen warnt es am 30. Oktober und nochmals am 5. November vor der Dachauer Bank, die Münchner Polizeidirektion schließt sich dem in einer öffentlichen Erklärung vom 7. November an. All das tut dem Ansturm von Kleinanlegern in der Schönfeldstraße keinen Abbruch: Nach wie vor warten täglich Hunderte von Sparern geduldig in oder vor den Büroräumen Adele Spitzeders, um ihr Geld loszuwerden. Die Bankchefin fühlt sich sicherer denn je und ahnt nicht, dass bereits ein Damoklesschwert über ihr schwebt.

Der Faden reißt am 12. November 1872: Der Polizei ist es in den Tagen zuvor gelungen, rund sechzig Gläubiger der Dachauer Bank zu bewegen, ihre Schuldscheine dem Bezirksgericht zu übergeben und einen Gerichtsvollzieher zu beauftragen, die Ansprüche gesammelt einzufordern. Am Nachmittag jenes Tages herrscht in München richtiges »Sauwetter«: Schneeregen weht durch die Straßen. Vor dem Haus in der Schönfeldstraße 9 hat sich dennoch eine lange Schlange von Wartenden gebildet, die ihr Geld bei der Spitzederschen Bank anlegen möchten. Da erscheint gegen 16 Uhr eine Gruppe gut gekleideter Herren mit Aktenmappen: Bezirksgerichtsrat Scharrer, Untersuchungsrichter Radlkofer, Gerichtsvollzieher Schneider, fünf Herren von der Untersuchungskommission des Gerichts, zudem mehrere Gendarmen, die die Wartenden in Schach halten sollen. Außerdem hat man vom bayerischen Kriegsministerium Soldaten angefordert, um eine Volksrevolte zu verhindern und die

Straße weiträumig abzusperren. Die Herren betreten Adele Spitzeders Büro, die mitten in der Abwicklung ihrer Geldgeschäfte ist, und fordern die Auszahlung der Gelder der von ihnen vertretenen Gläubiger. Da Adele Spitzeder dazu nicht in der Lage ist, wird das Bankgeschäft amtlich gesperrt. Alles vollzieht sich unter den Augen der immer unruhiger werdenden Menge. Es spielen sich Szenen der Verzweiflung ab, denn die Wartenden bergreifen erst jetzt, dass sie um ihr Erspartes bangen müssen. Die Gendarmen drängen die Kunden nach draußen, und die Herren verlangen nun die Einsicht der Geschäftsbücher. Adele Spitzeder legt alles bereitwillig offen (von einer geregelten Buchführung freilich kann nicht einmal ansatzweise die Rede sein). Die Herren beginnen mit der Prüfung der Unterlagen und lassen sich auch die im ominösen Wandschrank liegenden Gelder, Wertpapiere und Schuldscheine vorlegen. Ganze vier Stunden benötigen die erfahrenen Finanzexperten, um alles zu sichten. Adele Spitzeder erinnert sich – freilich recht subjektiv – an jenen dramatischen Nachmittag und Abend des 12. November 1872:

»Als ich mit der Kommission auf den Korridor hinaustrat, fand ich denselben schon ganz mit Gendarmerie besetzt. Das Zahlungszimmer, welches kurz vorher von Leuten angefüllt gewesen, denen man unausgesetzt ihre Gelder ausgezahlt hatte, fanden wir leer – Polizeiassessor Pfister hatte es durch Gendarmerie räumen lassen, und ich war nicht wenig erstaunt hierüber, daß man die Leute gehindert hatte, ihr Geld in Empfang zu nehmen. Es wurden mir nachmals die ergreifendsten Szenen geschildert, welche sich bei dieser Gelegenheit abgespielt hatten. So bat eine alte Frau kniefällig und unter Schluchzen, man möchte ihr doch nur um Gottes willen ihre 50 Gulden noch auszahlen lassen, ein Mann, dem gerade sein Geld auf dem Zahlungstische vorgezählt worden war, durfte dasselbe nicht mehr nehmen. Die Leute jammerten und weinten, immer die Frage dabei stellend: was denn das zu bedeuten hätte, sie bekämen ja ihr Geld von der Spitzeder zurück, und es würde ja ohne Weigerung ausbezahlt [...]. Indessen wurden die Bücher, deren

Herbeischaffung ich angeordnet hatte, heraufgetragen; [...] Prokuraträger Reuschle [...] äußerte die Neuigkeit, daß dies gar keine Handelsbücher seien. Er frug hierauf nach einem Kassenbuch. Ich antwortete, daß ich ein solches nicht führe, daß ich überhaupt nur Privatbücher hätte [...]. Ich erklärte ferner, daß ich Handelsbücher nicht zu führen verstände, weil ich keine kaufmännischen Kenntnisse besäße und auch kein kaufmännisches Geschäft geführt hätte. [...] Die ganze Kommission ging nun mit mir in mein Schlafzimmer, und ich übergab nun dem Rath Scharrer den Schlüssel zu dem Verschlage, in welchem sich mein Vermögen befand. Rath Scharrer öffnete denselben, mein Kammerdiener Jakob Nebel leuchtete und ging mit hinein, während die anderen Herren sich um mich herum gruppierten, und mit forschenden Blicken betrachteten. Rath Scharrer reichte aus dem Verschlage ein Paket Obligationen und Wertpapiere nach dem anderen heraus, reichte es meinem Kammerdiener und dieser wiederum mir, die ich mit dem Rücken gegen den Verschlag stand. Ich legte Paket um Paket angesichts der Kommission auf einen vor mir stehenden Stuhl nieder. [...] Nun wurde der Verschlag geschlossen, mit dem gerichtlichen Siegel belegt, und zwar vom Herrn Gerichtsvollzieher Schneider. [...] Ich war zum Automaten geworden; alles war mir gleichgültig, und selbst auf das Schafott hätte ich mich ruhig führen lassen.«

Gegen Adele Spitzeder wird ein Haftbefehl erlassen. Sie erinnert sich: »Und nun ging es in die Gefangenschaft! Einer meiner Bediensteten gab mir noch zwei Kistchen Zigarren, welche zu tragen sich Polizeioffiziant Walch erbot, Rosa E. [eine Vertraute] nahm meinen Hund unter den Arm, und so schied ich, nachts um die zwölfte Stunde unter dem Weinen und Jammern der Dienstboten, begleitet vom Gerichtsvollzieher und den beiden Polizeioffizianten aus dem Hause [...] Im Hausflur stand ein Gendarm mit gezogenem Säbel, vor dem Hause ein Fiaker [...]. Als wir abfuhren, marschierte eine Truppe Soldaten dem Wagen voraus. Als der Fiaker vor der Türe des Gefängnisses in der Badstraße [richtig: Baaderstraße] anhielt, da fiel es mir bei dem Anblicke desselben plötzlich wie Schuppen von den Augen: ich hatte dieses Gebäude vor mehreren Nächten im Traume bereits gesehen!«

Betrügerin ohne Einsicht

Adele Spitzeder bleibt im Untersuchungsgefängnis in der Münchner Baaderstraße. Monatelang hat die Staatsanwaltschaft mit der Aufarbeitung der Dokumente zu tun. Zudem werden Geschädigte aufgefordert, sich mit ihren Forderungen beim zuständigen Bezirksgericht zu melden, da die Kassenbücher lückenhaft sind. Nach und nach kommt das Ausmaß des Finanzschwindels zutage (wobei sich wohl Tausende von Anlegern aus falscher Scham nie bei den Behörden melden): Demnach hatte die Dachauer Bank einen Vermögensstand von knapp zwei Millionen Gulden und einen Schuldenstand von über zehn Millionen Gulden, somit eine Überschuldung von über acht Millionen Gulden. Die Zahl der geschädigten Anleger konnte nie genau ermittelt werden: Man geht heute von etwa dreißigtausend aus, es können aber bis zu dreiundvierzigtausend gewesen sein. Die Anleger kamen überwiegend aus unteren sozialen Schichten, vor allem aus München und dem Münchner Umland, aus den Kreisen Dachau und Starnberg, aus Niederbayern, vereinzelt auch aus Bayerisch Schwaben und Franken. Eher selten waren Anleger aus bürgerlichen Schichten oder mit größerem Vermögensstand. Die Geschäftspraktiken und das Image Adele Spitzeders richteten sich vor allem an die gutgläubigen, sozial benachteiligten »kleinen Leute«, die in den Zinsverheißungen der Dachauer Bank eine willkommene Möglichkeit sahen, endlich auch ihren sprichwörtlichen Anteil vom Kuchen zu erhalten.

Einen weniger sachlichen, als vielmehr unmittelbaren Eindruck vermittelt der zeitgenössische bayerische Schriftsteller und Jurist Ludwig Steub: »Tausende und Tausende drängen sich in die Amtsstuben mit werthlosen Wechseln in der Hand, mit dicken Thränen im Auge. Mehr als die Hälfte der hiesigen Dienstboten ist um ihren Nothpfennig betrogen; vom Lande herein kommen grausige Berichte über die Verheerungen, die dort eintreten. Ein reicher Bauer, der einen schönen Hof verkauft und den ganzen Kaufpreis in der Dachauer Bank angelegt hatte, um von den Zinsen ein otium cum dignitate [würdevolles Dasein als Privatier] zu führen, rannte gestern durch das weite Regierungsgebäude und durch alle Bureaux und rief in halbem Wahnsinn: ›Ihr Herren müßt mir mein Geld schaffen, denn Ihr habt diese Banditenwirthschaft zugelassen!‹«

Die Einlagen der meisten Sparer hingegen sind vergleichsweise klein, was ihre Verluste nicht weniger schmerzhaft macht. Eine zeitgenössische Karikatur zeigt solch einen Geschädigten mit der bitteren Unterschrift: »Viel war's nicht, aber alles.«

Nachdem der Konkursverwalter, der Münchner Notar von Vincenti, Anfang Mai 1873 seine Arbeit abgeschlossen hat, beginnt im Sommer 1873 der Prozess gegen Adele Spitzeder. Von dem Geschworenengericht wird sie im September 1873 zu drei Jahren Zuchthaus verurteilt. Als strafmildernd wird gewertet, dass sie den Anlegern nie Sicherheiten versprochen habe, zudem wird den Behörden angelastet, keine gesetzlichen Auflagen zur geregelten Buchführung erlassen zu haben. Während des Prozesses und auch danach bleibt Adele Spitzeder völlig uneinsichtig und weist jede Schuld und jede persönliche Verantwortung weit von sich. Das Schicksal der dreißigtausend Menschen, die sie um ihre Existenz gebracht und teils in bittere Armut gestürzt hat, ist ihr egal. Da ihre Gesundheit angeschlagen ist (ob sie auch gegenüber den Ärzten eine begnadete Simulantin ist, sei dahingestellt), darf sie im Gefängnis in der Münchner Baaderstraße bleiben, unter relativ kommoden Haftverhältnissen, in einer Einzelzelle, mit diversen Freiheiten und Privilegien. Dort schreibt sie zu ihrer Rechtfertigung vor der Um- und Nachwelt ihre Memoiren, die 1878 in Stuttgart erscheinen und ein sehr geschöntes und verzerrtes Bild der Vorgänge zeichnen.

Über ihr weiteres Leben gibt es nur wenig zu berichten, aber das Wenige macht nachdenklich: Nach der Haft verlässt Adele Spitzeder Deutschland, kehrt aber sehr bald zurück und nimmt wieder Wohnsitz in München. Das öffentliche Gedächtnis ist offensichtlich recht kurz, denn sie lebt bis zu ihrem Tod unbehelligt in der Stadt ihres unheilvollen Wirkens. 1879 versucht sie sogar »in ziemlich schwunghafter Weise«, wie ein Polizeiprotokoll weiß, wieder ins Geldleihgeschäft zu kommen, offensichtlich ist sie aus Schaden nicht klug geworden. Im Februar 1880 wird sie deshalb von der Polizei verhaftet, bald jedoch wieder auf freien Fuß gesetzt. Sie versucht sich nun als Künstlerin, komponiert Märsche und Polkas und verkündet bereits in ihren Memoiren von 1878, sie habe »den Entschluß gefaßt, keine Bühne mehr zu betreten, sondern mich ganz und gar der Musik zu widmen und mich von meinem Kompositionstalente, das von vielen Kapellmeistern anerkannt wurde, zu ernähren. Meine Gläubiger haben mir das Geld gegeben, um meine Kompositionen instrumentieren und mit einer Kapelle erproben zu können, und da die Zahl meiner Kompositionen bereits 77 erreicht hat, so läßt sich leicht an den Fingern abzählen, daß hierfür nicht geringe pekuniäre Opfer gebracht werden mußten.«

Kompositionen Adele Spitzeders haben sich nicht erhalten, und vielleicht war auch das nur eine Finte, erneut Geld aus gutgläubigen Mitmenschen herauszulocken. Bekannt ist nur, dass sie bisweilen als Volkssängerin auftrat, unter dem Künstlernamen Adele Vio (dem Mädchennamen ihrer Mutter). Die emotionale Nähe zum einfachen Volk blieb Adele Spitzeder offensichtlich erhalten. Als sie am 27. Oktober 1895 in München stirbt, hinterlässt sie »nichts als ganz wertlose Kleider«, zudem das, was sie bereits früher im Übermaß besaß: einen Berg Schulden.

Ihr denkwürdiges Leben schrie nach literarischer und filmischer Umsetzung und Aufarbeitung: 1966 erschien die Komödie des bayerischen Schriftstellers Reinhard Raffalt *Das Gold von Bayern*, 1972 brachte der bayerische Puppenspieler Gabriel Gailler Adele Spitzeders Leben und Untaten auf die Marionettenbühne, im selben Jahr führte der bekannte bayerische Dramatiker Martin Sperr Regie in einem Fernsehspiel mit Ruth Drexel in der Hauptrolle. 1973 erschien das Theaterstück *Das Geldmensch* von Christine Spöcker, und 1977 wurde Sperrs Theaterstück *Die Spitzeder* uraufgeführt. 2011 wurde der Stoff erneut vom Fernsehen in einer Gemeinschaftsproduktion des Bayerischen Rundfunks und des Österreichischen Rundfunks unter dem Titel *Die Verführerin Adele Spitzeder* mit Birgit Minichmayr in der Hauptrolle verfilmt.

Das letzte Wort möge Adele Spitzeder haben – und man mag ihr hierbei zustimmen oder nicht: »Ehe ich jedoch Abschied von meinen Lesern nehme, muß ich noch hier der Hoffnung Ausdruck geben, daß der unbefangene Leser gewiß durch die wahrheitsgetreue Darstellung in vorliegenden Memoiren eine andere Ansicht über mich und mein Tun und Handeln gewonnen hat, als bisher. Viele Leser, ja ich darf sagen die meisten, werden die Ansicht einer großen Anzahl von Juristen teilen, daß meine Verurteilung nicht gerechtfertigt war.«

7 Elisabeth von Österreich (1837–1898)
»Titania« in der »Kerkerburg«

Die aus dem Wittelsbacher Haus der Herzöge in Bayern stammende Elisabeth, verheiratet mit Kaiser Franz Joseph von Österreich, galt – ebenso wie ihr Verwandter König Ludwig II. von Bayern – bereits zu Lebzeiten als geheimnisumwitterte Legende. Sie selbst hat bewusst und entschieden zu diesem Image beigetragen und es gepflegt, um sich von der Welt, die von ihr als banal und böse gebrandmarkt wurde, abzusetzen. Elisabeths Fühlen, Denken und Handeln schien häufig rätselhaft, und sie selbst gefiel sich darin, die unverstandene Frau zu geben. Ihr Inneres legte sie bekenntnishaft in einer Vielzahl von Gedichten nieder, von denen die meisten erst lange nach ihrem Tod veröffentlicht wurden. Elisabeth verglich sich darin mit der Feenkönigin Titania aus ihrem Lieblingsstück, Shakespeares *Sommernachtstraum*. Titania ist die Unverstandene, die sich in unerfüllter Liebessehnsucht verzehrt und mit dem verzauberten Weber Zettel nur einen Esel erhält. In einem Gedicht Elisabeths heißt es: »Nur ich, die schier wie Verfluchte,/Ich Feenkönigin,/Ich find nie das Gesuchte,/Nie den verwandten Sinn.// Umsonst verschied'ner Malen/Stieg ich vom Lilienthron;/Es währte mein Gefallen/Nie lang am Erdensohn.//In üpp'gen Sommernächten,/Bei schwülem Vollmondschein/Dacht' oft: ›Jetzt hab ich den Rechten!‹/Und wollte mich schon freun'n.// Doch immer beim Morgengrauen,/An's Herz gedrückt noch warm,/Musst' mit Entsetzen ich schauen/Den Eselskopf im Arm!«

Das sind keineswegs nur die intimen Bekenntnisse einer Frau, die tagebuchartig ihre Erlebnisse, Gedanken und Gefühle in Gedichten verarbeitet hat. Elisabeth, deren großes, unerreichtes dichterisches Vorbild Heinrich Heine war, hat ihre Verse als eigenständige Kunstwerke betrachtet und eine Auswahl bereits zu Lebzeiten veröffentlicht – wenngleich anonym. Und sie hat testamentarisch verfügt, dass ihr poetisches Werk erst nach 1950 veröffentlicht werden dürfe und dass der Erlös für karitative Zwecke verwendet würde. Freilich interessierte sich in der zweiten Hälfte des 20. Jahrhunderts kaum einer für die dilettantischen Verse einer längst verschiedenen Monarchin eines Kaiserreichs, das untergegangen war. Doch Elisabeths Leben, das durch die Position einer Kaiserin einerseits aus den gesellschaftlichen Zusammenhängen herausgehoben und andererseits in seinem repräsentativen Charakter auch ein Spiegel einer überzüchteten und museal gewordenen höfischen Gesellschaft war, fasziniert heute wie ehedem. Elisabeth hat selbst großen Anteil daran, dass man sie als geheimnisvolle Feenkönigin, Einsiedlerin oder Femme fatale – je nach Blickwinkel – betrachten kann. Ihrer Hofdame Ida Ferenczy bekannte sie einmal: »Wundern Sie sich nicht, daß ich so lebe wie ein Einsiedler? Es blieb mir nichts anderes übrig, als dieses Leben zu wählen. In der großen Welt haben sie mich so verfolgt, mir Übles nachgeredet, mich verleumdet, so stark mich gekränkt und verletzt – und Gott sieht meine Seele, daß ich niemals Böses getan habe. Ich dachte also, ich werde eine Gesellschaft suchen, die meine Ruhe nicht stört und mir Vergnügen bietet. Ich bin in mich selbst zurückgekehrt und habe mich der Natur zugewendet. Der Wald tut mir nicht weh.«

Heute sind Elisabeths Geheimnisse weitgehend gelüftet, ihr Leben ist von etlichen Biografen – vor allem durch die grundlegende Arbeit Brigitte Hamanns – erforscht und psychologisch gedeutet, auch unter Heranziehung lange Zeit gesperrter Briefe und Tagebücher der Kaiserin und ihres Umkreises. Und dennoch geht weiterhin ein Faszinosum von Elisabeth aus, was sich in den Schlössern und Villen, die sie bewohnte, in einem regen touristischen Erinnerungskult niederschlägt. Die Schleier scheinen gelüftet – nicht immer zur Zufriedenheit der »Sisi«-Fangemeinde, denn das Gesicht unter dem Schleier hat nicht nur schöne Züge. Es zeigt auch hässliche, unsympathische Merkmale, aber gerade das macht die unglückliche, unerfüllte Kaiserin und Königin heute lebendiger denn je: Sie war eben nicht nur das schöne Püppchen von Schönbrunn, sondern eine Frau mit eigenen Vorstellungen von Freiheit, Leidenschaft, geistiger und emotionaler Selbstverwirklichung. Diese Wünsche waren so maß- und bedingungslos, dass sie selbst heute kaum zu erfüllen wären. Vielleicht trägt auch das zum ungebrochenen Reiz des Mythos Elisabeths bei.

Die Traumprinzessin

Der Zufall – oder die Vorsehung, an die Elisabeth zeitlebens glaubt? – entscheidet darüber, dass die Prinzessin aus dem bayerischen Herzogshaus Franz Joseph, den Kaiser von Österreich, heiratet und in die glanzvolle Wiener Hofburg zieht: Im Jahre 1853 hält der dreiundzwanzigjährige, gutaussehende Kaiser um die Hand der zierlichen, noch kindlich anmutenden Prinzessin Elisabeth an. Eigentlich hat die Kaisermutter Sophie eine andere Kandidatin im Blick gehabt: Helene, die älteste Tochter ihrer Schwester Ludovika und ihres Schwagers Max. Die Verwandten haben ein Palais in der Münchner Ludwigstraße und besitzen zudem das kommode, nicht allzu große Schloss Possenhofen am Starnberger See. Allerdings sind sie »nur« aus dem Herzogszweig der alten Familie, nicht aus dem Königshaus. Gleichwohl erscheint der Kaisermutter eine erneute enge Verbindung der beiden Herrschergeschlechter der Wittelsbacher und Habsburger als höchst wünschenswert. Sie arrangiert ein Treffen zwischen ihrem Sohn Franz Joseph und der Nichte Helene. Das Rendezvous findet im kaiserlichen Urlaubsort Ischl im Salzkammergut statt. Helene ist eine reizende junge Frau, hübsch, klug, die – Sophie ist sich sicher – dem Sohn zweifelsohne gefallen wird. Doch als Herzogin Ludovika mit ihren beiden Töchtern Helene und der fünfzehnjährigen Elisabeth, genannt Sisi, am 16. August 1853 mit der Kutsche in Ischl eintrifft, hat sich der Wagen, der die Schrankkoffer mit den Kleidern birgt, verspätet. So sind die bayerischen Damen gezwungen, den Nachmittagstee mit den Verwandten aus Wien in ihren dunklen, an Trauerkleider gemahnenden Reiseroben zu absolvieren. Doch gerade Sisi, ganz Kindfrau, erscheint in diesem hochgeschlossenen schwarzen Kleid reizvoll, während ihre Schwester Helene seltsam unnahbar und streng wirkt. Franz Joseph fängt augenblicklich Feuer – allerdings für die »falsche« Cousine, nämlich Elisabeth. Und er ist nicht mehr von ihr abzubringen. Bereits zwei Tage später findet in Ischl die Verlobung statt. Auch König Max II. von Bayern gibt als Oberhaupt der Familie sein Einverständnis zur Hochzeit, die ja keineswegs nur einem privaten Glück dient, sondern in erster Linie einen dynastischen Zweck erfüllt und eine politische Dimension trägt: Die Verbindung zweier mächtiger Herrscherhäuser. Und auch der Papst erteilt den kirchlichen Dispens, handelt es sich doch um eine Heirat von Cousin und Cousine.

Elisabeth ist sich dieser Dimension kaum bewusst. Für sie ist Franz Joseph der Prinz aus dem Märchen, der sie in sein Reich und sein Schloss heimführt und ihr alle Wünsche erfüllt. Ihre Projektionen und Jungmädchenillusionen müssen sich bald an der Realität messen. Eine Realität, die keineswegs grausam oder hart ist, die aber Pflichten und Verantwortung kennt. Franz Joseph hat seine Frau zeitlebens hingebungsvoll und innig geliebt und ihr auch ihre Allüren, Fantasien und Spleens großmütig nachgesehen. Doch Elisabeth hat das kaum zu schätzen gewusst. Für sie war Franz Joseph immer der Mann, der ihren Illusionen und idealistischen Träumen nicht gerecht wurde. Dass sie in ihm nicht einen Menschen mit guten sowie fehlerhaften Seiten, sondern nur ein Abziehbild sah, ist ihr wohl nie bewusst geworden. Ihre Enttäuschung kehrte sie ins Tragische und Zynische. Die Ehe als Institution verurteilte sie in ihrer Rolle des Opfers recht undifferenziert: »Die Ehe ist eine widersinnige Einrichtung. Als fünfzehnjähriges Kind wird man verkauft und tut einen Schwur, den man nicht versteht und dann 30 Jahre oder länger bereut und nicht mehr lösen kann.«

Der Hochzeit gehen aufwendige Vorbereitungen voraus. Ein Ehekontrakt wird ausgehandelt: Elisabeth erhält von ihrer Familie eine Mitgift von fünfzigtausend Gulden, Franz Joseph steuert hunderttausend Gulden bei, Geld, das Elisabeth als ihr Privatvermögen betrachten darf. Zudem erhält sie für ihre Hofhaltung eine üppige Apanage aus Mitteln des österreichischen Staates. Zeitlebens versteht sie es, ihr Privatkapital nicht nur nicht anzutasten, sondern es so geschickt in Aktien und Wertpapieren anzulegen (große Teile in der Schweiz, schon damals das Paradies für Kapitalerträge), dass sie bei ihrem Tod ein ansehnliches Vermögen hinterlässt. Und während diese finanziellen Konditionen ausgehandelt werden, lässt die Kaisermutter in der Hofburg zu Wien für die künftige Kaiserin eine großzügige Wohnung einrichten. Elisabeth hat in dem Komplex wie alle Angehörigen der kaiserlichen Familie eine eigene Wohnung mit Bediensteten. Nur zu den gemeinsamen Mahlzeiten trifft man sich, ansonsten geht jeder seinen eigenen Repräsentationspflichten und Aufgaben nach.

Elisabeths Empfang in Österreich ist warmherzig und voller Begeisterung. Die bayerische Prinzessin fährt mit dem Schiff donauabwärts, in Nußdorf bei Wien wird sie von ihrem verliebten Bräutigam, der ihr entgegengereist ist, inoffiziell empfangen: Der junge Mann springt, noch bevor der Dampfer richtig angelegt hat, mit einem Satz an Deck. Elisabeth wird von zahlreichen Bewohnern des Vielvölkerstaats mit Wohlwollen, aber auch mit einer großen Erwartungshaltung betrachtet. Sie gilt als Traumprinzessin, und ihre Jugend und ihre eben erst aufblühende Schönheit machen sie zu einer Projektionsfläche für allerlei Wünsche, die so von keinem Sterblichen zu erfüllen sind und Desillusion und Enttäuschung bereits implizieren (ganz ähnlich vollzieht sich dieses Erwartungsmuster hundertdreißig Jahre später bei der englischen Prinzessin Diana Spencer). Man kann die Person Elisabeths nicht verstehen, ohne die getäuschten und enttäuschten Erwartungen und Illusionen auf beiden

Seiten – jener der Kaiserin und der des Hofes und des Volkes – zu betrachten.

Zunächst freilich lässt sich alles wunderbar und wie im Märchen an: Am 23. April 1854 findet der offizielle Einzug der Braut in Wien statt. Tags darauf stehen die Hochzeitsfeierlichkeiten an: Nicht nur in Wien, sondern im ganzen gewaltigen Reich, von Mailand bis zur Bukowina, von Oberschlesien bis in die Toskana, werden an diesem Tag feierliche Dankgottesdienste abgehalten. In der mit fünfzehntausend Kerzen hell erleuchteten Wiener Augustinerkirche nimmt der Wiener Fürsterzbischof Othmar Rauschner, assistiert von über siebzig Bischöfen und Prälaten, die Trauung des kaiserlichen Paares vor. Nach der Messe begibt sich der Hochzeitszug in die Hofburg. Dort werden Botschafter und Gesandte aus der ganzen Welt, aber auch Würdenträger des Reiches empfangen. Erst abends gegen zehn Uhr – in der Stadt werden Feuerwerke abgebrannt, und auf den Straßen und Plätzen wird das Volk mit Musik, Speis und Trank unterhalten – findet in der Hofburg das Hochzeitsdiner statt. Elisabeth ist, so berichten Höflinge, an jenem Tag durch das Protokoll so ermüdet und von den vielen ihr unbekannten Personen so eingeschüchtert, dass sie einmal in ein Nebengemach eilt und dort in Tränen ausbricht.

»Ein Wunder der Schönheit«

Nur mühsam gewöhnt sie sich in das höfische Protokoll ein. Obgleich Elisabeth einer uralten und hochangesehenen Dynastie entstammt, ist sie von den Gegebenheiten in Wien und der »Kerkerburg«, wie sie die Hofburg voller Verachtung und Hass nennt, verstört und überfordert. Ihre Heimat Possenhofen ist nicht mit Wien zu vergleichen, das ländliche Schloss nicht mit der Hofburg, der unkonventionelle Umgang am Starnberger See nicht mit der strengen Etikette am kaiserlichen Hof. Nur äußerlich fügt sich die junge Kaiserin in die Zwänge. Innerlich jedoch bleibt ihr Hunger nach Freiheit (ihre Vorstellungen hiervon sind freilich vage) ungestillt. Aus diesem Bruch zwischen Neigung und Pflicht, Selbstverwirklichung und Fremdbestimmung, individuellem Glücksbestreben und höfischer Repräsentation erwächst Elisabeths Entfremdung von ihrem Mann, vom Hof, vom Kaiserreich und von den Völkern, denen sie als »Landesmutter« dienen sollte. Man kann dies verurteilen (vor allem aus historischer Distanz), es aber aus menschlicher Sicht durchaus nachvollziehen.

Erste Aufgabe und Pflicht der Kaiserin – noch vor der Repräsentation – ist es, dem Herrscherhaus einen Stammhalter zu schenken. 1855 wird die Tochter Sophie geboren (sie stirbt 1857), 1856 Gisela, 1858 der ersehnte Sohn, Thronfolger Rudolf, und 1868 als Nachzüglerin Marie Valerie. Spätestens nach der Geburt des Kronprinzen Rudolf sieht Elisabeth ihre eheliche und dynastische Schuldigkeit getan und zieht sich vom Familienleben zurück (sie verwehrt ihrem Mann sogar den Zutritt zu ihrem Schlafzimmer). Ihr Verhältnis zur Sexualität gilt als gestört, ihre Beziehung zu den Kindern ist gleichgültig bis lieblos. Nur zu Marie Valerie entwickelt sie eine abgöttische, hätschelnde Liebe, die freilich jedes gesunde Maß vermissen lässt.

Elisabeth trägt bereits in den ersten Ehejahren Krankheitsbilder, die sie bis zu ihrem Tod pflegt, statt sie behandeln zu lassen. Sie hat hysterische und narzisstische Züge, die eher von Labilität denn von einem gesunden Egoismus zeugen. Sie beginnt mit Hungerkuren, ernährt sich über Jahre nur noch von Milch, rohen Eiern, Fleischsaft und rohem Fleisch (bei der Obduktion ihres Leichnams wird man Hungerödeme finden). Zeitweise wiegt sie nur noch zweiundvierzig Kilogramm (bei einer Körpergröße von hundertzweiundsiebzig Zentimetern). Jeden Tag lässt sie sich auf die Taillenweite von fünfzig Zentimetern schnüren. Ihren ausgemergelten Körper versucht sie auf Gewaltmärschen bei Wind und Wetter, Hitze und Eiseskälte abzuhärten (der Fußmarsch von Possenhofen nach München, rund fünfzig Kilometer, ist für sie keine außergewöhnliche Anstrengung). Sie reitet, ficht, schwimmt, nimmt kalte Bäder, treibt

Gymnastik, turnt an Reck und Barren und lässt sich in der Hofburg und in den anderen von ihr bewohnten Schlössern und Villen eigene Polfsporträume einrichten. Das alles klingt vordergründig nach gesunder Fitness, doch tragen die sportlichen Ertüchtigungen der Kaiserin einen geradezu fanatischen Charakter, der mehr von autoaggressivem Verhalten denn vom Bestreben nach körperlichem Wohlbefinden geprägt ist.

Auch ihre legendäre Schönheit – sie gilt über Jahrzehnte als die attraktivste Frau Europas – versucht Elisabeth mit ausgefallenen Methoden zu konservieren. Make-up lehnt sie ab. Ein chirurgisches Facelifting gibt es damals noch nicht. Also greift Elisabeth zu etwas absonderlichen Kuren, die sie sich selbst ausdenkt und deren Wirkung zweifelhaft ist: Nachts legt sie sich rohes Kalbsfleisch oder auch Erdbeeren auf das Gesicht, um die Haut zu straffen. Der amerikanische Gesandte in Wien schreibt 1864 in einem Brief an seine Mutter: »Die Kaiserin ist, wie ich dir schon öfter erzählte, ein Wunder der Schönheit – hoch und schlank, wunderschön geformt, mit einer Fülle von hellbraunem Haar, einer niederen griechischen Stirn, sanften Augen, sehr rothen Lippen mit süßem Lächeln, einer leisen, wohlklingenden Stimme, und theils schüchternem, theils sehr graziösem Benehmen.« Die vom Botschafter so gerühmte leise Stimme freilich hat ihren speziellen Grund: Elisabeths Zähne sind frühzeitig ruiniert. Deshalb lacht sie nur hinter vorgehaltenem Fächer und öffnet beim Sprechen kaum die Lippen, was sie notgedrungen flüstern lässt. Nicht alle finden das reizend und geheimnisvoll, vor allem ältere Konversationspartner haben damit Schwierigkeiten. Eine tragikomische Anekdote erzählt 1863 die preußische Kronprinzessin Viktoria in einem Brief an ihre Mutter, die englische Königin, wobei auch sie fälschlich von Elisabeths Schüchternheit ausgeht: »Die Kaiserin von Österreich spricht sehr leise, da sie ziemlich schüchtern ist. Neulich sagte sie zu einem sehr schwerhörigen Herrn: ›Sind Sie verheiratet?‹ Der Herr antwortete: ›Manchmal.‹ Die Kaiserin sagte: ›Haben Sie Kinder?‹ Und der Unglückliche brüllte: ›Von Zeit zu Zeit.‹«

Ihr Haar lässt sie wachsen, es reicht bis zu den Fersen. Tagsüber türmt sie es zu hohen Frisuren oder trägt es in kunstvollen, üppigen Zöpfen. So hat sie auch der österreichische Maler Franz Xaver Winterhalter in einem berühmten Ölporträt festgehalten. Elisabeths Haar wiegt mehrere Kilogramm, von dem Gewicht bekommt sie Migräne und Rückenschmerzen, sodass sie – wenn sie keine Termine hat und in ihrem Salon sitzt – ihr offenes Haar über ein Gestänge legen lässt, um so »entlastet« zu sein. Eine eigens von ihr ausgewählte Friseurin, Fanny Angerer-Feifalik, die am Hof zu einer wichtigen Vertrauensperson avanciert, erscheint täglich, um das Haar der Kaiserin zu bürsten. Diese Prozedur dauert bis zu drei Stunden, und peinlichst ist die Friseurin darauf bedacht, ausgekämmtes Haar unter ihrer Schürze verschwinden zu lassen, um der Kaiserin nach getaner Arbeit eine makellose Bürste vorzeigen zu können. Findet Elisabeth tote, ausgekämmte Haare vor, gerät sie in Zorn oder verfällt in Depressionen, weil sie das als Zeichen der Alterung wertet. Alle drei Wochen lässt die Kaiserin ihr Haar waschen und mit speziellen Ölen, Cognac und Ei behandeln. Diese Termine sind frei von allen Repräsentationspflichten gehalten, denn die aufwendige Prozedur verschlingt einen ganzen Tag.

Fluchten

Elisabeth entwickelt einen ungezügelten Reisedrang, der Züge eines Fluchtverhaltens trägt: Sie flieht vor den Verhältnissen bei Hofe, vor ihrer Familie, vor ihren Pflichten als Kaiserin, am meisten wohl vor sich selbst. Ein erfolgloses Unterfangen, und entsprechend werden ihre Reisen immer rastloser und aufwendiger. Sie »flüchtet« das Kaiserreich und bereist inkognito, als »Gräfin Hohenembs«, anfangs mit einem Tross von über hundert Bediensteten, später nur noch in Begleitung einer vertrauten Hofdame, Deutschland, die Schweiz, vor allem aber die südlichen Länder: Italien, Griechenland, Südfrankreich, Madeira. Auf Korfu richtet sie sich eine luxuriöse Villa, das »Achilleion«, ein, die sie aber kaum bewohnt und wenige Jahre später an den deutschen Kaiser Wilhelm II. verkauft. Ruhelos ist die Kaiserin – sie sucht die Einsamkeit, bezeichnet sich selbst als Einsiedlerin und kommt doch am wenigsten mit sich selbst zurande.

Elisabeth ist nicht von Natur aus verschlossen, menschenscheu und narzisstisch. Die Umstände am Wiener Hof und die schwierigen Zeitläufte, in denen das Kaiserreich sich bewähren muss, machen sie zu einem solch schwierigen Charakter. Unvorbereitet schlittert die junge Traumprinzessin in die Kabalen und Intrigen bei Hofe, arglos gerät sie in Machtkämpfe und Karrierezwistigkeiten. Sie leidet unter der resoluten Schwiegermutter, Erzherzogin Sophie, die sich gut gemeint, aber nicht gut gemacht in das Privatleben der jungen Kaiserin einmischt, ihr die Verhaltensregeln bei Hofe auseinandersetzt und ihr dabei die Luft abdrückt. Elisabeth hat keine Freundinnen. Die Wände und Türen der Hofburg haben Augen und Ohren. Alles, was sie tut oder unterlässt, wird dem Kaiser, der Kaisermutter, dem Protokollchef, den Hofdamen hintertragen. Erst im Laufe der Jahre »zieht« sich Elisabeth ein paar Hofdamen heran, denen sie rückhaltlos vertrauen kann und die eine Art Freundin auf Zeit werden, aber freilich die einstige Seelennähe zu Elisabeths Verwandten in Possenhofen nicht aufwiegen können.

Elisabeth gibt sich anfänglich alle Mühe, die in sie gelegten Erwartungen nicht zu enttäuschen. Als Österreich im Sommer 1859 in Oberitalien einen verlustreichen Krieg gegen Frankreich und das Königreich Sardinien führt, kümmert sich die junge Kaiserin um die Einquartierung Tausender Verwundeter in Schloss Laxenburg bei Wien, dem Ort ihrer Flitterwochen, und dessen angrenzenden Wirtschaftsgebäuden. Der Krieg, in dem Österreich unterliegt, wird mit bis dahin nicht gekannter Brutalität und dem Einsatz modernster Waffen geführt. Allein in der Schlacht von Solferino am 24. Juni 1859 fallen rund dreißigtausend Soldaten. Das Gemetzel ist so fürchterlich, dass ein Augenzeuge, Henri Dunant, dies zum Anlass nimmt, die internationale Hilfsorganisation Rotes Kreuz zu gründen. Elisabeth verfolgt im fernen Wien den Kriegsverlauf mit gespanntem Interesse. Doch geht es ihr weniger um Sieg oder Niederlage als um die grundsätzliche Frage, ob dieser Krieg und Kriege im Allgemeinen wirklich nötig und sinnvoll sind. In jenen Jahren wendet sich Elisabeth nach und nach von der offiziellen Staatsdoktrin des Kaiserreichs ab. Sie wandelt sich zur Pazifistin, pflegt immer größere Nähe zu liberalen Denkern, liebäugelt (als Kaiserin eines absolutistischen Staats!) sogar mit der Republik als bester aller Staatsformen, praktiziert ihre anerzogene katholische Konfession kaum noch, sondern fordert Toleranz gegenüber Andersgläubigen und lebt für sich selbst einen eher unbestimmten Glauben an eine göttliche Vorsehung, an einen Rächergott, der mit der Erlöserfigur Jesu Christi nichts gemein hat.

Der verlustreiche Krieg in Oberitalien endet für Österreich in einem Fiasko. Im Frieden von Zürich muss das Kaiserreich die Lombardei abtreten. Wenige Jahre später verliert es auch Venetien. Die pazifistischen, ja defätistischen Ansichten Elisabeths gelangen indes zumindest im engen Kreis um Kaiser und Kaisermutter zur Kenntnis. In jener Zeit hat die Kaiserin bereits den Thronfolger Rudolf zur Welt gebracht und sieht damit ihre Pflicht für Österreich erfüllt. Sie schottet sich in ihrem Eheleben von Franz Joseph ab. Im Juli 1860 kommt es zur ersten von mehreren schweren Ehekrisen. Elisabeth verlässt den Muff der Wiener Hofburg und begibt sich zu ihren Eltern nach Possenhofen. Diesmal nimmt sie ihre Tochter Gisela mit, in späteren Jahren wird sie die Kinder in den Händen von Gouvernanten und Erziehern belassen und sich auch dieser Verantwortung entziehen.

Elisabeths Zustand steigert sich zur Nervenkrise, die Lunge ist angegriffen, zudem leidet sie an Magersucht. Die Ärzte raten zu einer Kur. Meran, damals beliebter Urlaubsort des Adels und des reichen Bürgertums, böte sich an, doch Elisabeth besteht auf einem ausgefallenen, weit entfernten Ziel: Madeira. Die portugiesische Besitzung ist damals weit davon entfernt, als Blumenparadies ein beliebter Ferienort zu sein. Die Insel (wo im April 1922 der letzte österreichische Kaiser Karl I. im Exil stirbt und bestattet wird) ist noch fern der Globetrotterströme und verfügt über keinerlei touristische Infrastruktur. Doch Elisabeth setzt sich durch. Anfang November 1860 reist sie mit dem Zug nach Antwerpen, geht dort an Bord einer von der englischen Königin Victoria bereitgestellten Privatyacht und tritt die Reise in den Atlantik an. Rasch erholt sich die Kaiserin auf Madeira, fern von Kaiser und »Kerkerburg«, ihre Beschwerden scheinen psychosomatischer Natur zu sein. Doch sie zögert eine Rückkehr hinaus. Dem Hofadjutanten Graf Carl Grünne, einem der wenigen Männer, zu denen Elisabeth ein Vertrauensverhältnis besitzt, bekennt sie: »Um Ihnen ganz offen zu gestehen, hätte ich nicht die Kinder, so würde mir der Gedanke, wieder das Leben, das ich bisher geführt habe, wieder aufnehmen zu müssen, ganz unerträglich sein. An die E[rzherzogin Sophie] denke ich nur mit Schaudern, und die Entfernung macht sie mir nur noch zuwiderer.« Erst im Mai 1861 kehrt Elisabeth nach Österreich zurück, doch ihre Beschwerden beginnen bereits nach vier Tagen von neuem. Sie ist unglücklich, bereitet sich Vorwürfe, »dem Kaiser und dem Land nur eine Last zu sein, den Kindern nie mehr nützen zu können«. Sie glaubt, sie könne den Kaiser »als elendes, hinsiechendes Geschöpf nicht mehr glücklich machen«. So bricht Elisabeth bald wieder auf. Diesmal geht es per Schiff nach Korfu, und in Wien kommt das Gerücht auf, die Kaiserin sei verstorben. Das erweist sich als bloßes Geschwätz, zeugt aber doch von einer anderen, tieferen Wahrheit: Für die einfachen Menschen aus dem Volk ist Elisabeth bereits damals ungreifbar, ein bloßer Schemen, ein Gespenst, eine Wiedergängerin.

Elisabeth verliebt sich in die griechische Insel, die damals unter britischem Mandat steht. Hier baut sie einige Jahre später eine Prunkvilla, das »Achilleion«, ihr Rückzugsort von der Welt – um das Anwesen dann wieder zu verkaufen und sich andere Fluchtorte zu suchen. Den Winter 1861/62 verbringt sie in Venedig, dorthin kommen auch ihre Kinder und eine Zeit lang auch ihr Mann. Doch die Stimmung in der winterkalten

Lagunenstadt ist frostig, nicht nur witterungsbedingt. Die Venezianer sehen in den Österreichern Unterdrücker, das Kaiserpaar repräsentiert für sie die Fremdherrschaft. Wenn sich Elisabeth auf dem Markusplatz zeigt, starrt ihr die Menge der Einheimischen kalt und schweigsam entgegen. Sie versteht es nicht, die Rolle der fürsorgenden Mutter reizender Kinder zu spielen und so das Gemüt der kinderliebenden Italiener zu erschließen. Die Wirkung, die von Elisabeth ausgeht, ist von kalter Pracht geprägt, sie gleicht einem Diamanten: funkelnd, aber ohne Wärme.

Erst im August 1862, zum Geburtstag ihres Mannes, der als Festtag gefeiert wird, kehrt Elisabeth nach Wien zurück. Die Stadt bereitet ihr mit einem Zug von Musikkapellen und rund vierzehntausend Fackelträgern einen triumphalen Empfang. Doch Elisabeth weiß die Gunst der Stunde nicht für sich zu nutzen. Die zweijährige Abwesenheit vom Hof hat sie reifer, selbstbewusster werden lassen, auch unduldsamer. Bald schon nimmt sie ihr unruhiges Wanderleben wieder auf, reist nach Ischl, nach Passau, nach Reichenau an der Rax (wo die Kinder in der Sommerfrische sind). Ihre psychischen Störungen, ihre Unerfülltheit wirken auf Außenstehende befremdend, ja kalt. Die preußische Kronprinzessin Viktoria etwa schreibt aus Wien an ihre Mutter, die englische Königin Victoria: »Es ist wirklich schwierig, ein Gespräch mit ihr [Elisabeth] in Fluß zu erhalten, denn sie scheint sehr wenig zu wissen und nur geringe Interessen zu haben. Die Kaiserin singt weder, noch zeichnet sie oder spielt Klavier und redet kaum von ihren Kindern. [...] Der Kaiser scheint in sie vernarrt zu sein, aber ich habe nicht den Eindruck, daß sie es in ihn wäre.«

Leiden am »Ennui«

Elisabeth weiß tatsächlich wenig, zumindest wenig über die politischen und sozialen Verhältnisse in Österreich und der Welt. Das kann man ihr persönlich kaum vorhalten, denn zum System des Hofes gehört es, weibliche Mitglieder auf ihre Rolle als repräsentatives Accessoire zu stutzen. Wo immer Elisabeth eigene politische Ansichten äußert (etwa zum Pazifismus, zum republikanischen Gedanken, oder zur Rolle Ungarns in der Doppelmonarchie), legt man ihr das als Allüre einer schönen Frau aus, die sich in fremde Belange einmischt. Zudem bekommt die Kaiserin eine sehr geschönte Welt zu sehen: Paläste, Villen, Parks, Kurorte, die neue, prachtvolle Ringstraße in Wien – nicht aber das Elend des Industrieproletariats, die engen, finsteren Mietshäuser in den Arbeitervierteln, das Leid in den Invalidenhäusern, den unmenschlichen Drill in den Kasernen. Ihre Weltsicht ist stark eingeschränkt, das ist nicht unbedingt ihre Schuld. Lediglich für *eine* soziale Institution hegt Elisabeth ein gesteigertes Interesse, aber nicht aus karitativem Impetus: Sie besucht auf ihren Reisen wiederholt sogenannte »Irrenhäuser« (die Psychiatrie steckt noch in ihren Anfängen und geistig Kranke werden wie Aussätzige oder Schwerverbrecher weggesperrt und ähnlich brutal behandelt) und weidet sich mit sensationslüsterner Gier an den Gebrechen und seltsamen Verhaltensweisen der Kranken – als bräuchte sie einen Stachel, der sie schmerzhaft aus der Lethargie ihres Überflusses und ihrer Langeweile (des »Ennui« der besitzenden Schichten der damaligen Zeit) erwecken könnte. An Kaiser Franz Joseph schreibt sie 1871 einen seltsamen Wunschzettel zu ihrem Namenstag: »Nachdem Du mich fragst, was mich freuen würde, so bitte ich Dich entweder um einen jungen Königstiger [...] oder ein Medaillon. Am allerliebsten aber wäre mir ein vollständig eingerichtetes Narrenhaus. Nun hast Du Auswahl genug.« Der Kaiser entscheidet sich für ein Medaillon, was seine Frau enttäuscht vermerkt: »Leider scheinst Du keinen Augenblick auf die anderen 2 Sachen zu reflektieren.« Als sie sich einmal zwei schwarze Mädchen, die zusammengewachsen sind und als Zirkusattraktion ihr trauriges Dasein fristen, in ihr Lustschloss Gödöllö in Ungarn schicken lässt, ist der Kaiser entsetzt. Elisabeth zeigt sich darüber amüsiert: »Aber den Kaiser grauste der Gedanke schon so, daß er sie durchaus nicht anschauen wollte.« Auch hält sich die Kaiserin eine Zeit lang einen zwergenhaften, verkrüppelten Schwarzen namens Rustimo als Spielmaskottchen für ihre jüngste Tochter Marie Valerie, den sie aber vom Hof jagt, als sie keinen Gefallen mehr an ihm hat.

Mitempfinden mit der leidenden Kreatur scheint ihr weitgehend fremd. Immerhin stellt sie sich ein Mal, ein entscheidendes Mal, auf die Seite ihres Sohnes Rudolf, als der zarte, empfindsame siebenjährige Knabe unter der harten Zucht seines Hofmeisters Leopold Gondrecourt zu zerbrechen droht. Selbst das alte Kinderfräulein Karoline von Welden wirft sich dem Kaiser vor die Füße und bittet ihn inständig, den Knaben weniger hart zu erziehen – vergebens. Erst Elisabeths Machtwort – immerhin ist sie die Mutter – wendet eine Katastrophe ab (während sie Jahrzehnte später, als sich Hinweise auf Rudolfs Suizidabsichten verdichten, nichts bemerkt oder nichts bemerken will). »Ich wünsche«, so stellt Elisabeth gegenüber dem Kaiser am 27. August 1865 schriftlich klar, »daß mir vorbehalten bleibe unumschränkte Vollmacht in Allem, was die Kinder betrifft, die Wahl ihrer Umgebung, den Ort ihres Aufenthaltes, die complette Leitung ihrer Erziehung, mit einem Wort, alles bleibt mir ganz allein zu bestimmen, bis zum Moment der Volljährigkeit.« Im persönlichen Gespräch drückt sie sich noch pointierter aus: »Ich griff zum Äußersten und sagte, ich könne das nicht mit ansehen – eines müsse geschehen! Entweder geht Gondrecourt oder ich.« Rudolf erhält einen anderen Erzieher, Oberst Joseph Latour, der dem Knaben Wärme und Einfühlungsvermögen entgegenbringt und ihn gemeinsam mit den anderen Lehrern – Elisabeths Wunsch gemäß – im liberalen Geist erzieht. Der Kronprinz wächst zu einem nicht nur gebildeten jungen Mann heran, sondern auch zu einem Menschen, der liberale Werte und einen humanistischen und republikanischen Geist vertritt. Doch gerade daraus entsteht ein gewaltiges Konfliktpotenzial: Rudolf ist als Erwachsener ein Mann, der die verkrusteten gesellschaftlichen Strukturen des Kaiserreichs aufbrechen könnte; aber diese Hinführung in einen modernen, liberalen und bürgerrechtlichen Staat bedeutete zugleich ein Ende des monarchischen Prinzips mit seinem Ständesystem.

Ein Dilemma, dem der Kronprinz am 30. Januar 1889 in Mayerling durch Selbstmord zuvorkommt. Historische Konflikte indes lassen sich nicht aufhalten und leugnen: Die Schüsse von Mayerling erscheinen als ein Vorspiel. Die Schüsse von Sarajewo am 28. Juni 1914 auf den neuen Kronprinzen Franz Ferdinand läuten das Ende der alten Donaumonarchie ein.

Es scheint, als hätte Elisabeth diese Entwicklung der Dinge geahnt und fatalistisch, ja billigend in Kauf genommen: Mehrmals äußert sie sich gegenüber Vertrauten, sie verstehe nicht, weshalb das Volk die Adligen überhaupt noch dulde, die Zeit der Kaiser und Könige sei vorbei. Als im Herbst 1870 das Französische Kaiserreich zusammenbricht, kommentiert Elisabeth das in einem Brief an Franz Joseph im Hinblick auf die eigene Zukunft so: »Wir werden aber vielleicht doch noch ein paar Jahre vegetieren, bis die Reihe an uns kommt. Was meinst Du?« Auch aus dieser Denkweise heraus wird das Verhalten der Kaiserin im Nachhinein verständlicher: Wer keine Zukunft für sich, seine Nachkommen und für die Schicht, die er repräsentiert, sieht, muss sich gleichgültig und selbstverliebt geben, die Vorzüge der eigenen Stellung bis zum Letzten auskostend. Für die Bälle und Empfänge bei Hofe, denen sie sich immer öfter entzieht, hat Elisabeth nur Spott und Verachtung übrig. In einem ihrer Gedichte geht sie mit der Aristokratie hart ins Gericht: »Nah'n ja doch die höchsten Namen/Unsrer Aristokratie,/Sternkreuz – und Palastesdamen;/(Fett und meistens dumm sind sie).//Oh, ich kenn' Euer Gebaren!/Weiss, wie Ihr mich schwer geschmäht/Schon seit meinen Jugendjahren/Und euch fromm dabei verdreht.«

Immer öfter entzieht sich Elisabeth den Repräsentationspflichten, indem sie Krankheit vorschützt (und zum Teil ist sie wirklich krank – eine psychosomatische Reaktion ihres Körpers). Immer öfter begibt sie sich zur Kur, oder aber zum Parforcereiten nach England und Irland. Wenn sie im Sattel sitzt, scheint ihr keine Strapaze zu viel. Stundenlang kann sie über die Felder jagen, ohne Ermüdungserscheinungen zu zeigen. Bei Hofe jedoch mimt sie die Schwache, Erschöpfte, der selbst die kleinste Pflicht und Erwartung zur Zumutung wird. Als im April 1879 die Feiern zur silbernen Hochzeit von Franz Joseph und Elisabeth anstehen und die Wiener ihrem Kaiserpaar mit einem Festzug huldigen, an dem rund zehntausend Bürgerinnen und Bürger in mittelalterlichen Kostümen teilnehmen, empfindet Elisabeth das keineswegs als Ehre, sondern als Last und Belästigung. Nachdem bei Hofe und in den österreichischen Zeitungen – selbst an der Zensur vorbei – immer öfter Stimmen laut werden, die die Prunk- und Reisesucht der Kaiserin kritisieren, begegnet Elisabeth dem keineswegs mit Einsicht oder zumindest mit Nachdenklichkeit, sondern mit Hohn, Spott und Überheblichkeit. Selbst die ihr ergebene Hofdame Gräfin Marie Festetics kommentiert das in ihrem Tagebuch kritisch: »Sie weiß nicht hinreichend zu schätzen, daß sie Kaiserin ist! Sie hat die schöne erhabene Seite davon nicht erfaßt, denn es hat sie Ihr Niemand gezeigt; sie fühlt nur den kühlen Schatten davon, das Licht sieht sie nicht, und so sind die inneren Gefühle mit den äußeren Verhältnissen nicht im Einklange, und da kann keine Ruhe, kein Friede, keine Harmonie einziehen!«

Heine und Titania

Ein Mittel, der schnöden Realität zu entfliehen, ist sicherlich die Dichtung. Elisabeth selbst sieht sich als begnadete Poetin (obgleich viele ihrer Gedichte allenfalls autobiografischen, keineswegs literarischen Wert besitzen und meist über das Niveau epigonalen Kitsches nicht hinausreichen). Sie steht ganz im Bann ihres großen Vorbilds und »Meisters« Heinrich Heine, den sie in Gedichten anruft, dessen Stil sie nachahmt, von dessen bitterer Ironie und Sarkasmus sie selbst durchdrungen ist. Sie wird zu einer Heine-Spezialistin (zumindest in biografischen Belangen), die mitunter sogar von Germanistikprofessoren in Detailfragen um Rat angegangen wird. In einer Zeit, da in Deutschland die *Loreley* geradezu volkstümlichen Charakter erhält, wird andererseits der Dichter von *Deutschland, ein Winter-*

märchen vehement als jüdischer Defätist verurteilt – die antisemitischen Strömungen sind bereits damals sehr stark. Die Initiative liberaler Kreise, Heine in dessen Geburtsstadt Düsseldorf ein Denkmal zu errichten, führt zu einer heftigen politischen und ideologischen Kontroverse. Elisabeth spendet großzügig für das Vorhaben, das jedoch am heftigen Widerstand von Antisemiten und Deutschnationalen scheitert. Daraufhin beauftragt die Kaiserin den dänischen Bildhauer Louis Hasselriis, ihrem Lieblingsdichter im Park ihres Anwesens »Achilleion« auf Korfu eine Statue zu errichten. Sie will damit dem politisch verfolgten Dichter und Sänger des Weltschmerzes sichtbar einen Gedenkort schaffen – in ihrem Herzen wohnt Heine ohnehin. Ihm fühlt sie sich wesensverwandt, in seiner Enttäuschung, seiner Verfolgung, seinem Sarkasmus, seinen Verwundungen. Der ebenfalls literarisch tätigen Königin Elisabeth von Rumänien, einer geborenen Prinzessin zu Wied, die sich in ihren Veröffentlichungen »Carmen Sylva« nennt, bekennt die österreichische Kaiserin einmal: »Da hängt man mir schöne Kleider um und vielen Schmuck, und dann trete ich hinaus und sage den Leuten ein paar Worte, und dann eile ich in mein Zimmer, reiße das alles ab und schreibe, und Heine diktiert mir!« Doch auch in Elisabeths »Achilleion« findet Heine nur vorübergehend Asyl. Nachdem sie ihre Villa verkauft hat – ausgerechnet an den national gesinnten Kaiser Wilhelm II. –, wird das Denkmal des Juden, der in seinen Gedichten auch über die Hohenzollern hergezogen ist, entfernt und verhökert. Heute befindet es sich im Jardin de Mourillon in Toulon.

Die Liebe und die Sehnsucht danach lässt sich nicht allein durch Heines bittersüße Gedichte kompensieren. Die Lyrik – auch Elisabeths eigenes poetisches Schaffen – verlangt nach einer erlebten Grundlage. Das Verhältnis der Kaiserin zu ihrem Gemahl kühlt stark ab (während Franz Josephs hingebungsvolle Anhänglichkeit an seine Frau in geradezu tragischer Weise anhält). Die Enttäuschungen auf beiden Seiten freilich suchen ihr Ventil: Franz Joseph unterhält über die Jahre ein Verhältnis mit Anna Nahowski, der Ehefrau eines Eisenbahners. Schließlich findet der Kaiser in der Schauspielerin Katharina Schratt eine mitfühlende Freundin, eine verwandte Seele (ob die beiden ein sexuelles Verhältnis hatten, ist umstritten). Anders Elisabeth: Auch sie sehnt sich nach Wärme, nach Zuneigung, danach, von einer gleichgestimmten Seele verstanden zu werden. Doch sie sucht stets das Ideal und seziert die Menschen ihres Umfeldes wie ein Pathologe: Meist bleibt nicht viel übrig, ein paar Sehnen und Knochen, von einer Seele jedoch keine Spur. Anders gesagt: Elisabeth steht sich bei der Suche nach dem idealen Herzenspartner selbst im Weg, an ihren hohen, überhöhten Projektionen muss jeder Mensch aus Fleisch und Blut, mit seinen Fehlern und Schwächen, scheitern. Sie, die einen Kaiser zum Gemahl hat, findet nie den Prinzen, und anders als Franz Joseph würde sie sich nie mit einem reellen und bodenständigen »Bratkartoffelverhältnis« begnügen. Das wird besonders deutlich, als sie 1874 auf einem Faschingsball den sechsundzwanzigjährigen, unverheirateten Baron Friedrich Pacher von Theinburg kennenlernt. Elisabeth ist als gelber Domino verkleidet, trägt eine Augenmaske und weiß ihr Inkognito den ganzen Abend zu wahren. Die zehn Jahre ältere Kaiserin, stolz auf ihre legendäre Schönheit, von der ganz Europa spricht, fragt den jungen Galan, wie alt er sie denn schätze (freilich bekommt der von ihrem Gesicht recht wenig zu sehen). Pacher schätzt richtig: sechsunddreißig (nach dem damaligen Verhaltenskodex ist es ohnehin undenkbar, dass ein Mann mit einer zehn Jahre älteren Frau ein Verhältnis beginnt). Der Domino reagiert daraufhin erbost und unwirsch und will den uncharmanten Herrn fortschicken. Pacher pariert selbstbewusst – wobei das Inkognito die vertrauliche Du-Form zulässt: »Das ist aber wirklich liebenswürdig. Zuerst läßt du mich zu dir heraufkommen, quetschst mich aus und gibst mir dann den Laufpaß.« Der gelbe Domino, von so viel Aufsässigkeit überrumpelt, gibt gnädig nach, und wider Erwarten wird es doch ein unterhaltsamer und geheimnisumwitterter Abend, den beide genießen, wobei in Elisabeths Seele gewisse Projektionen Raum greifen. Pacher erinnert sich: »Von diesem Augenblick an schienen die unsichtbaren Schranken zwischen uns niedergerissen. Mein gelber Domino, bisher steif und förmlich, war wie ausgewechselt, und unser Gespräch, das die mannigfachsten Gebiete berührte, kam nicht mehr ins Stocken. Sie nahm meinen Arm, in den sie sich nur ganz leicht einhängte, und wir schlenderten fortwährend plaudernd durch den gedrängt vollen Saal und seine Nebenräume, wohl mindestens zwei Stunden lang. Ängstlich vermied ich es, ihr in zudringlicher Weise den Hof zu machen, vermied jedes zweideutige Wort, so wie auch ihre Unterhaltung den Stempel der ›Dame‹ trug.« Der Abend endet ohne weitere Konsequenzen. Pacher, der ahnt, dass er die Kaiserin vor sich hat, bleibt in seinem Flirt reserviert, und der Domino vertröstet ihn beim Abschied, sie könne kein konkretes Wiedersehen vereinbaren, da sie viel auf Reisen sei. So trennt man sich.

Doch das Abenteuer beginnt nun erst – zumindest in Elisabeths Fantasie: Wenige Tage später schreibt sie dem Galan mit verstellter Schrift einen Brief, worin sie ihm die Wirkung, die sie gerne hätte, als gegeben vorschreibt: »Mit tausend Frauen und Mädchen haben Sie schon gesprochen, sich auch zu unterhalten geglaubt, aber Ihr Geist traf nie auf die verwandte Seele. Endlich haben Sie im bunten Traum das gefunden, was Sie jahrelang suchten, um es für ewig vielleicht wieder zu verlieren.« Doch Pacher hat keineswegs die Absicht gehabt, auf »die verwandte Seele« zu treffen. Er ist ein junger Mann, der das Leben liebt und die Frauen, und dem es schlicht zu dumm ist, einen verquasten Briefwechsel zweier »schöner Seelen« zu beginnen. Es folgen noch ein paar Billets des geheimnisvollen gelben Dominos (dessen Maske ja schon längst gefallen ist), dann schläft der Möchtegern-Flirt ein – zumindest glaubt Pacher das. Denn in Elisabeths Seele schlägt der Wunschbaum nun erst richtig aus – und treibt auch poetische Blüten: »Nun folg' mir noch zu Maskenscherzen,/Was kümmert's uns, dass draussen kalt!/Wir tragen Sommer in dem Herzen;/Der Saal von tausend Lichtern strahlt.« Ein Rendezvous kommt indes nicht zustande, und Pacher trägt einen ganz anderen »Sommer im Herzen«: Er sieht sich, ein junger, adretter Mann, nach Frauen um, die seinen erotischen Wünschen gegenüber aufgeschlossener sind. Nur einmal noch sieht er den Domino, die Kaiserin, als sie im Wiener Prater ausfährt, während er hoch zu Pferde sitzt. Elisabeth fährt an ihm vorbei – und erkennt ihn. Sie ist im Innersten aufgewühlt und sucht ihrer Erregung in Versen Gestalt zu geben: »Ich seh' dich reiten, ernst und traurig,/In Winternacht im tiefen Schnee;/Es bläst der Wind so eisig schaurig,/Mir ist so schwer zumut, so weh!//Im dunkeln Osten, fahl verschwommen,/Da dämmert jetzt ein blasser Tag,/Mit Centnerlast das Herz beklommen,/Trägst heimwärts du die bittre Klag.« Pacher, der von diesen lyrischen Vorhaltungen nichts ahnt, denkt gar nicht an eine »Centnerlast« des Herzens. Vielmehr heiratet er einige Zeit später und ist glücklich. Und er ahnt auch nichts von den Lebensweisheiten und -warnungen, die ihm die Domino-Kaiserin mit auf den Weg gibt: »Drum, denkst du dran, dich zu vermählen,/O Freund, befolge meinen Rat,/Schau' sorgsam d'rauf bei deinem Wählen,/Dass sie ja keine Flügel hat!/[...]/ Nur staune nicht, wenn beim Verrichten/nach altem Patriarchenbrauch/Der legitimen Ehepflichten/Dich streift ein eisigkalter Hauch/[...]« Das verrät viel über das gestörte Verhältnis Elisabeths zu Lust und Sexualität und hat mit der Lebenswirklichkeit ihres Galans schlicht nichts gemein. Er reagiert verständlicherweise auch erbost, als sein gelber Domino 1885 – elf Jahre nach jenem Maskenball! – ihm wieder einen Brief schickt, mit der Weisung, ihm postlagernd – denn die Anonymität bleibt vordergründig gewahrt – ein Porträtfoto zuzusenden. Pacher antwortet auf so viel Distanzlosigkeit gereizt: »[...] ich bin ein kahlköpfiger, ehrsamer, aber *glücklicher* Ehemann geworden, habe eine Frau, die Dir an Größe und Gestalt ähnelt, und ein herziges kleines Mäderl.« Damit endet das Faschingsabenteuer, wenn man es überhaupt so nennen will. Nicht jedoch für Elisabeth: Die schickt dem verflossenen, inzwischen kahlköpfigen Galan noch einige lyrische Abstrafungen und Beschimpfungen hinterher (die freilich fast hundert Jahre lang unveröffentlicht bleiben): »Ein ganz gemeines Beast;/Kahl war er auch, dazu noch schiech,/Gehört nur auf den Mist./Von seiner Schmach ist alles voll,/Und jedes Echo heult's/Von Fels zu Fels, im Land Tirol –/Und eine ist, die teilt's!« Dem Ennui der Kaiserin ist damit Genüge getan, ihrem Selbstverständnis als einsame, leidende, unverstandene Titania auch.

Zwei Ertrinkende

Diese Haltung teilt sie mit einem anderen Herrscher ihrer Zeit, Ludwig II. von Bayern. Der ist eine Zeit lang mit Elisabeths jüngerer Schwester Sophie verlobt, eine Verbindung, die der homosexuelle König freilich nur wegen äußerer Zwänge eingegangen ist. Die Hochzeit schiebt er immer wieder hinaus, bis der Brautvater, Herzog Max in Bayern, in Rage seinem König ein Ultimatum stellt, das Ludwig dankbar aufgreift: Er löst das Verlöbnis. Von da an gilt er als die »Jungfrau auf dem Bayernthron«. Sein unerfülltes Sexualleben kompensiert er mit der Hinwendung an die Kunst (vor allem an die Musik Richard Wagners, den er großherzig und großzügig protegiert) und der Sehnsucht nach Einsamkeit. Auch deshalb lässt er sich an abgeschiedenen Orten im Chiemsee oder in den bayerischen Alpen Schlösser bauen, um der schnöden Welt, ihren Verpflichtungen und den Regierungsgeschäften zu entfliehen. In dieser Realitätsverweigerung nähern sich Elisabeth und Ludwig einander an, bereits zu der Zeit, als der Bayernkönig noch mit Sophie verlobt ist. 1864 schreibt er an Elisabeth einen Brief, der wohl schicklicher an Sophie adressiert worden wäre: »Es ist mir ein Herzensbedürfnis, Dir aus ganzer Seele nochmals meinen wärmsten und tief gefühlten Dank auszusprechen für die Güte, mit der du mir gestattet hast, Dich auf Deiner neulichen Rückreise zu begleiten. Du machst Dir keinen Begriff, wie glücklich mich das gemacht hat. Die neulich im Wagen zugebrachten Stunden rechne ich zu den schönsten meines Lebens. […] Das Gefühl der aufrichtigsten Liebe und Verehrung und der treuesten Anhänglichkeit, das ich schon, als ich noch im Knabenalter stand, für Dich im Herzen trug, es macht mich den Himmel auf Erden wähnen und wird nur mit dem Tod erlöschen.« Nachdem Ludwig endlich den Absagebrief an seine Verlobte geschrieben und ihre Büste aus dem Fenster geworfen hat, schließt er sich deren Schwester noch enger an. Seine Zuneigung stößt auf Resonanz. Beide, Ludwig und Elisabeth, erscheinen bisweilen wie Ertrinkende, die sich verzweifelt aneinander klammern. Jedes Mal, wenn Elisabeth bei ihren Verwandten in Possenhofen ist, besucht Ludwig sie dort, wobei der menschenscheue Monarch peinlichst darauf bedacht ist, niemandem außer seiner Herzensdame zu begegnen. Elisabeths Gesellschafterin, Gräfin Festetics, schreibt in ihrem Tagebuch: »Er [Ludwig] war in österreichischer Uniform und trug verkehrt quer herüber das Stefansgroßkreuz und wieder quer herüber die Feldbinde. Er stieg aus – ein schöner Mann mit den Allüren eines Theaterkönigs oder wie Lohengrin im Hochzeitszug.« Elisabeth fühlt sich einerseits zu Ludwig hingezogen – ganz ohne erotische Absichten –, andererseits scheut sie eine zu große Nähe zu dem offensichtlich geistesverwirrten Mann. Denn gerade dessen Labilität und Krankheit halten ihr einen Spiegel vor, und sie fürchtet, ähnlich wie Ludwig zu enden. Besonders romantisch erscheint ihr ein Treffen mit dem menschenscheuen König auf der Roseninsel im Starnberger See. Nur ein paar Lakaien sind wie unsichtbare Schatten auf dem kleinen Eiland, das damals im Privatbesitz der Wittelsbacher ist und wo, von üppigem Rosenduft umweht, ein kleines Palais steht. Dort verbringen die geheimnisumwitterten Verwandten bitterschöne, melancholische Stunden und lassen sich auf der Rückfahrt im Kahn von Rustimo, dem kleinwüchsigen Schwarzen, traurige Lieder zur Gitarre vortragen. Die Kaiserin besingt diese Stunden in einem Gedicht, worin sie sich selbst als Möwe, den König aber als Adler verewigt: »[...] Einst sind wir einander begegnet/Vor urgrauer Ewigkeit/Am Spiegel des lieblichsten Sees,/Zur blühenden Rosenzeit.//Stumm flogen wir nebeneinander/Versunken in tiefer Ruh.../Ein Schwarzer nur sang seine Lieder/Im kleinen Kahne dazu.«

Während Ludwig bei Hofe, in der Regierung und im Bürgertum immer mehr an Achtung und Sympathie verliert (wobei das einfache Volk den König bis zuletzt anhänglich liebt und verehrt, vielleicht gerade wegen seines geheimnisvollen Unglücks), hält Elisabeth bis zu Ludwigs tragischem Ende treu zu ihm. Als an Ludwigs Geisteskrankheit nicht mehr zu rütteln ist und er wegen Regierungsunfähigkeit entmündigt wird, stellt die Kaiserin in einem ihrer Tagebuch-Gedichte die Frage nach dem Blickwinkel von psychischer Gesundheit und Krankheit: »Schließlich, was ist wohl Verrücktheit?/Thoren gibt's genug und Narren,/Diese für verrückt zu halten,/Mag der Welt oft widerfahren.//Selten ist die wahre Weisheit,/Selt'ner noch Verrücktheit wahre,/Ja, vielleicht ist sie nichts And'res,/Als die Weisheit langer Jahre.//[...]//Den Verrückten als Propheten/Ehren hoch die Orientalen;/Aber hier in diesem Land/Müssen beide stürzen fallen.«

Als der auf Schloss Berg unter Hausarrest stehende Ludwig am 13. Juni 1886 während eines Fluchtversuchs im Starnberger See ertrinkt, befindet sich Elisabeth zufällig in Feldafing, auf der anderen Seite des Sees. Tief erschüttert, lässt sie sich nach Schloss Berg bringen, wo der König in der Kapelle aufgebahrt ist, bevor man ihn nach München überführt. Dort sinkt sie vor dem Sarg nieder und verlangt – so weiß der Korrespondent des *Berliner Tageblattes* zu berichten, »man möge den König aus der Kapelle holen – er sei gar nicht todt, sondern ›stelle sich nur so, um vor der Welt und den unausstehlichen Menschen für immer Ruhe zu bekommen‹«. Schließlich muss auch Elisabeth anerkennen, dass Ludwig wirklich gestorben ist, aber sie schiebt die Schuld einer Intrige von Hof und Regierung zu – und ist damit wohl eine der Ersten in der endlos langen Reihe derer, die über den Tod des Bayernkönigs ihre Version einer Verschwörung ersinnen. Elisabeths geistige Nähe zu Ludwig ist so groß, dass sie nach eigenem Bekunden eine Begegnung mit dessen Geist gehabt haben will. Ihrer Nichte Marie Larisch erzählt die Kaiserin: »Der Mond war aufgegangen, und sein Schein erleuchtete das Zimmer mit Tageshelle. Da sah ich, wie die Tür sich langsam öffnete, und Ludwig kam herein. Seine Kleider waren schwer von Wasser, das an ihm herabtriefte und kleine Lachen auf dem

Parkett bildete. Sein feuchtes Haar klebte um sein weißes Gesicht, doch es war Ludwig, wie er im Leben ausgesehen hatte. [...] Doch während ich sprach, verschwand die Gestalt; wieder hörte ich das Tropfen eines unsichtbaren Wassers und das Gurgeln des Sees gegen das Ufer. Entsetzen faßte mich, denn ich fühlte die Nähe der Schatten jener anderen Welt, die ihre gespenstischen Arme nach dem Trost der Lebenden ausstrecken.«

Die Schüsse von Mayerling

Solche Jenseitsberührungen sind Elisabeth nicht fremd. Eine Zeit lang sucht sie bewusst danach, nimmt auch die Hilfe eines Mediums in Anspruch und besucht spiritistische Sitzungen, um mehr über geliebte Verstorbene und über sich selbst zu erkunden. Die vermeintliche Nähe zur Welt der Toten und Untoten ermöglicht es ihr freilich nicht, den Selbstmord ihres einzigen Sohnes Rudolf, des Kronprinzen, vorherzuahnen. Sie ist taub gegenüber Rudolfs Sorgen und Nöten, der zwar auf Elisabeths Geheiß im liberalen Geist erzogen worden ist, den sie aber gerade dadurch in ein Dilemma gestürzt hat: Er soll einmal als Kaiser das Erbe seiner Väter übernehmen, ein Riesenreich regieren, das von Konflikten gesprengt zu werden droht und in seiner jetzigen Form ganz offensichtlich nur durch die Person des Kaisers mühsam zusammengehalten wird. Rudolf tendiert in seinen Neigungen und Überzeugungen ganz zur Staatsform der demokratisch legitimierten Republik mit von einer Verfassung garantierten Bürgerrechten. Doch er kann dies weder offen sagen noch als künftiger Kaiser fordern. Mehrmals macht er abfällige Äußerungen über das Ende der Aristokratie, über die Verknöcherung des Habsburgerreichs, und stößt bei seinem Vater auf Argwohn und Missbilligung, bei seiner Mutter auf Abwehr und Gleichgültigkeit. Elisabeth flieht vor den Problemen ihres Reichs, sie flieht in ihre Traumwelten, ihre Poesie, ihren Sport, ihren Schönheitswahn und in die Annehmlichkeiten ihrer Sommerfrischen. Als sich Kronprinz Rudolf gemeinsam mit seiner unstandesgemäßen Geliebten, der siebzehnjährigen Baroness Mary Vetsera, am 30. Januar 1889 auf Schloss Mayerling erschießt, erschüttert das die Donaumonarchie. Franz Joseph ist von da an ein gebrochener Mann, der gleichwohl seine innersten Gefühle eisern verbirgt und wie ein Automat weiter seinen Regierungsgeschäften nachgeht, noch weitere siebenundzwanzig Jahre lang bis zu seinem eigenen Tod. Kaiserin Elisabeth hingegen ist zutiefst erschüttert, ohne begreifen zu wollen, wie sehr ihre eigene Indifferenz und ihre Ignoranz am Tod des Sohnes mitschuldig sind. Einen Abschiedsbrief Rudolfs an seine Mutter lässt diese von ihrer Hofdame vernichten. Auch Elisabeth erkennt nun das bevorstehende Ende des Reichs (und sie wird mit ihrem Pessimismus recht behalten). Ihre Tochter Marie Valerie schreibt im Tagebuch: »Übrigens glaubt Mama, dass sich Österreich überhaupt nicht mehr halten wird, wenn Papa nicht mehr ist, der durch die Macht seines makellosen Charakters und aufopfernde Güte die widersprechendsten Elemente eint […]. Nur die Liebe zu Papa halte die Völker Österreichs zurück, offen zu bekennen, wie sehr sie sich nach dem großen deutschen Vaterland zurücksehnen, aus dem sie verbannt sind.« Elisabeth sucht in nächtlichen Gebeten am Sarkophag ihres Sohnes in der Kapuzinergruft (sie lässt sich dort allein einschließen) die geistige Nähe zu dem Verstorbenen, vielleicht sogar eine Jenseitserscheinung – vergebens. Rudolf bleibt ihr verborgen und verschlossen, auch über seinen Tod hinaus. Um ihren Schmerz zu zeigen, verschenkt sie alle ihre bunten Kleider, Schirme, Schuhe und Hüte, auch den meisten Schmuck, und trägt von da an nur noch Schwarz, bis zu ihrem eigenen Tod. Als wandelnde Figur der Trauer und des Todes ist sie in den folgenden neun Jahren zu sehen, auf ihren Reisen kreuz und quer durch Europa, Reisen, die immer rastloser werden und immer mehr den Charakter einer Odyssee haben.

Attentat in Genf

Dem vorherbestimmten Schicksal, an das sie einzig noch glaubt, kann freilich auch sie nicht entgehen. Auf einer ihrer Fluchten ereilt sie das tödliche Fatum: Anfang September 1898 hält sich Elisabeth am Genfer See auf. Während sie in früheren Jahren von einem Bedienstetentross begleitet wurde und ganze Hotels belegen musste, ist sie nun nur noch inkognito als Gräfin Hohenembs unterwegs, und nur in Entourage einer Hofdame, Gräfin Irma Stáray. Sie wohnen im Grand Hôtel de Caux bei Montreux, besuchen am 9. September die Familie Rothschild in deren Villa in Pregny bei Genf und logieren sich abends im Hôtel Beau Rivage in Genf ein, direkt an der Seepromenade gelegen. Anderntags besuchen Elisabeth und die Hofdame eine Musikalienhandlung, wo sie sich einen Musikautomaten vorführen lassen. Die Kaiserin kauft das neuartige Gerät, dazu vierundzwanzig Platten mit Opernarien. In einer Konditorei essen sie Eis, dann kehren sie ins Hotel zurück. Am Nachmittag wollen die Kaiserin und ihre Hofdame den Dampfer nach Montreux nehmen.

Gegen 13.30 Uhr verlassen beide das Hotel und machen sich zu Fuß auf den Weg zur Schiffsanlegestelle, eine Strecke von nur rund einhundertfünfzig Metern. Sie sind etwa die Hälfte des Weges gegangen, als plötzlich ein junger Mann auf sie zustürmt. Mit einem raschen Blick unter Elisabeths Sonnenschirm vergewissert er sich, dass es sich um die Kaiserin handelt. Dann stößt er – er hat sich zuvor in einem anatomischen Atlas die Stelle eingeprägt – der Kaiserin blitzschnell eine zugespitzte Feile ins Herz. Elisabeth stürzt zu Boden, herbeieilende Passanten helfen ihr wieder auf. Der Täter rennt weg, kann aber nach wenigen Metern überwältigt und der Polizei übergeben werden. Später stellt sich heraus, dass es sich um den fünfundzwanzigjährigen italienischen Anarchisten Luigi Lucheni handelt. Der hatte eigentlich die Absicht, den französischen Thronprätendenten, Prinz Henri von Orléans, zu ermorden, der aber anders als geplant nicht nach Genf gekommen ist. In einer Genfer

Zeitung hat Lucheni zufällig die Meldung entdeckt, Kaiserin Elisabeth von Österreich sei im Hôtel Beau Rivage abgestiegen – eine redaktionelle Verletzung des kaiserlichen Wunsches, inkognito zu bleiben.

Kaiserin Elisabeth hat sich nach dem Schlag auf die Brust wieder aufgerichtet. Sie wirkt vom Sturz benommen, scheint aber unversehrt. Man klopft ihr beschmutztes Kleid ab. Der herbeigeeilte Portier rät der Kaiserin, ins Hotel zurückzukehren. Sie lehnt ab, denn das Schiff geht in wenigen Minuten. Elisabeth und die Hofdame eilen zur Anlegestelle. Die Kaiserin fragt ihre Begleiterin: »Was wollte dieser Mann denn eigentlich?« Die Hofdame fragt zurück: »Der Portier?« Die Kaiserin: »Nein, jener andere, jener furchtbare Mensch!« Darauf die Hofdame: »Ich weiß es nicht, Majestät, aber er ist gewiß ein verworfener Bösewicht.« Woraufhin die Kaiserin mutmaßt: »Vielleicht wollte er mir die Uhr wegnehmen?« Sie besteigen das Schiff, das kurz darauf ablegt. Da bricht Elisabeth zusammen. Man öffnet das Mieder, um ihr die Brust zu reiben, denn man vermutet, dass sie wegen der Hitze und ihrer engen Kleidung ohnmächtig geworden ist. Da entdeckt man auf ihrem Hemd einen winzigen rotbraunen Fleck und weiß die Situation noch immer nicht einzuordnen. Elisabeth kommt wieder zu sich und fragt verwundert: »Was ist denn eigentlich geschehen?« Dann wird sie erneut bewusstlos.

Der Kapitän wird erst jetzt von der Hofdame darüber informiert, dass es sich bei der vermeintlichen Gräfin Hohenembs um die Kaiserin von Österreich handelt. Er lässt sofort wenden, das Schiff fährt zurück und legt in Genf an. Man trägt die Bewusstlose ins Hôtel Beau Rivage, in ihr Zimmer im ersten Stock. Zwei Ärzte und eine Krankenschwester versuchen sie zu retten, doch alle Wiederbelebungsversuche scheitern. Ein Priester spendet der Kaiserin noch das Sterbesakrament. Um zwanzig Minuten vor drei Uhr nachmittags ist Elisabeth tot. Die Obduktion ergibt, dass die Feile das Herz getroffen hat, aber das Blut nur langsam in den Herzbeutel drang und es deshalb so lange dauerte, bis die Herztätigkeit aufhörte. Es war ein sanfter, offensichtlich schmerzloser Tod, der Elisabeth ereilte.

Kaiser Franz Joseph in Wien ist auf die Nachricht vom gewaltsamen Tod seiner Frau hin erschüttert, aber er zeigt dies nicht. Pflichtbewusst wie eh und je geht er seinen Schreibtischarbeiten und Repräsentationspflichten nach, er bricht nicht zusammen, jammert nicht, weint nicht, sagt nur wiederholt und ratlos: »Wie kann man eine Frau ermorden, die keinem je etwas zuleide getan hat.« Seinem Generaladjutanten Graf Eduard Paar bekennt der alte Mann: »Sie wissen nicht, wie ich diese Frau geliebt habe.« In einer Proklamation, überschrieben »An Meine Völker!«, gibt der Kaiser seinem Riesenreich den Tod der Kaiserin bekannt. Auch in dieser Erklärung kein Wort der Verzweiflung, des Hasses auf den Mörder. Mit denselben Worten wird der Kaiser noch einmal seine Völker persönlich anrufen: bei der Kriegseintrittserklärung im Jahre 1914, dem Beginn des Ersten Weltkriegs, der die Donaumonarchie in den Abgrund stürzen wird.

Elisabeth wird am 17. September 1898 in der Kapuzinergruft in Wien bestattet. Franz Joseph überlebt seine Frau um gut siebzehn Jahre. Luigi Lucheni wird zu lebenslanger Haft verurteilt. Er nimmt sich 1910 in seiner Zelle das Leben.

In seiner Proklamation ließ Kaiser Franz Joseph seinen Völkern verkünden: »Wie Ich das Gedächtnis Meiner heißgeliebten Gemalin [sic] heilig halte bis zur letzten Stunde, so bleibt Ihr in der Dankbarkeit und Verehrung Meiner Völker ein unvergängliches Denkmal für alle Zeiten errichtet.« Sein Reich besteht seit fast hundert Jahren nicht mehr, doch das Interesse an Elisabeth und auch die Zuneigung zu der geheimnisvollen und vor allen Dingen unglücklichen Kaiserin sind geblieben, bis zum heutigen Tag.

8 Thérèse Humbert (1856-1918)
Hochstaplerin mit leerem Tresor

Im Februar des Jahres 1895 wird die französische Finanzwelt vom Bankrott eines der größten und angesehensten Geldhäuser erschüttert: Die Banque Girard muss Konkurs anmelden. Der Grund: nicht getilgte Kredite der größten Schuldnerin Thérèse Humbert, die als die ungekrönte Königin von Paris gilt und von den oberen Zehntausend nur respektvoll »la Grande Thérèse«, »die große Thérèse«, genannt wird. Die glamouröse Dame, Besitzerin eines Stadtpalais in Paris, eines Schlosses auf dem Land und mehrerer großer Güter in Südfrankreich und Portugal, ist der Liebling von Politikern, Wirtschafts- und Finanzbossen, Schauspielern, Literaten und Künstlern. Sie gilt als unermesslich reich und unermesslich gierig nach Schmuck, Pelzen, raffinierten Kleidern, antiken Möbeln und Gemälden, ausladenden Festivitäten … In ihrem Tresor im Innersten ihres Stadthauses, so munkelt man, liegen Wertpapiere und Schuldverschreibungen im Wert von ungezählten Millionen Francs. Der Banque Girard freilich nützt das nichts. Denn ihre Forderungen bleiben ungetilgt. In blindwütiger Verzweiflung macht sich Bankdirektor Paul Girard persönlich auf den Weg zu Thérèse Humbert, in der Manteltasche eine Pistole.

Nach einigem Hin und Her am Eingangsportal des herrschaftlichen Hauses in der Avenue de la Grande Armée 65 wird der unglückliche Mann endlich zur Hausherrin vorgelassen. Girard versucht mit der Wortgewalt der Verzweiflung, seine Schuldnerin zu bewegen, ihre Kredite sofort zu tilgen – sein eigenes Leben, das seiner Familie und die Existenz von Angestellten und Kunden hingen von Madame ab. Thérèse Humbert hört die Ausführungen Girards gleichgültig an. Als er heftiger wird, weist sie ihn brüsk und ungeduldig ab. Plötzlich zieht der Bankdirektor die Pistole, zielt auf die Schuldnerin und drückt ab. Die Kugel verfehlt sie knapp. Durch den Schuss aufgeschreckt, stürmen Bedienstete ins Zimmer. Girard kann entkommen und eilt ins Bankhaus. In seinem Büro schließt er sich ein. Wenige Augenblicke später hört man einen Schuss. Die Angestellten, die die Tür aufbrechen, finden ihren Direktor tot auf.

Doch so glimpflich, wie Thérèse Humbert hofft, kommt sie nicht davon: Der Konkursverwalter Duret nimmt seine Arbeit auf. Er ist gewillt, dem Clan um Thérèse Humbert das Handwerk zu legen. Thérèse Humbert indes betrachtet die Angelegenheit kaltblütig: Girards Tod, so sickert durch, sei nur *ein* Schicksal aus ihrem »Suizidregister«. Das gegen sie eingeleitete Verfahren versucht sie auf ihre ganz persönliche Weise zu verhindern: Sie lädt Duret zu einem Diner in ihr Haus ein und versucht, ihn zu bestechen. Als Duret standhaft bleibt, nimmt sich Thérèses Bruder Romain, ein stadtbekannter Schläger, der Sache an und verleiht dem Bestechungsversuch physisch »Nachdruck«. Duret geht mit blutiger Nase zu Boden ...

»Thérèse Humbert«: Das ist in jenen Jahren mehr als nur der Name einer extravaganten Dame der Pariser Oberschicht. Es ist der Name eines Finanzkonzerns, der in ganz Frankreich agiert, und es ist ein Markenname – nur dass seltsamerweise in all den Jahren keiner zu sagen wüsste, für welches Produkt dieser Markenname steht. Das Palais Madame Humberts im vornehmen Westen der Pariser Hauptstadt ist aus massivem Stein gebaut, mit Marmor und Stuck verkleidet. Und dennoch ist die Firma Humbert nicht mehr als ein Kartenhaus, das erstaunlicherweise lange Jahre selbst den heftigsten Stürmen standhält – vielleicht, weil der Wind beinahe ungehindert hindurchwehen kann. Das Phänomen Thérèse Humbert war und bleibt ein Geheimnis, bis heute. Denn obgleich die geschäftlichen und privaten Machenschaften der »Grande Thérèse« durch die ingeniöse Spurensuche der Biografin Hilary Spurling inzwischen weitgehend aufgedeckt sind, bleibt doch die Frage offen, weshalb Tausende von Menschen aus allen Bildungs- und Besitzschichten dieser genialen Betrügerin fortgesetzt auf den Leim gingen. Thérèse Humbert, so viel scheint klar, hatte eine außergewöhnliche suggestive Kraft, ihre Freunde und Gegner, und vor allem ihre Gläubiger und Geschäftspartner zu überzeugen, mit Mitteln, die im Irrationalen liegen, und von Dingen, die leer und ungefähr blieben. Eine Antwort auf das Rätsel um Thérèse Humbert wird es so wenig geben, wie auch der Schleier vor ihrem Geheimnis nichts verhüllte und der Tresor, um den es in dieser Hochstaplergeschichte geht, letztlich nichts enthielt.

Quacksalberei, Damenwäsche und eine unglückliche Braut

Viel Luft um nichts – das spiegelt sich bereits in Thérèses Kindheit und Jugend wider. Thérèse wird 1856 im Dörfchen Aussonne bei Toulouse in Südfrankreich als erstes von sechs Kindern von Auguste und Rosa Daurignac geboren. Die Verhältnisse im Elternhaus sind bescheiden. Die Daurignacs kaufen aus Rosas Mitgift einen kleinen Bauernhof, der nur wenig abwirft. Vater Auguste beschäftigt sich zudem als Wunderheiler, Quacksalber und Knocheneinrenker – mit mäßigem Erfolg und noch geringerer Reputation. Bald wachsen der Familie (nach Thérèse kommen noch Émile, Romain, Louis, Marie-Louise und Maria zur Welt) die Schulden über den Kopf, das Haus wird mit einer Hypothek belastet, und Rosa zieht mit Thérèse nach Toulouse, um mit Geld, dessen Herkunft unbekannt ist, in bester Lage ein Wäschegeschäft für gehobene Ansprüche zu eröffnen. Die Boutique läuft gut, die Familie ist aus dem Gröbsten heraus – da stirbt Rosa Daurignac unerwartet im Januar 1871 mit nur fünfundvierzig Jahren und hinterlässt den über siebzigjährigen Witwer Auguste mit seinen sechs Kindern. Der geschlagene Familienvater, erneut von Schulden bedrückt, wird immer verschrobener und menschenscheuer. Er befasst sich mit alchemistischen Rezepturen des 17. Jahrhunderts, betätigt sich als Weissager und läuft im Gewitter, einen knorrigen Stock schwingend, über die Felder, in der Überzeugung, das Unwetter heraufbeschworen zu haben.

Kein Zweifel: Auguste Daurignacs Verstand hat gelitten, und so agiert die mittlerweile fünfzehnjährige Thérèse als Familienoberhaupt. Dass die Belastung auch an ihr nicht spurlos vorübergeht, liegt auf der Hand. Sie flieht zunehmend in Tagträume und spinnt Geschichten, mit denen sie ihre jüngeren Geschwister unterhält und sich selbst eine tröstliche Gegenwelt erschafft. Es fängt recht harmlos und unschuldig an: Den Geschwistern erzählt Thérèse, ihr ärmliches Bauernhaus sei in Wahrheit ein verwunschenes Schloss, im Keller lägen Schätze, sie selbst, Thérèse, sei die Erbin eines großen Vermögens. Sie überredet ihre Freundinnen aus dem Dorf, ihre spärlichen Schmuckstücke zusammenzutragen, denn die Leute »werden glauben, ich hätte jede Menge Schmuck, wenn ich ihn nur oft genug wechsle«.

Doch bald bekommen Thérèses Lügengespinste eine andere Qualität, einen betrügerischen Impetus: Vielleicht inspiriert von ihrem Vater, der den Gläubigern erzählt, er habe in einem Tresor Wertpapiere, fantasiert sich auch Thérèse ein Vermögen zusammen. Doch während man dem zunehmend verwirrten Auguste seine Geschichten nicht glaubt, klingt die Tochter überzeugend. Bald findet Thérèse eine Freundin, die zur Verbündeten und schließlich zur Komplizin wird: Catherine Fuzié, die Tochter eines Gutsverwalters. Inwiefern die schöne und durchaus scharfsinnige junge Frau den Lügengeschichten Thérèses glaubt, ist unklar. Jedenfalls ziehen beide Frauen an einem Strang und werden gemeinsam den Aufstieg in die Pariser Hautevolee machen.

Zunächst freilich sucht sich Thérèse ihre Opfer in der kleinen Gesellschaft des nahe gelegenen Toulouse. Sie lässt sich Kleider schneidern, kauft Hüte, geht zum Friseur – alles auf Pump. Sie probiert ihre Überzeugungskraft aus und wird im Lügen und Vorspiegeln geschickter. Immer verweist sie auf eine imaginäre Erbschaft, die sie bald erwarte. Die Händler und Dienstleister glauben ihr, denn Thérèse macht zu allem ein unschuldiges Gesicht. Und sie weiß auf die Tränendrüse zu drücken und ihre Gläubiger mitleidig und großherzig zu stimmen. So behauptet sie weinend, sie sei bereits vor Jahren von ihrem Vater dem Sohn eines reichen Reeders aus Bordeaux versprochen worden, obgleich sie den jungen Mann in keiner Weise liebe. Aus Mitleid mit der unglücklichen Braut, aber auch, weil die Bezahlung durch den künftigen Schwiegervater ja gedeckt ist, schicken die Händler eine umfangreiche Aussteuer nach Aussonne. Doch von ihrem Geld sehen sie keinen Centime. Diesmal geht die Angelegenheit für Thérèse böse aus: Die geprellten Händler schalten Polizei und Gerichtsvollzieher ein, der ohnehin klägliche Rest des Daurignac'schen Vermögens wird gepfändet, das Haus verkauft. Als Habenichtse und Betrüger müssen die Daurignacs das Dorf verlassen und gehen nach Toulouse.

Ein mächtiger Onkel und eine Doppelhochzeit

Thérèse zieht aus diesem Fiasko eine Lehre: nicht die, solche Faxen zu unterlassen, sondern, sie in Zukunft professioneller anzugehen. Sie fasst in jenen Monaten ihren persönlichen Wahlspruch: »Was ich will, bekomme ich.« Sie will das Äußerste, und sie geht es Schritt für Schritt und mit kühlem Kopf an. Zunächst mietet sie für die ganze Familie eine Absteige unterm Dach eines heruntergekommenen Wohnhauses in Toulouse. Dann sucht sie Kontakt zur Familie ihrer Tante Marie-Émilie Humbert, deren Mann Gustave Juraprofessor an der Universität Toulouse und angehender Politiker mit höheren Ambitionen ist. Gustave Humbert erkennt bald den maßlosen Drang seiner Nichte, gesellschaftlich aufzusteigen – das ist ihm selbst nur zu vertraut. Beide, Onkel wie Nichte, werden in den nächsten Jahren eine fatale Allianz eingehen, sich gegenseitig anspornen und in Schutz nehmen. Wer dabei die treibende Kraft war, kann im

Nachhinein nicht gesagt werden. Sicherlich haben sich beide in ihrem Ehrgeiz und ihrer kriminellen Energie hervorragend ergänzt.

Gustave Humbert gelingt es, als Abgeordneter des Departements Haute-Garonne in die Nationalversammlung in Paris einzuziehen. Auch deshalb gilt er für Thérèse als Steigbügelhalter, um die Provinz zu verlassen. Ihre Kontakte zum Onkel werden immer enger. Gustave verbringt die Sommermonate gern in seinem Ferienhaus in Beauzelle bei Toulouse. Thérèse macht ihn mit ihrer Verbündeten Catherine Fuzié bekannt, die den jungen Lehrer Armand Parayre heiratet, der ebenso ehrgeizig ist. Doch Sympathie allein genügt Thérèse nicht. Sie will die Blutsbande zum einflussreichen Onkel enger knüpfen. Gustave Humbert hat zwei Kinder, den etwas schüchternen, verträumten Sohn Frédéric, der an der Universität Toulouse Jura studiert, und die Tochter Alice. Thérèse sucht für sich und ihren Bruder Émile eine engere Verbindung zu Cousin und Cousine. 1878 geht ihr Plan auf: Die Cousins und Cousinen Thérèse und Frédéric einerseits und Émile und Alice andererseits geben sich das Jawort. Es wird nicht nur ein Bund fürs Leben, sondern vor allem einer für das Geschäft und die Karriere. Das Netzwerk wird dichter, die Spinnen positionieren sich.

Die ersten Opfer werden die Ausstatter der Doppelhochzeit, die am 7. September 1878 in Beauzelle mit allem Pomp gefeiert wird. Blumengirlanden schmücken Häuser und Laternen, hölzerne Triumphbögen spannen sich über die Dorfstraße, eine vornehme Hochzeitskutsche mit schönen Pferden wird gemietet. Die Dörfler kommen aus dem Staunen nicht mehr heraus: So viel Pracht hat man in dem abgelegenen Ort noch nie gesehen. Die teuersten Hutmacher und Schneider aus Toulouse haben die Brautpaare ausgestattet. Die Vorsicht, die nach Thérèses erstem Betrug waltete, ist vergessen. Denn damals war ihr reicher Bräutigam ein Hirngespinst, diesmal hingegen ist er aus Fleisch und Blut, und ihr Schwiegervater ist der angesehene Juraprofessor und Deputierte Gustave Humbert. Doch auch diesmal täuschen sich die Ausstatter: Wochenlang warten sie vergeblich auf die Begleichung der Rechnungen. Gustave Humbert anzugehen, ergibt keinen Sinn, denn der ist nicht der Auftraggeber. Also schreiben Sie Mahnungen an Thérèse und erhalten keine Antwort. Die Humberts packen unterdessen eilends ihre Sachen und kaufen Eisenbahnbillets nach Paris, denn das soll – wie in einem der Romane Honoré Balzacs – Schauplatz ihres Eroberungsfeldzugs um Geld und Macht werden. Überliefert ist die Anekdote, dass einer der Gläubiger Thérèse und Frédéric Humbert am Bahnhof von Toulouse erwartet. Doch der gute Mann bekommt nicht nur sein Geld nicht, er wird von Thérèse Humbert derartig bezirzt und platt geredet, dass er sogar deren Droschkenkutscher bezahlt, da die Schnorrerin angeblich gerade keinen Centime in der Tasche hat. Wenigstens einer also wird in dieser Abschiedsszene für seine Dienste bezahlt, während die angehende Welteroberin bereits im Eisenbahncoupé Richtung Paris sitzt.

Ein Luftschloss und ein amerikanisches Phantom

Paris ist wie eine überreife Frucht, die einem auf die kleinste Berührung hin in den Schoß fällt. Es ist ein Stein gewordener Traum, eine Stadt, die noch den Glanz des untergegangenen Zweiten Kaiserreichs versprüht, aber zugleich die demokratische Liberalität, den ökonomischen Wohlstand und die künstlerische Freiheit der Dritten Republik. Thérèse beginnt – angestachelt von so viel Überfluss – zu fantasieren: Château Marcotte nennt sie ihr Luftschloss, das sie irgendwo in Südfrankreich ansiedelt und das sich nach und nach zur Realität auswächst – für sie wie für andere. »Zum Zeitpunkt meiner Eheschließung«, gesteht sie später, »glaubte ich so felsenfest an Marcotte, dass wir eine offizielle, notariell beglaubigte Vollmacht ausfertigen ließen, durch die Monsieur Parayre zum Verwalter des Anwesens bestellt wurde.«

Die frischgebackene Schlossbesitzerin Thérèse Humbert macht sich – mit Deckung durch den Deputierten Gustave

Humbert – sogleich an die Eroberung von Paris, schließlich will sie bald auch ein wirkliches Schloss ihr Eigen nennen. Das Abkommen zwischen Onkel und Nichte beruht auf gegenseitigem Nutzen: Thérèse benötigt den untadeligen Leumund des Politikers und Professors, dieser wiederum Thérèses Vermögen (das freilich erst erschwindelt werden muss), um seine eigenen Wahlkampagnen und politischen Projekte finanziell zu decken. So lässt er seine Beziehungen spielen, um Schloss Marcotte mit Hypotheken im Wert von 780 000 Francs zu belasten, was damals einem Wert von rund 226 Kilogramm Feingold entspricht. Wohl nie in der Menschheitsgeschichte haben Gläubiger pure Luft so teuer erworben. Eine weitere »Besitzung« Thérèse Humberts wird ähnlich hoch belastet und damit im wahrsten Sinne »vergoldet«: Eine Korkeichenplantage in Portugal, deren Verwalter wieder der treue Armand Parayre wird, der mit den luftigen Ländereien herzlich wenig Arbeit hat.

Thérèse Humbert will ihre geschäftlichen Aktivitäten ausweiten, und dazu benötigt sie mehr Kapital. Das beschafft sie sich durch die Erfindung eines großen Erbes: Einst sei ein Passant in Toulouse direkt vor dem Geschäft ihrer Mutter zusammengebrochen (nach einer anderen Version soll er sogar effektvoll in das Schaufenster gestürzt sein). Madame Daurignac habe den Fremden, einen reichen Grundbesitzer aus Lissabon, versorgt und gesund gepflegt. Zum Dank habe der portugiesische Patient die Daurignacs in seinem Testament reich bedacht. Nun, so Thérèse Humbert, habe sie vom portugiesischen Konsul in Toulouse die Nachricht erhalten, der Herr sei gestorben, das Erbe falle an sie, Thérèse. Die Eigentumsurkunde trägt sie von da an immer unter ihrer Bluse, nahe ihrem trauernden Herzen, und zeigt Kreditgebern, die sie um Geld angeht, gern eine Ecke des Dokuments, indem sie effektvoll die obersten Knöpfe öffnet. So geblendet, zeigen sich mehrere Gläubiger bereit, der Erbin unermesslicher portugiesischer Ländereien einen großzügigen Kredit zu gewähren. Und das umso lieber, als sich die Gläubiger auch gut mit Senator Humbert stellen wollen, der 1882 zum französischen Justizminister ernannt wird und mit seinem Ansehen und guten Ruf für die Richtigkeit der Aussagen seiner Nichte bürgt.

Das Phantom von Lissabon bekommt auch bald einen Namen, den der Justizminister selbst sich ausdenkt: Crawford, so der für einen Portugiesen völlig untypische Name, habe seinen letzten Willen zunächst sogar in Stein gemeißelt. Dieser Stein befinde sich jetzt in Thérèses Büro. Das ist maßlos schlecht erfunden und völlig unglaubwürdig, zumal einzelne Geldgeber wiederholt darauf bestehen, nach oben geführt zu werden, um diesen Marmorblock zu Gesicht zu bekommen. Also ändert die fantasiebegabtere Thérèse die Geschichte und macht aus dem ins Rollen gebrachten Stein ein Papierdokument, lässt Crawford statt in Lissabon in Nizza sterben und verpasst ihm die amerikanische Staatsbürgerschaft, was seinem Namen weit besser entspricht. Die Geschichte und ihre Umstände werden ausgesponnen, zudem wird im Sommer 1883 bei einem wochenlangen »Brainstorm-Meeting« in der Abgeschiedenheit eines Landsitzes bei Paris gemeinsam mit Onkel und Ehemann die Strategie des weiteren hochstaplerischen Vorgehens komponiert, denn inzwischen steht zu viel auf dem Spiel, als dass man sich einen Fehler oder eine Unstimmigkeit erlauben dürfte. Auch erhöht Thérèse, um die Geldgeber hoffnungsfroher zu stimmen, Crawfords Vermögen, das ihr als Alleinerbin zufiel, von sechzigtausend auf einhundert Millionen Francs (im heutigen Geldwert etwa dreihundert Millionen Euro). Eine Freundin Thérèse Humberts bekennt viel später, als die Finanzblase geplatzt ist: »[...] hundert Millionen! Vor einer solchen Summe zogen die Leute den Hut wie vor der Cheops-Pyramide, und ihre Bewunderung vernebelte ihnen den Blick.« Es mag heute völlig unverständlich erscheinen, wie gutgläubig und naiv die Zeitgenossen auf Thérèse Humberts Machenschaften hereinfielen, aber Gier, Eitelkeit und Renommiersucht ließen den Verstand und alle Lebenskenntnis offensichtlich schwinden.

Reichtum auf Pump

Um Geldgeber zu blenden, ist es hohe Zeit, auch eine greifbare Immobilie vorzuweisen, nicht nur Traumschlösser in Südfrankreich und Fantasiegüter in Portugal. Thérèse und Frédéric Humbert (der in dem Unternehmen immer wie das unscheinbare Anhängsel wirkt) ziehen zunächst aus der Rue Monge im alten Quartier Latin, das als Viertel der Studenten, Huren und Tagelöhner gilt, in die Chaussée d'Antin, in der Nähe der Oper, also in ein gutbürgerliches Quartier. Auch Thérèses alter und verwirrter Vater wird aufgenommen, vielleicht aus Mitleid, vielleicht aber auch, um den Greis unter Kontrolle zu halten, damit er sich gegenüber Neugierigen nicht verplappert. Bereits 1882, nach der Ernennung Gustave Humberts zum Justizminister, wechseln die Humberts in ein vornehmes Stadthaus in der Rue Fortuny, unmittelbar neben dem Parc Monceau. Nun können sie sich auch Bedienstete leisten. Zudem erwerben sie mit den ersten großzügig gewährten Krediten das Château des Vives Eaux bei Fontainebleau, ein Schloss, das ausnahmsweise nicht Thérèses Fantasie entsprungen ist.

Die Humberts halten Hof: Sie empfangen Gäste aus der Finanz- und Wirtschaftswelt, aus Bürgertum und Boheme. Der Hof: Das ist der Humbert-Clan, der in jenen Jahren als Kreis von Verschworenen fungiert und funktioniert. Frédéric avanciert zum Privatsekretär seines Vaters, Émile Daurignac und Armand Parayre samt ihren Familien ziehen ebenfalls in Thérèses Palais oder in die unmittelbare Nähe und übernehmen Aufgaben in den Humbert'schen Unternehmungen. Catherine Parayre veranstaltet in Thérèses Namen politische Soireen, um den Parteienklüngel kennenzulernen und für Finanzgeschäfte zu ködern. Denn bislang hat die Firma Humbert höchst einseitig agiert, indem Kredite auf der Sicherheit angeblicher Ländereien und des schwarzen Tresors, der in Thérèses Allerheiligstem steht, aufgenommen wurden. Nun aber verleiht Thérèse Humbert selbst Geld und wird von der Schuldnerin zur Gläubigerin. Das Firmenkonstrukt ist kaum noch zu durchschauen, die Finanztransaktionen nehmen von Tag zu Tag zu, die Beträge, die ein- und ausgehen, werden immer höher. Die schönheitstrunkene und verschwendungssüchtige Belle Époque schreit nach Geld und immer mehr Geld, und Thérèse verschleudert mit der einen Hand, was sie kurz zuvor mit der anderen Hand ergaunert hat. Sie tut damit das, was Banken seit jeher tun – allerdings ohne auch nur einen Centime an Sicherheit, an realer Grundlage zu besitzen. Immobilienhaie, Großgrundbesitzer, Regierungsmitglieder, Parteigrößen, Großunternehmer, Bankiers, Spekulanten und auch biedere, sparsame Bürger scharen sich um Thérèse Humbert, suchen ihre Nähe und sind überglücklich, wenn sie wie einst der Adel in Versailles an Thérèses Hof vorgelassen werden, obgleich die wenigsten Tischgäste sind, und die meisten nur als Staffage und Statisten dienen. Es ist ein Schneeballsystem, das zur Lawine anzuschwellen droht – die Humberts ahnen es vielleicht und geben dennoch ihre glamourösen Empfänge, Partys und Diners. Was in der Folge geschieht, kann entweder nur mit grenzenloser Naivität, maßloser Selbstüberschätzung, brutaler Gier oder panischer Angst vor dieser Lawine gedeutet und erklärt werden – oder auch mit einer Mischung aus alledem. Jedenfalls jagen die Humberts nun den Motor ihres betrügerischen Unternehmens erst recht auf Hochtouren, ohne Rücksicht darauf, dass er heiß läuft und zu rauchen beginnt …

Zunächst einmal wird ein weiteres, real existierendes Schloss erworben. Die Humberts wollen nicht nur in Paris und in der Île de France repräsentieren, sondern auch in ihrer südfranzösischen Heimat. Wenngleich die dortigen Immobilien nie von ihnen selbst genutzt werden, dienen sie doch dem Prestige und – das ist am wichtigsten – der Blendung der Gläubiger. Monatelang verhandeln die Humberts mit der Comtesse de Toulouse-Lautrec (deren Sohn Henri, ein wegen eines Unfalls verkrüppelter Mann, in jenen Jahren als Plakatkünstler, Zeichner und vor allem als ein Bohemien im Hurenviertel der Place Pigalle für Aufsehen sorgt). Es geht um das Stammschloss der Toulouse-Lautrec, das Château de Celeyran bei Narbonne.

Schließlich erwerben die Humberts das Schloss und umliegende Weinberge für zwei Millionen Francs, von denen rund 1,6 Millionen auf Pump finanziert sind. Ähnlich machen es die Humberts mit anderen Immobilien, die sie auf Kredit kaufen und zum Teil wieder abstoßen oder mit Hypotheken belasten, etwa die Landgüter von Orsonville und Villiers-en-Bière bei Melun.

Im Juli 1882 stürzt die Regierung unter Premierminister Charles de Freycinet – und mit ihm der Justizminister Gustave Humbert. Was zunächst als Rückschlag für das Humbert-Unternehmen erscheinen mag, erweist sich als Vorteil. Denn der Senator zieht sich als Privatier auf das Château des Vives Eaux zurück, um sich voll und ganz der steuerrechtlichen Verwaltung des Vermögens seines Clans zu widmen. Er tut das mit allem finanzrechtlichen Verstand und nutzt auch seine persönlichen Kontakte, um die anfallenden Steuern gering zu halten. Ansonsten ist Gustave Humbert nun nicht mehr im Fokus des öffentlichen Interesses – die legalen und illegalen Machenschaften, die er in Thérèses Sinne tätigt, sind also besser vor dem Licht der Presse verborgen.

In der Avenue de la Grande Armée

Auch auf die Presse nehmen die Humberts immer größeren Einfluss, denn Publicity bedeutet bereits zu jener Zeit viel. Im Herbst 1882 erwerben die Humberts die Zeitung *L'Avenir de Seine et Marne*. Thérèse Humbert hievt ihren Vertrauten Armand Parayre, der zugleich Verwalter ihrer Schlösser und Weinberge ist, auf den Sessel des Chefredakteurs. Parayre ist nicht nur loyal und gefügig, sondern zeigt auch redaktionelles Geschick. Die Zeitung wird in den kommenden Jahren zum Sprachrohr Humbert'scher Interessen.

Äußerlich krönen die Humberts ihren ökonomischen Erfolg und ihre gesellschaftliche Reputation mit dem Erwerb eines neuen, luxuriösen Stadtpalais im vornehmen Pariser Westen, in der Avenue de la Grande Armée 65, westlich des Arc de Triomphe: Mit großem Presserummel zieht der Clan im Jahre 1884 ein. Dort werden in den folgenden Jahren rauschende Feste gefeiert. Jeder aus der französischen Upperclass reißt sich darum, bei Thérèse Humbert zu Gast zu sein, ihr Geld leihen zu dürfen, im Glauben, es zu bestem Zins und Zinseszins zurückzuerhalten. Eine Fotografie aus jener Zeit zeigt die füllig gewordene Thérèse Humbert auf einem Gartenfest inmitten ihrer Gäste, in aufwendiger, rüschenbeladener weißer Robe, mit schleierbesetztem Hut, auf dem Dekolletee schimmert eine weiße Perlenkette, in der mit dicken Ringen geschmückten, fleischigen Hand hält sie ein zum Toast erhobenes Glas Champagner. Um sie herum ihre Verwandten, Freunde, Gläubiger, die Damen in wallenden Kleidern, zum Teil mit ausladenden, bouquetbekrönten Hüten, die Herren im Smoking, mit weißer Fliege oder Krawatte, sie alle scharen sich um die Hausherrin, Gastgeberin, Schuldnerin, Diva, die »Grande Thérèse«, die »große Thérèse«.

Hausherrin und Stadtpalais kongruieren in ihrer Bedeutung, ihrer Repräsentation. Das palastartige Haus spiegelt den erlesenen Geschmack des weiblichen Tycoons wider, und analog ist solch eine exquisite Domäne einer Dame von Bedeutung nur angemessen. Die Repräsentations- und Empfangsräume im Erdgeschoss, hinter dem mächtigen Eingangsportal, bestehen aus diversen Entrees und Vorzimmern, mit Musikinstrumenten und Jagdtrophäen dekorativ bestückt. Eine mächtige Marmortreppe verbindet die Stockwerke. Im ersten Obergeschoss befinden sich die eigentlichen Gesellschaftsräume: Billardzimmer, Salon, Speisesaal, alles im zusammengewürfelten Geschmack des Historismus möbliert und ausgestattet, mit gotischen Möbeln, Renaissancetruhen, mit wertvollen Gobelins und Gemälden, Statuen, Schränken voller Silber und Porzellan, schweren Brokatvorhängen. Von dieser Etage geht es in weitere Stockwerke, wo sich die Privaträume des Ehepaars Humbert und vor allem das ominöse Büro mit dem sagenumwobenen Tresor befinden, die schwarze Kaaba des Humbert'schen Imperiums, der

Stern des Golduniversums – der sich später lediglich als schwarzes Loch aus Antimaterie erweisen wird.

Männchen, Schläger und ein Schattenbräutigam

Die Humberts sind eine feste Größe in der Pariser Gesellschaft, und wie etliche Emporkömmlinge wollen sie sich besonders hervortun und die Gepflogenheiten des Großbürgertums imitieren. Dazu gehört die Liebe zu allem Schönen, auch zur Kunst. Die Humberts beginnen, Gemälde und Möbel zu sammeln. Frédéric Humbert indes genügt das nicht, er will selbst künstlerisch tätig sein und nimmt Unterricht bei Ferdinand Roybet, einem bekannten Maler des Pariser Salons. Er ist nicht unbegabt und macht rasch Fortschritte, wobei er sich auf das florierende Genre der Historienmalerei konzentriert. Eine Fotografie zeigt Frédéric Humbert in seinem Atelier vor einer großformatigen Leinwand sitzend, im eleganten Anzug mit weißem Einstecktuch, in der Hand eine Farbenpalette. Sichtlich gefällt er sich in der Pose des Malerfürsten, gerade weil er in der Öffentlichkeit als Anhängsel seiner resoluten, tatkräftigen Frau gilt. Kunst, so scheint es, erfüllt für Frédéric eine religiöse Ersatzfunktion, ist das Gegenteil des geldgierigen Götzendienstes, den die Humberts betreiben.

Frédéric Humbert, der uns auf Fotografien als schmächtiger, eher kleiner Mann mit sensiblen Gesichtszügen und traurigen Augen entgegenblickt, steht tatsächlich unter der Fuchtel von Familie und Personal. Thérèse ist die Marschallin der Truppe, ihrem Kommando müssen sich alle beugen. Ihr Bruder Romain ist der Rausschmeißer und Geldeintreiber, der auch vor physischer Gewalt nicht zurückscheut. Und Thérèses engste und langjährige Freundin Catherine Parayre schließlich ist die Hausdame in der Avenue de la Grande Armée, die zu allen Räumen die Schlüssel verwaltet, die zahlreichen Bittsteller und Besucher wie ein schrecklicher Zerberus überwacht und autoritär über Zutritt oder Rausschmiss entscheidet. Zudem führt sie das Regime über den Haushalt und das Personal und verwaltet einen jährlichen Etat von gewaltigen zweihunderttausend Francs.

Frédéric indes ist nicht das einzige »Männchen« in diesem von Frauen und Schlägern beherrschten Haus. Auch Thérèses jüngster Bruder Louis gilt in den Augen der Schwester als Schwächling und Nichtsnutz. Damit er nicht im Wege steht und durch seine Naivität gar Geheimnisse ausplaudert, kauft ihm Thérèse kurzentschlossen ein Landgut in Tunesien, damals französische Kolonie, und schickt den Bruder als Verwalter dorthin. Obwohl er keine Erfahrung in diesem Metier hat, kann er doch – so ihre Meinung – dort nicht so viel Schaden anrichten wie am Firmensitz in Paris. Fürsorglich zeigt sich Thérèse auch gegenüber ihrem alten und inzwischen sehr wunderlichen Vater, der einst die bitterste Armut kennengelernt hat: Da man mit Geld alles haben kann, kauft sie ihm die Grafenwürde und macht aus dem biederen »Daurignac« einen »Comte d'Aurignac« – auch hierin ähnelt sie dem Romanautor Honoré Balzac, der ebenso wie sie Paris herausgefordert und sich irgendwann selbst nobilitiert hat. Als Vater Daurignac 1886 mit fünfundachtzig Jahren stirbt, wird seine Beisetzung mit allem nur erdenklichen Pomp gestaltet, wie um den Ruf der Familie noch im Jenseits zu bestätigen: Der Leichnam des »Grafen« wird im Palais Humbert öffentlich aufgebahrt, zahlreiche Menschen, die den Alten gar nicht kannten, pilgern herbei, um Trauer zu heucheln, sich ins Kondolenzbuch einzutragen und sich auf diese Weise der mächtigen Grande Thérèse zu empfehlen und sie für die eigenen Belange günstig zu stimmen. Das Requiem findet in der mit Blumen überreich geschmückten Kirche Saint-Honoré d'Eylau im vornehmen 16. Arrondissement statt, auch hier drängen sich die geladenen und ungeladenen Gäste, um von dem geadelten Knocheneinrenker Abschied zu nehmen. Weil Thérèse in jenen Stunden der Trauer einen Einbruch im leeren Stadtpalais fürchtet (eine Gelegenheit, die schon damals von Kriminellen gern genutzt wird), lässt sie den treuen Armand Parayre zu Hause. Er hat sich mit einem geladenen Revolver im Tresorraum in der dritten Etage zu verschanzen, denn Gläubiger und Verbrecher sind ganz wild auf das, was der Tresor birgt, und in ihrer Fantasie nehmen die Reichtümer in dem Stahlschrank – Bargeld, Schuldverschreibungen, Wertpapiere und das ominöse Testament des ebenso ominösen Mr. Crawford – immer größere Werte an.

Auch der Tresor selbst »wächst« in jenen Jahren: in seiner Bedeutung, seinem Nimbus, seinem Symbolgehalt. Die Humberts scharen ihr ganzes Geschäfts- und Familienleben darum. Dabei hat ausschließlich Thérèse den Schlüssel zum »Allerheiligsten«, zum Schrein, und nur sie und die treue Catherine Parayre haben Zutritt zu dem Raum, in dem sich das schwarze Stahlungetüm befindet. Da Thérèse immer in Angst lebt, in ihrer Abwesenheit könnte eingebrochen und der Tresor aufgesprengt werden, verfällt sie auf die skurrile Idee, auf längeren Reisen, etwa den alljährlichen Sommeraufenthalten in ihrem Château des Vives Eaux, den Stahlschrank zu leeren und den kostbaren Inhalt, in mehrere Pakete verschnürt, in einen Koffer zu betten und diesen dem treuen Armand ans Handgelenk zu ketten. Dass der Adlatus überfallen und ausgeraubt, ja gar getötet werden könnte, kommt Thérèse offenbar nicht in den Sinn, oder sie nimmt den möglichen Raubmord an dem Getreuen sogar billigend in Kauf. Freilich sorgt ein stadtbekannter Raufbold und Hurenheld im Hause Humbert für schlagkräftigen Respekt: Romain Daurignac, einer von Thérèses Brüdern. Er hat sein Zimmer im innersten Teil des Hauses, hinter dem Büro seiner Schwester. Kommt es in Thérèses Schaltzentrale zu Auseinandersetzungen mit Gläubigern oder Anwälten, gar zu Beschimpfungen oder Drohungen, genügt es, einen Klingelknopf zu drücken, und der gefürchtete Romain, ein vollbärtiger, muskulöser Mann, erscheint, um die Störenfriede mit gezogenem Revolver oder einem gezielten Faustschlag wieder zur Räson zu bringen. Die Einschüchterungen wirken nicht nur augenblicklich, sondern auch nachhaltig. Zu sehr sind die Geldgeber in das System Humbert verstrickt, zu sehr bangen sie um den Verlust von Thérèses Gunst, als dass sie Polizei und Staatsanwaltschaft einschalteten.

Da im Laufe der Jahre immer öfter Zweifel an der realen Existenz des verstorbenen Mr. Crawford laut werden, muss Thérèse Humbert weitere Crawfords bemühen, die wiederum genauso schattenhaft bleiben, aber dennoch als Schatten für die Existenz des verstorbenen Schattens bürgen. Das Schattengelichter, Crawfords Neffen, ficht das Testament des Onkels an, und schon bald befassen sich mehrere Gerichte mit Thérèses Ansprüchen, wobei der Streitfall von Thérèses Anwälten angeschürt wird. Vor lauter Streiterei kommt das Tribunal de la Seine, die Zivilkammer von Paris, gar nicht auf die Idee, das Testament, um das es ja geht, zur Einsicht zu verlangen. Thérèses Anwälte wissen einen Winkelzug um den anderen zu setzen, nur um die Richter auf Trab zu halten, und mit ihnen die Presse und die Öffentlichkeit. Thérèse fädelt schließlich wie eine Königin die Aussöhnung zwischen ihrem Reich und dem der Crawfords ein und will ihre jüngste Schwester Maria mit einem der Crawford-Neffen verheiraten. Bei einem großen Diner in ihrem Palais soll der Millionenerbe erscheinen und um Marias Hand anhalten. Das Ereignis wird wie ein Friedensvertrag zweier in Fehde liegender Nationen angekündigt, die treuesten Freunde der Humberts und die hartnäckigsten Gläubiger werden geladen. Auch der angesehene Gustave Humbert ist anwesend. An dem genannten Abend ist alles in gespannter Erwartung. Schließlich tritt ein gedungener Schauspieler auf, der sich als der junge Crawford ausgibt, eine Schatulle vor Maria hinstellt und sie öffnet. In dem Kästchen sind wertvolle Juwelen. Crawford entnimmt einen Verlobungsring und will ihn Maria an den Finger stecken, die jedoch, wie von ihrer Schwester zuvor instruiert, bricht in Tränen aus und verlässt den Saal. Die Gäste sind konsterniert, Thérèse mimt Verärgerung. Doch sie kann ihre Schwester nicht zur Verlobung mit dem jungen Mann zwingen, also findet die Geldheirat »leider« nicht statt. Der abgewiesene Freier stürmt erzürnt und gedemütigt aus dem Raum, und die Gläubiger verlassen betreten das geplatzte Fest. Doch immerhin haben sie Crawford von Angesicht zu Angesicht gesehen und wissen damit, dass Thérèse Humbert die

Wahrheit sagt, wenn sie von ihrer reichen Erbschaft spricht. Es gilt nun also, zu der vom Schicksal gebeutelten Frau treu zu halten und ihr in ihrem Rechtsstreit mit den widerspenstigen und erbosten Crawford-Neffen den Rücken zu stärken.

Mysteriöse Todesfälle

Doch nicht alle kann Thérèse Humbert so an der Nase herumführen, nicht alle gehen ihr auf den Leim. Die Lage verschärft sich nach dem Tod Gustave Humberts, Thérèses Beschützer, im Jahre 1894, und unter der Regierung des neuen Premierministers Pierre Waldeck-Rousseau. Der, ein Freund des mit dem Bankrott des Bankhauses Girard betrauten Konkursverwalters Duret, bezeichnet vor Gericht die angebliche Erbschaft Thérèse Humberts als den »größten Schwindel des Jahrhunderts«. Die harsche Formulierung schlägt in der Öffentlichkeit ein wie eine Bombe. Thérèse will den Schaden begrenzen und schaltet sofort den Staranwalt Maître Du Buit ein, der vor Gericht ein flammendes Plädoyer hält. Das Unwahrscheinliche geschieht: Du Buit kann die Richter von Thérèse Humberts prinzipieller Redlichkeit überzeugen, allerdings muss der Humbert-Clan in der Angelegenheit Girard zwei Millionen Francs Entschädigung zahlen – und zwar sofort. Thérèse ist der Verzweiflung nahe: Sie besitzt nicht einmal einen Bruchteil dieser Summe. Doch wieder gelingt es ihr in aller Eile, Gutgläubige zu finden, die ihr Geld vorstrecken (gegen das Versprechen einer hohen Verzinsung) – noch immer ist der Tresor im Stadtpalais der Humberts Sicherheit genug.

Doch je mehr kritische Stimmen gegen das Imperium der Humberts laut werden, desto stärker sind die Angstreaktionen. Die Übergriffe Romain Daurignacs nehmen zu. Ob mit oder ohne Thérèses Wissen, bleibt unklar. Hat sich der Schläger bislang damit begnügt, lästige Gläubiger mit dem Revolver zu bedrohen oder ihnen ein blaues Auge zu verpassen, werden die Methoden nach dem Tod des Protektors Gustave Humbert immer rücksichtsloser, brutaler, krimineller. 1899 findet man eine Leiche im Coupé eines Zuges zwischen Douai und Lille. Der Ermordete ist Paul Schotmann, Besitzer einer Spirituosenfabrik in Lille, einer der größten Gläubiger Thérèses. Die Humberts haben bei Schotmann Schulden in Höhe von zwei Millionen Francs. Kurz vor der Bluttat hat der Schnapsfabrikant dem geldgierigen Clan einen weiteren Kredit in Höhe von sieben Millionen Francs verweigert. Bereits damals gibt es Gerüchte, Romain Daurignac habe den widerspenstigen Schotmann zur Strafe aus dem Weg geräumt, doch bewiesen werden kann es nie. Auffällig ist, dass Paul Schotmanns Erben, sein Bruder und sein Cousin, kurz danach die von den Humberts geforderte Riesensumme anstandslos ausbezahlen – gegen alle Vernunft und im Wissen, das Geld wohl nie zurückzuerhalten. Die Frage drängt sich auf, ob Romain den Spirituosenfabrikanten nicht mit weiteren Gewalttaten gedroht habe. In Verdacht gerät Romain Daurignac auch, als sein Neffe Paul, der Sohn der Schwester Marie-Louise, nach einem Überfall auf das Haus erhängt aufgefunden wird. Die Humberts geben das als Selbstmord aus und mimen die schmerzgebeugte Familie, die von einem Schicksalsschlag heimgesucht worden ist. Doch dass der junge Paul sich ausgerechnet bei einem Überfall das Leben genommen haben soll, erscheint bereits den Zeitgenossen mehr als suspekt. Ganz offensichtlich wurde da »nachgeholfen«. Wieder unterbleibt – auf Druck Thérèse Humberts – eine Untersuchung des Todesfalls und der Hintergründe, und wieder munkelt man von Romain, er habe seinen eigenen Neffen aufgeknüpft – vielleicht, weil der junge Mann zu viel wusste und etwas auszuplaudern drohte.

Große Auftritte

An Thérèses Kaltschnäuzigkeit, ihrem Kalkül, ihrer Raffinesse scheitern in jenen Jahren alle: Gläubiger, Journalisten, Polizei, Staatsanwaltschaft. Immer mehr Anleger, auch kleine Sparer, geben ihr Geld der Grande Thérèse, denn sie zahlt weit höhere Zinssätze als die Banken. Das Geschäft floriert, solange die Anleger mehr einzahlen als zurückfordern, und es funktioniert zuverlässig. Thérèse ersinnt sogar eine Rentenversicherung und wirbt dafür in einer Werbebroschüre mit den Konterfeis des Papstes Leo XIII. und des südafrikanischen Präsidenten Paul Krüger – obgleich beide mit dem spekulativen Unternehmen gar nichts zu tun haben. Doch die Porträts suggerieren Internationalität und Solidität, mehr bedarf es nicht, um Tausende Anleger den Humberts ins Netz zu treiben.

Lediglich einmal gerät Thérèse Humbert, die ihren Tresor immer wie einen Reliquienschrein inszeniert, in arge Bedrängnis: Ein Gerichtsvollzieher namens Quelquejay taucht in der Avenue de la Grande Armée auf, klingelt, verlangt Madame Humbert zu sprechen. Thérèse erscheint entgegen ihrer Gewohnheit tatsächlich. Es kommt zu einem langen und lautstarken Streitgespräch zwischen der Konzernchefin und dem Amtmann, in dessen Verlauf es Quelquejay gelingt, die Hausherrin immer weiter ins Haus hineinzudrängen. Thérèse zieht sich zurück, die Treppe hinauf, offensichtlich ist an jenem Tag ihr Bodyguard Romain nicht zu Hause. Der Gerichtsvollzieher treibt Thérèse immer weiter hinauf, ist bereits im Vorraum zum Tresor und droht damit, den Safe gewaltsam öffnen zu lassen, wenn seine Forderungen nicht augenblicklich beglichen würden. Schließlich lässt Quelquejay doch von seinem Opfer ab – in Paris munkelt man, die Grande Thérèse habe ihn im letzten Augenblick mit einer gewissen Summe, die sie aus irgendeiner Schublade hervorzauberte, bestochen.

Skandalträchtiger ist der theatralische Auftritt eines Gläubigers, der sich einmal Zutritt zum Haus verschafft und auf sofortige Rückzahlung von 250000 Francs pocht. Als Catherine Parayre ihn mit zehntausend Francs ruhigstellen will, rennt der Mann zum Fenster, reißt es auf und schreit hinaus: »Haltet den Dieb!« und »Feuer!« Er krakeelt weiter, obwohl die Frauen ihn zu beruhigen suchen (Romain ist, das ist des Störenfrieds Glück, nicht da). Auf der Straße versammeln sich zahlreiche Schaulustige, von bis zu tausend Gaffern ist die Rede, die natürlich wissen, wer hinter diesen Mauern residiert. Da der blindwütige Mensch »Feuer!« ruft, rückt kurz darauf die Feuerwehr an und richtet bereits die Wasserspritzen aus. Aus der Menge erschallen Rufe, derbe Witze, lautes Lachen und Geschrei. Thérèse gelingt es, den Eindringling mit hunderttausend Francs, die sie Gott weiß woher organisiert hat, ruhigzustellen und ihn zum Verlassen des Hauses zu überreden, während Catherine Parayre alle Mühe hat, die Feuerwehr zum Abrücken zu bewegen und die johlende Menge von einer Erstürmung des Anwesens abzuhalten.

Es geht in jenen Jahren um 1900 hoch her, die Belle Époque feiert sich selbst und verlangt nach immer stärkeren Reizen. Und Thérèse Humbert feiert mit und ist die ungekrönte Königin der französischen Republik: Ihre Festivitäten sind legendär, Größen aus Politik, Wirtschaft und Kunst, Freimaurer, Mitglieder der Ehrenlegion, Sozialisten, Dandys und Femmes fatales und alle, die gerne dazugehören würden, reißen sich um eine Einladung. Man feiert im Humbert'schen Stadtpalais ebenso wie auf Schloss Vives Eaux, amüsiert sich auf der Jagd und auf der Yacht der Familie. Staatspräsident Félix Faure, Polizeipräfekt Lépine und Generalstaatsanwalt Maître Bulot gehen ebenso bei den Humberts ein und aus wie die Schauspielerin Sarah Bernhardt, der Erfolgsromancier Émile Zola und der Maler Henri Matisse. Letzterer heiratet 1898 Amélie, die Tochter der Parayres, und wird damit Hausgenosse in der Avenue de la Grande Armée 65. Die Humberts scheinen in jenen Jahren unanfechtbar zu sein, und ein hoher Richter gibt einmal einem Mann, der gegen die Humberts aussagen will, den guten Rat: »Tun Sie das besser nicht, oder ich wäre gezwungen, Sie hinter Gitter zu bringen.«

Das Geheimnis des schwarzen Tresors

Schließlich läuft der Motor doch heiß und stottert: Im ersten Jahr des neuen Jahrhunderts werden etliche Gläubiger immer zudringlicher, die Gerüchte über einen großen Schwindel der Humberts reißen nicht mehr ab. Einmal ist Thérèse von Anlegern wortwörtlich so in die Ecke gedrängt, dass sie sich in ihrer Not und Erregung das Perlencollier vom Hals reißt und schreit: »Nehmen Sie das!« Die Perlen fallen zu Boden und kullern unter die Möbel, wo die herbeigeeilten Bediensteten sie zusammenklauben. Wenig später tun sich einige Gläubiger unter der Führung des Bankiers Élie Cattaui erneut zusammen und gehen vor Gericht. Diesmal finden sie einen Richter, der offensichtlich nicht mit den Humberts unter einer Decke steckt. Bei der Vernehmung fragt er Thérèse Humbert nach der Adresse der Crawford-Brüder. Thérèse, durch die vorhergehenden Streitigkeiten nervlich angegriffen, verliert die Fassung und antwortet unbedacht: »1302 Broadway, New York.« Der Richter lässt nachforschen, doch unter dieser Adresse sind die Crawfords nicht gemeldet. Daraufhin, am Dienstag, dem 6. Mai 1902, unterzeichnet der Richter eine behördliche Anweisung zur Öffnung des Tresors der Humberts am Freitag, dem 9. Mai. Am Abend des 6. Mai stoßen die Humberts in ihrem Palais mit Champagner auf die Vernichtung ihrer Gegner an. Es ist ein völlig widersinniger Akt, wie so vieles in der Geschichte jener Familie. Bei dem Toast stehen Thérèse Tränen in den Augen. Tags darauf verlässt sie mit ihrer Familie Paris. Sie sagt keinem, nicht einmal Catherine Parayre, wohin sie fahren. Cattaui erstattet am 8. Mai Anzeige gegen Thérèse wegen Betrugs.

Am nächsten Tag, dem Freitag, erscheinen gegen Mittag vor dem Grundstück der Avenue de la Grande Armée 65 der Polizeipräsident Lépine, der Anwalt Du Buit und der Generalstaatsanwalt Bulot (alle bis vor Kurzem Freunde des Hauses), begleitet von einem Polizeitrupp. Auf der Straße hat sich bereits eine Menge Schaulustiger versammelt, denn die Nachricht von der bevorstehenden Öffnung des Tresors hat sich in Windeseile verbreitet. Die treuen Parayres, die im Haus zurückgeblieben sind, öffnen die Tür und geleiten die Herren hinauf in Thérèses Büro. Doch selbst Catherine Parayre kann oder will die Schlüssel zum Safe nicht aushändigen. Also holt man mehrere Schlosser, die mit schweren Hämmern und Brecheisen anrücken und dem Tresor unter Einsatz roher Gewalt zu Leibe rücken. Endlich bricht das Schloss, Anwalt Du Buit öffnet die schwere Tresortür, blickt ins Innere – und erbleicht. Hinter ihm drängen sich die anderen Herren, auch sie sind fassungslos. Der Tresor, der Grundstein des Humbert'schen Reichtums und Machtgefüges, enthält lediglich eine Zeitung, eine italienische Münze und einen Hosenknopf.

Paris und Frankreich lachen – sofern sie nicht direkt von den Gaunereien der Humberts betroffen sind. Die zahlreichen Gläubiger und Anleger hingegen sind ratlos und verzweifelt, etliche haben alles verloren und stehen vor dem Nichts. Die Presse berichtet in den kommenden Wochen ausführlich über die Machenschaften der Grande Thérèse und ihrer Familie, wobei sich Frage auf Frage türmt und noch lange kein Licht in alle dunklen Kanäle des Unternehmens fällt. Die Affäre kostet Köpfe: Du Buit tritt von seinem Amt als Präsident der Pariser Anwälte zurück. Auch einige Politiker, die in die Machenschaften verwickelt sind, müssen den Hut nehmen. Die Rentenversicherungsgesellschaft der Humberts wird insolvent erklärt. Die Zeitungen veröffentlichen lange Listen der Geschädigten, selbst so illustre Namen wie der der Ex-Kaiserin Eugénie und des Sohnes des französischen Staatspräsidenten, Paul Loubet, sind dabei. Mehrere Gläubiger, die schlicht alles verloren haben, nehmen sich das Leben. Das Inventar des Stadtpalais Thérèse Humberts, darunter wertvolle Gemälde Alter Meister, wird versteigert, doch die Erlöse können bei Weitem nicht die riesigen Löcher stopfen, die durch die kriminellen Machenschaften der Humberts in die privaten und öffentlichen Kassen gerissen wurden.

Eigenartigerweise hält sich der Hass auf Thérèse Humbert in Grenzen. Die Tragödien der bankrotten Anleger bleiben eher im Privaten – es sei denn, man findet wieder einmal die Leiche eines Selbstmörders in der Seine. Doch es gibt keine offiziellen

Äußerungen, man wolle die Hochstaplerin hart bestrafen. Nach der Affäre Dreyfus in den Jahren 1894 bis 1899 ist der französische Staat noch wie unter Schock. Man fürchtet die Auswirkungen einer restlosen Aufklärung der Affäre Humbert mehr als den augenblicklichen Verlust einiger Millionen Francs. Premierminister Pierre Waldeck-Rousseau, der 1899 Hauptmann Dreyfus begnadigt hat, scheitert nun an der Affäre Humbert. Am 3. Juni 1902 tritt er zurück. Sein Nachfolger Émile Combes, ein Freimaurer, der ebenso wie viele andere an der Spitze des Staates Kontakt zu den Humberts hatte, tut alles, um die Angelegenheit möglichst rasch einschlafen zu lassen. Lediglich im Parlament kommt es noch ein paar Mal zu erregten Debatten, die aber nur ein Sturm im Wasserglas sind.

Großes Theater im Gerichtssaal

Endlich, im Dezember 1902, werden Thérèse Humbert, ihr Mann Frédéric, die Tochter Eve und die Geschwister Émile, Romain und Maria Daurignac in Madrid aufgespürt, festgenommen und an Frankreich ausgeliefert. Am 29. Dezember treffen sie mit dem Zug in Paris ein. Der Bahnhof ist von Polizisten scharf bewacht, Thérèse wird zusätzlich von Leibwächtern beschützt. Es sind überwiegend Kleinanleger, Arbeiter und kleine Angestellte, die der Grande Thérèse übelwollen und ihr auf dem Weg zur alten Conciergerie, dem Gefängnis, wo einst Königin Marie-Antoinette einsaß, Verwünschungen und Schimpfwörter zurufen. Bald kursieren Spottlieder, etwa *Le Noël des Humberts (Die Weihnachtsbescherung der Humberts)*. Karikaturen machen die Runde: Auf einer sitzt Thérèse Humbert vor ihrem großen Tresor und zaubert Kaninchen aus einem Hut. Ein Brettspiel, das Szenen aus dem Leben und der Karriere der Humberts wiedergibt, wird zum Renner der Saison. Und in kleinen Schmierentheatern werden derbe Schwänke über die Grande Thérèse gegeben, etwa *Die Mysterien eines Tresors*. Die Großanleger jedoch halten sich in jenen Monaten bedeckt, denn sie waren nicht nur Opfer, sondern auch Nutznießer des Systems Humbert.

Das gegen die Humberts angestrebte Gerichtsverfahren schleppt sich das ganze Jahr 1903 hin, ohne je richtig in Schwung zu kommen. Es gibt Bauernopfer: Armand Parayre wird verhaftet und vor Gericht den Humberts gegenübergestellt. Der arme Adlatus bricht ohnmächtig zusammen, seine Frau Catherine erlitt bereits Wochen zuvor einen totalen Zusammenbruch. Amélie Matisse, die einen Hutladen betreibt, kommt ins Gerede, ihr Geschäft wird durchsucht, ebenso das Atelier ihres Mannes Henri Matisse. Das sind Ersatzhandlungen der Untersuchungsbehörden, denn keiner traut sich richtig an Thérèse heran, fürchtet man doch die nackte Wahrheit. Die Grande Thérèse entfaltet in dem Prozess nochmals einen Strauß ihres Glanzes, ihres Esprits, ihrer Dreistigkeit, ihres hochstaplerischen Witzes und scheint eine Zeit lang Staatsanwälte und Richter zu faszinieren und um den Finger zu wickeln, wie sie es viele Jahre lang mit Tausenden von Anlegern und der gesamten Pariser Hautevolee getan hat. Nicht minder spielen die anderen Humberts nochmals großes Theater: Als das Schlussplädoyer gesprochen wird, inszeniert Romain Daurignac ein heftiges Nasenbluten, sodass man die Sitzung unterbrechen und den Reinigungsdienst rufen muss. Dann aber wird das Urteil gegen Thérèse gefällt. Ein Zeitzeuge erinnert sich an jene Minuten höchster Spannung: »Sie [Thérèse Humbert] musste die bittere, ja schmerzliche Erfahrung machen – und das spürte auch die Menge, die dieses ungleiche Duell wie am Rand einer Manege sensationslüstern mitverfolgte –, dass sie verloren war, eingeschlossen in einem Feuerkreis, der sich immer enger um sie legte. Bis sie schließlich – zu Boden gestreckt und so restlos vernichtet, wie es sich selbst ihre schlimmsten Feinde nicht hätten träumen lassen, atemlos und erschöpft wie ein gestelltes Wild, das sich niederduckt – den Gerichtsdienern fast in die Arme fiel, die sie nach draußen schleiften, so wie man ein paar alte Lumpen wegwerfen würde.«

Thérèse Humbert ist am Ende, sie hat lange Jahre gegen die

ganze Gesellschaft gekämpft, sie bezirzt und bezaubert. Nun ist sie gebrochen, leer, verstört. Denn sie wird von eben jener Gesellschaft verdammt und verurteilt, die ihr einst zu Füßen lag und sie anbetete. Die Grande Thérèse wird zu einer fünfjährigen Haftstrafe mit Zwangsarbeit im Frauengefängnis von Rennes verurteilt. Ihr Mann erhält ebenso fünf Jahre Gefängnis mit Zwangsarbeit. Romain Daurignac, dem nie ein Mord nachgewiesen werden kann, erhält drei Jahre Haft, Émile Daurignac zwei. Damit ist der Prozess beendet, das Verfahren wird eingestellt. Weitere Versuche, das Netz von Lügen und Verstrickungen zu entwirren, werden auf höheres Geheiß hin unterbunden, denn noch immer fürchtet man, die Grundfesten des französischen Staates könnten erschüttert werden. Die Nutznießer und Mittäter des Systems Humbert haben ein Urteil gefällt, um von ihrer eigenen kriminellen Energie abzulenken.

Wenige Wochen später wird es still um Thérèse Humbert. Lediglich ein Kolumnist der Zeitung *Matin* versucht das Phänomen Thérèse Humbert vorbehaltlos zu umschreiben: »Madame Humbert hat nur versucht, sich ein wenig von jener Illusion zu verschaffen, derer es bedarf, um die Trostlosigkeit der Existenz zu verschleiern, wenn man arm ist. Gefühlsmäßig lebte sie noch immer zu Hause, sie konnte sich nicht vorstellen, dass es im Norden Leute gäbe, die dumm oder gutgläubig genug wären, den Dingen nicht Rechnung zu tragen, jenes Element der Fantasie, der Imagination unberücksichtigt zu lassen, ohne das die Realität allzu nüchtern erschiene [...]. Madame Humbert vergaß, dass für den Norden gilt, was im Süden nicht unbedingt zutrifft: Im Norden kann man nicht lügen, ohne dass einem sofort geglaubt wird.«

1908 wird Thérèse Humbert aus dem Gefängnis entlassen. Über ihr weiteres Leben ist fast nichts bekannt. Es ist, als hätte sie eine Tarnkappe übergezogen. Vielleicht war aber auch ihr Verschwinden Teil des Plans ihrer einstigen Freunde und Nutznießer, über die Affäre Gras wachsen zu lassen, um nicht an Leichen zu rühren. Bekannt ist lediglich, dass sie nach Amerika ausgewandert und wohl 1918 in Chicago gestorben ist.

9 Edith Cavell (1865–1915)
Krankenschwester, Fluchthelferin, Spionin

Belgien, im Frühjahr 1915: Deutsche Truppen, die im August völkerrechtswidrig das neutrale Land überfallen haben, um gemäß dem »Schlieffen-Plan« einen »Sichelschnitt« auf Nordfrankreich auszuführen, halten das Königreich besetzt. Beim überstürzten Rückzug der belgischen, französischen und britischen Truppen gerieten viele Soldaten hinter die deutschen Linien und wurden gefangen genommen. Etliche jedoch halten sich in Wäldern oder bei belgischen Privatleuten vor dem Zugriff der deutschen Besatzer versteckt. »Verlorene Kinder« nennt man diese Soldaten, »lost children«, »enfants perdus«. Doch es gibt – unterstützt vom britischen Geheimdienst – eine Untergrundorganisation, die viele dieser »lost children« in sogenannten »sicheren Häusern« unterbringt und sie auf geheimen Wegen in die Niederlande und von dort weiter nach England schleust. Der Organisation gehören Menschen aus allen Schichten und Konfessionen an: Adlige und Bürger, Bauern und Arbeiter, Katholiken und Protestanten, Flamen und Wallonen, Intellektuelle und »einfache« Leute. Sie alle sind durchdrungen von Patriotismus und Humanität, sie verabscheuen den Krieg und die Gräueltaten der Deutschen und wollen unschuldigen Menschen helfen, in die Freiheit zu entkommen.

Einer der Männer, denen in jenem Frühjahr 1915 die Flucht ermöglicht wird, ist der Engländer Harry Beaumont, Soldat des Royal West Kent Regiments. Am 24. August 1914 wurde er beim Rückzug der englischen Truppen aus der Stadt Mons von seinen Kameraden getrennt. Sieben Monate lang verbarg sich der verwundete Beaumont in einem Dorf, wurde von einem Bewohner mit Nahrung und Kleidung versorgt, von Schwestern eines nahe gelegenen Krankenhauses medizinisch versorgt. Er erhält von einem Verbindungsmann der Fluchtorganisation gefälschte Papiere, schließlich bringt man ihn nach Mons und weiter nach Brüssel. Die belgische Hauptstadt ist von deutschen Soldaten durchsetzt. Hier befindet sich das Hauptquartier der Besatzungstruppen. Doch mitten in der Stadt gibt es »sichere Häuser«, in denen sich Flüchtlinge verbergen. Das wohl wichtigste ist die Krankenschwesternschule in der Rue de la Culture im Stadtteil St. Gilles. Deren Oberin Edith Cavell, eine Engländerin, die seit Jahren in Brüssel tätig ist, steht mit der Organisation in Verbindung. Harry Beaumont erinnert sich:

»Am späten Nachmittag kam unsere Vorortbahn an ihrem Bestimmungsort an, an der Place Rouppe. Hier stieg unsere Gesellschaft aus und folgte unserem Führer auf einer gewundenen Route durch die Kopfsteinpflasterstraßen Brüssels bis dorthin, wo wir in ein Krankenhaus in der Rue de la Culture geführt wurden. Wir staunten nicht schlecht, von einer englischen Frau begrüßt zu werden, offensichtlich die Leiterin. Das hatten wir nicht erwartet! Sie zeigte uns einen Raum, in dem das Licht einzig durch eine Öffnung in der Decke hereinfiel, da er rund herum mit Spundbrettern verkleidet war, sodass keine neugierigen Augen durch die Fenster spähen konnten. Der Raum war vollkommen möbliert, mit blank geschrubbten hölzernen Tischen und Bänken, und wurde von einem typischen belgischen Ofen beheizt, der mitten im Zimmer stand. Ungefähr ein Dutzend britischer Soldaten war bereits da, die auf eine Gelegenheit warteten, zur Grenze geführt zu werden.«

Edith Cavell, die im Ersten Weltkrieg mehr als zweihundert Männern die Flucht über die belgisch-niederländische Grenze ermöglicht und dadurch vielen das Leben gerettet hat, ist bis heute eine faszinierende Gestalt. Für die einen ist sie eine mutige Krankenschwester mit patriotischem Eifer, gar eine Heldin und Märtyrerin. Andere sahen und sehen in ihr lediglich eine fanatische Agentin und Hochverräterin, die ihre humanitären

Aktionen nur zur Deckung ihrer Spionagetätigkeit betrieb. Edith Cavells Nimbus weckte Fantasien und diente als ideologische Projektionsfläche auf Seiten der Alliierten, als Feindbild auf Seiten der deutschen Besatzer. Und obgleich wissenschaftliche Abhandlungen und Biografien, Romane und Filme sich mit Edith Cavells abenteuerlichem Leben beschäftigten, wird doch der innerste Antrieb dieser Frau, deren Handeln von den einen als wagemutig, von den anderen als waghalsig beschrieben wurde, im Dunkeln bleiben. Edith Cavells Leben als einsatzfreudige Krankenschwester und Ausbilderin wäre ins Dunkel des Vergessens gesunken, hätte nicht die Barbarei des Kriegs ihren Widerspruch entfesselt und sie zu außergewöhnlichen Taten angespornt.

»Etwas Nützliches anfangen«

Edith Cavell wird am 4. Dezember 1865 in dem Dorf Swardeston bei Norwich geboren. Ihr Vater Frederick Cavell ist der Pfarrer des Dorfes. Er hat mit seiner Frau Louisa vier Kinder, die liebevoll und in Ehrfurcht vor Gott erzogen werden. Frömmigkeit, Nächstenliebe, Aufopferung und Verzicht (auch der Verzicht auf ein selbstbestimmtes Leben) sind für die heranwachsende Edith erstrebenswerte Tugenden, denen sie nacheifern will. Von 1882 bis 1884 besucht Edith Cavell diverse private Mädchenschulen. 1887 geht sie nach Steeple Bumpstead in Essex. Bei dem dortigen Vikar Charles Mears Powell, einem Bekannten ihres Vaters, dient sie als Kindermädchen. Doch sie leidet unter Heimweh. Die Verhältnisse im Hause Powell sind streng und freudlos. Nach einem Jahr kehrt Edith Cavell zu ihrer Familie zurück. 1888 bereist sie gemeinsam mit ihren Eltern und dem Bruder John Frederick Deutschland, dessen junger Kaiser Wilhelm II. ein Enkel der englischen Königin Victoria ist. Gebildete Kreise Preußens geben sich anglophil, umgekehrt bereisen englische Globetrotter Deutschland auf der Suche nach literarisch-romantischen Örtlichkeiten.

Kaum ist die Familie zurück in England, eröffnet sich für Edith eine neue berufliche Perspektive: Da sie Talent für Sprachen besitzt und das Französische gut beherrscht, fährt sie auf Vermittlung ihrer zeitweiligen Französischlehrerin nach Brüssel, wo sie fünf Jahre lang bei der wohlhabenden bürgerlichen Familie François als Gouvernante tätig ist. Sie perfektioniert ihre Französischkenntnisse und gewinnt an Sicherheit. Ein Foto aus jener Zeit zeigt sie als hübsche Frau mit selbstbewusster Ausstrahlung, die den Betrachter freundlich ansieht, zugleich aber ein wenig spöttisch, als blickte sie mit etwas Überlegenheit in die Welt. Edith Cavell atmet in Brüssel eine großbürgerliche, liberale Welt, ohne die kleinlichen moralischen Ansprüche, die sie gewohnt ist. Doch obgleich sie sich mit der Gastfamilie versteht, ist sie im Innersten nicht erfüllt. An ihren Cousin schreibt sie: »Man kann nur auf Zeit Gouvernante sein. Aber eines Tages werde ich – egal wie – etwas Nützliches anfangen. Ich weiß nicht, was es sein wird. Ich weiß nur, dass es etwas für die Menschen sein wird. Die meisten von ihnen sind so hilflos, so verletzt und so unglücklich.« In jenen Jahren zeichnet sie viel. Sie hat Talent, und manche Blätter haben sich erhalten: Sie zeigen Stillleben und Landschaftseindrücke von ihren Ausflügen und Sommeraufenthalten mit der Familie François. Die Zeichnungen strahlen Sinnlichkeit aus – ein eigenwilliger Gegensatz zu der moralischen und selbstverleugnenden Strenge, die Edith Cavell später vertritt.

1895 verlässt sie die Familie François, um sich um ihren kranken Vater zu kümmern und der Mutter unter die Arme zu greifen. Wieder erwartet sie ein Leben in Enge und Bescheidenheit – aber die Liebe zu Belgien, besonders zu dem reichen, weltstädtischen Brüssel, ist tief in ihrem Herzen verwurzelt. Edith Cavell ist dreißig, für damalige Verhältnisse bereits zu alt für den Heiratsmarkt (zumal sie vom Elternhaus keine Mitgift erwarten kann). Sie will nach Brüssel zurück und weiß nicht wie. Und sie will endlich etwas Nützliches, Sinnvolles aufbauen, ihrem Leben eine Richtung geben.

Zur damaligen Zeit gilt die Krankenschwester und Sozialreformerin Florence Nightingale (1820–1910) als ein nationales Idol. Nicht wenige junge Frauen wollen ihr nacheifern. Auch Edith Cavell, deren Schwestern Florence und Mary Lilian bereits als Krankenschwestern arbeiten, entscheidet sich für den Pflegeberuf. Im Dezember 1895 erhält sie einen Vertrag als Assistenzschwester zweiter Klasse am Fountains Fever Hospital in Tooting/London, wo Patienten, die an infektiösen Krankheiten wie Typhus, Cholera, Scharlach, Pocken, Diphtherie, Grippe, Masern und Tuberkulose leiden, behandelt werden.

Die Erwartungen an das weibliche Pflegepersonal sind hoch. Nicht nur in der Arbeit, sondern auch hinsichtlich ihrer persönlichen Lebensumstände und ihres moralischen Wandels: Krankenschwestern müssen – ähnlich Lehrerinnen – unverheiratet bleiben und ein Leben in Keuschheit, Frömmigkeit, Gehorsam und Demut führen. Nur auf diese Weise, so die damalige Vorstellung, können sie dem schweren beruflichen Alltag standhalten und sich in dem hierarchischen Gefüge ein- und unterordnen. Edith Cavell erfüllt bereitwillig diese Regeln und Bedingungen. Und sie erwartet später, als sie Oberin einer Schwesternschule und eines Hospitals ist, dasselbe von den jungen, ihr untergebenen Frauen.

Die Pflege von Patienten, die an hochansteckenden Krankheiten leiden, ist aufreibend, gefährlich und oft genug entmutigend, denn die Sterbequote ist vor der Entdeckung von Antibiotika hoch. Damals sterben rund acht Prozent der Patienten im Fever Hospital. Edith Cavell steht die Ausbildung klaglos durch. Durch ihre Erziehung ist sie Verzicht und Aufopferung gewöhnt. Sieben Monate tut sie Dienst im Fever Hospital, dann erhält sie eine Anstellung als Lernschwester am London Hospital in Whitechapel. Über Jahrzehnte wird das Krankenhaus von der Oberin Eva Lückes mit strenger, aber gerechter Hand geführt, sie ist eine Frau von matronenhafter Statur und mit den gütigen Gesichtszügen der alten Queen Victoria. Die Patienten des London Hospital, das über siebenhundert Betten verfügt, kommen vielfach aus ärmsten Verhältnissen, aus dem East End mit seinen Hafenanlagen. Eva Lückes' Bestrebungen sind vorbildlich und fortschrittlich: Sie führt Röntgenuntersuchungen ein und legt großen Wert auf Hygiene und Asepsis. Und sie hält auf strenge Disziplin und einen Tagesablauf, der nicht nur Arbeit kennt, sondern auch festgesetzte Gebetszeiten – wie im Kloster. Ihren Schwestern pflegt sie zu sagen: »Ihr habt einen Beruf gewählt, in dem es schlicht kein Höchstmaß für das Gute gibt, das Ihr tun könnt. Ihr müsst der Berufung wert sein, zu der Ihr gerufen seid. [...] Aufrichtigkeit, Gehorsam und Pünktlichkeit sind unabdingbare Qualitäten. [...] Selbstbezogenheit ist der hervorstechende Makel, der eine Frau disqualifiziert, den Schwesternberuf auszuüben. Ihr müsst eifrig Selbstkontrolle üben.«

Edith Cavell ist erfüllt von ihrem Beruf, den sie als Berufung begreift. Ein elfstündiger Dienst ist die Regel, in Tag-, Nacht- und Wochenendschichten. Vierzehn Tage im Jahr hat sie Urlaub, den sie bei ihren Eltern verbringt. Sie lernt nicht nur in der Pflege, sondern erhält von damals führenden Medizinern, etwa Sir Frederick Treves, Unterricht in medizinischer Grundversorgung, in Hygiene, Krankheitslehre und im Umgang mit neuartigen Behandlungsmethoden und medizinischen Geräten. Sie ist wissbegierig und bei Oberin und Ärzten beliebt und geachtet. Bei einer Typhusepidemie in Maidstone in der Grafschaft Kent im Sommer 1897 wird Edith Cavell zusammen mit fünf anderen Schwestern eingesetzt, um die Patienten – es sind rund zwölfhundert Fälle – zu versorgen. Im Jahre 1901 wechselt sie vom London Hospital zur St. Pancras Infirmary, einem staatlichen Spital, in dem überwiegend Menschen aus den ärmsten Schichten behandelt werden und entsprechend große soziale Not zutage tritt. Auch hier ist Edith Cavell voll gefordert. Sie bewährt sich und steigt zur Oberschwester für die Nachtschicht auf. 1902 wechselt sie an das Shoreditch Spital in der Londoner Hoxton Street, damals ein Arbeiterviertel mit schlimmen hygienischen Zuständen. Zu Beginn des Jahres 1906 – sie tat zehn Jahre fast ununterbrochen Dienst – hat Edith Cavell das, was man heute ein Burn-out nennt: Sie kündigt und nimmt eine Auszeit von sechs Monaten. Eine Fotografie aus jener Zeit zeigt sie mit bereits angegrautem Haar, die Gesichtszüge verhärmt, die Hände vom vielen Hantieren in Laugenwasser geschwollen. Gemeinsam mit einer Freundin unternimmt Edith Cavell in jenen Monaten eine Reise nach Cornwall, auf den Spuren der Arthus-Sage. Zudem besucht sie ihre Schwester Mary Lilian in Oxfordshire, dann ihre Eltern in Swardeston. Im Herbst beginnt sie wieder zu arbeiten, als Gemeindeschwester in einem Armendistrikt in Manchester, mitten im Kohle- und Industrierevier Mittelenglands.

Oberin in Brüssel

Edith Cavell hat mittlerweile ihre schönen Jahre als Gouvernante bei einer wohlhabenden Brüsseler Familie fast vergessen, als im Mai 1907 überraschend das Angebot eines Arztes aus der belgischen Hauptstadt bei ihr eintrifft (der über Eva Lückes auf die fähige Schwester Cavell aufmerksam wurde): Dr. Antoine Depage ist von den Wandlungen und Neuerungen im englischen Hospitalwesen angetan und benötigt für seine in Brüssel neugegründete Schwesternschule und das Krankenhaus eine Schwester in leitender Funktion mit guten Französischkenntnissen für die Ausbildung von Pflegerinnen nach zeitgemäßen, modernen Lehrinhalten. Edith Cavell fühlt sich geschmeichelt. Und sie ist freudig erregt, das geliebte Brüssel wiedersehen zu können. Schnell ist ihr Entschluss gefasst, sie geht auf das Angebot ein. Im August 1907 fährt sie nach Brüssel.

Die Schwesternschule von Dr. Depage befindet sich in der Rue de la Culture im Stadtteil St. Gilles. Kurz nach der Ankunft schreibt Edith Cavell am 19. September 1907 einen verzweifelten Brief an ihre einstige Oberin Eva Lückes: »Ich kam vor zwei Tagen hier an und fand vier Häuser vor, die miteinander verbunden worden sind und die erst teilweise möbliert sind. Es ist noch vieles in Unordnung. Das Komitee ist noch im Urlaub, von der Sekretärin abgesehen, und der Präsident auch, der auf ein oder zwei Tage zurückkam, um mich zu begrüßen – es gibt keine Bediensteten, außer einer Pförtnerin, und nichts ist möbliert außer meiner Wohnstube, und wir müssen am 1. Oktober öffnen!«

Die Anfangsschwierigkeiten sind bald überwunden, aus dem Provisorium entwickelt sich das florierende »Berkendael Institut«, das in der Rue de la Culture die Schwesternschule und zwei Kilometer entfernt ein neues Krankenhaus betreibt. Das Institut versorgt zudem zwei andere Krankenhäuser, vierundzwanzig kommunale Schulen und dreizehn Kindergärten mit Schwestern. Edith Cavell wird Oberin der Schule, und obgleich ihr Chef Antoine Depage nicht einfach zu handhaben ist (er ist cholerisch und ungeduldig), gewinnt sie seine Hochachtung. Auch von ihren Schülerinnen wird Edith Cavell geachtet, wenngleich sie deren Strenge fürchten. Jacqueline van Til erinnert sich an ihre Ausbildung im Jahre 1910: »Wir Schwestern waren alle verpflichtet, in verschiedenen Krankenhäusern ausgebildet zu werden, da die Schule selbst zu klein war. Im ersten Jahr standen wir unter der besonderen Fürsorge der Oberin [Edith Cavell] und hörten Vorlesungen der Ärzteschaft. [...] Fräulein Cavell hatte nie etwas dagegen, dass die Schwestern aus verschiedenen Ländern kamen, aber sie verlangte Gehorsam gegenüber ihren Anweisungen. Ihre Anmerkungen waren oft streng und lakonisch, und wir wagten nie, zu spät zu den Mahlzeiten zu erscheinen. [...] Sie war unermüdlich in ihrem Unterricht und schonte sich nie in Belangen, die harte Arbeit erforderten. [...] Oft wurden wir in ihr Büro zitiert, wo wir gerügt wurden, wenn wir zu laut gelacht hatten, oder ermahnt wurden, wir sollten unsere Verhaltensweisen umsichtiger betrachten.«

Die Schule wird Edith Cavells Zuhause, die Privatsphäre beschränkt sich auf ihr Zimmer, das fehlende Familienleben kompensiert sie mit ihrer Vorbildfunktion als Oberin. Ihre Ersatzpartner sind zwei Hunde, Jack und Don, die zugelaufen sind. Mit ihnen lässt sich die bereits vollständig ergraute fünfundvierzigjährige Edith Cavell im Garten des Instituts fotografieren, gekleidet mit knöchellangem Rock, geplätteter und bis oben zugeknöpfter Bluse und einer breiten Damenkrawatte. Ein besonderes Vertrauensverhältnis baut sie zu Schwester Elisabeth Wilkins auf, einer Engländerin, die 1912 mit neunundzwanzig Jahren nach Brüssel an das Berkendael Institut kommt und später, im Krieg, sogar Edith Cavells Komplizin werden wird. Erst nach Edith Cavells Tod wird man in ihren Papieren Verse von eigener Hand finden, die eine ungestillte Sehnsucht dieser so diszipliniert in ihrer Pflicht aufgehenden alternden Frau offenbaren: »Stürme mögen aufziehen, o Liebe, meine Liebe,/aber hier möge deine Zuflucht sein/ und in meinen Armen, mein Liebling, mein Liebling,/soll die Sonne zu dir zurückkehren./Der Winter des Alters, o Liebe, meine Liebe,/soll uns keinen Schatten bringen,/aber in deinen göttlichen Augen, mein Liebling, mein Liebling,/wird für mich immer Frühling sein.«

Eine englische Patriotin

Es wird kein Lebensfrühling mehr kommen. Der Sommer 1914 ist der schönste und sonnigste seit vielen Jahren. Doch nach den tödlichen Schüssen auf den österreichischen Thronfolger Franz Ferdinand in Sarajewo erklärt Österreich-Ungarn Serbien den Krieg. Die europäischen Mächte, in komplizierten Bündnissystemen zueinander stehend, folgen innerhalb weniger Tage: Deutschland, Russland, Frankreich, Großbritannien. Am 4. August marschieren deutsche Truppen in das neutrale Belgien ein. Die belgischen Truppen leisten verzweifelt Widerstand, unterstützt von britischen Einheiten. Die Einnahme von Paris, von der der deutsche Kaiser und sein Generalstab träumten, scheitert. Der Vormarsch bleibt in Nordfrankreich und im westlichen Belgien stecken, die Truppen graben sich in ihren Stellungen ein. Es beginnt ein jahrelanges Gemetzel um wenige Quadratkilometer. Innerhalb weniger Wochen entwickelt sich eine geheime Fluchtorganisation, zu deren führenden Mitgliedern Prinz Reginald und Prinzessin Marie de Croÿ auf Schloss Bellignies bei Mons gehören, zudem die Gräfin Jeanne de Belleville und nicht zuletzt die unscheinbare Oberin Edith Cavell in Brüssel. Die ist in jenen Wochen und Monaten voll patriotischen Eifers, als Engländerin und Wahl-Belgierin. Für die englische Zeitschrift *Nursing Mirror* schreibt Edith Cavell in den ersten Kriegstagen, als die belgischen und englischen Truppen noch voller Hoffnung auf eine erfolgreiche Verteidigung sind, den folgenden Bericht: »Wir waren voller Enthusiasmus für den Krieg und voller Vertrauen in die Alliierten. Flaggen wurden von einem Ende bis zum anderen Ende der Straßen gehisst, und keine Straße, wie gering auch immer, war ohne die Streifen in gelb, rot und schwarz [richtig: schwarz, gelb, rot]. Überall versammelten sich Gruppen, um über die Aussichten auf einen raschen Frieden zu sprechen, und die Zeitungen, die mehrmals am Tag erschienen, wurden an jeder Straßenecke zu Hunderten verkauft. […] Menschen, die sich nur flüchtig kannten, oder auch gar nicht, schwärmten ganz vertraulich beim Austausch der neuesten Nachrichten. Wir bereiteten 18 000 Betten für die Verwundeten vor; allerlei Leute boten Hilfe an, spendeten Matratzen und Decken, wickelten Bandagen und nähten Hemden; unser Hauptgedanke war, wie wir uns um die kümmern könnten, die so viel opferten und bei Liège und andernorts so tapfer dem Tod gegenüberstanden.«

Dieser Patriotismus wird bald harten Prüfungen unterzogen. Nachdem das Königreich fast vollständig von den Deutschen besetzt ist, gehen etliche Belgier in den Untergrund und eröffnen einen Partisanenkrieg, auf den die deutschen Besatzer mit Erschießungen – auch von Zivilisten – antworten. Der belgische König Albert I. flieht als Oberbefehlshaber mit den Resten seiner Truppen nach Frankreich und kämpft aufseiten der Alliierten an der nordfranzösischen Front. Seine Frau, Königin Elisabeth, arbeitet als Krankenschwester in Feldlazaretten und dient so vielen Frauen in ihrem Land als Vorbild – sicherlich auch für Edith Cavell.

Das Berkendael Institut wird in jener Zeit vom Deutschen Roten Kreuz übernommen und in ein Lazarett für Kriegsversehrte umgewandelt. Edith Cavell und ihre Schwestern dürfen bleiben, denn man benötigt jede helfende Hand. In einem Brief an ihre Familie in England (sie lässt die Briefe von Vertrauenspersonen schmuggeln) beschreibt Edith Cavell die Situation: »Jeder dient als Freiwilliger, entweder im Kampf oder beim Roten Kreuz. Unsere Häuser stehen unter der Flagge des Roten Kreuzes, und wir bereiten uns darauf vor, die Verwundeten aufzunehmen, die wahrscheinlich von der Front hierher geschickt werden – aber wie wir sie ernähren sollen, ist uns ein Rätsel. Den ganzen Tag kommen Leute herein, um Neues zu erfahren, und sie bieten uns Zimmer und Betten und persönliche Hilfe und Automobile an, um die Verwundeten zu transportieren. Seit dem Morgen muss ich rund fünfzig Personen hier gesehen haben.« Trotz dieser Alltagssorgen und der ungewissen Zukunft gelingt es Edith Cavell und Antoine Depage in jenen Monaten sogar, eine neue Schwesternschule in einem anderen Stadtteil Brüssels zu installieren und deren Betrieb vorzubereiten. »Gestern«, schreibt Edith Cavell am 22. August 1914, »inspizierte ich ein kleines Fabrikgebäude, aus dem die Maschinen entfernt wurden. Die Wände wurden geweißt und die Luft zog angenehm hindurch. Eine Galerie verläuft unter dem Dach, und hier und auf dem Boden sind saubere, schmale Betten aufgereiht, mit weißen Leintüchern und sauber gefalteten Decken. Kleine Tische sind mit sauberen Tüchern gedeckt, darauf Schüsseln und Kannen, bereit zum Gebrauch. Ein frischer Geruch nach Karbol kommt von dem frisch geschrubbten Fußboden. Der Keller wurde in einen Lagerraum für Ausrüstung und Uniformen umgewandelt, und eine kleine Küche ist einladend mit Gerätschaften ausgestattet. Alles sieht sauber und adrett aus, und alles hat dank des guten Willens und der großzügigen Hilfe der arbeitenden Bevölkerung gerade einmal dreißig Francs gekostet.«

Losungswort »Yorc«

Einige belgische Städte sind schwer zerstört, so Lüttich (Liège), Löwen (Louvain), Ypern und Battice, weite Teile des Landes, durch das sich der Tross der Invasoren wälzte und sich mit schweren Geschützen Schneisen freischoss, sind verwüstet. Brüssel, wo sich das Hauptquartier der Besatzer befindet, gleicht einer Stadt in Trance: Äußerlich geht das Leben weiter, aber in seltsamer Stille und Bedrückung. Zu jener Zeit ist ein deutscher Stabsarzt in Brüssel stationiert, der sich als expressionistischer Dichter des Bandes *Morgue (Leichenschauhaus)* einen skandalträchtigen Namen gemacht hat: Gottfried Benn. In jenen Monaten entstehen in Brüssel seine *Rönne-Novellen*. In einem autobiografischen Text aus dem Jahr 1921 mit dem Titel *Epilog und lyrisches Ich* erinnert sich Benn an jene Zeit, die er – oft unter Drogen – wie einen Tagtraum erlebt hat: »Ich war Arzt an einem Prostituiertenkrankenhaus, ein ganz isolierter Posten, lebte in einem konfiszierten Haus, elf Zimmer, allein mit meinem Burschen, hatte wenig Dienst, durfte in Zivil gehen, war mit nichts behaftet, hing an keinem, verstand die Sprache kaum; strich durch die Straßen, fremdes Volk; eigentümlicher Frühling [1915], drei Monate ganz ohne Vergleich, was war die Kanonade von der Yser, ohne die kein Tag verging, das Leben schwang in einer Sphäre von Schweigen und Verlorenheit, ich lebte am Rande, wo das Dasein fällt und das Ich beginnt. Ich denke oft an diese Wochen zurück; sie waren das Leben, sie werden nicht wiederkommen, alles andere war Bruch.«

Ihrer verwitweten, achtzigjährigen Mutter in Swardeston schreibt Edith Cavell in jenen Monaten mehrere Briefe, zum Teil über den Postdienst des Roten Kreuzes, zum Teil über Verbindungsmänner und Flüchtlinge, denen sie ihre Korrespondenz anvertraut. Sie muss fürchten, dass die Briefe in die falschen Hände gelangen, und äußert sich entsprechend vorsichtig – meistens jedenfalls. Wahrscheinlich ahnt sie nicht, dass der deutsche Geheimdienst bereits auf die Fluchthilfeorganisation aufmerksam geworden ist und fieberhaft versucht, die Zellen der Helfer ausfindig zu machen. Am 30. August 1914 berichtet Edith Cavell ihrer Mutter: »Ich kann dir keine Details mitteilen, denn der Brief könnte in die falschen Hände fallen. Wir sind noch ohne Nachrichten darüber, was hier geschieht. [...] Wir haben ein paar verwundete Deutsche in unserem Hospital [...]. Es gab auf beiden Seiten fürchterliche Verluste an Menschenleben, Städte wurden zerstört und schöne Bauwerke, die niemals wieder aufgebaut werden können.«

Trotz ihrer patriotischen Gefühle ist es für Edith Cavell ein Gebot der christlichen Nächstenliebe, *allen* Verwundeten zu helfen, egal, ob Deutschen, Belgiern, Franzosen oder Engländern. Sie ermahnt auch ihre Mitschwestern, in der Pflege und Fürsorge keinerlei Unterschiede zu machen. Als die Deutschen Brüssel und das gesamte Königreich besetzt und ihre Verwaltung installiert haben, sinkt das Land in einen Zustand mentaler Lähmung. Edith Cavell berichtet ihrer Mutter: »Man könnte meinen, jeder Tag sei ein Sonntag, so wenige Läden und Gebäude sind geöffnet und so viele Menschen gehen umher, ohne etwas zu tun. Die Straßen sind seltsam still, ohne den Lärm von Motoren [...]. Die Straßenbahnen fahren wie gewöhnlich, aber nachts dürfen sie in bestimmten Teilen der Stadt nicht verkehren und müssen ihre gewöhnliche Linienführung ändern. Abends gibt es in den Straßen weniger Licht, manche sind so finster wie im Mittelalter, und die Häuser sind verschlossen, und die Geschäfte auch.«

Dicht unter der scheinbar friedlichen Oberfläche gärt es: Die Volksseele kocht, Attentate von Partisanen (Francs-tireurs) nehmen zu und werden von den Deutschen hart vergolten. Die Arbeit der geheimen Fluchtorganisation läuft auf Hochtouren. Eines ihrer Zentren ist das Schloss der alten Fürstenfamilie Croÿ – ursprünglich ein französisches Geschlecht, das aber auch im alten Heiligen Römischen Reich Deutscher Nation Gebiete und einen Sitz im Reichstag innehatte. Diese übernationale Familie beherbergt in ihrem Schloss in Bellignies (in der französischen Region Pas de Calais, nahe der Grenze zu Belgien) etliche Flüchtlinge, teils auch im alten Donjon, dem Bergfried, mit seinen drei Meter dicken Mauern aus Feldsteinen. Der Prinz, einstiger Sekretär der belgischen Botschaft in London, ist ein von flammendem Patriotismus getragener Mann, ebenso seine Frau Marie. In ihren Memoiren schreibt sie: »Nichts kann das Gefühl der Revolte, ja beinahe Übelkeit beschreiben, das der erste Anblick des Feindes im eigenen Land hervorruft.«

Von Bellignies werden die Flüchtlinge nach Norden geschleust, quer durch das besetzte Belgien, und weiter zur niederländischen Grenze. Ein Hauptstützpunkt der Geheimorganisation wird in jenen Monaten die Schwesternschule in der Brüsseler Rue de la Culture. Losungswort ist »Yorc«, ein Palindrom für »Croÿ«. Unbemerkt von den Besatzern, selbst unbemerkt von den belgischen Schwestern, beherbergt Edith Cavell hier im Laufe der Wochen und Monate wohl über zweihundert Männer (lediglich ihre Mitschwester Elisabeth Wilkins ist zumindest teilweise eingeweiht), immer nur auf wenige Tage und Nächte, doch allein das bedeutet eine ungeheure logistische Herausforderung und bedarf großer Vorsicht, Muts und einer gehörigen Portion Chuzpe.

In jenen Jahren wird unter der Hand eine illegal erstellte und gedruckte Zeitung mit dem Titel *La Libre Belgique (Das freie Belgien)* vertrieben. Die Zeitung versucht, an der deutschen Zensur vorbei, den wahren Stand des Krieges darzustellen, und informiert über die Verwüstungen im Land, über Kriegsopfer, über die nach Frankreich exilierte Königsfamilie und über die Repressalien und Massaker der deutschen Besatzer an der belgischen Zivilbevölkerung. Die Ausgabe vom 1. Februar 1915 zeigt auf der Titelseite eine fotografische Montage: den deutschen Generalgouverneur für das besetzte Belgien Moritz von Bissing, der interessiert eine Ausgabe von *La Libre Belgique* liest, darunter die ironischen Worte: »Unser geschätzter Gouverneur, angewidert durch die Lektüre der Lügen in den zensierten Blättern, sucht die Wahrheit in *La Libre Belgique*.« Einer der Hauptverteiler der *Libre Belgique* im Untergrund ist der Architekt Philippe Baucq (1880–1915). Er wird das gleiche Schicksal erleiden wie Edith Cavell. In jenem Winter 1914/15 schließt sich Edith

Cavell der geheimen Fluchtorganisation um den Prinzen und die Prinzessin de Croÿ, die Gräfin Jeanne de Belleville und Philippe Baucq an. Weitere Mitglieder sind Louise Thuliez, Herman Capiau und Georges Gaston Quien.

Edith Cavell hat alle Hände voll zu tun: Verwundete müssen versorgt werden, die neue Schwesternschule soll bald ihre Pforten öffnen, und darüber hinaus schicken ihr die Croÿs immer mehr Flüchtlinge, die sie verbergen muss, vor den Deutschen, aber auch vor den Mitschwestern. Sie führt über all diese Ereignisse, auch über die geheimen Tätigkeiten, ein detailliertes Tagebuch, das sie aber nach einigen Monaten vernichtet. Nur die rudimentären Blätter zweier Tage des Aprils 1915 haben sich erhalten: Man findet sie Jahrzehnte später in einem alten Kopfkissen. Edith Cavell oder ihre Mitwisserin Elisabeth Wilkins muss sie darin eingenäht haben. Doch so vorsichtig und klug Edith Cavell handelt, als sie ihr protokollarisches Tagebuch vernichtet – in ihren Briefen nach England gibt sie sich nicht immer so gedeckt. Am 18. September schreibt sie ihrer Schwester Florence: »[…] der Feind hat seine eigenen Anordnungen getroffen. Ich kann dir keine Details verraten, da unsere Briefe in Hände fallen können, für die sie nicht bestimmt sind; dieser Brief wird nach Holland gebracht, und ich hoffe, er wird dich erreichen.«

Die materielle Not nimmt zu. Am 22. November 1914 schreibt Edith Cavell ihrer Mutter: »Es ist bitterkalt, mit dickem Schnee und strengem Frost, aber strahlendem Sonnenschein. […] Wir bereiten alles für unseren Weihnachtsbaum vor, und die Schwestern verbringen all ihre abgeknapste Zeit damit, Puppen zu kleiden, Kriegskleidung zu nähen und skurrilen Kleinkram für arme Kinder. Es ist schrecklich, an all ihr Elend und ihr Leid zu denken, und die Kälte hat so unglücklich früh eingesetzt. […] Mehrere unserer Schwestern und andere waren an einer Art Kolik erkrankt, wahrscheinlich auf das Schwarzbrot zurückzuführen, das nicht schlecht ist, aber sehr schwer zu verdauen. Das Hospital ist halb leer. Die Leitung kann es nicht gestatten, viele Patienten aufzunehmen, da das Geld sehr knapp ist. […] Ziemlich reiche Leute sind praktisch ohne einen Penny und müssen auf die billigste Weise leben, manche sind unwiderruflich pleite. Unzählige haben das Land verlassen […]. Kleine Kinder kommen immer an unsere Tür und betteln um Törtchen – Marie spart für sie immer etwas von unserem Brot und unserer Butter ab […].«

Zu Weihnachten 1914 lässt der Erzbischof von Malines und Primas von Belgien, Kardinal Désiré-Joseph Mercier, einen Hirtenbrief an alle katholischen Pfarreien verbreiten. Die Priester, die es wagen, den Brief ihren Gemeinden vorzulesen, werden kurz darauf auf Anordnung des Generalgouverneurs Bissing verhaftet. In dem Hirtenbrief stehen klare Worte der Anklage: »Ich nehme vielleicht besser als irgendjemand sonst wahr, wie viel unser armes Land gelitten hat. Und kein Belgier sollte daran zweifeln, dass meine Seele, als Bürger und Kardinal, durch diese Bedrängnisse gefoltert worden ist. Die letzten vier Monate erschienen wie ein Jahrhundert. Tausende tapferer Menschen wurden hingeschlachtet; Frauen und Mütter weinen um ihre Männer und Söhne, die sie nie wiedersehen werden; Häuser sind zerstört; das Elend breitet sich aus, und die Angst ist ergreifend. In Malines und in Antwerpen habe ich beobachtet, wie die Bevölkerung zweier großer Städte einem Dauerbombardement unterworfen waren, in den Agonien des Todes, einmal für sechs Stunden, das andere Mal für vierunddreißig. Ich besuchte die am meisten verwüsteten Regionen meiner Diözese. […] und was ich an Ruinen und Asche sah, übersteigt alles, was ich mir vorstellen konnte. […] Kirchen, Schulen, Asyle, Krankenhäuser, Konvente sind fast vollständig zerstört oder in Ruinen. Ganze Dörfer sind verschwunden. […] Tausende belgischer Bürger wurden in deutsche Gefängnisse deportiert […]. Tausende Unschuldiger wurden erschossen. […] Allein in meiner Diözese wurden dreizehn Priester exekutiert. Wir können die Zahl unserer Toten nicht zählen und nicht das Ausmaß unserer Ruinen ermessen.«

Gouverneur Moritz von Bissing reagiert auf den belgischen Widerstand mit Härte: Auf Verdacht werden Männer und Frauen, Soldaten und Zivilisten in Gefängnisse verschleppt oder nach Deutschland deportiert. Anschläge werden mit standrechtlichen Erschießungen gerächt. Einige Monate lang versucht der deutsche Geheimdienst, den Fluchthelfern auf die Spur zu kommen. Es gibt Verdachtsmomente gegen die Familie de Croÿ, aber das gesamte Netz der Organisation, das sich über ganz Belgien und bis hinüber in die Niederlande und nach England erstreckt (und wahrscheinlich auch vom britischen Geheimdienst unterstützt wird), kann nicht aufgedeckt werden.

Bis sich ein Verräter findet: Georges Gaston Quien. Er gibt den deutschen Besatzern die entscheidenden Hinweise. Edith Cavell, die offensichtlich vor einer Bespitzelung gewarnt worden ist, verbrennt Mitte Juni 1915 kompromittierende Papiere. Auch der deutsche Agent Otto Mayer wird auf die Oberin angesetzt. Ihre Wohnung wird von der deutschen Polizei durchsucht, doch nichts Belastendes gefunden. Im letzten Brief an ihre Mutter, geschrieben am 14. Juni 1915, macht Edith Cavell dunkle Andeutungen: »Vergiss nicht, sollte irgendetwas sehr Ernstes passieren, könntest du wahrscheinlich eine Nachricht an mich über den amerikanischen Botschafter in London schicken (keinen Brief). Hier ist wie üblich alles ruhig.«

Es ist die Ruhe vor dem Sturm. Ende Juni kommt Marie de Croÿ zu Besuch in die Rue de la Culture. Edith Cavell ahnt, dass sie beobachtet werden, und weist die Prinzessin darauf hin: »Ich wünschte, Sie wären nicht gekommen. Offensichtlich bin ich verdächtig. Schauen Sie hinaus, die Männer dort, die den Platz kehren. Die sind schon seit mehreren Tagen dort und arbeiten kaum. Sie müssen abbestellt sein, das Haus zu überwachen.«

Am 31. Juli 1915 schlagen die Deutschen zu: Reginald und Marie de Croÿ, Louise Thuliez, Jeanne de Belleville, Philippe Baucq und andere – insgesamt fünfunddreißig Personen – werden festgenommen. Am 5. August werden auch Edith Cavell und Elisabeth Wilkins verhaftet. Elisabeth Wilkins, der man keine Mittäterschaft nachweisen kann, wird nach wenigen Stunden freigelassen, alle anderen jedoch werden in diverse Gefängnisse in Brüssel und Umgebung gesperrt. Edith Cavell wird zunächst in der deutschen Kommandantur vernommen, am 7. August bringt man sie ins Gefängnis von St. Gilles, nur wenige hundert Meter von der Schwesternschule entfernt. Elisabeth Wilkins, die Edith Cavell ein paar Habseligkeiten ins Gefängnis bringen will, wird von den Wärtern nicht vorgelassen und nur ausgelacht.

Hinrichtung

In den folgenden Wochen wird Edith Cavell wieder und wieder zur Kommandantur gebracht und dort von Offizieren vernommen. Auch der Spion Otto Mayer ist anwesend. Edith Cavell legt ein umfassendes Geständnis ab, das sie als Ausdruck ihrer Ehrenwertigkeit empfindet, von den Offizieren jedoch als Schuldspruch interpretiert wird. Sie gibt zu Protokoll:

»Ich lege besondere Betonung auf die Tatsache, dass nur zwei oder drei der englischen oder französischen Soldaten, die bei mir untergebracht waren, verwundet waren, und in diesen Fällen waren die Verwundungen leicht und begannen bereits zu heilen.

Ich bestätige, dass ich zwischen November 1914 und Juli 1915 in meinem Haus aufgenommen habe, mich um sie gekümmert habe, sie mit Geldmitteln versehen habe, um ihnen zu helfen, die Grenze zu erreichen und sich der alliierten Armee anzuschließen:

1. Französische und englische Soldaten in Zivilkleidung, die Dienstabzeichen waren herausgeschnitten, darunter befand sich auch ein englischer Oberst.
2. Franzosen und Belgier, die für den Militärdienst geeignet waren, und die an die Front zu gehen wünschten.«

Diese Aussagen machen noch heute stutzig: Gesetzt, das Protokoll wurde nicht gefälscht, so muss doch davon ausgegangen werden, dass die Offiziere, die das Verhör leiteten, suggestiv fragten und Edith Cavells Aussagen zumindest in die von ihnen gewünschte Richtung lenkten. Schlicht unwahr ist beispielsweise, dass die meisten Soldaten, die Edith Cavell aufnahm, unverletzt gewesen seien, und nur zwei leicht verwundet. Es ist von Flüchtlingen, denen sie half, eidesstattlich bekundet, dass mindestens vierundzwanzig englische und französische Soldaten, die in der Rue de la Culture versteckt wurden, schwer verwundet waren und von Edith Cavell gepflegt wurden. Solche Fakten hätten vor Gericht strafmindernd gewirkt, das wollten die deutschen Behörden unterbinden. Das Verhör und der anschließende Prozess gegen Edith Cavell und die anderen Gefangenen waren abgekartet, der Ausgang stand von vornherein fest, und er trug die Handschrift des Gouverneurs Moritz von Bissing, der ein grausames Exempel statuieren, den Widerstand der Belgier brechen und sich Meriten bei der Heeresführung und beim Kaiser erwerben wollte.

Die Verhaftung Edith Cavells bleibt nicht geheim: Der Botschafter der Vereinigten Staaten in Brüssel, Brand Whitlock, der auch die Interessen der englischen Zivilisten in Belgien vertritt, schaltet sich ein. Whitlock wendet sich an das Generalgouvernement und an das Auswärtige Amt in Berlin. Erst auf wiederholte Anfrage reagiert das Auswärtige Amt: Oscar Freiherr von der Lancken-Wakenitz, Vertreter des Auswärtigen Amtes beim Generalgouvernement in Brüssel, antwortet in einem rückdatierten Brief (um die Säumnis zu retuschieren), Edith Cavell habe die gegen sie erhobenen Anschuldigungen bestätigt. Whitlock fordert für Edith Cavell einen Anwalt. Lancken-Wakenitz antwortet, sie habe bereits einen. Der jedoch, vom amerikanischen Botschafter befragt, räumt nach Tagen ein, er besitze kein Mandat mehr. Ein anderer Anwalt habe den Fall übernommen. Erneut hakt Whitlock nach und erfährt von dem anderen Anwalt, es sei ihm nicht erlaubt, Dokumente einzusehen und sich mit seiner Mandantin zu treffen.

Der Prozess gegen die fünfunddreißig Angeklagten beginnt am 7. Oktober 1915 und endet bereits tags darauf, am 8. Oktober, ohne dass Urteile gesprochen werden. Das Verfahren ist von Rechtsbeugung und Manipulation geprägt. Drei Tage später, am Montagabend, dem 11. Oktober, erfährt die amerikanische Botschaft inoffiziell, Edith Cavell sei um 17 Uhr von einem Militärstrafgericht zum Tode verurteilt worden und solle noch in derselben Nacht erschossen werden. Der amerikanische Botschafter übermittelt an Lancken-Wakenitz sofort ein Gnadengesuch, ebenso an den Generalgouverneur Bissing. Zudem machen sich der amerikanische Botschaftssekretär, der Anwalt der Botschaft und der Botschafter Spaniens, der Marquis de Villalobar, an jenem Abend auf, um Oscar von der Lancken-Wakenitz persönlich zu sprechen. Erst nach 22 Uhr können sie ihn ausfindig machen: Der Freiherr bestätigt ihnen das Todesurteil für Edith Cavell. Immerhin greift er zum Telefon und ruft Generalgouverneur Moritz von Bissing an. Der jedoch bleibt stur und weist das Gnadengesuch zurück.

Am Morgen des 12. Oktobers 1915 werden Edith Cavell und der ebenfalls zum Tode verurteilte Philippe Baucq in einem Schießstand der Armee an der Peripherie Brüssels erschossen. Bei der Exekution muss ein Arzt anwesend sein, um den Tod amtlich festzustellen. Es ist der Dichter Gottfried Benn. Er hat 1928 seine Augenzeugenschaft in seinem Aufsatz *Wie Miß Cavell erschossen wurde* bestätigt und den Hergang der Hinrichtung beschrieben:

»[...] Nun kommt das zweite Auto, Miß Cavell steigt aus, neben ihr ein evangelischer Pfarrer, ein bekannter Berliner Geistlicher [Paul Le Seur], der ihr die letzte Nacht zur Seite gestanden hat. Edith Cavell ist vielleicht zweiundvierzig Jahre alt, hat graues bis weißes Haar, keinen Hut auf, blaues Schneiderkleid an, dürres maskenhaftes Gesicht, steifer stotternder Gang, schwere muskuläre Hemmungen, aber ohne Zaudern, ohne Stocken geht sie abwärts, wo die Pfähle stehen. Ein Augenblick Halt, sie und der Pfarrer; einige Meter ab von der weißen Latte; sie spricht leise mit dem Pfarrer, was hat sie ihm gesagt, er hat es mir später erzählt: sie stirbt gern für England und läßt Mutter und Brüder grüßen, die in der britischen Armee im Felde stehen. Andere Frauen bringen größere Opfer: Männer, Brüder, Söhne, sie gibt nur ihr eigenes Leben – o Vaterland, drüben über dem Meer, o Heimat, die sie grüßen läßt. Ruhiger Abschied von dem Pfarrer.

Letzter Akt. Er dauert kaum eine Minute. Die Kompanie präsentiert, der Kriegsgerichtsrat liest das Todesurteil vor. Der Belgier [Baucq] und die Engländerin bekommen eine weiße Binde über die Augen und die Hände an ihren Pfahl gebunden. Ein Kommando für beide: Feuer, aus wenigen Metern Abstand, und zwölf Kugeln, die treffen. Beide sind tot. Der Belgier ist umgesunken. Miß Cavell steht aufrecht am Pfahl. Ihre Verletzungen betreffen hauptsächlich den Brustkorb, Herz und Lunge; sie ist vollkommen und absolut momentan tot; […].«

Ideologisches Gezerre

Benns Bericht, ganz im nüchternen, ja schnoddrigen Ton des Amtsarztes verfasst, wird nicht von ungefähr erst dreizehn Jahre nach Edith Cavells Tod zu Papier gebracht: In jenem Jahr 1928 wird ein Stummfilm mit dem Titel *Dawn* des britischen Regisseurs Herbert Wilcox über das Leben und Sterben Edith Cavells groß angekündigt und sorgt bereits vor der Premiere für Furore (1939 verfilmt Wilcox den Stoff nochmals, als Tonfilm mit dem Titel *Nurse Edith Cavell*). Besonders in revanchistischen Kreisen Deutschlands, das den Krieg verloren hat, stößt man sich an einer Mythisierung und Idolisierung der englischen Krankenschwester, die man als Spionin und Aufwieglerin sieht, ungeachtet der Tatsache, dass die Deutschen Belgien völkerrechtswidrig besetzt hatten. Und seit Jahren kursieren Gerüchte, Edith Cavell sei eines langsamen Todes gestorben: Das Erschießungskommando habe bewusst daneben gezielt, die Engländerin sei erst durch einen Offizier mit dem Revolver zur Strecke gebracht worden. Es wird sogar behauptet, ein Todesschütze habe sich geweigert, abzudrücken; er sei daraufhin selbst liquidiert worden – neben der englischen Märtyrerin. Auch ein Foto jener beiden Leichen wird in Umlauf gebracht, eine Fälschung, die aber viele Menschen, vor allem in England, zu Tränen rührt.

Um solchen modernen Mythen den Garaus zu machen und zugleich der Idolisierung Edith Cavells als englischer Märtyrerin entgegenzutreten, veröffentlicht Gottfried Benn am 22. Februar 1928 im *8-Uhr-Abendblatt* der *Nationalzeitung* seinen Aufsatz, worin er auch seine politische Wertung Edith Cavells und ihres Wirkens unmissverständlich zum Ausdruck bringt: »[...] ganz verkehrt zu sagen, daß sie angeschossen sich gequält habe und durch einen Fangschuß am Boden getötet worden sei. Sie war vielmehr noch während des Rufes Feuer unbezweifelbar tot. Nun schreite ich an den Pfahl, wir nehmen sie ab, ich fasse ihren Puls und drücke ihr die Augen zu. Dann legen wir sie in einen kleinen gelben Sarg, der abseits steht. Sie wird sofort beigesetzt, die Stelle soll unbekannt bleiben. Man befürchtet Unruhen wegen ihres Todes oder eine nationale Prozession aus der Stadt, darum Eile und dann Schweigen und Geheimnis um ihr Grab.«

Edith Cavells Grab bleibt indes nicht geheim. Nach dem Krieg, im Jahre 1919, werden ihre sterblichen Überreste exhumiert und nach London überführt. In der Kathedrale von Westminster Abbey, der Begräbniskirche der bedeutendsten Söhne und Töchter Großbritanniens, wird ein Trauergottesdienst als Staatsakt gehalten. Bei der Zeremonie ist sogar König George V. anwesend und erweist der Verstorbenen die höchste Ehre. Danach wird der Leichnam nach Norwich überführt, in Edith Cavells Heimat, und bei der Kathedrale beigesetzt. Das Grab ist bis heute eine Art Wallfahrtsstätte, alljährlich findet dort ein Gottesdienst statt. Viele Menschen, nicht nur in Großbritannien, sahen und sehen in Edith Cavell eine mutige Patriotin, eine aufrechte Christin, eine selbstlose Helferin, eine furchtlose Märtyrerin, manche auch eine geheimnisvolle Spionin, die – neuere Untersuchungen legen diesen Schluss nahe – nicht nur zu der belgischen Fluchtorganisation Verbindung hatte, sondern auch zum britischen Geheimdienst. Das macht den Impetus ihres karitativen Wirkens und ihrer tatkräftigen Fluchthilfe weder größer noch kleiner.

Das war 1928 noch anders. Gottfried Benn rechtfertigte Edith Cavells Exekution so: »Wie ist die Erschießung von Miß Cavell zu beurteilen? Formell ist sie zu Recht erfolgt. Sie hatte als Mann gehandelt und wurde von uns als Mann bestraft. Sie war aktiv gegen die deutschen Heere vorgegangen, und sie wurde von diesen Heeren zermalmt. Sie war in den Krieg eingetreten, und der Krieg vernichtete sie.«

Auch ein Autorenkollege Benns, Thomas Mann, griff den Fall Edith Cavell auf, in seiner polemischen Streitschrift *Betrachtungen eines Unpolitischen*, geschrieben im Ersten Weltkrieg, womit er sich und den Deutschen die Rechtmäßigkeit des Aggressionskriegs als Selbstbehauptung der deutschen Kultur gegen die romanische Zivilisation suggerieren wollte. Darin wagt der spätere Literaturnobelpreisträger den folgenden mentalen Salto (wobei er noch der Legende vom Fangschuss auf den Leim geht): »Was war es anderes als süßlicher Unernst und erbärmlicher Mangel an tragischem Sinn, wenn die Ententewelt die standesrechtliche [sic] Erschießung einer englischen Frau beplärrte, die in Belgien ihr Pflegerinnenkleid mißbrauchte, um belgischen Soldaten über die Grenze zu helfen? Sie zu heroisieren war erlaubt; aber nur unter der Annahme, daß die Cavell kein leichtfertiges Gänschen war, sondern wußte, was sie tat, die möglichen Folgen ihrer nicht einmal rein patriotischen (denn sie war keine Belgierin), sondern politischen Handlung kannte und bereit war, sie gegebenen Falles zu tragen. Man entehrte sie nicht, man ehrte sie, indem man sie vor die Flinten stellte, und – ›Menschlichkeit ist selbstverständlich‹ dachte wohl der Offizier, der die Exekutionsabteilung kommandierte und die Vorschriften durchbrach, indem er die ohnmächtig Gewordene mit einem Revolverschuß tötete, so daß sie ihre nicht entehrende, aber ernste und freie Schuld mit einem unmerklichen Tode bezahlte.«

Die Todesstrafe, vollstreckt nach einem juristisch fragwürdigen Prozess, von Besatzern, die ein neutrales Land überfielen, als menschenfreundliche Tat zu interpretieren – das muss einem erst einmal einfallen.

Das Schlusswort aber soll Edith Cavell haben. Am St. Martin's Place in London hat man der mutigen Krankenschwester ein Denkmal errichtet. Darauf stehen ihre angeblich letzten Worte: »Patriotismus reicht nicht. Ich darf keinen Hass und keine Bitternis gegen irgendjemand empfinden.«

10 Greta Garbo (1905–1990)
Die »schwedische Sphinx«

Ende der 1920er-Jahre fand der wohl größte Umbruch in der Geschichte des Kinos statt: Die Umstellung vom Stumm- auf den Tonfilm. Es war mehr als nur eine technische Revolution. Mit der Tonspur veränderte sich die gesamte Ästhetik des Films. Bis dahin waren Mimik, Gestik, Kulissen, Kamera- und Lichtführung von einer expressionistischen, holzschnittartigen Ästhetik geprägt, die den technisch bedingten Verzicht auf die Sprache kompensierte. Doch als der Film zu tönen begann, änderten sich die ästhetischen Mittel grundlegend. Die Änderung entsprach dem Lebensgefühl und dem Kunstverständnis einer Generation, die nüchterner, sachlicher, natürlicher empfand. Die geänderte Publikumserwartung bedeutete für etliche Stars des Stummfilms das Ende der Karriere: Ohne starr geschminkte Gesichter, ohne den Einsatz einer Gestik und Mimik, die noch aus der Schauspielkunst der Barockzeit stammten, ohne den an das Schattenspiel gemahnenden Kontrast von Hell und Dunkel erschienen viele Schauspieler hilflos. Hinzu kam das Problem der Sprechtechnik: Die meisten Schauspieler der Stummfilmzeit kamen aus der alten Deklamationsschule. Sie sprachen langsam, überdeutlich, pathetisch, sie deklamierten einen Text wie ein Opernrezitativ. Oder aber sie waren wegen ihres stimmlichen Defizits zum Stummfilm gekommen: Weil sie gute Schauspieler waren, aber keine angenehme oder tragende Stimme besaßen. Einige Schauspieler fielen bei der Premiere ihres ersten Tonfilms mit ihren zu hohen, zu schrillen oder zu pathetisch deklamierenden Stimmen durch: Das Publikum lachte und spottete über die Stars, denen es eine Saison zuvor noch zu Füßen gelegen hatte. Es war ein Fiasko – für etliche Darsteller, aber auch für die Filmstudios in aller Welt.

Mit besonderer Spannung wurde das Tonfilmdebüt der damals wohl größten Hollywood-Diva erwartet: Greta Garbo. Kritiker trauten ihr das kaum zu, zumal die gebürtige Schwedin das Englische nur unzureichend und mit starkem Akzent sprach. Mit besonderer Umsicht bereitete die Filmgesellschaft MGM, bei der die Schauspielerin unter Vertrag stand, die Premiere vor. Im Jahre 1930 war es endlich so weit: Der Film *Anna Christie* kam in die Kinos, sogar in zwei getrennt gedrehten (also nicht synchronisierten) Fassungen: in Englisch und Deutsch (es wurde mit denselben Requisiten, aber mit zwei Schauspielerteams gedreht, nur Greta Garbo spielte in beiden Fassungen und sprach ihren Text in zwei Sprachen). Was die Zuschauer in Amerika und in Deutschland zu sehen – und vor allem zu hören – bekamen, raubte ihnen den Atem, ließ sie in Bewunderung erstarren. »Die Garbo«, wie sie kurz genannt wurde, hatte eine melancholische, sonore, dunkle, verführerische Stimme, die genau dem entsprach, was sie im Film und in der Realität zu verkörpern schien: eine geheimnisvolle Frau, eine »schwedische Sphinx«.

Der Film über das Schicksal einer Prostituierten, basierend auf einem Skript des amerikanischen Dramatikers Eugene O'Neill, läuft bereits eine Viertelstunde, als endlich die Hauptdarstellerin auftritt: Die Szene spielt in einer Kneipe. Am damals üblichen »Dameneingang« klingelt es. Der Kellner geht zur Tür und öffnet. Im Türrahmen steht eine berückend schöne, aber müde wirkende Greta Garbo. Mit ihrem typischen, leicht wankenden Gang, eine Schulter vorgeschoben, durchmisst sie in langen Schritten den Raum, setzt sich an einen der Tische und öffnet ihren sinnlichen Mund, den bis dahin noch keiner der Kinogänger hat sprechen hören. Mit einer Stimme, die einem selbst nach über achtzig Jahren noch Schauer über den Rücken laufen lässt, spricht die Diva ihre ersten Worte: »Gimme a whiskey, ginger ale on the side – and don't be stingy, baby!« (In der deutschen Fassung, von der Garbo selbst gesprochen: »Whiskey, aber nicht zu knapp!« »Soll ich 'nen ganzen Eimer bringen?« »Von mir aus.«). Diese Stimme bringt Zuschauer und Zuschauerinnen zum Schwärmen – bis heute. Die Kritiker überschlagen sich nach der Premiere mit Lobeshymnen. Norbert Lusk etwa schreibt in der Zeitschrift *Picture Play*: »Die Stimme, die die Welt erschütterte!« Die Garbo, von hämischen Neidern um 1929 bereits totgesagt, hat ihre Gegner eines anderen belehrt: Ihr Stern ist noch höher gestiegen. Und ihre Stimme vervollkommnet in verführerischer Weise das Image, das MGM ihr zugelegt hat: Sie ist *die* Femme fatale der Leinwand, die geheimnisvolle Sphinx, die kühle Blonde, die unnahbare Göttliche.

Arbeiterkind, Hutverkäuferin, Model mit Speckansatz

Die Göttliche stammte indes aus Verhältnissen, die alles andere als außerordentlich oder poetisch waren: Greta Gustafson, so ihr bürgerlicher Name, wird am 18. September 1905 in Stockholm geboren. Die Eltern, Anna und Karl Gustafson, aus bäuerlichen Familien stammend, sind wenige Jahre zuvor auf der Suche nach Arbeit in die Hauptstadt gezogen, die sich zu jener Zeit in eine moderne Großstadt wandelt, mit ihren Licht- und Schattenseiten. Die Gustafsons, die neben Greta noch die älteren Kinder Sven und Alva haben, wohnen im Arbeiterviertel Södermalm in einfachen, aber keineswegs armen Verhältnissen. Karl Gustafson arbeitet als städtischer Gärtner, seine Frau kümmert sich um den Haushalt, die Kinder und um einen gepachteten Garten vor der Stadt. Dort ziehen sie Gemüse, Kartoffeln und Blumen, um sie auf dem Markt zu verkaufen. Auch die Kinder arbeiten im Garten mit, vor allem Greta zeigt daran großes Interesse. Sie züchtet eigenständig Erdbeeren, verkauft sie auf dem Markt und trägt so zum Unterhalt der Familie bei. Karl Gustafson ist ein kränklicher Mann, er leidet unter Nierenbeschwerden und hat eine schwache Konstitution. Zudem trinkt er. Anna Gustafson ist wegen der Krankheit ihres Mannes gezwungen, die Rolle des Familienoberhaupts zu übernehmen. Inwiefern Greta Garbos schwieriges psychosoziales Verhältnis zu Männern aus den komplizierten Umständen im Elternhaus resultiert, bleibt Spekulation. Sicher ist, dass sich die Heranwachsende gern in die Einsamkeit flüchtet und in Tagträumen und dem früh geäußerten Wunsch, Schauspielerin zu werden, eine heile Gegenwelt sucht. »Ich hatte«, äußert sie sich später, »schon immer eine Neigung zur Melancholie. Schon als kleines Kind war ich am liebsten allein. Ich hasse Menschenansammlungen. [...] und ich bin immer noch überzeugt, dass es klug und wichtig ist, kleine Kinder von Zeit zu Zeit allein zu lassen – damit sie zur Ruhe kommen und träumen und über die seltsame Welt nachdenken können, die sie umgibt. Ich glaube, das ist sogar wichtiger als Spielen.« Unterstützung in ihren Träumereien erhält die junge Greta von einer Bekannten, die einen Schreibwarenladen betreibt. Für kleine Botengänge wird Greta mit Porträtkarten schwedischer Schauspieler und Unterhaltungskünstler belohnt. Die Schule empfindet Greta Gustafson als Zwang. Ihre Leistungen sind mäßig. Keineswegs ist sie dumm oder desinteressiert. Später, als Star in Hollywood, wird sie zu einigen berühmten Exilliteraten Kontakt haben und ihnen mit ihren Kenntnissen der Weltliteratur imponieren.

In jenen Jahren sucht sie ersten Kontakt zur Bühne: Allabendlich steht sie vor dem Theater der Stockholmer Südstadt und beobachtet die Schauspieler, die das Gebäude betreten. Einmal gelingt es ihr, hinter die Bühne zu gelangen: »[...] ich schnupperte zum erstenmal den Duft, der einem Theaterbegeisterten als der wunderbarste aller Wohlgerüche erscheint: den Geruch hinter den Kulissen, der sich aus Theaterschminke, Puder und verstaubter Bühnenausstattung zusammensetzt. Kein Duft der Welt wird mir jemals so viel bedeuten – kein einziger!« Auch im Kreis der Freundinnen schwärmt die junge Greta vom Theater, sie improvisiert Stücke, rezitiert, singt und tanzt und zeigt darin, so erinnern sich ihre Freundinnen, außergewöhnliches Geschick.

Die raue Wirklichkeit holt sie bald ein: Der Vater kann wegen seiner Krankheit nicht mehr arbeiten und erhält nur eine kleine Invalidenrente. Deshalb muss Greta mit dreizehn Jahren die Schule verlassen – ohne Abschluss, was für ihr Selbstbewusstsein nicht eben förderlich ist. Anna Gustafson geht putzen, Alva arbeitet als Büroangestellte, Sven in einem Süßwarenladen. Greta nimmt Gelegenheitsjobs an. Im Winter 1919 breitet sich die Spanische Grippe über Europa aus, der Millionen Menschen zum Opfer fallen. Auch Vater Gustafson erkrankt an der Influenza. Greta bringt ihn ins Hospital, das hoffnungslos überfüllt ist. Stundenlang müssen sie in der Aufnahme warten und werden, da sie arm sind, wie Menschen dritter Klasse behandelt. Das prägt sich der jungen Greta ein. Später, als Weltstar, wird sie zwar reich, aber knauserig sein. Weniger äußert sich darin Geiz als vielmehr die Angst vor einem Leben in Armut, die sie am eigenen Leib erfahren hat.

Als Karl Gustafson am 1. Juni 1920 mit nur achtundvierzig Jahren an einer Nierenentzündung stirbt, ist Greta vierzehn. Es ist eine traumatische Erfahrung: »Von diesem Zeitpunkt an war bei uns nur noch Schluchzen und Klagen zu hören. Mein Bruder und meine Schwester versuchten nicht einmal, ihre Trauer zu verbergen, und ich musste sie oft bitten, ruhig zu sein. Meiner Meinung nach sollte eine große Tragödie still ertragen werden. […] Ich trauerte ebenso wie sie, und mehr als ein Jahr lang weinte ich mich jede Nacht in den Schlaf.«

Gretas Traum von einer Schauspielerkarriere scheint unerfüllbar. Sie arbeitet zunächst in einem Obstladen, dann als »Einseifmädchen« bei einem Barbier (sie muss Rasierschaum schlagen, die Klingen zurechtlegen und sauber machen). Doch abends wartet sie noch immer vor dem Theater auf die von ihr verehrten Stars. Darunter ist der gutaussehende Carl Brisson, dem sie einmal einen Veilchenstrauß überreicht. Ein anderer Schauspieler, Josef Fischer, spricht sie an und fragt, ob sie daran denke, Schauspielerin zu werden? Doch Greta Gustafson, die zeitlebens scheu ist, antwortet nur ausweichend, sodass Fischer weitergeht. Im Juli 1920 erhält Greta über Beziehungen eine Stelle als Verkäuferin in der Hutabteilung des renommierten Stockholmer Kaufhauses PUB. Dessen Inhaber, Paul Urban Bergström, wird eines Tages auf das hübsche Gesicht der neuen Verkäuferin aufmerksam. Sie darf in seinem hauseigenen Warenkatalog, der in fünfzigtausend Exemplaren Verbreitung findet, als Model posieren und die neuesten Hutkreationen vorstellen. Doch so hübsch ihr Gesicht ist: In jenen Jahren (und noch zu Beginn ihrer Filmkarriere) ist Greta Gustafson ausgesprochen pummelig, was auch damals, zu Beginn der 1920er-Jahre, nicht dem gängigen Schönheitsideal entspricht. Erste Auftritte hat sie im Jahr 1921 in zwei Werbefilmchen, darin muss sie unter anderem die Kuchenkreationen einer Konsumentenkooperative essen – was glaubwürdig zu ihrem Speckansatz passt. Ein Debüt für eine Filmkarriere ist das jedoch nicht. Zudem verbietet der sonst so freundliche Herr Bergström weitere solcher Auftritte, da dies mit dem Ruf seines Hauses nicht vereinbar sei. Gretas Sehnsucht nach dem Theater wird immer größer: »Ich hatte im Gefühl, dass ich zur Bühne *musste*. Ich musste einfach.« Doch der Weg dorthin scheint unpassierbar. Ihr graut bei der Vorstellung, den Rest ihres Lebens als Verkäuferin in der Hutabteilung zubringen zu müssen.

Eine Hassliebe

Die Geschichte ihrer Entdeckung klingt wie ein Märchen. Und der Prinz darin heißt Erik Petschler, ein damals bekannter Filmproduzent, der in der Hutabteilung des Kaufhauses in Begleitung zweier Schauspielerinnen auftaucht. Eine der Damen macht den Produzenten auf Greta aufmerksam, er lädt sie zum Vorsprechen ein. Wenig später bietet er ihr eine Rolle in einer kleinen Farce unter dem Titel *Luffar-Petter* an, worin Greta im Badeanzug, keineswegs mit ihren moppeligen Reizen geizend, am steinigen Strand der Schären plantschen und in die Kamera lachen darf, obwohl sie ungleichmäßige Zähne hat. Die Greta Gustafson jenes dümmlichen Films hat kaum etwas mit der späteren ernsten, geheimnisvollen Schönen zu tun. Erst für ihre Rollen in Hollywood nimmt sie etliche Pfunde ab, lässt sich ihre Zähne korrigieren, eine andere Frisur und Make-up verpassen und ihre Augenbrauen zupfen. Doch immerhin: Der Auftritt in Petschlers Badefilm ist ihr Eintrittsbillett in die Filmbranche (obgleich sie eine Zeit lang in der Akademie klassischen Schauspielunterricht nimmt, der auf die Theaterbühne vorbereiten soll).

Ein anderer »Prinz« wird auf die lebenslustige junge Frau aufmerksam: Mauritz Stiller, einer der bekanntesten Regisseure Schwedens (und bald auch Amerikas). Der Hüne mit dem mächtigen Kopf und den großen Händen ist von ihr hingerissen (obgleich er homosexuell ist) und bietet ihr die Rolle der Gräfin Elisabeth Dohna in seiner Verfilmung von *Gösta Berling* an (nach dem Roman der schwedischen Nobelpreisträgerin Selma Lagerlöf). Der Film kommt 1924 in die schwedischen Kinos und findet guten Anklang, auch im Ausland, vor allem in Deutschland, wo es eine große schwedische Gemeinde gibt und viele Menschen Interesse an nordischer Kultur zeigen.

Stiller ist am Set ein Despot: Er fordert von seinen Schauspielern alles, er erniedrigt sie vor anderen – aber nicht aus Zynismus, sondern weil er sie auf diese Weise zu Höchstleistungen anspornen will. Das gelingt ihm meist, und das Band zwischen Greta Gustafson und ihm wird immer enger – eine Art Hassliebe. Ohne Stiller und dessen Sprung nach Hollywood wäre die Garbo wohl nie zu einem Weltstar geworden. Stiller ersinnt für sie auch einen neuen, einprägsamen, »geheimnisvollen« Namen: Garbo. Über dessen Bedeutung ist viel gerätselt worden, man hat sogar das Altnorwegische und das Bulgarische bemüht. Die Wahrheit ist: Stiller hat den Namen frei erfunden und sich einfach an einem guten Wortklang orientiert. Der Name wird eine Markenbezeichnung, die sich sogar vom Vornamen Greta abkoppelt. Gegen Ende der 1920er-Jahre wirbt die Filmgesellschaft MGM nur noch mit »die Garbo« oder schlicht mit »Garbo«, und auch die Zeitungen ziehen in dieser Weise nach.

Die Kooperation zwischen Garbo und Stiller ist keineswegs konfliktfrei – aber sie bleiben zusammen, weil sie instinktiv spüren, dass sie einander brauchen. »Ich spiele, so gut ich kann«, schreit die Garbo einmal den ewig maßregelnden Regisseur an. »Verdammt noch mal, Stiller, ich hasse Sie!« Sie weint oft, er zetert und kritisiert, dann wieder nimmt er sie in die Arme und tröstet sie. Er fordert das Äußerste von ihr, weil er an sie glaubt, er erweckt sie erst zur Schauspielerin, er macht sie zum Star, und sie wird ein Star, weil sie Stiller vertraut und trotz ihrer Hemmungen ihre schlummernden Fähigkeiten freilegt und lernt, sie spielerisch einzusetzen.

Zur deutschen Premiere von *Gösta Berling* reisen Stiller und die Garbo nach Berlin. Der Film wird mit viel Lob bedacht, und eine Zeit lang spielt Greta Garbo mit dem Gedanken, sich in der Stadt an der Spree, in der sie sich wohlfühlt, dauerhaft niederzulassen. Aber sie folgt Stiller für ein neues Filmprojekt *(Die Odaliske von Smolna)* nach Konstantinopel. Dort suchen sie nach Locations, bis sie erfahren, dass die Filmgesellschaft Trianon, bei der Stiller unter Vertrag steht, bankrottgegangen ist. Sie haben Mühe, überhaupt das Geld für die Rückreise nach Berlin zu leihen. Zurück in Deutschland, stehen sie vor dem finanziellen und künstlerischen Aus.

Da erhält Stiller ein Angebot von Louis B. Mayer, nach Hollywood zu kommen. Mayer ist der Chef der später mit Metro und Goldwyn fusionierten Filmgesellschaft MGM. Während Stiller sich auf den Weg nach Kalifornien macht, durchstreift die Garbo, ziemlich abgebrannt, das Berlin der Roaring Twenties. Sie ist fasziniert von der Weltstadt, die weit mehr zu bieten hat als das damals noch ziemlich piefige, protestantische Stockholm. Die Garbo besucht Homosexuellenklubs (sie hat zeitlebens eine gewisse Affinität zu Frauen), sie sieht auf den Straßen Huren und Stricher (mehrmals wird sie später eine Prostituierte spielen), sie erlebt die schwarze Nackttänzerin Josephine Baker, bewegt sich in anrüchigen Nachtlokalen und besucht aufregende Inszenierungen in der damaligen Hauptstadt des deutschen Theaterlebens. Und: Sie lernt den berühmten Filmregisseur G. W. Pabst kennen, der sie aus ihrer monetären Klemme befreit und ihr – er hat sie in *Gösta Berling* gesehen – die Hauptrolle in seinem neuen Film *Die freudlose Gasse* anbietet. Der Film spielt im Wien der Inflationszeit und thematisiert den sozialen Abstieg der Mittelschicht. Die Verletzlichkeit, die von Greta Garbo ausgeht, überzeugt Pabst, gegen den Einspruch von Kollegen, die der jungen Schauspielerin wenig zutrauen. Pabst ist einer der ersten Regisseure, die sich vom überkommenen Expressionismus mit seiner starren Mimik und seiner schattenspielartigen Lichtdramaturgie verabschieden und einen neuen, nüchternen Ton anschlagen. Es geht ihm nicht um Pathos, sondern um Psychologie und sozialen Realismus. Die Zerbrechlichkeit und Verletzlichkeit im Ausdruck der Garbo erscheint ihm hierfür wie geschaffen. Gegenpart zur duldsamen Greta Garbo ist in dem Film, der 1925 in die Kinos kommt, der Stummfilmstar Asta Nielsen, sie spielt eine lasterhafte Dame der verdorbenen Oberschicht. Es ist Greta Garbos Feuertaufe, denn es gelingt ihr, filmisch gegen die große Nielsen anzuspielen – auch, weil sie eine neue, sachliche, natürliche Gebärden- und Körpersprache einsetzt.

Mauritz Stiller, zurück aus Amerika, ist vom filmischen »Seitensprung« Greta Garbos, die er für seine Entdeckung und sein geistiges Eigentum hält, alles andere als angetan. Er bezichtigt sie des Verrats und der Undankbarkeit und bereitet ihr im Berliner Hotel Esplanade, wo sie fürstlich logiert, lautstark Szenen. Das Beziehungsmuster der beiden funktioniert wie eh und je: Vorhaltungen, Beleidigungen, Versöhnung und erneute Zusammenarbeit. So auch diesmal. »Bleib bei mir, Greta«, bettelt Stiller. »Moje [Mauritz' ursprünglicher, jüdischer Name] weiß, was am besten für dich ist.« Greta Garbo vertraut ihm und beendet die Zusammenarbeit mit Pabst. Sie folgt Stiller und tut den folgenreichsten Schritt ihres Lebens: Gemeinsam gehen sie nach Hollywood. Stiller und die Garbo haben bei einem Treffen mit Louis B. Mayer im November 1924 in Berlin die Zusage erhalten, einen Film drehen zu können. Die Gage ist bescheiden: Greta Garbo soll einhundert Dollar pro Woche erhalten. Mayer ist vorsichtig, hat doch der Stummfilm *Ben Hur* gewaltige Summen verschlungen und die eben gegründete Filmgesellschaft MGM bereits in eine Schieflage gebracht. Die Garbo sagt zu. Sie vertraut Stiller, und Hollywood läuft bereits damals den Filmgesellschaften in Europa den Rang ab. Sie fährt nochmals nach Schweden, um sich von ihrer Familie zu verabschieden. Die Trennung fällt allen schwer. Greta Garbo erinnert sich: »Mutter und ich, wir waren beide traurig, als ich abreisen musste. Aber wir ließen es uns nicht anmerken. Mutter, mein Bruder und meine Schwester brachten mich zum Bahnhof. Mutters Augen waren ganz verquollen. ›Weine nicht‹, sagte ich, ›in einem Jahr bin ich wieder da – zwölf kurze Monate, die vergehen im Nu!‹«

Ein »Bauerntrampel« erobert Hollywood

Im Juni 1925 besteigt Greta Garbo in Göteborg einen Überseedampfer, am 6. Juli langt das Schiff in New York an. Die Garbo kann damals nur ein paar Brocken Englisch. Das ist ihr Hauptmanko, und sie wird etliche Jahre brauchen, bis sie sich in der englischen Sprache gut verständigen kann. Doch ihre Schönheit und der Ruf, den sie mit *Die freudlose Gasse* erworben hat, öffnen ihr die Türen. Der bekannte Fotograf Arnold Genthe macht kurz nach ihrer Ankunft Aufnahmen von ihr. Wenig später erscheint in der Zeitschrift *Vanity Fair* eine ganze Seite mit Porträts der Garbo. Die Leser und Leserinnen des Journals sind vom kühlen Zauber dieser schwedischen Schönheit fasziniert. Es ist die beste Vorab-Werbung für den angehenden Hollywood-Star. Dennoch ist der Empfang in der Filmstadt in Kalifornien nicht nur freundlich: Der jungen Schwedin schlagen Neid, Arroganz und Kaltschnäuzigkeit entgegen. Einige der abgebrühten Intriganten bezeichnen sie offen als »Bauerntrampel« und »linkisches Geschöpf« und schließen Wetten darauf ab, dass Mayer sie nach spätestens sechs Monaten zurück nach Schweden schicken werde. Greta Garbo wird für Hollywood immer Verachtung empfinden. »Wenn du wüsstest, wie hässlich hier die Studios sind«, schreibt sie einer schwedischen Freundin, »ich wohne in einem tristen Hotel in einem abgelegenen Vorort [...]. Ach, mein geliebtes, kleines Schweden [...].«

Doch Greta Garbo hat den zwar bisweilen groben, aber stets loyalen Mauritz Stiller an ihrer Seite. Als MGM sich anschickt, der jungen Schauspielerin das Image des naturverbundenen, sportlichen blonden Mädels überzustülpen (sie hat inzwischen abgenommen und sich die Zähne richten lassen), und bereits entsprechende Fotosessions anberaumt, protestiert Stiller bei Louis Mayer persönlich: Die Garbo sei weit mehr als nur ein sportliches Girl, MGM habe eine der besten Schauspielerinnen Europas vor sich, die Amerikaner sollten das endlich begreifen! Stillers Zorn überzeugt, und Mayer ändert die Strategie der Filmgesellschaft.

Garbos erster Film für Amerika trägt den Titel *Torrent (Fluten der Leidenschaft)*. Ihr Partner ist der damalige »Latino-Lover« Ricardo Cortez (der gebürtige Wiener heißt eigentlich Jakob Krantz), der nach dem frühen Tod Rudolph Valentinos im Jahre 1926 dessen Rolle einzunehmen versucht. Entsprechend springt Cortez bei den Dreharbeiten mit der »Neuen«, dem »Bauerntrampel«, um. Überdies macht sich zu jener Zeit eine ausländerfeindliche Haltung in der Filmbranche breit, da immer mehr Europäer (darunter einige Schweden) nach Hollywood drängen. Die Ausländer, so die Zeitschrift *Photoplay*, machten sich in den Studios breit »wie Mumps in einem Kinderhort«.

Gegen solche Anfeindungen und Vorurteile hat Greta Garbo zu kämpfen. Insgeheim verachtet sie Hollywood. Und sie wird es zeitlebens tun, selbst als sie ein Star ist, dem man zu Füßen liegt und der die Produktionsbedingungen diktieren kann. Doch in jenen Anfangsjahren hat sie nur *ein* Mittel der Gegenwehr: Sie muss besser als die anderen sein.

Der äußerst mittelmäßige Liebesfilm *Torrent* wird nur ein Achtungserfolg. Immerhin erwähnen die Kritiken Greta Garbo in der Rolle eines Vamps recht positiv. Und so dreht MGM gleich noch einen zweiten Film mit ähnlicher Thematik und ähnlichen Rollenklischees, wieder mit Mauritz Stiller als Regisseur: *The Temptress (Totentanz der Liebe)*. Greta Garbos Partner ist diesmal ein »echter« Latino namens Antonio Moreno, aber das macht das Drehbuch, das sogar eine sadomasochistische Auspeitschungsszene bereithält, nicht besser. Immerhin ist Greta Garbos Image als Vamp damit gefestigt (oder eher: verfestigt), und ihr Stand bei MGM auch. Der Film fährt zwar Verluste ein, aber die Kritiker sind von der Garbo begeistert. Sie kann also erst einmal beruhigt sein und darauf hoffen, weitere Engagements in der Traumfabrik Hollywood zu erhalten. Eine erschütternde Nachricht kommt indes aus Schweden: Alva Gustafson, Gretas ältere Schwester, ist mit nur dreiundzwanzig Jahren an Krebs gestorben. Alva stand ebenfalls am Beginn einer Schauspielkarriere, sie galt, so zumindest sah es Greta Garbo, als die Schönere und Begabtere. Greta Garbo kommt zeitlebens nie über diesen Verlust hinweg.

Die große Geld- und Traumfabrik

Das einmal verfestigte Image der Garbo als Vamp und Verführerin wird von MGM einstweilen weiter bedient: 1927 kommt – ebenfalls unter Stillers Regie – *Flesh and the Devil* (dt. *Es war*, nach einem Roman von Hermann Sudermann) in die Kinos. Doch die Garbo ist unzufrieden. Bereits bei den Dreharbeiten hat sie mit einem Streik protestiert (später wird sie dieses Druckmittel wiederholt und erfolgreich einsetzen). Sie hat ein Image, das ihrem Wesen nicht entspricht. Sie will eine wirklich gute Rolle, zu einem klugen Drehbuch, das Stillers Fähigkeiten als Regisseur entspricht. »Frauen wie mich«, schreibt sie nach Schweden, »gibt es hier nicht. Also wird man mich wahrscheinlich bald satt haben, wenn ich nicht lerne, eine gute Schauspielerin zu sein.« Ihr Partner in *Flesh and the Devil* ist John Gilbert, einer der großen männlichen Stars der damaligen Zeit. Mit ihm wird Greta Garbo noch ein langes, leidenschaftliches – und kompliziertes – Verhältnis verbinden. Die Leidenschaft in den Liebesszenen des Films ist nicht gespielt, sondern echt, das merken sogar die Kritiker. Einer der Mitarbeiter am Set beobachtet richtig: »Sie [Greta Garbo] küsste wie eine Verdurstende, umfasste sein [Gilberts] Gesicht mit beiden Händen und schien fast daraus zu trinken.«

Bereits einen Monat nach Fertigstellung des Films flieht die Garbo, die von Presseleuten, Paparazzi und Fans verfolgt wird, und zieht in Gilberts Haus. Das schicke Anwesen verfügt über einen Tennisplatz und einen Swimmingpool, das Haus ist im »spanischen Stil« erbaut und mit exquisiten Möbeln ausgestattet. Greta Garbo ist bereits damals nicht mehr die bescheidene Nachwuchsschauspielerin aus einer Stockholmer Vorstadt, sondern eine Diva. Das lässt sie ihren Geliebten spüren. Ihre Ansprüche gegen ihn und sein Bankkonto sind gehoben, und so lässt sie sich in Gilberts Haus ein eigenes Badezimmer mit Wänden aus schwarzem Marmor, einer in den Boden eingelassenen Wanne (ebenfalls aus schwarzem Marmor) und vergoldeten Wasserhähnen einbauen. Der Designer hat bereits die Kulissen zu *Ben Hur* entworfen. Nicht nur die Marmorwanne wird von ihr benutzt, sie schwimmt auch gern im Außenpool – nackt, wie es in ihrer Heimat Schweden üblich ist, zum Entzücken John Gilberts und zum Entsetzen der Nachbarn. Es scheint so, als wären beide gleichermaßen ineinander verliebt, und man spricht bereits von einer Hochzeit, die am 8. September 1926 stattfinden soll. Doch an jenem Morgen fährt die Garbo allein im Auto davon. Der Bräutigam wartet ungeduldig und ratlos, die Hochzeitsgäste stehen parat. Greta Garbo erscheint nicht. Louis B. Mayer tritt auf Gilbert zu, klopft ihm väterlich auf die Schulter und meint zynisch: »Was soll denn das, Gilbert? Warum müssen Sie sie eigentlich heiraten? Warum vögeln Sie sie nicht einfach und vergessen das Ganze?« Bei Gilbert liegen die Nerven blank: Er schlägt Mayer nieder, dessen Brille zu Bruch geht. Der Studiochef brüllt: »Sie sind am Ende, Gilbert! Sie mach' ich fertig, und wenn es mich eine Million Dollar kostet!« So endet der Tag, der eigentlich John Gilberts schönster hätte werden sollen. Mayer wird ihm zwar nicht die Verträge kündigen, denn Gilbert ist damals als Filmschauspieler zu beliebt, aber beide werden sich von jenem Zeitpunkt an hassen und sich gegenseitig das Leben schwer machen, wo es nur geht. Als die Braut endlich wiederauftaucht, erfährt Gilbert auch, was er sich hat zuschulden kommen lassen: Er hat gegenüber der Presse von den Heiratsplänen geplaudert. Das aber verzeiht ihm die Diva, der Diskretion und ihre geschützte Privatsphäre alles sind, nie. Mehrmals in den nächsten Monaten und Jahren steht Gilbert kurz davor, seine Geliebte hinauszuwerfen, doch er ist in ihrer Hand: Sie sieht ihn, wie eine verletzliche Prinzessin, nur traurig an und raunt mit ihrer dunklen Stimme, sie brauche ihn. Damit ist Gilbert ein ums andere Mal »geliefert«, und die Farce nimmt weiter ihren Lauf.

Greta Garbo begreift rasch ihren gestiegenen Marktwert – und sie kämpft mit harten Bandagen, wenn es um die Durchsetzung ihrer Vorstellungen und Forderungen geht. Gerade weil sie aus ärmlichen Verhältnissen stammt, weiß sie, dass Geld Macht ist. Und sie ahnt, wie wenige Jahre ihr bleiben, um wirklich reich zu werden, wie rasch das Alter kommen und ihre Schönheit – ihr Kapital! – zerstören wird. Also will sie das Äußerste an Gagen herausholen, dazu scheut sie keine Mittel und Wege. Ihre Honorarverhandlungen mit Mayer sind legendär: Von einst hundert Dollar pro Woche schraubt sie ihre Gage auf fünftausend hoch (eine Steigerung um das Fünfzigfache!). Mayer tobt und bezeichnet die Garbo als »verdammte Schwedin«, aber die kühle Blonde bleibt gelassen, blickt Mayer in dessen vor Wut verzerrtes Gesicht, sagt: »Ich glaube, ich gehe jetzt nach Hause« – und geht tatsächlich, zu Gilbert, wo sie sich an den Swimmingpool legt. Sie bleibt einige Tage zu Hause, weigert sich, zum Set zu kommen, und legt die gesamte Produktion lahm. Mayer droht ihr, sie, die Ausländerin ohne amerikanischen Pass, des Landes verweisen zu lassen. Sie kontert, sie werde eben Gilbert heiraten (dafür ist er wieder recht) und damit die amerikanische Staatsbürgerschaft erwerben – und streikt weiter. Mayer lässt ihr per Boten einen Brief überbringen, worin er ihr die Entscheidung der Geschäftsleitung mitteilt, ihre Rolle in einem projektierten Film mit dem Titel *Women Love Diamonds* mit einer anderen Schauspielerin zu besetzen. Zudem setzt Mayer die vereinbarten Gehaltszahlungen aus und verpflichtet sie – wie eine Arbeitslose, die beim Amt vorzusprechen hat –, sich in Zukunft allmorgendlich um neun Uhr in den Studios zu melden. Die Garbo bleibt stur – so geht man nicht mit einer Diva um! – und erscheint weiterhin nicht. Ihr Streik dauert vier Monate. Sie wendet sich sogar an die Mutterfirma von MGM, Loews in New York, und protestiert bei Mayers oberstem Chef gegen diese unwürdige Behandlung.

Nach solchen Szenen, von denen die Presse natürlich Kenntnis erlangt, dämmert es Louis B. Mayer endlich, dass er die geheimnisvoll wirkende Schönheit seiner jungen schwedischen Schauspielerin anders, zukunftsträchtiger, publicitywirksamer einsetzen kann. Einen Vamp kann jede halbwegs attraktive Akteurin spielen. Aber MGM sieht endlich eine »Marktlücke«: Die »freie Liebe« (das ist damals in aller Unschuld gesagt), die Liebe (und auch der Ehebruch) aus Leidenschaft, soll mit einer Sympathieträgerin besetzt werden. Man kommt auf die kühle Blonde mit ihrer traurigen, fast unnahbaren Ausstrahlung, und man hat ein großes Sujet vor Augen: *Anna Karenina* (nach dem Roman Leo Tolstois). Die Vorlage gehört so unzweifelhaft zur Weltliteratur, dass nicht einmal die streng puritanische amerikanische Zensur etwas dagegen einwenden kann. *Anna Karenina* wird zwei Mal mit der Garbo verfilmt: 1927 in einer Stummfilmfassung, und 1935 als Tonfilm. Beide Versionen gehören zu den größten Erfolgen des Stars, und in beiden Filmen kann die Garbo ihr wirkliches Können und ihr wahres Temperament voll entfalten.

Greta Garbo bleibt bei MGM unter Vertrag, denn Louis B. Mayer hat nicht nur begriffen, dass er einen Weltstar vor sich hat, sondern auch, dass seine Firma riesige Gewinne mit ihr einfahren kann. Die großen, künstlerisch und ökonomisch erfolgreichen Kinoproduktionen von MGM mit Greta Garbo stammen aus den 1930er-Jahren, nach dem aufsehenerregenden Tonfilmdebüt *Anna Christie*: Sie dreht danach noch dreizehn Filme, mit wechselnden Regisseuren und wechselnden männlichen Filmpartnern (darunter John Gilbert, Clark Gable, Ramon Novarro, Lionel Barrymore, Melvyn Douglas, John Barrymore, Fredric March, Robert Taylor und Charles Boyer). Da Mauritz Stiller Hollywood verlässt und 1928 mit nur fünfundvierzig Jahren einer Lungenkrankheit erliegt, arbeitet die Garbo auch mit anderen Regisseuren zusammen, etwa mit Clarence Brown (*Anna Christie*, 1930; *Romance*, 1930; *Anna Karenina*, 1935; *Conquest/Maria Walewska*, 1937), Robert Z. Leonard (*Susan Lenox – Her Fall and Rise/Helgas Fall und Aufstieg*, 1931), George Fitzmaurice (*Mata Hari*, 1931; *As You Desire Me/Wie Du mich wünschst*, 1932), Edmund Goulding (*Grand Hotel/ Menschen im Hotel*, 1932), Rouben Mamoulian (*Queen Christina/Königin Christine*, 1933), George Cukor (*Camille/Die Kameliendame*, 1936; *Two-Faced Woman/Die Frau mit den zwei Gesichtern*, 1941) und Ernst Lubitsch (*Ninotchka/Ninotschka*, 1939). Ein ganzer Unternehmenszweig von MGM gruppiert sich um die Diva. Die besten Drehbuchautoren jener Jahre verfassen für sie und nach ihren Wünschen Skripte: Salka Viertel (die Ehefrau des Dichters und Regisseurs Berthold Viertel), Bess Meredyth, Hanns Kräly, Frances Marion, Walter Hasenclever, Samuel N. Behrman und Billy Wilder. Es ist ein Unternehmen, das nicht nur auf Greta Garbos Wünsche ausgerichtet ist, sondern auch von ihren Anordnungen abhängig ist. Sie hat in jenen Jahren durch den ungeheuren ökonomischen Erfolg ihrer Filme solch einen Einfluss auf MGM, dass sie Louis B. Mayer nicht nur die Höhe ihrer Honorare, sondern auch die Konditionen ihrer weiteren Zusammenarbeit diktieren kann: Während sie in den ersten Jahren bis zu drei Filme pro Jahr drehen muss, spielt sie seit 1933 nur noch in einem Film pro Jahr. Zudem muss man ihr alle Drehbücher, die zur Diskussion stehen, vorlegen. Sie kann über die Annahme eines Skripts entscheiden und besitzt ein Mitspracherecht bei der Wahl des Regisseurs, des Kameramanns und der anderen Akteure. Pro Produktion erhält die Garbo die ungeheure Gage von 250 000 Dollar. MGM fährt mit diesem Diktat meist gut: Einige beachtliche Filme (und andere weniger gute) entstehen, etwa *Menschen im Hotel* (nach dem Roman Vicki Baums), *Königin Christine*, *Anna Karenina* (nach Leo Tolstoi) und die Komödie *Ninotschka* von Billy Wilder. Auch finanziell stehen die Filme der Garbo meist auf der Erfolgsseite: *Mata Hari* etwa bringt einen Gewinn von 879 000 Dollar, *Menschen im Hotel* 947 000 Dollar, *Königin Christine* 632 000 Dollar. Dagegen steht der große ökonomische Flop von *Maria Walewska* (1937) mit einem Verlust von 1,4 Millionen Dollar. Daher gilt Greta Garbo in Insiderkreisen seit 1938 plötzlich als »Kassengift«, obgleich sie im Jahr darauf mit *Ninotschka* nochmals einen Erfolg landen kann. Bei der Vergabe des Oscar, der höchstangesehenen filmischen Auszeichnung Amerikas, geht Greta Garbo allerdings leer aus: Drei Mal wird sie als beste Hauptdarstellerin nominiert, erhält den Preis aber nicht. Besonders tragisch ist das im Jahre 1940, als sie sich für die fulminante Komödie *Ninotschka* mit einigem Recht die Auszeichnung erhofft. Doch in jenem Jahr schlägt *Vom Winde verweht* an den Kinokassen alle Rekorde: Der Film erhält zehn Oscars, und Vivien Leigh in der Rolle der Scarlett O'Hara, ausgezeichnet als beste Darstellerin, läuft der legendären und seit so vielen Jahren scheinbar unangefochtenen Garbo den Rang ab. Erst 1955, lange Jahre nach dem Ende ihrer Hollywood-Karriere, verleiht man der Garbo den Ehrenoscar für ihr Lebenswerk.

Auffallend ist, dass Greta Garbo, die stets an ihrem Image der »geheimnisvollen Sphinx« festhält, mehrmals ebensolche mysteriöse Frauen aus Literatur und Weltgeschichte dargestellt hat: etwa die niederländische Tänzerin und Spionin Mata Hari (unvergessen die Szene, in der die Garbo mit streng zurückgekämmtem Haar, im hochgeschlossenen schwarzen Gewand, stolz zu ihrer Hinrichtung schreitet!), die auf den Thron verzichtende schwedische Königin Christina, die unglücklich liebende Ehebrecherin Anna Karenina, die lebensmüde Tänzerin Grusinskaja aus Vicki Baums *Menschen im Hotel*, die *Kameliendame* (nach Alexandre Dumas) oder Napoleon Bonapartes Geliebte Maria Walewska.

»Die Garbo lacht!«

Es schien undenkbar, dass sie auch einen anderen Typus spielen wollte – bis sie für Billy Wilders Skript *Ninotschka* Feuer fing: Die Komödie handelt von der linientreuen russischen Kommunistin Ninotschka (gespielt von Greta Garbo), die von der Partei nach Paris gesandt wird, um den Verkauf der dort konfiszierten Juwelen der Zarenfamilie zu beaufsichtigen. Eigentlich sind mit der Aufgabe die drei russischen Genossen Buljanoff, Iranoff und Kopalski (Alexander Granach) betraut, die aber finden Gefallen am französischen Lebensstil und an den Segnungen des Kapitalismus. Zudem erhebt die im Exil lebende Großherzogin Swana Besitzansprüche auf die Juwelen. Ninotschka lernt in Paris zufällig den Grafen Leon (Melvyn Douglas) kennen, der sich in sie verliebt und sie in die höhere Gesellschaft einführt. Dort begegnet die Kommunistin ausgerechnet der Großherzogin Swana, die sich ihrerseits in Leon verliebt. Swana unterbreitet der Rivalin den Vorschlag, auf ein Gerichtsverfahren über den Verkauf der Juwelen zu verzichten, wenn die Kommunistin nach Moskau zurückkehrt und ihr, der Herzogin, das »Revier« überlässt. Die parteitreue Ninotschka kehrt – um ihren Auftrag nicht zu gefährden – mit den widerstrebenden Genossen in die Sowjetunion zurück, doch die vier können Paris und seine Annehmlichkeiten nicht vergessen. Graf Leon versucht unterdessen vergeblich, nach Russland einzureisen. Doch wenig später werden die drei Genossen Buljanoff, Iranoff und Kopalski erneut auf eine Mission ins Ausland geschickt: In Konstantinopel sollen sie russische Felle verkaufen. Und da sie wenig später durch einen anonymen Brief als unfähig denunziert werden, wird erneut Ninotschka hinterhergeschickt, um für Ordnung zu sorgen. Die drei Genossen frönen am Bosporus wieder dem kapitalistischen Leben und wollen dort sogar ein Restaurant eröffnen. Der Brief stellt sich als List heraus: Leon, der nach Konstantinopel gereist ist, wollte Ninotschka wiedersehen. Sie bekennen einander ihre Liebe und bleiben im Westen.

Der Film hat bis heute nichts von seiner Spritzigkeit und seinem Witz eingebüßt – wenn man großzügig über manches Klischee, insbesondere das vom humorlosen Sowjetmenschen, hinwegsieht. Besonders frappierte die Zeitgenossen die völlig veränderte Garbo: Durfte sie als linientreue Parteigenossin noch die Ernste, Verschlossene spielen, taut sie unter dem Witz ihrer abtrünnigen Genossen und der wärmenden Werbung durch den Grafen Leon auf. Das Unerhörte geschieht: »Die Garbo lacht!« Mit diesem Slogan »Garbo laughs!« startet MGM vor der Premiere eine Werbekampagne. Und tatsächlich: Die Diva, die im Privatleben alles andere als verschlossen ist (nur lässt sie kaum jemanden in ihre persönliche Sphäre hinein), zeigt sich im Film nun von ihrer anderen Seite. Das strenge Image der schwedischen Sphinx, des Vamps, der unnahbaren kühlen Blonden wird endlich durchbrochen, und die Zuschauer danken es ihrem Idol: Der Film spielt an den Kinokassen rund 2,3 Millionen Dollar ein (und einen Gewinn von 138 000 Dollar). Nicht nur in Amerika, sondern (kriegsbedingt mit zeitlicher Verzögerung) auch in Westeuropa wird *Ninotschka* ein Kassenschlager. In der Sowjetunion und den Ostblockstaaten wird der Film erwartungsgemäß verboten. Am New Yorker Broadway hingegen kommt das Stück 1954 sogar in einer Musicalfassung auf die Bühne *(Silk Stockings/Seidenstrümpfe)*, mit der raffinierten Musik von Cole Porter und mit Hildegard Knef in der Rolle der Ninotschka.

Abschied vom Film und das verpasste Comeback

Es könnte für Greta Garbo der Beginn einer neuen Karriere sein, losgelöst vom alten, sie einengenden Image, als einer Schauspielerin, die an Selbstbewusstsein und Natürlichkeit gewonnen hat, an schauspielerischer Kraft und Lebensreife gewachsen ist. Doch mit ihrem nächsten Film *Die Frau mit den zwei Gesichtern* (1941), der künstlerisch und ökonomisch ein Flop ist, bricht die Karriere ab. Der Streifen – eine der teuersten Produktionen von MGM – fährt einen Verlust von 62 000 Dollar ein. Schon seit einiger Zeit sieht die Filmgesellschaft die immer höheren Honorare der Garbo und ihr großes Mitspracherecht mit Unbehagen. Wegen des Kriegs ist der europäische Markt zusammengebrochen. Die Vereinigten Staaten von Amerika sind im Dezember 1941, nach dem japanischen Angriff auf Pearl Harbor, in den Krieg eingetreten. Die Stimmung im Land hat sich rapide verdüstert, dem Publikum ist nicht mehr nach solch unbedarfter Boulevardunterhaltung. Aber auch die Garbo ist mit ihren nunmehr sechsunddreißig Jahren für den Moloch Hollywood, der stets nach Frischfleisch verlangt, beinahe schon zu alt. *Die Frau mit den zwei Gesichtern* basiert auf der altbackenen Boulevardkomödie *Die Zwillingsschwester* (1901) von Ludwig Fulda (1862–1939), einem vor 1914 beliebten deutschen Unterhaltungsautor. Die Inszenierung im Film ist unvorteilhaft, die Garbo wird in tiefausgeschnittene Kleider gesteckt, obwohl sie kaum Busen hat, die Beleuchtung lässt zu wünschen übrig. Die Filmkritikerin Cecila Ager kommt zu dem harschen Urteil: »Der Film macht Garbo zu einem Clown, einem Hanswurst, einem Tanzbären.« In den MGM-Studios kommt es nach der verhagelten Premiere zu einem Tribunal: Köpfe rollen. Der seit etlichen Jahren für die Garbo tätige Kostümdesigner Gilbert Adrian kündigt und verabschiedet sich schweren Herzens von seinem Idol. Die Garbo jedoch sieht ihn kalt an und meint: »Es tut mir sehr leid, dass Sie gehen. Aber wissen Sie, die meisten Kleider, in die Sie mich gesteckt haben, haben mir eigentlich nicht gefallen.« Die Diva ist erbost, am meisten auf die Filmgesellschaft MGM, die sie in Rollenklischees drängt, statt ihrem Können freien Lauf zu lassen. Sie kündigt den Vertrag mit der Gesellschaft und meint voller Verbitterung: »Ich werde nie mehr in einem Film mitspielen.«

Es ist ein bewusster Abschied der Garbo von MGM. Dass es aber auch ein bewusster Abschied von Hollywood und vom Film ist, kann nicht behauptet werden. In den nächsten Jahren versucht sie mehrmals ein Comeback, ist aber entweder nicht von den ihr vorgelegten Drehbüchern überzeugt, oder nicht von den Vorstellungen der Regisseure, die an sie herantreten, oder aber die Setpartner, mit denen sie drehen soll, sind ihr unsympathisch. Das perfekte Comeback kommt nicht zustande, weil es Perfektion im Film nicht gibt, und die Ansprüche der Garbo an sich und ihre Kollegen zu hoch sind. Zu den gescheiterten Projekten gehören *Der Doppeladler* nach dem Stück von Jean Cocteau (Greta Garbo hätte Kaiserin Elisabeth von Österreich verkörpern sollen), *Trauer muss Elektra tragen* nach Eugene O'Neill (die Garbo hätte neben der grandiosen Katharine Hepburn spielen sollen, doch Louis B. Mayer sagte das Stück nicht zu), *The Pink Bedroom* nach Tennessee Williams (die Garbo meinte, die Rolle passe besser zu ihrer Rivalin Joan Crawford), *Die Herzogin von Langeais* nach der Novelle Honoré Balzacs (hierfür drehte die Garbo immerhin Probeaufnahmen, doch scheiterte die Finanzierung des Films), *Dorian Gray* nach Oscar Wilde (die Garbo in einer Männerrolle!), *Meine Cousine Rachel* nach Daphne du Maurier, *Und nicht als ein Fremder* (ihr Filmpartner wäre Frank Sinatra gewesen), *Anastasia* (die Garbo lehnte ab, dafür gewann Ingrid Bergman mit dieser Rolle einen Oscar), *The Love of D'Annunzio and Duse* (als Partnerin von Charles Chaplin), ja, nicht einmal das Angebot des exzentrischen spanischen Malers Salvador Dalí, sie als heilige Teresa von Avila auf die Leinwand zu bringen, kann die Garbo überzeugen.

Steckenpferde und schwierige Freundschaften

Es beginnt der – nicht ganz freiwillige – Ruhestand einer Diva, die noch keine vierzig Jahre alt ist. Anders als etliche Kollegen, die ihren Reichtum schnell und unsinnig verprassen, hält Greta Garbo ihr Geld zusammen – darin ist sie ganz die Kleinbürgerin aus Södermalm. Man sagt ihr sogar nach, sie sei geizig. An einem Hilfsfonds für in Not geratene Schauspieler, an dem sich traditionell fast alle Akteure Hollywoods beteiligen und dafür ein Prozent ihrer Gage opfern, beteiligt sie sich nicht – und zieht sich damit Spott und Verachtung ihrer Kollegen zu. Bezeugt ist, wie sie einmal in einem chinesischen Ramschladen eine

Nippesfigur fand, die ihr gefiel: Sie fragt den Ladenbesitzer nach dem Preis. Als ihr der zu hoch erscheint, verlässt sie unter Protest das Geschäft – wie einst das MGM-Studio, als man ihr eine zu geringe Gage bot. Sie kehrt indes nach wenigen Minuten zurück und feilscht. Wieder wird sie sich mit dem Ladenbesitzer nicht einig und verlässt den Laden erneut. So geht es noch mehrmals, bis die Garbo endlich die Nippesfigur von dem entnervten Kramer zu ihrem gewünschten Preis erhält und triumphierend davonzieht.

Sie liebt nicht nur Nippes, sondern auch Kunst: Zu einer Zeit, als die Kunstpreise noch nicht so verdorben sind, erwirbt sie mehrere Gemälde von Renoir und anderen Malern der frühen Moderne. Als nach ihrem Tod die Gemälde im November 1990 bei Sotheby's in London versteigert werden, erbringen die Bilder, für die sie keine hunderttausend Dollar bezahlt hat, neunzehn Millionen Dollar (heute würde allein eines dieser Gemälde weit mehr kosten) – eine satte Steigerung um das Zweihundertfache. Die Garbo hat Kunst indes nicht um der Rendite willen gesammelt, sondern weil sie sich daran erfreute. Die Gemälde lagerten nicht im Safe, sondern hingen bei ihr an der Wand. Der Gesamtwert ihres Vermögens – hauptsächlich Aktienanteile an rund einem Dutzend großer Unternehmen, aber auch Sparkonten und Immobilien – lag nach ihrem Tod bei zweiunddreißig Millionen Dollar. Für sie war Hollywood nicht nur eine Traumfabrik, sondern vor allem eine riesige Gelddruckerei, und sie hat es in ihrem langen Rentiersdasein verstanden, mit dem Geld zu wirtschaften und es wachsen zu lassen, anstatt es sinnlos zu verpulvern.

Heute spukt in vielen Köpfen das Bild der einsamen, verhärmten Diva, die ihrer Glanzzeit nachtrauert, kaum aus dem Haus geht und den Kontakt zu anderen Menschen scheut. Das ist Unsinn. Greta Garbo ist zeitlebens eine lebensfrohe und pragmatische Frau, die allerdings eine große Scheu vor Fans, Journalisten und Paparazzi hegt und sich ihnen gegenüber entsprechend abweisend gibt. Doch sie hat Freunde, Verehrer, Liebhaber und Liebhaberinnen. Einige Jahre lang hegt sie eine Herzensfreundschaft – wohl auch eine Liebschaft – mit der Schriftstellerin und Modedesignerin Mercedes de Acosta (1893–1968). Gemeinsam verbringen sie Urlaube in Mexiko, am Grand Canyon und im Jahre 1932 einen ganzen Sommer auf einer kleinen Insel im Silver Lake in der Sierra Nevada, wo die Garbo – unbeobachtet von Paparazzi – bei vierzig Grad nackt umherläuft. Noch Jahrzehnte später schwärmt Mercedes de Acosta in ihrer Autobiografie (eine Publikation, die die Garbo zum Anlass nimmt, mit ihr zu brechen): »Niemand kennt Greta wirklich, solange er sie nicht so erlebt hat wie ich am Silver Lake. Sie ist ein Naturgeschöpf. Ein Geschöpf des Windes, des Sturms, der Felsen, der Bäume und des Wassers. Es ist eine Tragödie, dass ein Geist wie der ihre in einer Stadt eingesperrt ist. Dort in der Sierra Nevada kletterte sie immer vor mir her und sprang mit ihren zurückgeworfenen Haaren, das Gesicht dem Wind und der Sonne zugewandt, auf ihren nackten, vollkommen geformten Füßen von Fels zu Fels. Dann sah ich sie über mir, die Konturen ihres Gesichts und ihres Körpers zeichneten sich vor dem Himmel ab – als wären ein strahlender, urgewaltiger, erhabener Gott und eine ebensolche Göttin zu einer Person verschmolzen.«

Der Vergleich mit einer Göttin wird immer wieder heraufbeschworen, von Freunden, Kollegen, Fans und den PR-Strategen von MGM. Von der »göttlichen Garbo« schreibt bereits der deutsche Schriftsteller Franz Blei in einem Essay aus dem Jahre 1930. Und in Amerika ist häufig von der »schwedischen Sphinx« die Rede: Weil die Garbo ebenso geheimnisvoll und überzeitlich schön wie die ägyptische Riesenstatue erscheint. Entsprechend montiert 1931 der Fotograf Clarence Sinclair Bull das Gesicht der Garbo in eine Aufnahme der Sphinx von Gizeh.

Greta Garbo ist auch für ihre Liebhaber eine rätselvolle Sphinx. Und eine Femme fatale, der es gefällt, einen Menschen zu erwählen und ihn ebenso gut wieder zu verstoßen. Das hat weniger mit dem in Literatur und Kunst gängigen Rollenklischee zu tun, als mit ihrer – vielleicht frühkindlich geprägten – Schwierigkeit im Umgang mit Männern (inwiefern ihre Amouren mit Frauen eine Kompensation dessen darstellen, sei dahingestellt). Nicht nur John Gilbert ist solch ein Opfer der Sphinx. Gilbert Adrian, der jahrelang die Kostüme der Garbo entwarf, trifft diese Einschätzung: »Sie [Greta Garbo] versuchte zu rasch, ihm [einem Mann] ihren Lebensstil aufzuzwingen. Sie stellte die Regeln auf. Kein Mann durfte bleiben, wie er war. Bald war er nur noch ein Hund an der Leine, und das dauernde Ziehen und Zerren endete nicht immer in einem angenehmen Spaziergang.« Ein anderer Mann, dem es so ergeht, ist der Fotograf Cecil Beaton (1904–1980): Nachdem sich Greta Garbo endgültig von Gilbert getrennt und dessen Haus verlassen hat, beginnt sie ein ruheloses Nomadenleben in Hollywood und Santa Monica, kauft mal da eine Wohnung, mal dort ein Haus, ohne irgendwo heimisch zu werden. In jener Zeit ist Beaton für sie eine Art Ruhepunkt – solange sie ihn um sich duldet. Erst als sie 1953 Hollywood endgültig verlässt und in Manhattan/New York eine Sieben-Zimmer-Wohnung kauft, im fünften Stockwerk des Gebäudes 450 East Fifty-Second Street, findet sie zumindest äußerlich so etwas wie einen Stützpunkt, zu dem sie immer wieder zurückkehren kann. Sie wird in dieser Wohnung bis zu ihrem Lebensende bleiben. Das Verhältnis zu Beaton bleibt indes bestehen. Mit ihm geht sie häufig im New Yorker Central Park spazieren, und ähnlich wie mit John Gilbert steht einige Zeit die Hochzeitsfrage im Raum – ohne dass Greta Garbo sich zu einem Ja durchringen kann. Ihre Angst vor Bindung und Verantwortung bleibt bestehen, ein Leben lang. Beaton begeht den gleichen Fehler wie John Gilbert und Mercedes de Acosta: Er gibt Privates an die Öffentlichkeit weiter und zieht damit den Zorn der Sphinx auf sich. In seinem Fall sind es Porträtaufnahmen der Garbo, die er an einem Nachmittag in seinem Hotelzimmer angefertigt hat, und die die reife, herbe Schönheit der Diva wunderbar einfangen. Beaton gibt die Fotos an die *Vogue* zur Veröffentlichung – das verzeiht ihm die Göttliche nie. Zwar werden beide noch etliche Jahre Kontakt zueinander pflegen, aber von Intimität oder gar Hochzeit ist von da an keine Rede mehr.

Greta Garbo schenkt ihre Gunst bald anderen Männern, sehr

zum Ärger und zur Eifersucht Beatons: Mit dem Reeder und Milliardär Aristoteles Onassis befährt sie auf dessen Luxusschiff »Christina« (seltsamerweise trägt das Schiff den Namen einer der bekanntesten Rollen, die die Garbo verkörperte) das Mittelmeer, sie genießt den Jetset und wird im Casino von Monte Carlo als erste und einzige Frau in Hosen zugelassen (kurz zuvor hat man Marlene Dietrich, die ebenso salopp daherkam, am Portal abgewiesen). Doch das Verhältnis zu Onassis bleibt auf rein freundschaftlicher Basis. Ebenso kameradschaftlich, aber nicht erotisch gefärbt ist Greta Garbos Freundschaft zu Cécile de Rothschild, deren Gast in ihrem Pariser Stadtpalais in unmittelbarer Nachbarschaft zum Élysée-Palast sie gern und häufig ist.

Anders ist es mit den Eheleuten George und Valentina Schlee, die im selben Gebäude wie die Garbo in New York leben, nur vier Etagen höher. Valentina Schlee führt gemeinsam mit ihrem Mann ein exklusives Modehaus. Bald verbindet die Diva mit den Geschäftsleuten eine eigentümliche ménage à trois, wobei sich zwischen der Garbo und George Schlee ein spannungsgeladenes, von Eklats durchzogenes Abhängigkeitsverhältnis entwickelt, dem die alten Freunde der Garbo, aber auch Valentina Schlee zunehmend fassungslos gegenüberstehen. Am Abend des 3. Oktobers 1964 kommt es in Paris zu einem tragischen Ereignis: Greta Garbo, Cécile de Rothschild und George Schlee haben den Abend in einem Restaurant verbracht, dann ziehen sich die Diva und ihr Geliebter in ihre Hotelsuite zurück. Schlee fühlt sich unwohl und verlässt mit Greta Garbo nochmals das Hotel, um frische Luft zu tanken. Auf der Straße bricht er mit einem Herzinfarkt zusammen. Die Garbo fleht Passanten um Hilfe an, wenige Minuten später trifft ein Rettungswagen ein, Schlee wird in ein Krankenhaus gebracht, stirbt aber noch in derselben Nacht.

Valentina Schlee exerziert geradezu eine Damnatio memoriae und einen Exorzismus: Sie fliegt nach Paris, um den Leichnam ihres Mannes zu überführen. Am Gottesdienst in der Russisch-Orthodoxen Gemeinde in New York darf auf ihre Weisung die Garbo nicht teilnehmen. Auch weist sie die Friedhofswärter an, die Filmdiva nicht zu George Schlees Grab zu lassen. Aus ihrer Wohnung verbannt Valentina Schlee alle Andenken und Erinnerungen der Freundin ihres Mannes. Die Briefe, Fotos und alles Brennbare werden den Flammen übergeben, der Rest landet auf dem Müll. Ein Priester wird hinzugezogen, der die Wohnung mit Weihrauch und Gebeten reinigt, selbst der Kühlschrank, aus dem die Garbo sich hin und wieder bediente, wird ausgeräuchert. So hofft Mrs. Schlee, das Karma des »Vampirs«, wie sie die Garbo nun bezeichnet, auszumerzen. Sie bleiben weiterhin Nachbarinnen im selben Gebäude und umgehen sich nach Möglichkeit mithilfe des Aufzugs, der, mit einem Schlüssel bedient, nur auf den einprogrammierten Etagen hält.

»I want to be alone«

Greta Garbo ist freilich nicht das ganze Jahr in New York. Etliche Sommer verbringt sie in dem Schweizer Dorf Klosters in Graubünden, das sich in jenen Jahren in einen beliebten Ferienort der Schickeria wandelt. Salka Viertel, die berühmte Drehbuchautorin (in deren Haus in Santa Monica sich Größen wie Thomas und Heinrich Mann, Lion Feuchtwanger, Bert Brecht, Charles Chaplin, Sergej Eisenstein, Christopher Isherwood, Arnold Schönberg, Hanns Eisler und andere trafen), ist nach der Scheidung von ihrem Mann wieder nach Europa gezogen und hat sich in der Schweiz niedergelassen. Bis zu ihrem Tod 1978 bleiben sie und Greta Garbo gute Freundinnen. Die Garbo mietet in Klosters eine kleine Wohnung, wobei sie dem Eigentümer einschärft, er tue gut daran, den Scheck, den sie für die Miete ausstellt, nicht einzulösen, ihre Unterschrift sei bei Auktionen viel mehr wert. In der guten Bergluft, vor der malerischen Alpenkulisse, fühlt sich Greta Garbo wohl. Bereits in New York hat sie begonnen, sich gesund zu ernähren, mit viel Obst und Gemüse, und sich die Mahlzeiten selbst zuzubereiten. In Klosters betreibt sie noch bewusster einen gesunden Lebensstil, steht frühmorgens auf, treibt eine Dreiviertelstunde Gymnastik, nimmt ein leichtes Frühstück zu sich, macht einen Spaziergang ins Dorf, geht Lebensmittel kaufen und am Kiosk eine Zeitschrift. Dann kehrt sie nach Hause zurück, kocht sich das Mittagessen, geht nachmittags erneut spazieren, diesmal vor das Dorf hinaus, die Berghänge hinauf (einmal rutscht sie beim Durchwaten eines seichten Bachlaufs aus, bricht sich das Handgelenk und muss eine alte Bäuerin, die ihr gleich ihre ganze Lebensgeschichte erzählt, um Hilfe bitten). Nach dem großen Spaziergang ruht sie sich ein wenig aus, dann geht sie zum Tee zu Salka Viertel, den Abend verbringt sie zu Hause und geht, wie sie es bereits in Hollywood getan hat, früh zu Bett, meist schon um acht Uhr. Als sie einmal gegenüber einem Bekannten scherzt, sie wisse nicht, wo in ihrer Wohnung in Klosters die Lichtschalter seien, ist das ernst gemeint: Da sie zu Bett geht, wenn es noch hell ist, braucht sie nie elektrisches Licht.

Einen ähnlich geruhsamen Tagesrhythmus führt sie in New York. Unterstützung findet sie durch eine Schweizer Hausangestellte, die dreißig Jahre lang für sie kocht, näht, putzt und einkaufen geht. Wenn die Haushälterin nachmittags um halb fünf die Wohnung verlässt, steckt sie das Telefon aus, denn dann ist die Diva privatim und auch für Freunde nicht zu sprechen. Selbst in ihrer Zeit in Hollywood hat Greta Garbo spätestens um halb sechs Uhr den Set verlassen, es war ihr stets wichtig, keine Minute länger als unbedingt nötig für die Traumfabrik zu arbeiten und stattdessen die wertvolle Zeit lieber zu Hause zu verbringen, Bücher zu lesen, Tennis zu spielen, zu schwimmen und – früh zu Bett zu gehen. So ist es auch in New York. Sie ist sich aber auch nie zu schade – das hat ihre Haushälterin später bezeugt –, selbst zu kochen, zu putzen und Einkäufe zu machen. Am liebsten spaziert sie stundenlang kreuz und quer durch New York, nur mäßig mit einer dunklen Brille »getarnt«. Sie liebt es, die Menschen zu beobachten, verabscheut es aber nach wie vor, angesprochen zu werden. Wenn ein Autogrammjäger ihr auflauert, geht sie meist achtlos weiter. Wenn jemand sie erkennt und sie ansprechen will, führt sie verschwörerisch den Zeigefinger an die Lippen, als gälte es, ein Geheimnis zu wahren. Einmal wird sie von der Publizistin Thyra Samter Winslow in einem Restaurant angesprochen: »O Miss Garbo, ich wollte Sie immer schon kennenlernen, und jetzt kann ich all meinen Freunden sagen, dass es endlich passiert ist!« Greta Garbo blickt sie kalt an und kontert: »Sie können all Ihren Freunden sagen, dass es ein Unfall war.«

Sie bleibt eine Diva, eine Sphinx, eine Königin, und ist ratlos, wenn Könige und Königinnen sie einladen. Als sie einmal in London ist, gelingt es einem wohlmeinenden Bekannten, ihr eine Privataudienz bei Queen Elizabeth zu vermitteln. Die Königin, die um die Scheu der Schauspielerin weiß, fügt in der gedruckten Einladung handschriftlich ein paar nette Worte hinzu: Mrs. Garbo möge sich nicht sorgen, sie würden unter sich sein. Doch die Garbo lehnt ab. Ihre Ausrede kann einfältiger nicht sein: »Ich habe nichts zum Anziehen.« Sie will allein sein. »I want to be alone« ist wohl der bekannteste Satz, den sie in ihren Filmen gesprochen hat (in einer Szene in *Menschen im Hotel*, 1932). Später hat Charles Chaplin diesen Satz parodistisch zitiert. In seinem Film *Der große Diktator* (1940) spielt er mit dem Globus. Unmittelbar vor dieser berühmten Szene sagt er zu Gorbitsch (Goebbels) mit verhangenem Blick und sonorer Garbo-Stimme: »Leave me. I want to be alone.«

Doch nicht immer lässt man die Diva in Ruhe. Als König Carl XVI. Gustaf und Königin Silvia von Schweden einmal nach Amerika reisen, suchen sie die Garbo auf. Sie klingeln, die Garbo öffnet, begrüßt artig die Hoheiten, bittet sie herein. Sie unterhalten sich auf Schwedisch über das Wetter und andere Belanglosigkeiten. Die Filme der Garbo sind kein Thema, das ist ihr ausdrücklicher Wunsch. Nach einer Dreiviertelstunde beendet die Garbo die Audienz und »entlässt« König und Königin, die inkognito gekommen sind, ganz wie die Garbo stets inkognito unterwegs ist.

Ihr Altern, den Verlust ihrer Schönheit, das Nachlassen der Kräfte trägt Greta Garbo mit Fassung. Anders als Marlene Dietrich verschließt sie sich im Alter der Welt nicht. Bis kurz vor ihrem Tod führt sie ihr Leben in seinem bescheidenen Radius und spaziert weiterhin durch die Stadt, reist auch sommers noch nach Klosters in der Schweiz. Dort erleidet sie im August 1988 einen Herzinfarkt. Ab Juni 1989 muss sie sich drei Mal pro Woche zur Dialyse in ein New Yorker Krankenhaus begeben. Ihre Nieren sind geschädigt, sie hat Magen- und Darmbeschwerden. Sie benötigt inzwischen einen Stock, aber das hält sie nicht davon ab, sich weiterhin in der Öffentlichkeit zu zeigen. Am 11. April 1990 wird sie erneut ins Krankenhaus eingeliefert. Dort stirbt sie vier Tage später, am 15. April. Die Trauerfeier findet im engsten privaten Kreis statt. Jahre später wird ihre Asche nach Schweden überführt, in ihre alte Heimat, und auf dem Skogskyrkogården in Stockholm beigesetzt.

Bis heute fasziniert Greta Garbo Millionen von Menschen durch ihre Filme, nach wie vor scheint etwas Geheimnisvolles von ihr auszugehen. Der berühmte amerikanische Schriftsteller Sinclair Lewis, Träger des Nobelpreises für Literatur, hat sich 1933 in einem Artikel mit dem Titel *Solving the Garbo Mystery* mit der Rätselhaftigkeit der Schauspielerin befasst und kommt zu folgendem überraschenden Schluss:

»Ich würde sagen, es umgibt sie überhaupt kein Rätsel, abgesehen von der Frage, wie eine Frau so lange im Kintopp arbeiten kann, ohne zur ›Hollywood-Clique‹ zu gehören. Ich habe in meinem Berufsleben schon eine Menge Schauspieler und Schauspielerinnen kennengelernt. Habe für einige von ihnen Häuser angemietet und verkauft, bei anderen Hypothekenforderungen eintreiben müssen. Sie ist die einzig Normale in dem ganzen Haufen. Die anderen spielen dann am besten, wenn sie in diesen aufgeplusterten Fresstempeln hocken, am Strand herumlaufen, den Hollywood-Boulevard entlang stolzieren oder in die Kirche gehen. Die Garbo ist der einzige Filmstar, den ich kenne, der seine ganze Schauspielkunst ausschließlich auf der Leinwand zum Besten gibt.«

11 Bonnie Parker (1910–1934)
Der Mythos von Bonnie und Clyde

Im Jahre 1968 nahm der französische Chansonnier Serge Gainsbourg gemeinsam mit der Sex-Ikone Brigitte Bardot einen Song auf: *Die Geschichte von Bonnie und Clyde*. In dem zusätzlich gedrehten Clip sind Bardot und Gainsbourg zu sehen: Als Banditenpärchen Bonnie Parker und Clyde Barrow bewegen sie sich steif zwischen Kulissen, die halb an eine Gefängniszelle, halb an einen Pferdestall erinnern. Gainsbourg, mit Schlips und Weste, mimt den coolen Gangster und schweift seltsam teilnahmslos umher. Seine Filmpartnerin Brigitte Bardot, mit Trenchcoat, Mütze und in Stiefeln, ganz so, wie man(n) sich damals wohl eine Banditenbraut mit Sex-Appeal vorstellte, zeigt etwas mehr körperlichen Einsatz: Mit einer Maschinenpistolen-Attrappe durchschreitet sie den Raum und zeigt mit dem Lauf drohend in Richtung Kamera. Zwischendrin nestelt sie an ihrem Strumpfband, zeigt viel Bein und suggeriert dem Betrachter, dass da sehr wohl eine symbolische Verbindung zwischen Gewalt und Erotik sein könnte. Immerhin summt die Diva auch vernehmlich das rhythmisch und melodisch eher anspruchslose Lied Gainsbourgs, während der Songschreiber selbst, der bekanntlich alles konnte, nur nicht singen, irgendetwas vor sich hin brummt. Brigitte Bardot artikuliert trotz ihres Einsatzes mit Waffe und Beinen so deutlich, dass man begreift: Es handelt sich bei dem Text um die französische Fassung eines bekannten Gedichtes von Bonnie Parker, das in den 1930er-Jahren sogar in amerikanischen Zeitungen veröffentlicht wurde und die steckbrieflich gesuchte Lebens- und Schießpartnerin des Bankräubers und Mörders Clyde Barrow auch als Verseschmiedin einem sensationslüsternen Publikum bekannt machte. In freier deutscher Übersetzung heißt es da unter anderem:

»Nun, Bonnie und Clyde sind die Barrow-Gang,/Ich bin sicher, Ihr habt darüber gelesen./Wie sie rauben und stehlen;/und wer sie verpetzt,/den findet man gewöhnlich im Sterben oder tot.//[...] Man nennt sie kaltblütige Killer,/man sagt, sie seien herzlos und gemein./Aber ich sage voller Stolz,/dass ich einen Clyde kannte,/der ehrenvoll, aufrecht und rein war.//Aber das Gesetz machte Unsinn;/es riss ihn hinab/und sperrte ihn in eine Zelle./Schließlich sagte er zu mir:/›Ich werde nie frei sein,/aber ich werde ein paar von ihnen in der Hölle treffen.‹[...]«

Der poetische Wert dieser Verse mag gering sein, doch trafen und treffen sie viele Menschen ins Herz – bis heute. Bonnie und Clyde wurden zu einem Mythos der Moderne, zu Helden der Unterdrückten und Gedemütigten, zu Mary Ann und Robin Hood des 20. Jahrhunderts. Bonnie Parkers Gedicht endet mit den prophetischen Worten: »Eines Tages werden sie gemeinsam untergehen./Man wird sie Seite an Seite begraben./Nur wenige werden trauern./Für das Gesetz wird es eine Entlastung sein./Aber es ist der Tod für Bonnie und Clyde.«

Bonnie und Clyde wurden auf verschiedenen Friedhöfen beerdigt. 1945 überführte man die sterblichen Überreste in den Crown Hill Memorial Park in Dallas. Jährlich pilgern Tausende zu den Gräbern, legen Blumen nieder, rezitieren Bonnies Gedichte, gedenken der Liebenden, die wie Figuren der attischen Tragödie schuldlos schuldig wurden – und stahlen auch schon mehrfach die Grabsteine, die inzwischen einbetoniert worden sind. Doch hinter aller Räuberromantik droht das wahre Gesicht des Ganovenpaars zu verschwimmen. 1967, ein Jahr vor Serge Gainsbourgs Chanson, kam Arthur Penns Film *Bonnie und Clyde* in die Kinos. In den Hauptrollen spielten Faye Dunaway und Warren Beatty. Der Streifen, der heute als ein Klassiker der Filmgeschichte gilt, schockierte damals wegen seiner harten Bildsprache, der ungeschönten Darstellung physischer Gewalt und seelischer Verkümmerung. Bonnie und Clyde sind darin nicht die Rächer der Armen und Benachteiligten, sondern brutale Killer, die gleichwohl nicht im primitiven Blutrausch töten, sondern weil sie keinen anderen Ausweg sehen als den, sich ihren schmalen Lebenspfad freizuschießen. Sie sind Gedemütigte, die demütigen, Ausgebeutete, die Beute machen, Mörder, die in ihrer Seele längst selber umgebracht worden sind. Es ist ein Film, der harte Gewalt und moralische Verwüstung schildert. Bonnie und Clyde werden zu traurigen und tragischen Typen einer materiell und geistig verelendeten, verarmten Welt. Damit wachsen sie über sich hinaus und erhalten eine Größe, die heroisch ist, ohne zum Vorbild zu taugen. Dieses Dilemma – nicht das spritzende Blut – verstört die Zuschauer.

Bonnie und Clyde werden bis heute in einem Atemzug genannt. Die Lebensgeschichten der beiden (eine Biografie von Michaela Karl geht den Spuren des Gangsterpaars minutiös nach), die freilich mit gerade einmal dreiundzwanzig und fünfundzwanzig Jahren im Kugelhagel starben, verbinden sich nur auf vier Jahre. Clyde Barrow war die eigentliche, treibende Kraft auf dem Weg in die Illegalität. Bonnie begleitete ihn – aus einer Liebe heraus, die auf Außenstehende irrational, angsteinflößend, verstörend wirken musste. Obwohl Bonnie Parker nach den erhaltenen Quellen und Zeugenaussagen wohl keine oder nur wenig kriminelle Energie besaß, wurde sie durch die bedingungslose Liebe zu Clyde zu seiner Komplizin, und mit ihm und in ihrem gemeinsamen Tod unlösbarer Teil des Mythos.

Der Wunsch nach dem kleinen Glück

Bonnie Parker wird am 1. Oktober 1910 in Rowena, Texas, als drittes von vier Kindern der Eheleute Charles und Emma Parker geboren. Der Vater ist Maurer, die Mutter Hausfrau. Die Familie gilt als fromm und ist in der örtlichen Baptistengemeinde engagiert. Sie führen ein einfaches, bescheidenes Leben. Doch Charles Parker stirbt 1914 unerwartet – Bonnie ist vier Jahre alt. Der Wegfall des Ernährers stürzt die Familie in Not.

Emma Parker, mit ihren erst siebenundzwanzig Jahren, packt ihre Sachen und zieht mit den Kindern nach Dallas, wo ihre Eltern leben. In der Stadt, so hofft sie, werde sie Arbeit und Auskommen finden. Das Viertel im Westen von Dallas nennt sich Cement City, eine Arbeitersiedlung, geprägt von sozialer Not, Schmutz und Kriminalität, voller schlotender Fabriken, Staub und Müll. Emma Parker findet Arbeit in einer Textilfabrik. Die Kinder sind vielfach sich selbst überlassen. Bonnie Parker fällt bereits als Kind durch ihre Unangepasstheit auf. Gemeinsam mit ihrer Schwester Bess zieht sie durch die Straßen, erkundet Hinterhöfe, Fabrikgelände und Brachen. In der Schule ist Bonnie gut, sie singt gern und liebt Gedichte. Ihr Traum: Sängerin oder Schriftstellerin zu werden und die schmutzige Welt von Cement City zu verlassen. Später, auf der Flucht, wird sie in den wenigen Ruhestunden, die ihr vergönnt sind, Gedichte schreiben, worin sie ihre und Clydes Lage poetisiert, aber auch vor der Um- und Nachwelt verteidigt. Bonnies Hang zum Schönen wird bis zu ihrem Ende ungebrochen sein, auch wenn die Kriminalpolizei in ihren Fahndungsgesuchen sie lediglich als eine grausame, blutgierige Gangsterbraut darstellt.

Obwohl in der Haushaltskasse der Parkers meist Ebbe ist, legt Bonnie großen Wert auf ihr Äußeres: Sie versteht es, aus wenig etwas zu machen und kleidet sich modisch. Sie liebt es, sich in Pose zu setzen, vor ihren Freundinnen und den Jungs, denen sie schöne Augen macht. Später, als gesuchte Kriminelle, wird sie in schicker Kleidung, eine Zigarre im Mund, einen Revolver in der Hand, vor einem gestohlenen Auto posieren – aus Jux und Tollerei. Doch gerade dieser Schnappschuss wird nach ihrem Tod das Image des »Flintenweibs« und der »Banditenbraut« einseitig festlegen.

Bonnie Parker möchte als junge Frau gern aufs College gehen, aber die finanziellen Verhältnisse lassen es nicht zu. Zudem kommt ihr die Liebe dazwischen – wohl zu früh. Sie verliebt sich mit fünfzehn in den Schulfreund Roy Thornton. Als sie sechzehn ist, heiraten die beiden – mit ausdrücklicher Genehmigung Emma Parkers, der diese frühe Verbindung nicht recht ist, vielleicht, weil sie aus eigener Erfahrung weiß, welche Nachteile es mit sich bringt, früh zu heiraten. Bonnie und Roy Thornton (später wird sich Bonnie wieder bei ihrem Mädchennamen nennen) beziehen im Herbst 1926 ein eigenes Apartment, wenig später ein Haus, ganz in der Nähe der Mutter. Mit dem Traum, berühmt zu werden und die Fabrikstadt zu verlassen, ist es vorerst vorbei – und nichts deutet darauf hin, dass er je in Erfüllung gehen wird. Eigentlich könnte nun ein kleinbürgerliches Leben beginnen. Bonnie wünscht sich Kinder, doch es klappt nicht. Roy Thornton geht keiner geregelten Arbeit nach, dennoch hat er immer genug Geld. Wenn Bonnie nachhakt, wird er einsilbig oder verlässt das Haus. Erst langsam dämmert es der jungen Frau, dass ihr Ehemann in krumme Geschäfte verwickelt ist. Bonnie beginnt zu trinken – vom Alkohol wird sie nicht mehr loskommen. Eines Tages ist Roy verschwunden, keiner weiß, wohin. Bonnie hält sich mit Jobs über Wasser, bedient in einem Café. Als Roy nach über einem Jahr wieder vor der Tür steht, ohne ein Wort der Erklärung, wirft Bonnie ihn hinaus. Wenig später wird Roy bei einem Überfall festgenommen und landet vor Gericht. Er wird zu fünf Jahren Gefängnis verurteilt. Bonnie lässt das gleichgültig, innerlich hat sie sich längst von ihrem Mann getrennt. Beide werden einander nie wiedersehen. Dennoch bleiben sie formell verheiratet, weshalb, bleibt unklar. Für Bonnie scheint das nur eine Sache auf einem Stück Papier zu sein. Sie nennt sich wieder »Parker«.

Der »Schwarze Donnerstag« vom 24. Oktober 1929, der große Börsencrash an der Wall Street in New York, reißt das Land und den Erdball in eine tiefe wirtschaftliche und soziale Misere. Bonnie Parker verliert ihren Job. Sie zieht zur Mutter. In der Wohnung ist es eng, da auch Bonnies Schwester Billie Jean mit ihrem arbeitslosen Mann Fred und ihrem kleinen Kind bei Emma Parker hausen. Bonnie hat Glück im Unglück: Hunderttausende werden in jenen Monaten und Jahren obdachlos und ziehen auf der Suche nach Arbeit und Bleibe kreuz und quer durchs Land, hausen unter Brücken, in verlassenen Ruinen oder in notdürftigen Zelten. Bonnies Fantasien und Wünsche, angefacht durch Reklame und Magazine, sind nicht so ohne Weiteres zu unterdrücken. Sie ist jung und lebenshungrig – und damit anfällig für jegliche Art von Versprechen und für Menschen, die ihr schöne Augen machen und goldene Illusionen vorgaukeln. Da muss nur einer kommen, der Gleiches fühlt und wünscht: Clyde Barrow.

Im Teufelskreis

Clyde wird am 24. März 1909 als fünftes von sieben Kindern der Eheleute Henry und Cumie Barrow geboren. Bei den Parkers mögen bescheidene, kleinbürgerliche Verhältnisse herrschen, bei den Barrows hingegen regiert die blanke Not. Die Eheleute sind von Florida nach Texas gezogen, immer auf der Suche nach Arbeit und Brot. Auch innerhalb von Texas siedeln sie sich mehrfach neu an, pachten Land, das sie mühselig bebauen, bis ihnen wieder eine Ernte verdirbt oder die Schulden sie auffressen. Diese Form bitterer Armut in einem Land, das wohlhabend ist, demütigt die Menschen und zerbricht viele. Einige wenige aber finden sich nicht ab mit der Ungleichheit, die sie als ungerecht empfinden, und die doch vom Recht gedeckt ist, und bäumen sich dagegen auf: Mit Gewalt versuchen sie ihren kleinen Teil vom Kuchen abzubekommen und geraten oft unversehens auf die Bahn, die die bürgerliche Welt als schief verurteilt.

Die Eltern Barrow freilich halten trotz der bitteren Not und ihrer sozialen Benachteiligung die Moral der sogenannten kleinen Leute hoch: Die Zehn Gebote werden peinlichst beachtet, die Kinder werden zu Gebet, Fleiß und Ehrlichkeit angehalten. Clyde, der bereits als Kind von Waffen fasziniert ist, ist ein liebenswerter Junge, dem man allenfalls sein etwas hitziges Temperament vorwerfen könnte. Doch auch ihn bringen die sozialen Verhältnisse zu Fall, noch bevor er überhaupt eine Chance gehabt hätte. Im Jahre 1922 steht die Familie Barrow wieder einmal vor dem Nichts: Die Baumwollernte wird durch einen

Schädling vernichtet. Die Familie verlässt ihr Stück gepachtetes Land und zieht mit einem gemieteten Pferdewagen in die Stadt, nach Dallas, in der Hoffnung, in einer der Fabriken Lohn und Brot zu erhalten. Sie kommen vom Regen in die Traufe: Unter einem Viadukt müssen die Barrows zunächst hausen, zwischen Müll, Ungeziefer und Ratten. Vater Barrow sammelt Schrott, um von dessen Verkauf etwas Geld für Lebensmittel zu erhalten. In dem heranwachsenden Clyde regt sich Unmut und Widerspruch über die Lage der Dinge. Er will sich nicht wie die Eltern in ein erbärmliches Schicksal ergeben. Seine Vorstellungen von einer besseren Welt bleiben ungenau. Er will teilhaben am Glück, das sich für ihn in materiellem Wohlstand verheißungsvoll offenbart. Dass er später in Bonnie Parker einer Frau begegnet, die ihm etwas schenkt, was man sich nicht kaufen kann, nämlich Liebe, macht ihn in seinem Verlangen, notfalls mit Gewalt sein bisschen Glück zu verteidigen, nur maßloser.

Ähnlich Bonnie versucht Clyde, seine Armut dadurch zu kaschieren, dass er gesteigerten Wert auf sein Äußeres legt. Selbst als Bankräuber wird er nie ohne Anzug, Weste, Krawatte und Hut auftreten. Die Staaten des mittleren Westens sind staubige Gegenden, die Fotos, die von Clyde Barrow erhalten sind, zeigen ihn meist auf der Flucht, irgendwo in versteppten Gegenden, aber stets im Anzug, der freilich unter den Verhältnissen etwas mitgenommen aussieht. Wenn er sich mit Bonnie eine Rast auf der Flucht gönnt, wird er es selten versäumen, seinen Anzug zur Reinigung zu geben oder von dem erbeuteten Geld neue Kleidung zu kaufen.

Doch Mitte der 1920er-Jahre versucht Clyde Barrow noch, sich »redlich« durchzuschlagen. Er arbeitet als Verkäufer, kann aber vom kärglichen Lohn nicht leben. So beginnt er zu stehlen, klaut zunächst Hühner, dann ein Auto. Seine erste Freundin gibt ihm den Laufpass, er selbst, so hat es den Anschein, läuft auch immer wieder weg, vor den Gläubigern, vor der Polizei, auch vor sich selbst. Als Clyde im Dezember 1926 gemeinsam mit seinem Bruder Buck eine Wagenladung Truthähne verkaufen will, werden sie von der Polizei verhaftet. Buck nimmt die

Schuld auf sich und landet für eine Woche im Gefängnis, Clyde kommt mit dem Schrecken davon. Doch von nun an wird er in den Akten der Polizei geführt. Immer wenn irgendwo ein Auto abhandenkommt, fällt der Verdacht auch auf Clyde Barrow. Wiederholt wird er vernommen, von der Polizei immer wieder zum Verhör aufs Revier gebracht. Clyde Barrow, der sich in wechselnden Jobs versucht, kann nirgends lange bleiben. Mancher Arbeitgeber setzt ihn vor die Tür, weil Clyde – von der Polizei verhört – immer wieder der Arbeit fernbleibt und dadurch in den Augen des Chefs ohnehin verdächtig ist.

Kein Mensch wird als Verbrecher geboren. Verbrecher werden gemacht. Auch Clyde schlittert immer tiefer ins Milieu hinein. Weil er den Job verliert, muss er sich nach anderen Einnahmequellen umsehen: Er stiehlt und begeht Einbrüche, am 29. November 1929 werden Clyde, Buck und ihr Komplize Sidney Moore bei einem Hauseinbruch überrascht. Das Trio versucht zu fliehen, die Polizei eröffnet das Feuer und trifft Buck in die Beine. Auch Sydney Moore wird gestellt. Clyde jedoch kann entkommen. Während Buck Barrow Ende Dezember 1929 zu vier Jahren Gefängnis verurteilt wird, begegnet Clyde wenige Tage später, am 5. Januar 1930, in der Wohnung eines Freundes in Dallas einer jungen Frau, die im Haushalt hilft: Bonnie Parker. Für beide ist es Liebe auf den ersten Blick.

Zunächst scheint Bonnie auf Clydes unstetes Wesen ausgleichend und besänftigend zu wirken. Bonnie träumt von einer gemeinsamen Zukunft in stiller Bescheidenheit, mit ehrlicher Arbeit, einem Zuhause, gemeinsamen Kindern ... Doch bereits am 12. Februar 1930, fünf Wochen nach der ersten Begegnung, wird Clyde festgenommen und wegen diverser Delikte zu zwei Jahren Haft auf Bewährung verurteilt. Er soll in das berüchtigte Staatsgefängnis von Huntsville überführt werden.

Die Hölle von Huntsville

Diese Anstalt hat einen fürchterlichen Ruf. Nur wenig dringt nach außen, doch das wenige genügt, um Clyde bewusst zu machen, dass er fliehen muss, bevor er dorthin verbracht wird. Es gelingt ihm, Bonnie eine Notiz zu übermitteln, auf der er das Versteck einer Pistole skizziert hat. Bonnie willigt ein – damit hat sie den ersten Schritt getan, Clydes Komplizin zu werden. Sie holt die Pistole aus dem Versteck, bindet sie sich zwischen die Brüste. Bei einem Besuch im Gefängnis kann sie ihm die Waffe übergeben. Noch in derselben Nacht können Clyde und zwei Mitgefangene die Wärter überwältigen und aus dem Gefängnis fliehen. In einem gestohlenen Auto gelingt ihnen die Flucht über die Staatsgrenzen. In Ohio überfallen sie ein Büro der Eisenbahngesellschaft und erbeuten gerade einmal siebenundfünfzig Dollar. Wenig später werden die Räuber von der Polizei gefasst und nach Waco in Texas zurückgebracht. Clydes Bewährung ist verwirkt, vierzehn Jahre Haft werden fällig. Ende April wird er nach Huntsville verbracht.

Huntsville besteht aus einem schwer gesicherten Hauptgebäude und mehreren Gefängnisfarmen. Mehr als fünftausend Häftlinge schuften in dem Komplex. Am 18. September 1930 wird Clyde nach Eastham verbracht, einer fünfzig Kilometer von Huntsville entfernten Gefängnisfarm. Was bis zum Ende des amerikanischen Bürgerkriegs schwarze Sklaven leisten mussten, wird nun von den Gefangenen vollbracht: härteste Arbeit auf den Baumwollfeldern, in glühender Sonne. Die Häftlinge sind sadistischen Aufsehern ausgeliefert. Sie werden wegen geringster Anlässe geschlagen, oft auch ohne Grund, denn die Wärter sind allgewaltig und von sadistischen Machttrieben besessen. Manchmal hetzen die Wärter ihre Bluthunde auf die Häftlinge. Nicht selten töten sich Gefangene selbst oder verstümmeln sich mit einem Messer oder einer Axt, um ins Krankenrevier eingeliefert zu werden. Auch unter den Gefangenen ist Gewalt an der Tagesordnung. Blockälteste, die selbst Sträflinge sind, aber gewisse Privilegien genießen, sind die Handlanger der Wärter und verbreiten Terror unter ihren Mitgefangenen. Auch Clyde wird zum Opfer. Da er sehr jung ist (er hat sich bei der Aufnahme im Gefängnis, in der Hoffnung auf leichtere Haftbedingungen, sogar drei Jahre jünger gemacht und sich als Achtzehnjähriger ausgegeben) und gerade einmal 1,65 Meter misst, dabei von schmächtiger Statur ist und ein hübsches Gesicht hat, sehen sich einige Häftlinge und Aufseher provoziert. Vom Blockältesten Ed Crowder wird Clyde Nacht für Nacht vergewaltigt. Tagsüber muss er auf den Feldern schuften und ist auch dort der sadistischen Willkür der Aufseher ausgeliefert. Doch einer der Mitgefangenen, Aubrey Scalley, der Mitleid mit Clyde zeigt, unterbreitet ihm einen Deal: Clyde solle seinen Vergewaltiger töten. Da Scalley eine lebenslange Haft absitzt und nichts zu verlieren hat, ist er gewillt, die Schuld auf sich zu nehmen. Clyde geht auf den Handel ein. In einer der folgenden Nächte steht er auf, um zum Abort zu gehen. Sein Peiniger folgt ihm wie üblich, um ihn auf der Toilette zu vergewaltigen. Clyde lauert Crowder auf, schlägt ihn mit einem Bleirohr nieder und ersticht ihn. Scalley hat unterdessen die Toilette betreten. Clyde schleicht zurück in den Schlafsaal, die herbeieilenden Wärter finden Crowders Leiche und Scalley mit einem Messer in der Hand. Die Gerichtsverhandlung kommt wenige Wochen später zu dem Schluss, Scalley habe nicht vorsätzlich, sondern in Notwehr gehandelt. Damit entgeht er der Todesstrafe.

Doch das befreit Clyde nicht aus seiner grundsätzlichen Misere. Zu Beginn des Jahres 1932 ist er physisch und psychisch am Ende. Noch weitere zwölf Jahre in der Hölle von Huntsville und Eastham wird er nicht durchstehen. Er denkt an Selbstmord, daran, eine Pistole zu stehlen und sich eine Kugel in den Kopf zu jagen. Aber die Waffenschränke des Personals sind gut gesichert. Schließlich weiß er nur noch einen Ausweg: Er bittet einen Mithäftling, ihm mit einer Axt den großen und den zweiten Zeh des linken Fußes abzuhacken. So verletzt, unfähig, das Gleichgewicht zu halten (er wird erst nach Wochen das Stehen und Gehen wieder mühsam erlernen), wird Clyde am 27. Januar 1932 ins Gefängniskrankenhaus von Huntsville gebracht. Doch das Opfer war überflüssig: Wenige Tage später, am 2. Februar 1932, begnadigt der neue Gouverneur Ross Sterling etliche Sträflinge, darunter auch Clyde Barrow. An Krücken verlässt er Huntsville und kehrt nach Dallas zurück. Er ist ein traumatisierter Mann. Eine Rückkehr ins bürgerliche Leben ist nicht mehr möglich. Im Gefängnis hat er sich geschworen, das Gesetz, das ihn versklavt und gedemütigt hat, zu missachten, wo er nur kann. Er hat Rache an der Gesellschaft geschworen, die ihn erniedrigt hat. Er will Vergeltung üben, nicht aus persönlicher Gier, sondern aus dem Drang nach Gerechtigkeit. Er will Gerechtigkeit für sich selbst, aber auch für andere. Das wird seinen Nimbus als Robin Hood von Texas begründen – zumindest bei den einfachen Leuten, die selbst die Verlierer eines unmenschlichen Systems sind.

Die »Barrow Gang«

Auf Krücken kehrt Clyde zu Bonnie zurück. Die hat einen neuen Freund, der aber, als Clyde auftaucht, sofort den Laufpass erhält. Bonnie und Clyde sind wieder ein Paar, es ist, als hätte es nie eine Trennung gegeben. Das Märchen kann von Neuem beginnen. Der Albtraum auch. Clyde kleidet sich neu ein, geht zum Friseur. Das Vergangene soll ungesehen sein. Aber es kann nicht ungeschehen gemacht werden. Clydes seelische Wunden bleiben, er ist traumatisiert, so wie das ganze Land traumatisiert ist. Die Verelendung nimmt immer mehr zu, inzwischen sind rund zwölf Millionen Amerikaner ohne Lohn und Brot, ohne Auskommen, ohne Hoffnung, ohne Würde. Clyde Barrow hat eine unsägliche Wut im Bauch. Aber noch denkt er nicht daran, wieder zu rauben. Noch malt er sich – wohl auf Drängen Bonnie Parkers – ein bescheidenes Glück in redlichem Lebenswandel aus. Er macht sich in Dallas auf Arbeitssuche – eigentlich gegen alle Vernunft, denn es gibt keine Arbeit. Das Unwahrscheinliche geschieht: Clyde Barrow findet einen Job. Aber bald trägt jemand seinem Chef zu, dass der Neue vorbestraft ist. Clyde wird gefeuert. So geht es ihm mehrmals. Oder die Polizei holt ihn zum Verhör, wenn irgendwo wieder ein Auto gestohlen oder eine Bank ausgeraubt wurde. Deswegen bleibt Clyde mehrmals der Arbeit fern – und wird entlassen. Sein Hass auf eine Gesellschaft, die ihm keine Chance gibt, die ihn nicht nur in der Haft gebeugt hat, sondern auch in der Freiheit demütigt, nimmt zu.

Clyde will sich an dieser Gesellschaft rächen. Er will Eastham, die Gefängnisfarm, sprengen und die Häftlinge befreien, auch Aubrey Scalley, der sich für Clyde geopfert hat. Gemeinsam mit Ralph Fults, den Clyde von Huntsville her kennt, und Raymond Hamilton aus West Dallas, der in den gleichen ärmlichen Verhältnissen aufgewachsen ist, gründet Clyde Barrow im März 1932 die »Barrow Gang«. Bevor sie Eastham sprengen können, brauchen sie Waffen und Geld. Also überfallen sie das Büro einer Ölraffinerie und knacken den Safe – um enttäuscht festzustellen, dass er leer ist. Der nächste Überfall – auf eine Bank – ist erfolgreich, die Beute reichlich. Sie agieren nicht nur in Texas, sondern auch in den angrenzenden Bundesstaaten, und immer gehört eine rasche Flucht über Hunderte von Kilometern zu ihrer Taktik, denn die Polizei darf Kriminelle nicht über Staatsgrenzen hinweg verfolgen. Erst 1934 erhält das FBI bundespolizeiliche Befugnisse.

Bonnie Parker ist zunächst nicht an den Überfällen beteiligt, aber sie fungiert als Botin und Geheimnisträgerin, was umso leichter fällt, als sie in den Polizeiakten bis dahin noch nicht auftaucht. So gibt sie sich als Scalleys Cousine aus und besucht den Inhaftierten im Gefängnis, um ihm zu stecken, dass seine Befreiung mit Waffengewalt geplant sei. Doch ein anschließender Raubzug, an dem auch Bonnie beteiligt ist, gerät sprichwörtlich in die Schusslinie der Polizei. Clyde gelingt die Flucht, doch Bonnie und Fults werden festgenommen und am 19. April in das kleine Gefängnis von Kemp in Texas gebracht. Sie geben falsche Namen an und hoffen, ihre wahre Identität eine Zeit lang verschleiern zu können, bis Clyde sie befreien kann. Der benötigt Waffen, und so überfällt er am 21. April ein Waffengeschäft in Celina, Texas. Aber er ist mit seinem Rettungsversuch zu spät dran: Bonnie wird in ein anderes, gut bewachtes Gefängnis verlegt, vor dessen Mauern Clyde trotz seiner erbeuteten Waffen kapitulieren muss. Bonnie ist verzweifelt, glaubt sie doch, Clyde habe sie im Stich gelassen. Gegen eine Kaution könnte sie freikommen, aber weder Clyde noch Emma Parker haben das nötige Geld. In jener Zeit schreibt Bonnie ein Gedicht, das ihre Stimmung wiedergibt: *The Story of Suicide Sal*. Es ist die Ballade einer jungen Frau namens Sal, die wider alle Vernunft einen Banditen namens Jack liebt, obwohl er sie ins Gefängnis gebracht hat: »[...] Wenn er je zu mir zurückkäme,/obwohl er keinen Cent hatte,/vergäße ich die Hölle, die er mir bereitet hat,/und liebte ihn, solange ich lebe.//Aber es gibt keine Chance, dass er jemals käme,/weil er und seine Gangsterbraut keine Angst haben,/nur die, dass ich in diesem Gefängnis sterben werde,/oder diese fünfzig Jahre absitze.«

Als Clyde und neu angeheuerte Kumpane in Hillsboro, Texas, ein Ladengeschäft überfallen, um das nötige Geld für die Kaution zu erbeuten, kommt es zu einem tödlichen Zwischenfall: Der Ladenbesitzer, der gezwungen wird, den Safe zu öffnen, greift nach einer Pistole, die er in dem Geldschrank aufbewahrt. Clydes Komplize Ted Rogers, der das bemerkt, schießt in Panik. Der Ladenbesitzer bricht tot zusammen. Voller Entsetzen über diesen ersten Mord, den sie bei einem Raubüberfall begangen haben, fliehen Clyde und seine Freunde – sie haben gerade einmal vierzig Dollar und Schmuck im Wert von etwa 2500 Dollar erbeutet.

Damit ist ein Damm gebrochen, die Hemmschwelle der Gewalt ist niedergerissen: Von nun an wird Clydes Spur durch Texas und die angrenzenden Staaten blutig. Bis dahin erfreute er sich noch einer gewissen Sympathie bei der »einfachen« Bevölkerung, weil er nur die Reichen ausraubte und beispielsweise bei einem Banküberfall einem kleinen Sparer das Geld, das diesem heruntergefallen war, wieder zusteckte. Doch jetzt gelten Clyde und seine Gang als gewissenlose, blutrünstige Meute, die es zu fangen und zu hängen gilt, nach dem Gesetz: Auge um Auge, Zahn um Zahn.

Bonnie Parker kommt schließlich ohne Clydes Hilfe frei: Sie gibt eidesstattlich zu Protokoll, sie sei von den beiden Männern gekidnappt und mit Waffengewalt zur Teilnahme an dem Überfall gezwungen worden. Am 17. Juni 1932 kehrt sie zu ihrer Mutter zurück und mimt die reuevolle Tochter, die mit Clyde abgeschlossen hat. Wenige Wochen später bezieht sie ein kleines Haus in Wichita Falls, zweihundertfünfzig Kilometer nordwestlich von Dallas, das von Clyde Barrow und Raymond Hamilton mit Geld aus den Raubüberfällen angemietet worden ist. Bonnie Parker tut diesen Schritt aus freiem Willen, ohne Not, ohne Zwang – außer dem, in der Liebe zu Clyde gefangen zu sein. Damit hat sie ihre letzte Chance, unbescholten, unverletzt und lebend dem Strudel um Clyde zu entkommen, verspielt. Diese Entscheidung manifestiert sie wenige Wochen später. Clyde und seine Kumpel Raymond Hamilton und Ross Dyer erschießen am 5. August auf der Flucht den einunddreißigjährigen Hilfssheriff Eugene C. Moore. Kurz darauf wird Ross Dyer gefasst und verhört. Er sagt gegen seine Komplizen aus und nennt ihre Namen. Damit sind Clyde Barrow und Raymond Hamilton endgültig auf der Liste der meistgesuchten Kriminellen Amerikas. Sie sind nicht mehr nur bloße Bank- und Ladenräuber, sondern gemeine Mörder, die zu jagen und zu ergreifen sind, tot oder lebendig. Das Recht auf einen fairen Prozess, mit Anhörung und Anwalt, gilt nach dem damaligen Verständnis für diese Art von Verbrechern nicht mehr. Kein Polizist zögert in solch einem Fall, den Gesuchten noch an Ort und Stelle zu liquidieren. Clyde Barrow und Raymond Hamilton sind vogelfrei. Sie müssen aus Texas fliehen, sofort und ohne sich zu verabschieden. Aber Clyde, sonst ein überaus vorsichtiger Planer und Taktierer, will nicht ohne seine Freundin gehen. Er schickt Hamilton zu Bonnie, die sich gerade bei ihrer Mutter aufhält. Hamilton erzählt Bonnie von dem Mord, und dass es nun nur noch ein Leben auf der Flucht geben kann. Dennoch ist Bonnie sofort bereit, die beiden Gangster zu begleiten. Sie will und kann nicht ohne Clyde leben. So verabschiedet sie sich rasch von ihrer verängstigten Mutter und steigt ins Auto. Von nun an werden Bonnie und Clyde nur noch in einem Atemzug genannt werden, bis zu ihrem gemeinsamen Tod. Der Wagen mit Bonnie, Clyde und Raymond rast in mörderischem Tempo Richtung New Mexico. Es ist der 6. August 1932.

Sie sind in den nächsten knapp zwei Jahren fast ständig auf der Flucht, oft Hunderte Meilen am Tag, manchmal gar tausend. Sie überschreiten – das ist Teil ihrer Taktik – häufig die Grenzen der Bundesstaaten und erschweren es so den Fahndern, ihre Spur zu finden, geschweige denn, sie festzusetzen. Aber sicher sind sie nirgends und nie. Auch verwandtschaftliche Bande schützen nicht vor Verfolgung. Blut ist dicker als Wasser – so denken sie wohl, als sie auf der Flucht bei Bonnies Tante Millie Stamp in der Nähe von Carlsbad, New Mexico, unterschlüpfen. Doch die ehrenwerte Mrs. Stamp hat Angst, mit dem Gesetz in Konflikt zu geraten, und informiert den Sheriff. Als der kommt und sich den Wagen der Gang ansieht, hält ihm Clyde eine Flinte an den Kopf und befiehlt ihm einzusteigen. Mit ihrer Geisel im Fond rast das Trio los – Bonnies Tante kommt mit dem Schrecken davon. Wieder geht es über eine Staatsgrenze, diesmal zurück nach Texas. Bei San Antonio lassen sie die Geisel frei. Dann brechen sie in ein Waffenlager der Nationalgarde in Fort Worth ein und decken sich mit modernsten Gewehren ein. Der Kofferraum ihres Autos ist voll beladen mit Schusswaffen und Handgranaten. Die drei fahren weiter, nun zweitausend Kilometer nach Norden, nach Bay City in Michigan, von dort geht es nach Kansas und Missouri. Sie foppen die Fahndungskräfte, lassen es sich unterwegs in teuren Hotels und Sternerestaurants gut gehen und besuchen sogar Theateraufführungen. Bonnie genießt den Reichtum und die damit verbundenen Annehmlichkeiten, das sind Dinge, die sie sich stets wünschte. Sie kauft sich schicke Kleider, geht zur Maniküre und lässt sich eine Dauerwelle machen. Endlich darf sie wie eine bürgerliche Dame leben, zumindest für ein paar Tage. Dass sie auf der Flucht sind, dass Clyde Raubüberfälle, Geiselnahmen und einen

Mord auf dem Gewissen hat, verdrängt Bonnie in solchen Augenblicken des kleinen Glücks.

Während mit Franklin D. Roosevelt und seiner charismatischen Frau Eleanor ein neuer Präsident und eine neue First Lady ins Weiße Haus einziehen und viele Amerikaner, gebeutelt von der Wirtschaftskrise, auf die Politik des »New Deal« hoffen, um wieder zu Arbeit und Brot zu gelangen und Arbeitslosigkeit und Verelendung zu überwinden, lassen es sich Bonnie und Clyde gut gehen. Weshalb schuften, wenn man das Geld auch mit einem Gewehr im Anschlag dem Kassierer einer Bank abpressen kann? Die Banken sind eh nur die Gewinner der Krise, sie haben den Besitz derer an sich gerissen, die ihre Zinsen und Hypotheken nicht mehr bezahlen konnten. Also bedient man sich nur an unrechtem Gut, und münzt damit das eigene Unrecht in Recht um – so jedenfalls mögen Bonnie und Clyde denken.

Die Mitglieder der Gang wechseln mehrmals, doch Clyde bleibt ihr Anführer, und Bonnie bleibt an seiner Seite. Der jüngste Zugang der Bande ist der sechzehnjährige William Daniel Jones, den alle nur W. D. nennen. Er stammt aus einer armen Familie, die einst unter demselben Viadukt in West Dallas hauste wie die Barrows. Er ist Halbwaise, kann kaum lesen und schreiben, und hat damit ohnehin keine Chance im Leben. Für ihn ist Clyde so etwas wie ein großer Bruder, einer, zu dem man aufblicken kann. Doch kaum ist W. D. bei der Gang, gibt es wieder einen Toten: Am 25. Dezember 1932 werden sie beim Stehlen eines Autos vom Besitzer, einem jungen Familienvater, überrascht. Der springt auf das Trittbrett, um sie am Losfahren zu hindern, da krachen mehrere Schüsse. Der Besitzer des Autos fällt tot zu Boden. Ob Clyde oder W. D. geschossen hat, bleibt unklar. W. D. jedenfalls klettert auf einen Telefonmast, kappt die Leitungen, dann beginnt die Flucht von Neuem. Bonnie hat zum ersten Mal gesehen, wie ein unschuldiger Mensch erschossen wird. W. D. Jones, dem es später gelingt, sich von der Gang abzusetzen, gibt in den Verhören zu Protokoll: »Genau wie Clyde gesagt hatte, wurde ich jetzt als Mörder gesucht. Ich war nun auch ein Outlaw, und so bin ich eben bei ihnen geblieben. Das Rauben und Morden hörte nicht mehr auf.«

Smoots Hetzjagd

Die Polizei ruft im Januar 1933 zur Ergreifung von Bonnie und Clyde ein Spezialkommando ins Leben. Neben dem neuen Sheriff von Dallas County Richard A. Schmid, genannt Smoot, gehören die Scharfschützen Bob Alcorn und Ted Hinton dazu. Das Pikante an der Besetzung: Hinton ist ein ehemaliger Verehrer Bonnies, der persönliche Motive haben mag, mit Clyde Barrow abzurechnen.

Bonnie, Clyde und W. D. werden nun wie wilde Tiere gejagt, das häufige Überschreiten der Staatsgrenzen ist kein hilfreiches Mittel mehr, die Häscher abzuschütteln. Bei ihren Raubüberfällen töten Clyde und W. D. noch mehrere Männer, und gnadenlos werden sie von Smoots Spezialkommando verfolgt. Die Gang fährt jeden Tag Hunderte von Kilometern durch Texas, Oklahoma, Arkansas und Missouri. Es ist vorbei mit dem süßen Dolcefarniente, mit Logis in feinen Hotels, Dinners in teuren Restaurants, mit Vorstellungen in Theater und Kinos. Überall sind sie zur Fahndung ausgeschrieben, auch die Zeitungen drucken Fahndungsfotos ab. Eines zeigt Bonnie Parker vor einem gestohlenen Auto, mit einer Zigarre im Mund und einem Revolver in der Hand. Das Bild, aus purem Jux gestellt, wird nun als Realität genommen: Bonnie, die eiskalte Gangsterbraut. So wird ihr Image festgelegt, sie wird auf die Ebene mit Clyde Barrow gestellt – und das, obwohl sie nachweislich nie einen Mord begeht.

In all den Jahren wahren Bonnie und Clyde den Kontakt zu ihren Familien, den Müttern und Geschwistern. Und sie liefern einen Teil ihres geraubten Geldes bei Cumie Barrow und Emma Parker, die Freundinnen werden, ab. Im März 1933 wird Buck Barrow aus dem Gefängnis von Huntsville entlassen. Er scheint geläutert, ist gewillt, ein bürgerliches Leben zu beginnen. Aber zunächst, das hat er seiner Mutter versprochen, soll er Clyde und Bonnie von der schiefen Bahn abbringen. Cumie Barrow verrät ihrem Sohn den Aufenthaltsort des Bruders. So steht Buck gemeinsam mit seiner Verlobten Blanche eines Abends vor der Tür von Bonnie, Clyde und W. D. Bonnies Gesundheit ist zu jener Zeit bereits unterhöhlt. Sie hält dem Druck kaum stand. Sie trinkt, vor allem Whiskey, und versucht das zu verbergen, indem sie Zitronenscheiben kaut, um ihrem Atem Frische zu verleihen. Doch die Verheerungen des Alkohols sind unübersehbar.

Die Brüder und ihre Frauen sowie der Komplize W. D. richten sich in Joplin, das damals als Hochburg des Verbrechens gilt, ein: Sie mieten am 1. April 1933 ein Haus und beziehen darin zwei benachbarte Wohnungen im ersten Stock. Im Erdgeschoss befindet sich eine Garage, wo sie ihre beiden Autos sichtgeschützt unterbringen. Erneut tun sie so, als wären sie normale Bürger. Sie geben ihre Wäsche zum Reinigen, lassen sich von einem Lieferdienst Lebensmittel ins Haus bringen. Blanche, die weg will aus Joplin, zurück nach Dallas, und mit Buck ein bürgerliches Dasein führen möchte, setzt ihren Verlobten unter Druck: Er solle endlich seinen kriminellen Bruder und dessen meist betrunkene Freundin verlassen. Buck verständigt sich daraufhin mit Clyde, der freilich von den spießigen Anwandlungen von Bruder und Schwägerin nicht eben erbaut ist. Am anderen Tag, dem 13. April, so einigen sie sich, wollen sie aufbrechen und die Stadt getrennt verlassen, jeder soll seines eigenen Weges gehen.

Am anderen Morgen frühstücken die fünf, dann gehen die Männer hinunter in die Garage, W. D. öffnet das Garagentor: Vor der Einfahrt steht ein Polizeiwagen. Als die Polizisten aussteigen, eröffnet Clyde das Feuer. Einer der Polizisten verblutet noch an Ort und Stelle. Die Frauen, die oben in der Wohnung sind, beobachten hinter den Gardinen die Schießerei. Angeblich soll Bonnie aus dem Fenster auf die Polizisten geschossen haben, doch wurde das nie bewiesen. W. D. rennt durch den Kugelhagel nach draußen, auf das leer stehende Polizeiauto zu, das den Fluchtweg versperrt. Die Polizisten haben sich hinter Bäumen und Gebüsch versteckt und feuern auf W. D. Er wird verletzt, doch es gelingt ihm, die Handbremse zu lösen, während Clyde wie wild auf die Polizisten schießt. Blanches Hund, durch die Knallerei verstört, rennt aus dem Haus, eine schreiende Blanche hinterher. Wie durch ein Wunder bleibt sie in dem Kugelhagel unverletzt. Clyde, Bonnie, Buck und W. D. springen in ihren Ford, Clyde gibt Gas, rammt das Polizeiauto und schiebt es zur Seite. Sie fahren auf die Straße, die Kugeln pfeifen ihnen hinterher, auf der Straße zerren sie die panisch schreiende Blanche ins Auto und rasen aus der Stadt hinaus. Die Flucht gelingt, aber für Buck und Blanche ist der Rückweg versperrt: Durch ein Blutsband, den Mord an einem Polizisten, sind sie nun an Bonnie und Clyde gekettet. Nun stehen auch sie als Vogelfreie auf der Fahndungsliste.

Tausende von Kilometern rast Clyde dahin, Tag und Nacht. Die panische Flucht führt durch New Mexico, Kansas, Nebraska, Iowa, Illinois, Arkansas, Oklahoma und Louisiana. Die Untersuchungsbehörden in Joplin, die die Wohnungen der Gang auf den Kopf stellen, finden ein ganzes Waffenarsenal, Ausweise, Urkunden und mehrere Filmrollen. Als die Filme entwickelt sind, sieht man darauf Bonnie und Clyde in den gespielten Posen eines Gangsterpaars: Die Fotos werden in Zeitungen abgedruckt. Der Mythos des wiederauferstandenen Robin Hood und seiner Mary Ann ist endgültig zerstört.

Die ständige Flucht zerrt an den Nerven. Den fünfen wird klar, dass sie auf Dauer keine Chance haben. Clyde bietet Buck und Blanche an, vor der Polizei zu bezeugen, dass sie unschuldig seien und er sie zum Mitmachen gezwungen habe. Doch Buck lehnt ab: Keiner würde ihm Glauben schenken. Bei einem Treffen Bonnies mit ihrer Mutter – das Wiedersehen findet an einem geheimen Ort statt, denn auch die Anverwandten von Bonnie und Clyde stehen inzwischen unter Beobachtung – versucht Emma Parker ihre Tochter zum Aufgeben zu bewegen. Sie solle vor der Polizei behaupten, zum Mitmachen gezwungen worden zu sein. Doch Bonnie lehnt diesen faulen Kompromiss mit Ergebung in ihr Schicksal ab, wie Emma Parker später zu Protokoll gibt: »Mama, ich weiß, dass Clyde früher oder später getötet werden wird [...]. Aber ich liebe ihn, und ich werde bei ihm bleiben bis zum Ende. [...] Es klingt vielleicht verrückt, aber ich bin glücklich, wenn ich nur bei Clyde sein kann, egal was auch kommen mag.«

Der Unfall

Buck und Blanche verstecken sich für ein paar Tage bei Blanches Vater. Bonnie, Clyde und W. D. jagen raubend und schießend durch Texas und Oklahoma. Am 10. Juni kommt es zu einem folgenschweren Unfall: Clyde übersieht nachts an der Grenze zwischen Texas und Oklahoma ein Absperrschild. Das Auto landet in hohem Bogen im Flussbett, das kaum Wasser führt, überschlägt sich mehrmals und bleibt auf der Seite liegen. Blutüberströmt kriecht W. D. aus dem Wrack, ebenso Clyde, der unverletzt geblieben ist. Sie suchen nach Bonnie, die nicht mehr im Wagen sitzt, entdecken voller Entsetzen, dass sie unter dem Auto eingeklemmt ist. Plötzlich schreit sie wie am Spieß: Batteriesäure läuft ihr über die Beine und verätzt sie. Verzweifelt versuchen Clyde und W. D., das Wrack hochzuhieven. Bonnie verliert das Bewusstsein, Glasscherben haben ihr Gesicht und Arme zerschnitten. Da erscheinen zwei Männer, Bewohner einer nahe gelegenen Farm, die ein Krachen gehört haben. Gemeinsam gelingt es ihnen, das Wrack etwas hochzuheben und Bonnie darunter hervorzuziehen. Sie tragen Bonnie zur Farm, wo die Farmersfrau die Wunden behelfsmäßig mit Brandsalbe versorgt. Die Farmersleute dringen darauf, einen Arzt zu rufen. Doch Clyde weigert sich, denn er fürchtet, dass sie an die Polizei verraten werden, kann das den Farmern aber so nicht sagen. Die schöpfen Verdacht, einer der Bewohner stiehlt sich davon und informiert im nächsten Ort den Arzt und den Sheriff. Auf der Farm ist unterdessen die Situation entgleist: W. D. hat auf die Farmersfrau geschossen und sie verletzt, ein zwei Monate alter Säugling wird durch umherfliegende Glassplitter ebenfalls verwundet. Da fahren der Sheriff und sein Kollege vor. W. D. stürzt vors Haus, bedroht die beiden Polizisten mit der Pistole und zwingt sie, hinten einzusteigen. Clyde trägt Bonnie zum Auto des Sheriffs, wo er die Schwerverletzte den Gesetzeshütern auf den Schoß legt. Dann setzt sich Clyde ans Steuer, W. D. auf den Beifahrersitz, die Pistole im Anschlag. Sie fahren los, rasen durch die Nacht, über Pisten, die mit Schlaglöchern übersät sind. Bonnie stöhnt vor Schmerzen. Endlich erreichen sie die Brücke, an der sie sich wie vereinbart mit Buck und Blanche treffen wollen. Blanche gibt später zu Protokoll: »Bonnies Gesicht, ihr rechter Arm und ihr Bein waren über und über voller Brandwunden und Schnitte. Manche waren so tief, dass sie bis auf die Knochen gingen. Ihr Brustkorb war verletzt, auch wenn keine Rippen gebrochen waren. Sie weinte und jammerte, als würde sie gleich sterben. Dazwischen verlor sie immer wieder das Bewusstsein. Wir waren uns alle sicher, dass sie die Nacht nicht überleben würde.«

Die Geiseln werden unterwegs, mit Stacheldraht an einen Zaun gefesselt, zurückgelassen. Die fünf von der Barrow-Gang fahren weiter. Bonnie fiebert und wimmert, doch sie wagen nicht, einen Arzt aufzusuchen – notdürftig versorgt Blanche Bonnie mit Brandsalbe und Mullbinden. Nach vier Tagen erreichen sie Fort Smith in Arkansas. In einem Touristencamp mieten sie ein Häuschen. Bonnie ist so schwach, dass die Männer sie sogar zur Toilette tragen müssen. Immerhin holen sie nun einen Arzt und tischen ihm die Geschichte auf, Bonnie habe sich bei einer Explosion am Herd verbrannt. Der Arzt versorgt Bonnie mit Medikamenten, gibt sie aber für verloren und rät Clyde, er solle ihre Mutter holen, damit sich die beiden noch einmal sehen können.

Clyde fährt nach Dallas, schafft es, unerkannt zu Emma Parker zu gelangen. Bonnies Mutter ist aufgelöst, will sofort nach Fort Smith, doch Clyde hält sie zurück, die Fahrt, so überzeugt er sie, sei zu gefährlich. Statt ihrer soll Bonnies Schwester Billie Jean mitkommen. Als sie Fort Smith erreichen, liegt Bonnie im

Delirium. Buck und W. D. sind auf Raubzug aus, da sie kein Geld mehr haben. Sie werden von einem Sheriff gestellt. Es kommt zu einer Schießerei, bei der ein Polizist ums Leben kommt. W. D. und Buck rasen zurück nach Fort Smith und erzählen von ihrem Missgeschick. Sofort brechen alle auf, wieder beginnt eine atemlose Flucht. Unterwegs verlässt Billie Jean die Flüchtenden, sie fährt mit dem Zug nach Dallas zurück. Clyde, Bonnie, Buck, Blanche und W. D. fahren panisch kreuz und quer durch die Vereinigten Staaten: In zwei Wochen durchqueren sie zwanzig Bundesstaaten, rauben und stehlen, überfallen ein Waffenlager der Nationalgarde und sind dadurch wieder bis an die Zähne bewaffnet. Bonnie, zäh wie eine Katze, erholt sich, sie fiebert nicht mehr, die Wunden schließen sich langsam. Aber von da an humpelt sie. Und obwohl Clyde sie durch seine verantwortungslose Raserei beinahe zum Krüppel gemacht hat, verlässt sie ihn nicht. Ihre Liebe und Anhänglichkeit sind bedingungslos.

»Der glücklichste Moment meines Lebens«

In Platte City, Missouri, wo die fünf in einem Motel-Komplex zwei Häuser mit Garagen anmieten, erregen sie den Verdacht des Managers. Er meldet seine Beobachtungen dem Sheriff. Der fordert rasch Verstärkung an: dreizehn Männer, bis an die Zähne bewaffnet, zudem gepanzerte Fahrzeuge. Die beiden Motelhäuser sollen in der Nacht des 19. Juli, wenn die Gangster schlafen, erstürmt werden. Der Countdown scheint eingeläutet. Nachts gegen halb zwölf Uhr nähern sich einige Polizisten, mit Maschinengewehren im Anschlag, vor sich Metallschilde, den beiden Häusern. Ringsumher sind die Zufahrten versperrt, Scharfschützen auf den Dächern der umliegenden Häuser postiert. Panzerwagen mit Scheinwerfern stehen vor den Häusern. Als einer der Polizisten an die Tür von Buck und Blanche klopft, schreit Blanche. Clyde erwacht, greift zur Maschinenpistole, rennt zum Fenster und beginnt zu schießen. Die Scheinwerfer gehen an und tauchen die Szenerie in grelles Licht. Beim Öffnen des Garagentors wird Buck von einer Kugel in den Kopf getroffen. Schwer verletzt bricht er zusammen. Blanche gelingt es, Buck durch den Kugelhagel zum anderen Haus zu schleifen. Clyde schießt unablässig um sich, trifft den Polizisten, der in dem Auto sitzt, das die Ausfahrt blockiert. Der tritt vor Schmerz aufs Gas und gibt unbeabsichtigt die Ausfahrt frei. Die Sirene eines Streifenwagens geht wild heulend los. Clyde hat das andere Garagentor geöffnet, alle fünf besteigen Clydes Wagen und rasen mit Vollgas hinaus auf die Einfahrt und hinein in den Kugelhagel. Mehrere Kugeln bleiben im Wagenblech stecken, andere zerschlagen die Scheiben. Blanche wird durch Splitter im Gesicht und an den Augen schwer verletzt. Clyde durchbricht alle Sperren und rast hinaus vor die Stadt, es gelingt ihm, die Verfolger abzuschütteln. Als sie Stunden später an einer Tankstelle anhalten und der Tankwart sich dem Wagen nähert, weicht der entsetzt zurück: Im Wageninneren bietet sich ihm ein grauenvoller Anblick. Blanches Gesicht ist voller Blut, das ihr aus einem Auge rinnt. Bucks Körper ist voller Wunden, er ist bewusstlos, ein Teil seiner Schädeldecke ist weggeschossen, aber noch atmet er schwach. Das Auto ist mit Einschusslöchern übersät. Der Tankwart rennt in sein Geschäft und ruft die Polizei. Clyde fährt in halsbrecherischem Tempo weiter. Im nächsten Ort kauft Clyde Aspirin und Verbandszeug, außerdem eine dunkle Sonnenbrille für Blanche, die über das grelle Licht klagt. Nach einem Tag erreichen sie Dexfield Park in Iowa. In einem aufgelassenen Vergnügungspark übernachten sie, in freier Natur, denn sie wagen es nicht, sich in einem Motel einzumieten. Buck lebt noch immer, aber er wird schwächer und schwächer. Hilflos muss Blanche, auf einem Auge blind, zusehen, wie ihr Verlobter ihr langsam entgleitet.

Die Polizei hat die Spur der Gang nicht verloren. Drei Tage später sind sie zur Stelle, über fünfzig Mann, morgens um fünf Uhr, und postieren sich ringsum im Gebüsch, mit Pistolen und Maschinengewehren bewaffnet. Ohne Vorwarnung eröffnen sie das Feuer. Clyde und W. D. werden schwer verletzt, dennoch gelingt es den beiden und Bonnie, in den Wagen zu klettern. Clyde fährt los – und nach wenigen Metern gegen einen Baumstumpf. Das Auto steckt fest. Die Polizisten feuern aus allen Läufen. Bonnie wird von Schrotkugeln am Rücken verletzt. Die drei lassen sich aus dem Auto fallen, robben ins Gebüsch. Es gelingt ihnen, die Umzingelung zu durchbrechen. Sie durchqueren den South Raccoon River und können sich am anderen Ufer in Sicherheit bringen. Auch Blanche und Buck versuchen zu entkommen, Blanche zerrt den halb besinnungslosen Buck hinter sich her. Doch nach wenigen Metern werden sie gestellt und getrennt zu zwei Polizeiwagen gebracht. Blanche schreit wie wild, sie schreit um Buck. Sie wird ihn nicht wiedersehen. Buck stirbt wenige Tage später im Krankenhaus in Perry, Iowa. Bis zum Schluss ruft er nach Clyde und Blanche. Blanche wird ins Gefängnis von Perry verbracht und dort verhört. Die Stadt ist wie eine Festung abgeriegelt und zum Sperrgebiet erklärt worden, denn man fürchtet Bonnies und Clydes blutige Rache.

Die jedoch haben sich tief im Wald versteckt, W. D. ist bei ihnen. Schwer verwundet und völlig erschöpft liegen sie da. Später wird Bonnie Clydes Schwester Nell Barrow erzählen: »Er [Clyde] sank neben mir nieder, legte seinen gesunden Arm unter meinen Kopf und küsste mich. Wir lagen eng umschlungen da, und lange Zeit sagte keiner ein Wort. Es war der glücklichste Moment meines Lebens. Nichts war mehr von Bedeutung. Wir waren wieder zusammen.« Das Glück ist auf wenige Augenblicke des trauten Miteinanders zusammengeschmolzen, keine Rede ist mehr von Geld und Luxus, von einem Leben in teuren Hotels und abendlichen Vergnügungen in Theatern und Restaurants.

Eine Schlappe für den Staat

Blanche sitzt im Gefängnis, auf einem Auge blind, auch das andere Auge ist verletzt. Sie ist auf siebenunddreißig Kilogramm abgemagert, mit den Nerven am Ende, und gibt bei Verhören bereitwillig Auskunft. Das rettet ihr das Leben, später erkennt das Gericht mildernde Umstände an. Sie kommt mit einer zehnjährigen Gefängnisstrafe davon.

Am 20. August 1933 überfallen Clyde und W. D. in Plattville, Illinois, ein Waffenlager und rüsten sich aus. Dann aber setzt sich W. D. ab: »Eines Nachts fuhr ich einfach auf die Landstraße, machte die Lichter aus und hoffte, sie würden mich nicht entdecken. Ich fuhr noch ein Stück, dann stieg ich aus und ließ den Wagen zurück. Ich warf die Pistole, die ich bei mir hatte, weg und rannte quer übers Feld. […] Ich hatte genug vom Blut und von der Hölle.« Am 16. November 1933 wird W. D. in Houston, Texas, festgenommen. Da man ihm keinen Mord nachweisen kann, kommt er mit einer fünfzehnjährigen Gefängnisstrafe davon. Der Polizei liegt damals nur an *einer* Beute: Bonnie und Clyde, das Gangsterpaar. Sie sollen gejagt und erlegt werden, ohne Anhörung, ohne Prozess. Der Staat will Rache, weniger für die Todesopfer, sondern weil Bonnie und Clyde zum Inbegriff der Weigerung geworden sind, den Staat und seine Institutionen anzuerkennen. Sogar FBI-Chef Edgar Hoover schaltet sich in die Ermittlungen ein: Er reist aus Washington an und verhört Blanche. Fahndungsplakate werden im ganzen Land ausgehängt. Das FBI übernimmt das Kommando, die Verfolgung von Bonnie und Clyde ist nicht mehr Angelegenheit der Bundesstaaten, sondern nationale Sache.

Am 7. September 1933 gelingt es Bonnie und Clyde, ihre Familien kurz zu sehen. Emma Parker erinnert sich: »Bonnie konnte noch immer nicht ohne Hilfe gehen. Sie war schrecklich dünn, und sie sah alt aus. Sie zog das Bein nach, und ihr ganzer Körper war voller Narben. […] Clyde legte eine Decke auf den Boden und hob Bonnie aus dem Wagen.« Nochmals fleht Emma Parker ihre Tochter an, sich der Polizei zu stellen. Aber die hat mit allem abgeschlossen, sie will an Clydes Seite in den Untergang gehen. Emma Parker versorgt ihre Tochter mit Schmerzmitteln – mehr kann sie nicht tun. Auch die Barrows sind anwesend. Clyde bittet seine Verwandten, sie mögen mit dem Kauf eines Grabsteins für Buck noch warten. Schließlich sei er auch bald dran. Der Familienrat stimmt diesem Vorschlag recht pragmatisch zu.

Clydes Rache am System zielt nun auf die Gefängnisfarm von Eastham. Er heuert neue Mitglieder an. Mit Maschinengewehren und Handgranaten überfallen die Gangster am 16. Januar den Zug der Sträflinge, die streng bewacht zu den Feldern geführt werden. Clyde und seine Gang können einige Gefangene, darunter auch Raymond Hamilton, befreien. Bei dem Überfall wird einer der Wachmänner tödlich getroffen. In ihrem Fluchtauto, einem schwer überladenen Ford V 8, in dessen Kofferraum sogar zwei befreite Männer untergebracht werden müssen, geht es nach Dallas.

Es ist eine Schlappe für den Staat, und die Presse, die groß über den Ausbruch berichtet, macht sofort Clyde Barrow für die halsbrecherische Tat verantwortlich, wobei ein Quantum Bewunderung für den Haudegen nicht unterbleibt. Die Klatschpresse freilich weiß noch ein Detail der Geschichte genüsslich auszubreiten: Sie stempelt Bonnie, die gar nichts mit dem Überfall zu tun hat, zu einem Flittchen: »Hinter all dem steckt die Tatsache, dass Bonnie einmal sehr verliebt in Hamilton war. Vielleicht hat sie sich an die Tage und Nächte, die sie mit Ray verbracht hat, erinnert und es nicht ertragen, dass er hinter Gittern war, nichts um ihn herum als vier Wände. Womöglich hat ihre Eitelkeit ihr vorgegaukelt, sie könne sowohl Ray als auch Clyde haben.«

Verrat

Der Leiter des texanischen Strafvollzugs Lee Simmons nimmt nun in Absprache mit der texanischen Gouverneurin Miriam Ferguson die Verfolgung Clydes und Bonnies persönlich in die Hand. Er engagiert eine Gruppe von sechs Männern, die sich als Scharfschützen, Detektive, Kommissare oder Texas Rangers einen besonderen Ruf in der Verbrechensbekämpfung erworben haben. Simmons erinnert sich: »Ich dachte nur noch daran, wie ich sie [Bonnie und Clyde] zur Strecke bringen konnte. Nachts lag ich wach, bis ich endlich einen Plan fasste, der erfolgversprechend schien.« Der Texas Ranger Frank Hamer wird Chef dieser Einsatztruppe. Der fünfzigjährige Hamer, 1,90 Meter groß, neunzig Kilogramm schwer, ein Schrank von einem Mann, ist damals in Texas eine Legende. Er ist einer der besten Schützen Amerikas, hat die schlimmsten Verbrechernester des Staates ausgeräumt und gilt in der Kriminellenszene als ein eiserner Mann, vor dem man am besten Reißaus nimmt. Sogar Hollywood hat bei Hamer schon angefragt, um Filme mit ihm zu drehen. Aber Hamer, ein treuer Diener des Staates, hebt lieber weiterhin Verbrecherhöhlen aus und liefert die Räuber und Mörder an den Strang. Dreiunddreißig Missetäter, so wird kolportiert, habe Hamer eigenhändig im Kampf erschossen. Der Countdown beginnt: Hamer fährt nach Dallas. Er geht nicht wie ein schießwütiger Rabauke vor, sondern wie ein Psychologe. Er studiert aus Akten und Zeitungsberichten Clydes Verhalten, seine Taktik, seine Handlungen, seine Stärken und Schwächen. Auf diese Weise will er dahinterkommen, wie Clyde denkt, wie und was er plant, und wo Schwachstellen in Clydes Psyche sind.

Die Gang, um mehrere Männer gewachsen, zieht weiterhin raubend und mordend durch die Staaten. Doch innerhalb der Bande kommt es zu Streitigkeiten. Clyde kann gerade noch verhindern, dass Raymond Hamilton den schlafenden Komplizen Joe Palmer erschießt. Bei allen liegen die Nerven blank. Und Bonnie, die nie aktiv an den Überfällen beteiligt ist, wird von der Klatschpresse mehr und mehr zum Gangsterflittchen stilisiert – so passt es in die lüsterne Fantasie der Kleinbürger. Eine Zeitung behauptet: »Es ist kein Geheimnis, dass Bonnie die treibende Kraft hinter Barrows Rücksichtslosigkeit und seinen mörderischen Eskapaden ist. Sie entwirft die Pläne, und Clyde führt sie aus, während Bonnie an der Seite steht und zusieht, wie seine Opfer vor Angst schlottern oder sich vor Schmerzen im Staub winden.« In den Augen der Öffentlichkeit sind aus Robin Hood und Mary Ann der Teufel und seine Großmutter geworden.

Ein neuer Mann stößt zur Gang: der zweiundzwanzigjährige Henry Methvin. Auch er ist ein Gestrandeter, aus armen Verhältnissen stammend, arbeitslos und eher zufällig auf die schiefe Bahn geraten. Und auch er schuftete auf der Gefängnisfarm von Eastham – vielleicht empfindet Clyde deswegen Methvin gegenüber besondere Empathie. Bald vertraut er ihm bedingungslos – ein fataler Fehler. Während Hamilton und seine Freundin Mary sich Anfang März 1934 nach Texas aufmachen, fahren Bonnie, Clyde und Henry nach Louisiana, zu Henrys Eltern. Die wissen von Henrys Umgang, und sie haben Angst um ihren Sohn. Insgeheim haben sie sich entschieden, Bonnie und Clyde ans Messer zu liefern, um Henry noch aus dem Strudel herauszureißen. Vater Methvin handelt in einem vertraulichen Gespräch mit Hamer einen Straferlass für seinen Sohn aus. Er werde aber Bonnie und Clyde nur dann verraten, wenn er sichergehen könne, dass man sie töten werde. Ansonsten, so Vater Methvin, müsse er ja mit der blutigen Rache des Gangsterpärchens rechnen. Hamer sagt zu, mit seinem Chef Lee Simmons zu reden. Der wiederum setzt sich mit Gouverneurin Ferguson in Verbindung. Die unterzeichnet einen Straferlass für Henry Methvin. Das Recht darf durchaus etwas gebeugt werden, wenn man nur die Haupttäter liquidieren kann.

Bonnie und Clyde fahren nach dem Besuch bei Henrys Eltern zurück nach Texas. Dort kommt es zu einem besonders blutigen Zwischenfall. Auf dem Highway 114 wird eine Motorradstreife von drei Polizisten auf einen am Rand geparkten Ford V 8 aufmerksam. Die Polizisten halten und nähern sich zu Fuß dem Wagen. Clyde will die Polizisten als Geiseln nehmen und sagt zu Henry Methvin: »Los, die schnappen wir uns.« Der jedoch missversteht Clydes Aufforderung und beginnt zu schießen. Einer der Polizisten geht verletzt zu Boden, Henry Methvin nähert sich ihm und schießt aus nächster Nähe auf den wehrlos am Boden Liegenden. Auch ein weiterer Polizist wird tödlich getroffen. Zwei Spaziergänger, die aus einiger Entfernung den Tathergang zufällig beobachten, behaupten später, Bonnie habe sich über den am Boden liegenden Polizisten gebeugt, ihm ein

Bein auf den Brustkorb gestellt, laut gelacht und abgefeuert. Das entspricht nicht der Wahrheit, aber die Presse nimmt das dankbar auf und beschreibt Bonnie nun als eiskalte, gnadenlose Killerin. Einer der Polizisten, ein vierundzwanzigjähriger Mann, stand kurz vor seiner Hochzeit. Zur Beerdigung erscheint seine Freundin im weißen Brautkleid, was groß durch die Presse geht. Hamers Einsatzkommando kann nun, nachdem die öffentliche Meinung vollends auf ihrer Seite ist, rücksichtslos zur Hinrichtung schreiten.

Die Schlinge zieht sich zu: Als das Gangstertrio Ende April 1934 wieder bei Henrys Eltern in Louisiana Station macht, nimmt Vater Methvin den Sohn beiseite und informiert ihn über den Deal mit der Polizei, der von der texanischen Gouverneurin höchstpersönlich unterzeichnet worden ist. Nach einigem Zögern lenkt Henry Methvin ein. Bonnie und Clyde reisen nochmals nach Texas – ohne Henry –, um ihre Familien zu besuchen. Bei diesem letzten Treffen mit ihrer Mutter übergibt Bonnie Emma Parker das Gedicht *Die Geschichte von Bonnie und Clyde*, das balladesk ihre Lebensgeschichte erzählt und später Serge Gainsbourg zur Vertonung inspirieren wird. Bonnie und Clyde werden von da an nicht nur ein Mythos der Kriminalgeschichte, sondern auch ein Topos der Literatur. Beim Abschied sagt Bonnie zu ihrer Mutter: »Ma, bitte reg dich nicht auf. Warum sollten wir nicht darüber sprechen? Es wird so kommen, du weißt es, und ich weiß es. Wenn ich sterben sollte, dann bring mich heim. Es ist so lange her, seit ich daheim war. Ich möchte in dem vorderen Zimmer liegen, und du und Billie Jean und Buster, ihr sollt neben mir sitzen. Eine einzige kühle, friedliche Nacht zusammen, bevor ich euch für immer verlasse. Das wäre schön und tröstlich.« Diesen letzten Wunsch nach einer Nacht des Friedens wird Bonnie nicht erfüllt bekommen.

Bonnie und Clyde kehren nach Louisiana zurück. Dort fühlen sie sich sicher, denn sie vertrauen Henry und dessen Familie blind. Am Abend des 21. Mai sitzen sie alle beisammen. Henry kann seinem Vater zuflüstern, dass er am nächsten Vormittag mit Bonnie und Clyde nach Shreveport fahren werde, dort werde er sich unter einem Vorwand von ihnen absetzen. Die beiden würden dann zur Farm zurückkehren, da die schon vor langer Zeit als etwaiger Treffpunkt vereinbart worden sei. Vater Methvin nickt. Er weiß, was er zu tun hat.

Andertags fahren Bonnie, Clyde und Henry in die Stadt. Vater Methvin informiert Hamer, der mit seiner Truppe bereits seit Tagen in der Nähe ausharrt. Als in der Stadt ein Polizeiwagen durch die Straße fährt, reagiert Clyde nervös und fährt mit dem Auto davon. Henry, der Wäsche aus einer Reinigung holen will, nutzt die Gelegenheit und macht sich aus dem Staub. Als Bonnie und Clyde ein paar Stunden später zu Methvins Haus zurückkehren, ist Henry nicht da. Vater Methvin schlägt den beiden vor, sie sollten anderntags um neun Uhr wiederkommen. Was Bonnie und Clyde nicht wissen: Diesen einen Tag benötigen Hamer und seine Truppe, um alles vorzubereiten.

Noch in der folgenden Nacht positionieren sich Hamer und seine Männer an der einzigen Straße, die zu Methvins Haus führt. Hinter dichtem Gebüsch verbergen sie sich, bewaffnet mit Maschinengewehren. Vater Methvin muss als Lockvogel dienen, obwohl er um sein Leben fürchtet: Er parkt seinen alten Lastwagen am Straßenrand und täuscht eine Reifenpanne vor. Als am Morgen um Viertel nach neun Uhr Bonnie und Clyde die Straße entlangkommen, sehen sie schon aus einiger Entfernung den Lastwagen und einen enervierten Vater Methvin neben dem Wagen knien. Kurz bevor sie den Lastwagen erreichen, kommt ihnen auf der engen Straße ein Truck entgegen. Sie sind gezwungen, kurz vor Methvins Lastwagen anzuhalten. Noch immer schöpfen sie keinen Verdacht. Als ihr Auto steht, stürzt Vater Methvin panisch in den Wald und sucht das Weite. Ohne die beiden aufzufordern, sich zu stellen, feuern die Polizisten aus dem Versteck. Mit ihren Maschinengewehren durchsieben sie das Auto von Bonnie und Clyde, die keine Chance haben, zu den Waffen zu greifen. Bonnie, so berichten die Polizisten später, habe wie ein Panther geschrien. Die Salven durchschlagen die Scheiben und das Autoblech, zerfetzen die Körper von Bonnie und Clyde. Selbst als die beiden zur Seite gesunken sind, feuern die Polizisten weiter. Nach etwa fünfzehn Sekunden stellen sie das Feuer ein und nähern sich vorsichtig dem Wagen, der einige Meter weit gerollt und im Seitenbankett stehen geblieben ist. Bonnie und Clyde liegen, von Kugeln durchsiebt, bis zur Unkenntlichkeit entstellt, im Wageninnern. Die Spurensicherung zählt später einhundertsieben Einschüsse im Auto. Etliche Kugeln haben Bonnie und Clyde getroffen. Bonnies Kopf ist von einer Kugel durchbohrt und zerfetzt. In einer Hand hält sie ein Sandwich umklammert. Als Ted Hinton, einer der Schützen, die Beifahrertür öffnet, fällt ihm Bonnies Leiche entgegen. »Das Bild«, so erinnert er sich voller Grauen, »wird mich für den Rest meines Lebens verfolgen – ich sah sie aus der offenen Tür fallen, eine wunderschöne, zierliche junge Frau, die noch ganz warm war. Ihr Haar war sorgfältig gekämmt, und ich konnte in all dem Pulvergestank noch immer ihr Parfüm riechen und dazu diesen süßen, aber unwirklichen Duft von Blut. Ich richtete sie auf, bis sie stand, und nun wirkte sie nur mehr wie ein dünnes, zerbrechliches Mädchen. Ich wollte nicht wahrhaben, dass ich ihren Atem nicht spüren konnte, aber ein Blick in ihr Gesicht zeigte mir, dass sie tot war.«

12 Nancy Wake (1912–2011)
Geheimagentin »Weiße Maus«

Im Mai 1943 wartet in der britischen Kronkolonie Gibraltar eine von der Gestapo und der SS gesuchte Résistance-Kämpferin auf ein Schiff, das sie – mitten im Krieg – durch die von deutschen U-Booten durchkämmten atlantischen Gewässer nach Großbritannien bringen soll. Die Frau ist mit einem gefälschten Pass unterwegs: Lucienne Suzanne Carlier, so steht in ihren Papieren. Sie spricht das Französische des Midi, hat einige Jahre in Marseille gelebt. Doch in Wahrheit ist sie britische Staatsbürgerin, und der englische Geheimdienst hat ihre abenteuerliche Flucht aus dem von Deutschen besetzten Südfrankreich organisiert, zu Fuß über die Pyrenäen und durch das franco-faschistische Spanien nach Gibraltar. Fünfzehntausend britische Soldaten sind auf dem zur Festung ausgebauten Felsen stationiert und kontrollieren die Straße von Gibraltar. Etliche Flüchtlinge befinden sich hier und hoffen auf eine Aus- und Weiterreise. Aber an wenigen sind sowohl die deutschen als auch die alliierten Geheimdienste so interessiert wie an der geheimnisvollen Schönen mit blauen Augen und dunkelbraunem Haar, die in einem Fluchthilfenetzwerk nicht nur mit Schläue und Kalkül operierte, sondern auch unter Einsatz ihrer weiblichen Reize. Die britische »Special Operations Executive« (SOE) will diese Frau, die von der Gestapo nur unter dem Codenamen »Weiße Maus« geführt wird, unbedingt für sich haben. Die »Weiße Maus« soll in England zur Geheimagentin ausgebildet werden. Die »Weiße Maus« gilt als absolut zuverlässig, verschwiegen, kaltblütig. Ihr Name: Nancy Fiocca. Sie ist mit einem französischen Unternehmer aus Marseille verheiratet. Doch unter ihrem englischen Mädchennamen Nancy Wake wird sie in die Geschichtsbücher eingehen. Und unter ihrem Decknamen »Hélène« wird sie die deutschen Besatzer in Frankreich das Fürchten lehren.

Endlich steht ein Schiff zur Verfügung, das die angehende Agentin nach Britannien bringen soll. Doch Nancy Wake lehnt ab – es handelt sich nämlich um ein amerikanisches »dry ship«, ein Schiff, auf dem kein Alkohol ausgeschenkt wird. Für die trinkfeste Britin, die schon so manchen gestandenen Mann sprichwörtlich unter den Tisch gesoffen hat, ein inakzeptables Angebot. Wenige Tage später läuft ein englisches Schiff aus. Auf ihm verlässt Nancy Wake die Felsenfestung Gibraltar. Es geht hinaus auf den Atlantik, wo deutsche U-Boote lauern. Nancy Wake hat kaum Angst, denn sie sah schon mehrfach dem Tod in die Augen. Sie lässt es sich an Bord auf Staatskosten gut gehen und genehmigt sich den einen oder anderen Drink, um sich bei Laune zu halten und die Seekrankheit zu bekämpfen. Schließlich erreicht das Schiff unbeschadet Schottland. Mit dem Zug wird Nancy Wake Ende Mai 1943 nach London gebracht. Nach ein paar durchzechten Nächten meldet sich die »Weiße Maus« wie vereinbart in der Baker Street 64, dem Sitz der SOE. Ihre Ausbildung zur Agentin und Kämpferin beginnt …

Lokalreporterin in der Provinz

Die Zeitläufte katapultieren Nancy Wake mitten in die Katastrophe des Zweiten Weltkriegs, an die im Dunkeln verlaufende Front der Résistance und der Geheimdienste. Dabei wird sie am 30. August 1912 ganz am Rande des britischen Empire geboren, im neuseeländischen Wellington – vor der Einführung des Linienflugverkehrs einer der hintersten Winkel der Erde. Die Eltern Charles Augustus und Ella Wake (die Maori-Vorfahren hat) haben fünf Kinder, Nancy ist das jüngste. Der Vater schlägt sich als Reporter und Anwalt durch, zeitweise arbeitet er auch gar nicht und lässt seine Frau mit Haushalt und Familie allein.

Im Frühjahr 1914, wenige Wochen vor Ausbruch des Ersten Weltkriegs, ziehen die Wakes nach Sydney in Australien. Noch lebt die Familie recht bürgerlich, bewohnt ein großes Haus, aber nach einiger Zeit verlässt Charles Wake seine Familie und bleibt verschwunden. Ella Wake muss die Kinder allein durchbringen. Sie beziehen eine kleine Wohnung. Der älteste Sohn Stanley kämpft im Krieg auf britischer Seite im fernen Europa und wird verwundet. Die Verhältnisse der Wakes sind inzwischen ärmlich und trostlos. Später, als Agentin, wird Nancy Wake Anspruchslosigkeit und Entsagung als etwas Normales empfinden.

Als Teenager ist Nancy Wake rebellisch und störrisch. Mit sechzehn bricht sie eine Hauswirtschaftsschule ab und verdingt sich als Kindermädchen und Pflegerin, wobei sie nirgends sesshaft wird und immer unruhig auf der unbestimmten Jagd nach dem Glück ist. Eine kleine Erbschaft ermöglicht es ihr, ein paar Monate sorglos zu leben. Sie ergreift die Chance und reist 1932 zunächst nach Kanada und in die Vereinigten Staaten, dann nach Europa. Nancy Wake betrachtet ihr europäisches Abenteuer als einzigen großen Spaß. Sie hat nichts zu verlieren und alles zu gewinnen. Was dies »alles« genau ist, ist ihr selbst nicht klar. Sie liebt das Nachtleben, sie tanzt, flirtet und wird eine standfeste Trinkerin, wie sie im Alter selbst gesteht: »[…] ich war jung und meine Leber in einem guten Zustand.« Sie treibt sich in Liverpool und London herum, besucht ein paar Monate an einem College einen Journalismuslehrgang, weil sie die unklare Vorstellung hat, als Reporterin könne sie das Notwendige, den Lebensunterhalt, mit dem Schönen, dem Reisen, verbinden. 1933 folgt sie ihrer Sehnsucht und fährt nach Paris. Sie sucht die Leichtigkeit des Seins, die Liebe, die Boheme. Wieder stürzt sie sich in das Nachtleben, hat Amouren. Die 1,76 Meter große, hübsche Frau, die gern kurze Kleider und Stöckelschuhe trägt, fällt auf. Sie findet Verehrer und Fürsprecher. Das nutzt sie, um beim International News Service als Reporterin engagiert zu werden. Sie wird freilich auf Honorarbasis bezahlt, und schlecht obendrein. Aber das stört die unternehmungshungrige junge Frau nicht. Sie ist nicht der Typ der intellektuellen Journalistin oder gar Feuilletonistin, stattdessen schreibt sie gern für Boulevardblätter und ist sich nicht zu schade, aus der französischen Provinz, vor allem aus Südfrankreich, zu berichten. Bald lebt sie in Marseille, das sie mehr als andere Städte lieben lernt, sie spricht inzwischen fast perfekt Französisch und eignet sich den dortigen Akzent und regionaltypische Ausdrücke an. All das wird sie in wenigen Jahren, unter der deutschen Besatzung, noch gebrauchen können.

Nancy Wake schreibt in den folgenden Monaten wie jeder Lokalreporter über alles und jeden: über regionale Feste, örtliche Politiker, Diebstahl und Einbruch. Den größten Coup landet sie durch Zufall: Als am 9. Oktober 1934 der jugoslawische König Alexander I. im Hafen von Marseille anlandet und vom französischen Außenminister Louis Barthou empfangen wird, soll Nancy Wake über den Staatsbesuch berichten. Doch kurz nachdem der König, von der Gangway kommend, in einen offenen Wagen gestiegen ist, stürzt ein Mann aus der Menge auf die Limousine zu und feuert mehrere Schüsse auf den Monarchen und den Minister ab. Der Attentäter, ein Kämpfer der kroatischen Ustascha-Bewegung, wird von den Leibwächtern überwältigt. Der König stirbt noch an Ort und Stelle, der Minister wenig später im Krankenhaus. Nancy Wake rennt zum Hotel, in dem sie logiert, und kabelt eilends einen Bericht an die Redaktion. Sie hat zum ersten Mal in ihrem Leben eine Bluttat miterlebt.

Das politische Leben in Europa radikalisiert sich. Eine direkte Anschauung vom Nationalsozialismus bekommt Nancy Wake im Frühjahr 1938, kurz nach dem »Anschluss« Österreichs an Hitler-Deutschland, als die Reporterin ein paar Tage in Wien verbringt, um über die Veränderungen vor Ort zu berichten. Sie erhält eine Vorstellung von der Fanatisierung des öffentlichen Lebens und von der Angst derer, die wegen ihrer Abstammung oder ihrer politischen Überzeugung zu Feinden des Systems erklärt werden.

Die Liebe und der Krieg

Zurück in Südfrankreich, verbringt Nancy Wake ein paar Sommerwochen im Küstenort Juan-Les-Pins. Hier lernt sie den neununddreißigjährigen Henri Fiocca kennen, Spross einer Unternehmerfamilie aus Marseille, die einen Schrotthandel betreibt. Bald macht Henri ihr einen Heiratsantrag, den Nancy jedoch weder mit Ja noch mit Nein beantwortet. Sie benötigt etwas Zeit, um sich ihrer Gefühle sicher zu sein. Ende 1939 heiraten sie. Es wird eine glückliche Verbindung, die allerdings manchen Prüfungen unterworfen sein wird.

Am 1. September 1939 haben Hitlers Truppen Polen überfallen. Zwei Tage später haben Großbritannien und Frankreich Deutschland den Krieg erklärt. Es ist die »drôle de guerre«, der »komische Krieg«, denn bis zum 10. Mai 1940 wird es zwischen Frankreich und Deutschland zu keinen Kampfhandlungen kommen. Die Menschen indes leben in steter Angst, und Nancy und Henri Fiocca erfahren vom ersten Kriegstag an ganz persönlich Einschränkungen: Als England und Frankreich in den Krieg eintreten, hält sich Nancy Wake in London auf. Die geplante Rückfahrt von Dover über den Ärmelkanal verzögert sich, denn plötzlich sind Sondergenehmigungen und zusätzliche Papiere vonnöten, um das Land verlassen zu können. Der Hochzeitstermin muss verschoben werden. Am 30. November 1939 findet die standesamtliche Trauung im Rathaus von Marseille statt. Eine kirchliche Trauung indes ist nicht möglich, denn Henris konservative Familie bestand auf einer Hochzeit nach katholischem Ritus, doch Nancy, der sonst wenig an einer Konfession liegt, versteift sich aus Trotz auf ihr anglikanisches Bekenntnis.

Nancy und Henri Fiocca beziehen eine große Wohnung mit Blick auf den Marseiller Hafen. Geld ist bei den Fioccas mehr als genug vorhanden. Für Nancy beginnt eine sorglose Zeit. Sie muss nicht mehr arbeiten, lebt in bürgerlicher Gediegenheit, kümmert sich um den Haushalt und verwöhnt ihren Mann. Doch glücklich macht sie das nicht. Und immer steht der erklärte, aber in Frankreich noch nicht ausgebrochene Krieg drohend im Hintergrund. Die französischen Truppen sind in Alarmbereitschaft. Im Frühjahr 1940 erhält auch Henri Fiocca einen Einberufungsbefehl. Am 10. Mai überfallen deutsche Truppen das neutrale Belgien und marschieren auf Nordfrankreich zu. Am 14. Juni zieht die Wehrmacht in Paris ein, ein Waffenstillstand wird geschlossen: Nordfrankreich bleibt unter deutscher Besatzung und wird von einer deutschen Militärverwaltung regiert, die Regionen südlich der Loire hingegen, das sogenannte »freie« Frankreich, kommen unter die Verwaltung der Regierung des Marschalls Henri Philippe Pétain mit Sitz in Vichy. Die Pétain-Regierung zeichnet sich durch eine rechtskonservative, den Deutschen gegenüber willfährige Haltung aus. Viele Franzosen kollaborieren mit den Besatzern. Erst nach und nach formiert sich ein bewaffneter Widerstand, die Résistance, deren Aktivitäten aber auf Hilfe aus dem Ausland, vor allem aus England, angewiesen sind.

Nancy Wake-Fiocca wird in jenen Wochen der Kämpfe in Nordfrankreich zum ersten Mal politisch aktiv. Sie organisiert mit Billigung ihres Mannes einen Kastenwagen, tarnt ihn als Rettungswagen und fährt, obwohl sie keinen Führerschein besitzt und sich nur mal eben den Gebrauch von Gas, Bremse und Kupplung hat zeigen lassen, Richtung Loire, wo sie Flüchtlinge aus dem Norden Frankreichs aufliest und nach Marseille bringt. Das mag noch als patriotische Tat mit karitativem Impetus gelten – wenig später aber wird Nancy Wake die Grenze zur Illegalität überschreiten und in den Untergrund gehen.

Im »Mauseloch«

Nachdem der Waffenstillstand geschlossen ist, könnte das Leben für die Fioccas, die keine direkte Verfolgung befürchten müssen, normal weitergehen. Bereits nach ein paar Wochen ist Henri von seinem Wehrdienst nach Marseille zurückgekehrt und widmet sich wieder dem Schrotthandel. Es geht ihnen gut – im Gegensatz zu den zahllosen Flüchtlingen, die Marseille überschwemmen und verzweifelt versuchen, nach Spanien oder Amerika zu entkommen –, sie haben keine materiellen oder persönlichen Sorgen, und vor allem Nancy könnte das Leben der verwöhnten jungen Frau eines wohlhabenden Mannes führen. Doch beinahe unversehens gerät sie in Kontakt mit der Welt der Agenten.

Die Bühne dafür wirkt geradezu klassisch: Nancy Wake-Fiocca geht seit den Jahren, als sie Boulevardjournalistin war, im noblen Hôtel du Louvre et de la Paix in Marseille ein und aus. An der Hotelbar sitzt sie gern und trinkt einen Gin Tonic. Im November 1942 wird auch das südliche Frankreich von deutschen Truppen besetzt, die Verfolgung der Flüchtlinge wird unnachsichtiger, die Vichy-Behörden stellen immer öfter im Auftrag der deutschen Militärs »Kontingente« von Gefangenen zusammen, die nach Deutschland zur Zwangsarbeit gebracht oder in die Vernichtungslager im Osten deportiert werden. Marseille ist zum »Mauseloch« geworden, in dem Tausende Verzweifelter versuchen, ein Transitvisum nach Amerika zu erhalten. Doch in der Stadt tummeln sich nicht nur Flüchtlinge, sondern auch Einheiten von Gestapo und SS, Résistance-Kämpfer, Helfer des französischen Fluchthilfenetzwerks und Agenten der amerikanischen und britischen Geheimdienste. Nancy Wake ist in jenen Jahren wiederholt als Fluchthelferin tätig. Bereits zu jener Zeit taucht sie in den Akten der Gestapo auf, unter dem Decknamen »Weiße Maus«. Ihre wahre Identität kennt man damals nicht. Und um diese Maus aus ihrem Loch hervorzulocken und zu fangen, wird ein Agent auf sie angesetzt: Harold Cole. Der englische Sergeant ist von der Gestapo erpresst worden und arbeitet seither für die Deutschen. Offiziell ist er als britischer Flüchtling in Marseille und versucht auf diese Weise, das Vertrauen anderer Flüchtlinge zu gewinnen. In der Bar von Nancy Wakes Lieblingshotel treffen die beiden im Winter 1942/43 zusammen. Doch Nancy Wake hält sich bedeckt, sie hat ein ungutes Gefühl. Das rettet ihr das Leben.

Dennoch ist sie nicht aus der Schusslinie. Im Gegenteil: Im Lager Fort Saint-Jean bei Marseille sitzen zu jener Zeit etliche gefangene Briten ein. Die Haftbedingungen sind recht leger, die Gefangenen haben tagsüber Freigang. Die britische SOE plant, einigen Gefangenen zur Flucht nach Gibraltar zu verhelfen, bevor sie von der Gestapo nach Deutschland verschleppt werden können. Doch dazu benötigt man eine zuverlässige Landsmännin vor Ort. Die Wahl fällt auf Nancy Wake. Die Offiziere Leslie Wilkins, Pat O'Leary und Ian Garrow offenbaren sich ihr. Nancy willigt in die Zusammenarbeit ein, aus Patriotismus, aber auch aus Hass auf die Nationalsozialisten. Sie organisiert für die gefangenen britischen Offiziere ein Radiogerät, mit dem sie verschlüsselte Signale des britischen Geheimdienstes empfangen können. So erfahren sie, dass sie an einem bestimmten Tag im Frühjahr in das streng bewachte Gefängnis von Saint-Hippolyte-du-Fort bei Nîmes verlegt werden sollen. Nun muss alles schnell gehen, wollen sie noch aus Frankreich heraus.

Einige Wochen vor der geplanten Flucht sitzen Nancy und die Offiziere in der Wohnung der Fioccas beisammen, unter ihnen ist wieder jener geheimnisvolle Harold Cole, Sergeant eines britischen Regiments, der angeblich aus der Kriegsgefangenschaft entflohen ist. Die anderen Offiziere nennen ihn beim Decknamen »Paul«, und dieser Paul wartet laut eigener Aussage auf seine Chance, über die Pyrenäen nach Spanien zu entkommen. Und wieder hat Nancy ein ungutes Gefühl. Sie ahnt, dass sie sich zu sehr in Gefahr begeben hat. Mit dem Geld ihres Mannes mietet sie kurz darauf eine kleine Wohnung in der Rue Edouard Stéphan, die sie von nun an als Treffpunkt nutzt. Allerdings macht sie zur Bedingung, dass Cole nicht mehr an den konspirativen Begegnungen teilnimmt. Bald haben auch die britischen Offiziere einen Verdacht. Einer der Agenten aus dem Netzwerk der Fluchthilfe wird in Paris von der Gestapo verhaftet, offensichtlich ist er verraten worden. Cole gibt gemeinschaftliches Geld aus, angeblich, um sich Informationen in der Unterwelt zu erkaufen – auch das ist fadenscheinig. O'Leary und Garrow beschließen, Harold Cole zu töten. Sie laden ihn zu einem konspirativen Treffen in der Wohnung des Arztes Georges Rodocanachi ein. Der Arzt – so ist es abgesprochen –

soll dem Verräter eine tödliche Insulinspritze setzen. Doch Cole riecht, sobald er in Rodocanachis Wohnung ist, Lunte. Er geht zur Toilette, klettert durchs Fenster, springt auf ein Vordach und kann entkommen. Die Polizei des Vichy-Regimes, von Cole informiert, schlägt kurz darauf zu: Garrow wird in einem Bistro, wo er mit O'Leary verabredet ist, verhaftet. Sein Freund, der sich verspätet hat, beobachtet die Szene von der anderen Straßenseite aus und kann entkommen. Garrow wird in das streng bewachte Internierungslager Mauzac verbracht.

Es ist höchste Zeit, die britischen Offiziere, die bereits in den Untergrund abgetaucht sind, noch aus dem »Mauseloch« herauszubringen. Garrow aber, so der Plan der Briten, muss unbedingt mitkommen. Nancy Wake wird ausersehen, seine Flucht zu bewerkstelligen. Sie gibt sich gegenüber der Lagerleitung als Garrows Cousine aus und erhält eine Besuchsgenehmigung. Nancy Wake erkundet die Lage und mögliche Fluchtwege. O'Leary nennt ihr einen Kontaktmann, einen Wärter, der bestechlich ist. Für fünfzigtausend Francs ist der bereit, Garrow in der Uniform eines Wärters aus dem Lager zu schmuggeln. Ein Schneider, der zum Netzwerk gehört, näht über Nacht Wärterkleidung für Garrow. Nancy Wake reist mit dem Zug nach Toulon, dort übergibt O'Leary ihr die Uniform und fünfzigtausend Francs. Wenig später trifft sie sich mit dem Wachmann, übergibt ihm die Uniform, aber nur zwanzigtausend Francs, den Rest, so versichert sie, erhalte er, wenn Garrow frei sei, schließlich kenne sie ihn, den Wärter, nicht und wolle erst den Beweis seiner Zuverlässigkeit. Von so viel Chuzpe und Coolness ist der Wärter überwältigt, er willigt in den Handel ein und schmuggelt Garrow in Uniform aus dem Lager. Der wird schleunigst zur Grenze gebracht und von einem kundigen Bergführer zu Fuß über die Pyrenäen nach Spanien geleitet. Wenige Wochen später ist Ian Garrow zurück in England. Doch nicht alles gelingt so reibungslos. Georges Rodocanachi wird von Harold Cole verraten, am 2. März 1943 von der Gestapo verhaftet und nach Deutschland ins KZ Buchenwald verschleppt, wo er am 10. Februar 1944 nach schweren Misshandlungen stirbt.

Vier Deserteure und ein halbes Schwein

Nancy Wake ist nach der Befreiung Ian Garrows in höchster Gefahr. Sie steht nun unter konkretem Verdacht. Wenige Wochen zuvor ist es ihr nur mit einem Trick gelungen, der Verhaftung zu entgehen: In Névache bei Briançon besitzt Henri Fiocca eine Hütte. Dorthin zieht sich Nancy kurz vor Weihnachten 1942 zurück. Im vorausgehenden Jahr hat Nancy auf dem Schwarzmarkt ein Ferkel gekauft, das der Metzger von Névache gemästet und geschlachtet hat. Eine Schweinehälfte gehört laut Abmachung ihm, die andere nimmt Nancy Wake in Empfang, legt sie in einen großen Koffer, lässt ihn zum Bahnhof bringen und besteigt den Zug zurück nach Marseille. In ihrer Begleitung sind, auf andere Coupés verteilt, vier junge Franzosen, die in Marseille untertauchen wollen, um der von den Deutschen angeordneten Zwangsarbeit in Deutschland zu entgehen. In Aix-en-Provence steigt ein junger, fein gekleideter Mann in den Zug und setzt sich zu Nancy ins Abteil. Er beginnt eine Unterhaltung. Nancy wundert sich: Ihr Gegenüber spricht sehr gut Französisch, aber nicht so gut wie ein Muttersprachler. Sie macht ihm schöne Augen, denn sie benötigt in Marseille jemanden, der ihr den schweren Koffer mit der Schweinehälfte schleppt. Kurz vor Marseille die Hiobsbotschaft: Der Schaffner verkündet, die Deutschen hätten eine Ausgangssperre über die Stadt verhängt. Als der Zug im Bahnhof einfährt, bemerkt Nancy zu ihrem Entsetzen, dass der Bahnsteig von der Gestapo abgeriegelt ist. Ihr Begleiter steigt mit dem schweren Koffer aus, sie hinterher. Als die Gestapo den Kavalier überprüfen und den Koffer öffnen will, zeigt der seine Papiere und weist sich als Mitglied der Geheimpolizei aus. Nancy Wake-Fiocca bedankt sich artig bei dem Fremden, nimmt auch scheinbar eine Einladung zum Abendessen für den übernächsten Tag an und verabschiedet sich von dem Gestapomann, der sich von der schönen Reisenden offensichtlich mehr erwartet. Noch kann sie nicht aufatmen, denn sie hat weiterhin die vier Deserteure im Schlepptau. Da fällt ihr ein, dass es zum Hotel Terminus gegenüber dem Bahnhof einen kleinen Lieferantentunnel gibt, den nur Eingeweihte kennen. Mit den vier Männern, die den Koffer schleppen, gelangt sie durch den Tunnel ins Hotel. Erst anderntags kann ihr Mann kommen und sie und den Koffer abholen, also muss sie für sich und die vier Fremden Zimmer mieten. Es stellt sich heraus, dass nur noch ein einziges Zimmer frei ist. Eine Frau, die mit vier Männern ein Zimmer für eine Nacht teilt? Undenkbar. Nancy Wake besticht jedoch den Nachtportier, den sie entfernt kennt, der besorgt ihr den Zimmerschlüssel und schmuggelt die fünf samt Koffer und Schweinehälfte in das Zimmer. Die vier Deserteure übernachten brav auf dem Fußboden, Nancy im einzigen Bett, das halbe Schwein im Koffer. Anderntags kommt Henri Fiocca und nimmt Frau und Schwein in Empfang, die vier Deserteure tauchen im Gassengewirr der Altstadt unter.

Abenteuerliche Flucht nach Spanien

Nancy Wake ist nun in höchster Gefahr. Die Briten beschließen, sie außer Landes zu bringen. In jenen Wochen des Frühjahrs 1943 erklärt sie sich über Verbindungsleute bereit, für die britische SOE zu arbeiten und dafür in England eine Ausbildung zu absolvieren. Um ihren Mann zu schützen, schreibt sie einen fingierten Trennungsbrief. Dann bricht sie auf. Mehrmals versucht sie vergeblich, die Pyrenäen zu überqueren: Sie muss umkehren, wegen schlechten Wetters, oder weil sie nicht an den Wehrmachts- und Gestapopatrouillen vorbeikommt, die das Grenzgebiet überwachen. Sie ist mit gefälschten Papieren unterwegs, in ihrem Ausweis steht der Name Lucienne Suzanne Carlier, und Pat O'Leary hat den Fluchtplan ausgearbeitet. Neben O'Leary und Nancy Wake ist noch eine Französin namens Renée Nouveau mit von der Partie. Auch der vierte Fluchtversuch scheitert. Bereits vor Toulouse wird der Zug auf offener Strecke angehalten, Nancy Wake wird von der französischen Polizei verhaftet, ins Gefängnis nach Toulouse verbracht und dort misshandelt und verhört. Nancy erfindet eine krude Geschichte: Sie sei mit ihrem Mann unterwegs gewesen, habe sich mit ihm gestritten, er habe an einer Bahnstation den Zug verlassen. Zudem gibt sie ihren wahren Namen preis. Man ruft in Marseille an, Henri Fiocca ist am Apparat, der sagt, er habe Marseille nicht verlassen, seine Frau sei verreist, aber nach Paris. Nun vermuten die Polizisten, sie hätten eine steckbrieflich gesuchte Prostituierte aus Lourdes (ausgerechnet aus einem Marienwallfahrtsort!) vor sich. Als sie zur Toilette muss, steht Pat O'Leary vor ihr, zwischen zwei Wachmännern, und lächelt sie an. Als sie von der Toilette zurückkommt, zischt er ihr zu, sie solle ihn gefälligst anlächeln. Sie ist konsterniert, tut aber, wie ihr geheißen. Da nimmt O'Leary sie vor den Augen der Wachmänner in den Arm. Der Engländer hat den Franzosen eingeredet, sie sei seine Geliebte. Dass sie ihren Ehemann angelogen habe, sei schließlich ihre Privatsache. Der französische Polizeichef atmet erleichtert auf, entschuldigt sich bei ihr, überreicht ihr ihr Gepäck und entlässt das Paar.

Anderntags versuchen die beiden erneut, über die Grenze zu gelangen, in einer etwas größeren Gruppe französischer, britischer und neuseeländischer Flüchtlinge. Doch diesmal haben die Deutschen Wind von der Sache bekommen. Auf offener Strecke reißt der Schaffner die Abteiltür auf und warnt sie, der Zug würde gleich angehalten werden und die SS würde die Waggons durchkämmen. Tatsächlich bremst der Zug unmittelbar darauf, auf der linken Seite steht die SS. Nancy Wake, Pat O'Leary und ein desertierter französischer Gendarm reagieren blitzschnell. Sie öffnen ein Fenster auf der rechten Seite, klettern hinaus und rennen über die Felder. Hinter ihnen erregte Rufe und das Knattern von Maschinenpistolen. Doch alle drei erreichen unverletzt den Waldrand und können sich verstecken. Als es dunkel wird, geben die Deutschen die Suche nach den Entflohenen auf. Der Franzose seilt sich ab, wird wenig später jedoch aufgegriffen, nach Deutschland verschleppt und dort in einem Konzentrationslager ermordet.

Nancy Wake und Pat O'Leary verstecken sich zwei Tage lang

in einem Heuschober, dann kommen sie über einen Verbindungsmann in einem Haus in Canet-Plage unter, dessen Bewohner zu dem Fluchtnetzwerk gehören. Anschließend geht es zu Fuß weiter, gemeinsam mit vier flüchtigen Briten. Zwei Wochen lang schlagen sie sich Richtung Grenze durch, immer auf der Hut vor Patrouillen. Sie übernachten in Scheunen, essen, was sie auf den Feldern an Gemüse und Salat finden. In einer Ortschaft hat O'Leary ein Treffen mit einem Kontaktmann, er betritt allein das Café – und wird von der Gestapo verhaftet. Das Netzwerk ist verraten worden, wahrscheinlich von Harold Cole. O'Leary wird ins KZ Mauthausen verschleppt, später ins KZ Natzweiler-Struthof, schließlich nach Dachau. Doch selbst unter der Folter verrät er niemanden und überlebt die NS-Zeit. 1946 kann er in Paris die Leiche eines Mannes identifizieren, der bei einer Razzia erschossen worden ist: Es ist Harold Cole.

Nancy Wake bricht ihren Fluchtversuch, den fünften, ab und fährt nach Nizza. Dort hat sie erneut Kontakt zu dem Fluchtnetzwerk und versucht es ein sechstes Mal. Wieder geht es Richtung Pyrenäen, gemeinsam mit zwei Briten und zwei Amerikanern – auf den letzten zwanzig Kilometern zum Teil zu Fuß, zum Teil auf einem Güterzug, versteckt in leeren Kohlesäcken. Ein Bergführer soll sie über die Pyrenäen bringen. Sie marschieren nachts, in leichten Leinensandalen, um möglichst keine Fußspuren zu hinterlassen, machen alle zwei Stunden eine zehnminütige Pause, schwimmen durch einen Fluss. Endlich erreichen sie einen Bauernhof, wo sie übernachten können, und erfahren, dass sie auf der spanischen Seite sind. Doch noch in der Nacht werden sie von spanischen Polizisten gestellt, als vermeintliche Schmuggler nach Besalú gebracht und in stinkenden Einzelzellen untergebracht. Nancy Wake erfindet eine neue Geschichte: Sie sei die Frau eines amerikanischen Diplomaten, und es werde fürchterliche Komplikationen geben, wenn sie ihrem Gemahl von dieser schlechten Behandlung erzähle. Schleunigst werden sie nach Gerona bei Barcelona gebracht, dort sollen sie vor Gericht gestellt werden. Doch die britische Regierung, die inzwischen davon erfahren hat, löst die Gefangenen mit hohen Summen aus, denn es handelt sich nicht um irgendwelche Flüchtlinge, sondern um Piloten, Offiziere und eine angehende Agentin. Über Barcelona werden sie in die britische Kronkolonie Gibraltar gebracht, und von dort weiter nach Großbritannien.

Im Ausbildungscamp für Agenten

Das mentale und physische Training in London und Schottland, das Nancy Wake nun absolviert, ist hart und entbehrungsreich und hat mit dem romantisch-abenteuerlichen Glamour eines James-Bond-Films nichts zu tun. Die SOE ist im Juli 1940 auf Anordnung Winston Churchills gegründet worden, gleichsam in Konkurrenz zum britischen Geheimdienst, und hat die Aufgabe, die härtesten Agenten und Agentinnen auszubilden – intelligent, zäh, schlagkräftig –, um, wie Churchill es formuliert, ganz Europa in Brand zu setzen. Im Kampf gegen die Nationalsozialisten, im Jargon der Briten die »Hunnen«, sind alle Mittel recht: Schattenkampf, Sabotage, Terrorakte, Überfälle, Spionage, psychologische Kriegsführung. Die durchschnittliche Überlebensdauer eines Agenten im Einsatz wird damals mit drei Monaten angegeben. Auch das hat nichts mit dem Stehaufmännchen-Mythos eines James Bond zu tun. Die Einsatztruppe der SOE arbeitet absolut verdeckt, selbst dem britischen Geheimdienst sind die Einzelheiten unbekannt. Dort sieht man die von oben verordnete Konkurrenz ohnehin mit Skepsis und Ablehnung. Man bezeichnet die Agenten der SOE als »bloody amateurs« und mokiert sich darüber, dass selbst Frauen für den Kampf geschult werden. Dass nun sogar eine Frau, die lange Jahre in Frankreich lebte und mit einem Franzosen verheiratet ist, zur Agentin ausgebildet werden soll, betrachtet man beim Geheimdienst als Geschmacklosigkeit.

Das interessiert die SOE nicht. Nancy Wake überzeugt durch Fähigkeiten und Einstellung: Sie spricht perfekt Französisch, kennt die Gegebenheiten in Südfrankreich, gilt als loyal, zielstrebig, intelligent, und sie besitzt genügend Hass auf die Nationalsozialisten und die französischen Kollaborateure, um auch für den Waffeneinsatz und die Ausbildung zum Töten geschult zu werden. Nach einigen klärenden Vorgesprächen mit hohen Geheimdienstoffizieren beginnt im Januar 1944 Nancy Wakes eigentliche Agentenausbildung. Vielleicht trägt zu ihrer Bereitschaft zum Kampf im besetzten Südfrankreich auch der Umstand bei, dass sie sich ein Wiedersehen mit ihrem Mann Henri Fiocca erhofft, von dem sie seit ihrer Flucht kein Lebenszeichen mehr erhalten hat.

Die Kampfausbildung in speziellen Lagern umfasst Geländelauf in Kälte und Dunkelheit, Hürdenlauf, Sprünge von drei Meter hohen Balken. Die angehenden Agenten und Agentinnen (es wird von den Frauen das Gleiche abverlangt wie von den Männern) müssen durchs Unterholz robben und sich von hohen Gebäuden abseilen. Sie werden weit vor der Küste Schottlands in Schlauchbooten ausgesetzt und müssen ohne Hilfsmittel allein zur Küste zurückfinden. Mit schwerem Rucksack und allein mit einem Kompass zur Orientierung müssen sie durch menschenleere Gegenden wandern und einen bestimmten Punkt finden. Sie lernen die Herstellung von Sprengsätzen, werden im Umgang mit Pistole und Maschinengewehr, mit Handgranaten und Panzerfaust ausgebildet. Sie lernen den Nahkampf, auch mit dem Einsatz von Ellbogen, Beinen, Knien, gestreckten Fingern. Sie lernen das »silent killing«, lautlos im Nahkampf zu töten, durch einen geübten Handkantenschlag ins Genick. Sie lernen Morsen und Codieren und das Knacken von Tresoren und Türschlössern. Und man bereitet sie physisch und psychisch auf das Äußerste vor, das gar nicht so unwahrscheinlich ist: den Fall, dass sie gefangen genommen, verhört und gefoltert werden. Dann sollen sie so stark sein, ihre Kameraden und die Aktivitäten der SOE nicht zu verraten. Für diesen äußersten Fall erhalten die Kämpfer und Kämpferinnen auch ein tödlich wirkendes Gift bereitgestellt, um sich selbst das Leben nehmen zu können. Nancy Wake verzichtet allerdings auf die Gifttablette in Form eines präparierten Lippenstifts.

Anfang April 1944 warten die neuen Agenten auf ihren Einsatzbefehl. Alle haben gefälschte Pässe und eine neue Identität erhalten. Nancy Wake wird in England unter dem Decknamen »Hélène« geführt, bei der Résistance in Frankreich, denen über verschlüsselten Funk die Einschleusung neuer Agenten angekündigt worden ist, als »Mademoiselle Andrée«. Sobald das Wetter günstig ist, sollen die Männer und Frauen mit kleinen Lizard-Flugzeugen nach Frankreich gebracht werden. Dort sollen sie über mit der Résistance vereinbarten Punkten mit dem Fallschirm abspringen.

Zu der kleinen Einsatzgruppe um Nancy Wake gehören auch Major John Farmer (Deckname »Hubert«) und der Funker Denis Rake (Deckname »Roland«). Rake ist ein gutaussehender Mann Anfang vierzig, der vor dem Krieg als Sänger und Tänzer in Kabaretts und Nachtlokalen in Paris und London aufgetreten ist. Er ist ein begnadeter Morser, gilt aber bei der Führung der SOE insofern als anfechtbar, als er homosexuell ist. Man befürchtet, er könne in gewissen Situationen versagen.

Kampfeinsatz in der Auvergne

Am 29. April 1944 machen sich Nancy Wake und John Farmer bereit für den Flug nach Frankreich. Auf dem Royal-Air-Force-Stützpunkt Tempsford in Sussex startet eine Maschine. Wenige Stunden später springen Nancy Wake und John Farmer über einem Feld in der Nähe des Dorfes Cosne-d'Allier in der Auvergne ab und werden von den instruierten Maquisards, den Kämpfern der Résistance, sofort in Empfang genommen und in ein Versteck gebracht. Denis Rake folgt einige Tage später. Da er wegen einer Kriegsverletzung ein mit einer Metallschiene geflicktes Bein hat, befürchtet man, er könnte sich bei einem Fallschirmsprung verletzen. Also wird der Funker ebenfalls von einer Lizard-Maschine in die Auvergne gebracht, allerdings setzt das Flugzeug bei Nacht auf einem Feld auf. Denis Rake steigt aus, die Maschine startet sofort wieder. Rake soll von einem Maquis-Kämpfer in Empfang genommen und zu den anderen Agenten gebracht werden. Doch wie der Zufall es will, handelt es sich bei dem Franzosen um einen alten Bekannten, den Rake nach seiner Flucht in einem Internierungslager in Spanien näher kennengelernt hat. Beide fahren, ohne sich um die Befehle zu kümmern, in die nahe gelegene Stadt Châteauroux, mieten sich dort in einem billigen Hotel ein und verbringen nicht nur *eine* schöne Nacht miteinander, sondern gleich eine ganze Woche. Erst am 15. Mai taucht Rake im Lager der Maquisards auf – was ihm eine Rüge einbringt, aber nicht mehr, denn man benötigt den Funker, der schneller als alle anderen morsen kann und die täglich wechselnden Codes zu entschlüsseln weiß. Freilich gefährdet Rake mitunter den sozialen Frieden in der Truppe. Einmal macht er dem Sohn eines Maquisards Avancen, der empörte Familienvater droht Rake Schläge an. Nancy Wake, die von ihrem Londoner Chef Maurice Buckmaster entsprechend instruiert ist, kann Schlimmeres verhindern. Das Verhältnis zwischen den britischen Agenten und den Maquisards ist wegen solcher Zwischenfälle nicht das beste. Misstrauen macht sich breit: Kann man den Briten vertrauen? Sind sie nicht vielleicht gar Doppelagenten? Vor allem Nancy Wake gegenüber haben die französischen Résistance-Kämpfer Vorbehalte. Eine Frau, so glauben sie, kann weder richtig kämpfen noch im Falle einer Gefangennahme ihren Mund halten. Gerüchte machen die Runde, die Maquisards planten eine Liquidierung der Briten, weshalb Nancy Wake nachts ihre Tür verbarrikadiert und ihren entsicherten Revolver neben das Bett legt.

Bald können sich die Briten beweisen und den Maquisards ihre bedingungslose Loyalität vor Augen stellen. Nancy Wake verschafft sich zusehends Respekt und Anerkennung bei den Franzosen. Sie bildet die zusammengewürfelten, militärisch unerfahrenen Maquisards im Umgang mit Pistole und Maschinengewehr, Handgranaten und Panzerfaust aus, die auf abenteuerliche Weise in Containern von amerikanischen und britischen Flugzeugen über vorher codiert gefunkten Positionen abgeworfen werden.

Wenige Wochen vor der groß angelegten Invasion der Alliierten an der Küste der Normandie am 6. Juni 1944, dem sogenannten »D-Day« (»Decision-Day«), ist die Lage im besetzten Frankreich angespannt. Vom streng geheim gehaltenen »D-Day« freilich ahnt niemand etwas, dennoch nehmen im Mai 1944 die Sabotageakte und Kämpfe gegen die Besatzer erheblich zu. Die SS reagiert mit Härte, auch ein Zeichen steigender Nervosität. Gefangene Maquisards werden gefoltert und liquidiert, Häuser und ganze Dörfer durchkämmt, auch völlig unbeteiligte Zivilisten, selbst Frauen und Kinder, werden ermordet, es kommt zu Massakern an der Bevölkerung.

Zu einer Nagelprobe des französischen Widerstands, aber auch der britischen Undercover-Versorgung mit Agenten, Waffen und Material wird die Schlacht um den Mont Mouchet. Der 1465 Meter hohe Berg in der Auvergne wird von den Résistance-Kämpfern gehalten. Einem Aufruf der Maquisards folgend, strömen Ende Mai Tausende französischer Männer, Jung und Alt, zu Fuß, per Rad und auf Lastwagen auf den Berg, um gemeinsam die Stellung gegen Wehrmacht und SS zu halten und mit einer offenen Schlacht ein Fanal des französischen Widerstands zu setzen. Am 2. Juni 1944 beginnt der Angriff von Einheiten der SS und der kollaborierenden Milice Française auf das Plateau, mit dem Einsatz von Flugzeugen und schwerer Artillerie. Bis heute gibt es keine verlässlichen Angaben über die Größe der beteiligten Verbände, doch geht man davon aus, dass etwa zweitausendsiebenhundert Kämpfer aufseiten der Résistance rund dreitausend Soldaten aufseiten der SS und der Milice Française gegenüberstanden. Die Kämpfe dauern rund zehn Tage und kulminieren am 10. und 11. Juni. Die Widerstandskämpfer müssen sich schließlich unter schweren Verlusten in die umliegenden Wälder zurückziehen (sie beklagen rund zweihundertvierzig Tote und achtzehn Verwundete – aufseiten der Deutschen und der Milice gibt es hingegen nur dreißig Tote und sechzig Verletzte). Obwohl militärisch eine Niederlage, hat die Schlacht am Mont Mouchet – parallel zur Landung der Alliierten in der Normandie – einen hohen Symbolwert für den Widerstand des französischen Volks gegen die deutschen Besatzer.

In jenen Wochen wird bei einem Angriff das Lager von Nancy Wake und John Farmer unter Beschuss gesetzt. Der Funker Denis Rake flüchtet sich auf einen Baum, zerstört aber vorher – wie für solche Situationen vereinbart – sein Funkgerät, damit es nicht mitsamt den Codierungen in Feindeshand fällt. Nun ist die Truppe ohne Verbindung nach London. Doch in Laroquebrou, einem rund hundert Kilometer entfernt liegenden Dorf, soll es noch einen Funker und entsprechende Ausrüstung geben. Also macht sich Nancy Wake auf den Weg, um ein neues Funkgerät zu besorgen – zu Fuß, denn es geht durch besetztes und streng bewachtes Gebiet, bei Nacht, quer durchs Gelände, durch dichten Wald und Gebüsch. Es gelingt ihr, den Auftrag auszuführen, und spätestens von da an genießt sie auch die Achtung der Maquisards. Ein andermal muss die »Weiße Maus«, die inzwischen auf den Fahndungslisten der Deutschen ganz oben steht, für einen Kurierdienst fünfhundert Kilometer mit dem Fahrrad zurücklegen, wieder durch besetztes Gebiet. Es gelingt ihr nicht nur, sie schafft die Strecke sogar in sagenhaften zweiundsiebzig Stunden, und das auf keineswegs asphaltierten, geebneten Wegen. »Als ich von diesem verdammten Fahrrad herabstieg«, erinnert sie sich später, »glaubte ich, Feuer zwischen den Beinen zu haben, und die Schenkelinnenseiten waren wund.«

Am 12. Juni 1944 gelingt der Résistance ein Attentat auf SS-Hauptsturmführer Hugo Geissler, der für etliche Morde und Massaker in der Auvergne verantwortlich ist: Vor dem Rathaus von Murat wird er von Maquisards erschossen. Der Kampf wird in jenen Wochen immer brutaler und rücksichtsloser. Die internationalen Konventionen, was die Behandlung Gefangener anbelangt, werden nicht mehr beachtet. Die SS erschießt gefangene Maquisards mit der Begründung, es handele sich um Terroristen, und begeht aus Rache Massaker an der Zivilbevölkerung. Die Résistance-Kämpfer schlagen entsprechend zurück. Auch Nancy Wake, die in ihrer Ausbildung in England das Töten erlernt hat, muss dies nun unter Beweis stellen. Sie schießt sich und den Kameraden mehr als einmal mit der Maschinenpistole den Weg frei, hilft dabei, Gefallene in Tücher zu wickeln und im Wald zu beerdigen. Sie gilt als kaltblütig und stellt das einmal besonders drastisch unter Beweis: Als die Résistance-Kämpfer eine Gestapo-Agentin gefangen nehmen, befiehlt Nancy Wake, die Frau zu töten. Als die Franzosen zögern, erklärt Nancy Wake, die eben eine Tasse Kaffee vor sich stehen hat, dann werde sie es eben selbst tun, sobald sie ausgetrunken habe. Die deutsche Agentin spuckt angewidert vor der Britin aus und ruft »Heil Hitler«. Kurz darauf wird sie von den Franzosen liquidiert.

Wenige Wochen später tötet Nancy Wake zum ersten Mal im Nahkampf: Die Agenten und Maquisards werden beauftragt, die Raffinerie von Mauriac in die Luft zu sprengen. Doch die Gebäude werden von deutschen Soldaten bewacht. Im Dunkel der Nacht schleichen und robben sich Nancy Wake und ihre Gruppe an die beiden Wachsoldaten heran. Der eine wird lautlos niedergeschlagen. Nancy Wake befindet sich bereits einen Meter hinter dem anderen Soldaten, als dieser sich umdreht und den Mund zu einem Schrei öffnet. Doch die Agentin ist schneller. Sie führt aus, was man ihr im Ausbildungscamp als »silent killing« beigebracht hat: Sie schnellt empor, rammt dem Gegner den Unterarm in die Kehle, packt ihn mit festem Griff, dreht seinen Kopf auf ihre Brust und bricht ihm mit einem Ruck das Genick. Ohne auch nur einen Mucks getan zu haben, ist der Soldat tot. Die Maquisards dringen in das Gelände der Raffinerie ein, wenige Minuten später explodieren die Gebäude in einem riesigen roten Feuerball. Später, nach dem Krieg, wird Nancy Wake immer wieder nach dieser Szene gefragt werden, und sie wird sie wieder und wieder erzählen, wobei sie als eine Art Nationalheldin Staunen und Respekt erntet. Doch damals, unmittelbar nach der Tat, ist sie mit den Nerven am Ende und mehrere Tage lang kaum ansprechbar, wie sie ihrer Mitagentin Vera Atkins gesteht.

Während im Norden die alliierten Truppen und die französische Befreiungsarmee unter General Charles de Gaulle nach Paris vorstoßen, das am 25. August 1944 von seinem deutschen Kommandanten Dietrich von Choltitz trotz Hitlers Zerstörungsbefehl kampflos übergeben wird, tobt in Südfrankreich der Partisanenkampf. Nancy Wake und ihre Gruppe greifen in Montluçon das Hôtel de l'Univers, das Hauptquartier der Gestapo, mit Maschinengewehren und Handgranaten an, schießen sich den Weg frei und sprengen Teile des Hotels in die Luft, fast vierzig Deutsche kommen dabei ums Leben. Auf Nancy Wake ist inzwischen ein hohes Kopfgeld ausgesetzt, doch sie entkommt mehreren Anschlägen. In Vichy ist ein Attentäter so betrunken, dass er zwar mit einer Handgranate auf Nancy Wakes Auto zielt, aber im Rausch nicht bemerkt, dass die Waffe längst entsichert ist: Er sprengt sich selbst in die Luft.

Schwieriger Neubeginn

Die Befreiung Frankreichs erlebt Nancy Wake im requirierten Château de Fragne in der Auvergne, wo ihr die Mitkämpfer am 30. August eine ausgelassene Feier zu ihrem zweiunddreißigsten Geburtstag ausrichten. Wenig später wird in Vichy, dem einstigen Sitz der kollaborierenden Regierung Pétain, ein Volksfest anlässlich der Befreiung gegeben. Nancy Wake und ihre Kameraden sind auch anwesend. Mitten in die ausgelassene Feier hinein drängelt sich eine Frau durch die Menge und flüstert der britischen Agentin etwas ins Ohr. Nancy Wake erbleicht und bricht in Tränen aus. Die Fremde hat einst an der Rezeption des Hôtel du Louvre et de la Paix in Marseille gearbeitet und kennt die damaligen Stammgäste. Die einstige Empfangsdame hat erfahren, dass Henri Fiocca kurz nach der Flucht seiner Frau von der Gestapo verhaftet, gefoltert und im Oktober 1943 hingerichtet worden ist. Selbst unter der Folter hat er niemanden aus dem Umkreis des Fluchtnetzwerks verraten.

Der Krieg ist für Nancy Wake zu Ende. Sie hat auf der Seite der Guten gekämpft und gesiegt – und am Schluss doch einen

Teil ihres Lebens verloren. Das Kriegsende im Mai 1945 erlebt Nancy Wake in Marseille. Es ist die Stadt glücklicher Jahre, und die Erinnerung an das zerstörte Glück schmerzt. Im August 1945 geht sie nach Paris. Im britischen Offiziersklub hat sie ein ernüchterndes Erlebnis: Ein französischer Kellner, der glaubt, die Gäste verstünden kein Französisch, äußert sich abfällig über die Engländer und rühmt die kultivierten Umgangsformen der deutschen Offiziere. Nancy Wake steht auf, kanzelt den Kellner in bestem Französisch ab und schlägt ihn nieder. Dann setzt sie sich wieder und isst weiter.

Wenig später fährt sie nach London, wo sie dem Chef der SOE Maurice Buckmaster ausführlich Bericht über ihren Einsatz in Frankreich erstattet. Die Abteilung, zu der Nancy Wake gehörte, wird aufgelöst, die Agenten und Agentinnen werden in Ehren entlassen. Die Ex-Agentin steht nun ohne Auskommen da, sie ist dreiunddreißig, hat ihren Mann verloren, hat etliche Orden und Ehrungen erhalten, unter anderem auf Empfehlung Winston Churchills die renommierte George Medal – und weiß nicht, wie und wo es weitergehen soll. Bald lässt sie sich vom britischen Geheimdienst – dem Konkurrenzunternehmen der SOE – anheuern, denn im Kalten Krieg benötigt man weiterhin Agenten. Nancy Wake ist bis 1949 an den britischen Botschaften in Paris und Prag tätig, im Kampf gegen einen Feind, der ihr bald genauso verhasst ist wie der Nationalsozialismus: der Kommunismus. Dann geht sie zurück nach London und arbeitet in der Geheimdienstabteilung des Luftfahrtministeriums.

Die alte Dame und der Gin

Sie verliebt sich in einen Offizier der Royal Air Force, John Forward. 1957 heiraten sie, Forward demissioniert, das Paar zieht 1960 nach Australien und lässt sich in Port Macquarie nieder. Es ist, als hätte Nancy Wake genug von den europäischen Querelen und als sehnte sie sich zurück in das Land ihrer Jugend. Sie lässt sich in New South Wales sogar als Kandidatin der Liberalen Partei aufstellen, verliert die Wahl knapp und steigt wieder aus der Politik aus. Fast vierzig Jahre leben die Eheleute in Australien. Im Jahre 1985 veröffentlicht Nancy Wake ihre Memoiren. Sie wird immer mehr von den Medien entdeckt. In Australien und Großbritannien wird sie zur Legende (2012 veröffentlicht der Publizist Michael Jürgs eine Biografie, die klar die nachweisbaren Quellen vom Nancy-Wake-Mythos trennt). Nachdem John Forward im Jahre 1997 gestorben ist, zieht Nancy Wake 2001, mit fast neunzig Jahren, erneut nach London, um hier ihren Lebensabend zu verbringen. Sie ist geistig hellwach, körperlich, wenngleich auf einen Stock gestützt, noch recht wacker, und auch ihre legendäre Trinkfestigkeit hält unvermindert an. Man sieht sie in jenen Jahren noch Tag für Tag an ihrem Lieblingsplatz an der Bar des Londoner Stafford Hotels, im schicken Kostüm, eine gepflegte alte Dame, die ihre sechs Gin Tonics verträgt. Einmal, in den 1970er-Jahren, hat sie einen Herausforderer, einen unbedachten, großmäuligen jungen Mann, mühelos unter den Tisch getrunken. Als ihr Kontrahent bewusstlos am Boden lag, kippte die Dame würdevoll das letzte Glas, stand auf, bedankte sich förmlich und verließ kerzengerade die Bar.

»Ich werde«, schreibt Nancy Wake im Alter an eine Freundin, »der Katze noch einen Kanarienvogel zu fressen geben, und dann komme ich.« Die »Katze« indes muss noch ein paar Jahre auf sie warten, denn Nancy Wake denkt noch nicht daran, sich von dieser Welt zu verabschieden. In den letzten Lebensjahren wohnt Nancy Wake im Hotel. Das verschlingt viel Geld, wofür ihre Pension nicht ausreicht. So verhökert sie ihre zahlreichen britischen, französischen, australischen und neuseeländischen Urkunden, Orden und Medaillen – sie bedeuten ihr wenig – für gute sechzigtausend englische Pfund. Noch im höchsten Alter wird sie bei Empfängen von Königin Elizabeth oder Prinz Charles mit Handschlag begrüßt, wobei – so wird kolportiert – der Thronfolger diskret die Zeche der ehemaligen Geheimagentin begleicht. Zuletzt lebt Nancy Wake, inzwischen auf den Rollstuhl angewiesen, aber noch immer einem Gin Tonic nicht abgeneigt, in einem Seniorenheim bei London. Sie stirbt am 7. August 2011, kurz vor ihrem 99. Geburtstag.

Sie liebte das Leben, aber noch mehr die Freiheit. In ihren Memoiren schreibt sie: »Freiheit ist das Einzige, wofür zu leben sich lohnt. Während ich meine Pflicht erfüllte beim Maquis, dachte ich oft: Macht nichts, wenn du getötet wirst, denn ohne Freiheit wäre es nicht wert zu leben.«

Auswahlbibliografie

Agrippina die Jüngere
Barrett, Anthony A.: Agrippina: mother of Nero. London 1996.
Cassius Dio: Römische Geschichte. Hg. und übersetzt von Otto Veh. 5 Bde. Düsseldorf 2007.
Cornelius Tacitus: Sämtliche erhaltene Werke. Unter Zugrundelegung der Übertragung von Wilhelm Bötticher neu bearbeitet von Andreas Schaefer. Essen o. J.
Eck, Werner: Agrippina, die Stadtgründerin Kölns: eine Frau in der frühkaiserlichen Politik. Köln 1993.
Eck, Werner: Die iulisch-claudische Familie: Frauen neben Caligula, Claudius und Nero. In: Temporini-Gräfin Vitzthum, Hildegard (Hg.): Die Kaiserinnen Roms. Von Livia bis Theodora. München 2002, S. 103–163.
Gaius Suetonius Tranquilius: Leben der Caesaren. Eingeleitet und übersetzt von André Lambert. Zürich und München 1955.
Krenkel, Werner (Hg.): Römische Satiren in einem Band. Ennius, Lucilius, Varro, Horaz, Persius, Seneca, Petron, Iuvenal, Sulpicia. Aus dem Lateinischen übersetzt von W. Binder, H. Düntzer, W. Krenkel, J. v. Siebold und Ch. M. Wieland. Bibliothek der Antike. Römische Reihe. Berlin und Weimar 1990.
Vogt-Lüerssen, Maike: Neros Mutter. Mainz-Kostheim 2002.

Christina von Schweden
Arckenholtz, Johannes: Mémoires concernant Christine, reine de Suède. 4 Bde. Leipzig und Amsterdam 1751–1760.
Bildt, Carl de: Christine de Suède et le Cardinal Azzolino. Lettres inédites 1666–1668. Paris 1899.
Buckley, Veronica: Christina, Königin von Schweden. Das rastlose Leben einer europäischen Exzentrikerin. Frankfurt/M. 2005.
Findeisen, Jörg-Peter: Christina von Schweden. Legende durch Jahrhunderte. Frankfurt/M. 1992.
Heyden-Rynsch, Verena von der: Christina von Schweden. Die rätselhafte Monarchin. München 2002.

Kermina, Françoise: Christine de Suède. Paris 1995.
Masson, Georgina: Christina von Schweden. Königin zwischen Stolz und Tragik. München 1983.
Neumann, Alfred: Königin Christina von Schweden. Leipzig und Wien 1936.
Stolpe, Sven: Königin Christine von Schweden. Frankfurt/M. 1962.
Widl, Robert: Königin Christine von Schweden. Eine Frau erobert den Vatikan. Mühlacker 1989.

Maria Mancini Colonna
Apologie ou Les véritables mémoires de Madame Marie Mancini Connétable de Colonna écrits par elle-même. In: Les illustres aventurières ou Mémoires d'Hortense et de Marie Mancini. Paris 1929.
Flake, Otto: Große Damen des Barock. Historische Porträts. Berlin 1986.
Hortense de Mazarin: Mémoires. Paris 1808.
Hortense Mancini, Duchesse de Mazarin: Les illustres aventurières ou Mémoires. Paris 1929.
Marie Mancini, Princesse Colonne: Cendre et poussière. Mémoires. Lonrai 1997.

Émilie du Châtelet
Badinter, Elisabeth: Émilie, Émilie. Weiblicher Lebensentwurf im 18. Jahrhundert. München 1984.
Besterman, Theodore (Hg.): Les Lettres de la Marquise du Châtelet. 2 Bde. Genf 1958.
Bodanis, David: Émilie und Voltaire. Eine Liebe in Zeiten der Aufklärung. Reinbek 2007.
Böttcher, Frauke: Das mathematische und naturphilosophische Arbeiten der Marquise du Châtelet (1706–1749). Wissenszugänge einer Frau im 18. Jahrhundert. Berlin und Heidelberg 2013.
Châtelet, Émilie du: Lettres d'amour au Marquis de Saint-Lambert. Textes présentés par Anne Soprani. Paris 1997.
Châtelet, Émilie du: Rede vom Glück. Discours sur le bonheur. Mit einer Anzahl Briefe der Mme du Châtelet an den Marquis de Saint-Lambert. Übersetzt und herausgegeben von Iris Roebling. Berlin 1999.
Edwards, Samuel: Die göttliche Geliebte. Voltaire und Émilie du Châtelet. Stuttgart 1971.
Hagengruber, Ruth: Eine Metaphysik in Briefen. E. du Châtelet an P. L. M. de Maupertuis. In: Hartmut Hecht (Hg.): Pierre Louis Moreau de Maupertuis. Berlin 1999, S. 189–211.
Hagengruber, Ruth: Emilie du Châtelet between Leibniz and Newton. The Transformation of Metaphysics. In: Ruth Hagengruber: Emilie

du Châtelet between Leibniz and Newton. (= International Archives of the History of Ideas.) Berlin 2012.
Hagengruber, Ruth: Gegen Rousseau – für die Physik: Gabrielle Emilie du Châtelet (1706–1749). Das Leben einer Wissenschaftlerin im Zeitalter der Aufklärung. In: Konsens. Bd. 3, Nr. 18, 2002, S. 27–30.
Langer, Werner (Hg.): Briefe des Alten Frankreich. Leipzig o.J.
Maurel, André: La Marquise Du Châtelet, amie de Voltaire. Paris 1930.
Mitford, Nancy: Voltaire in love. New York 1957.
Vaillot, René: Madame du Châtelet. Paris 1978.
Wade, Ira Owen: Voltaire and Madame Du Châtelet. An essay on the intellectual activity at Cirey. New York 1967.

Mary Shelley
Blumberg, Jane: Byron and the Shelleys. The Story of a Friendship. London 1992.
Maurois, André: Ariel, the Life of Shelley. New York 1924.
Mellor, Anne K.: Mary Shelley. Her Life, her Fiction, her Monsters. New York 1988.
Mielsch, Hans-Ulrich: Sommer 1816. Lord Byron und die Shelleys am Genfer See. Zürich 1998.
Priester, Karin: Mary Shelley. Die Frau, die Frankenstein erfand. München 2001.
Smith, Johanna M.: Mary Shelley. New York 1996.
Sunstein, Emily W.: Mary Shelley. Romance and reality. Boston/Toronto/London 1989.
Wollstonecraft Shelley, Mary: Frankenstein oder Der neue Prometheus. Roman. Aus dem Englischen von Friedrich Polakovics. München 1993.

Adele Spitzeder
Schumann, Dirk: Der Fall Adele Spitzeder 1872. Eine Studie zur Mentalität der »kleinen Leute« in der Gründerzeit. In: Zs. für Bayerische Landesgeschichte. 58.Jg. 1995, S. 991–1026.
Spitzeder, Adele: Geschichte meines Lebens. Hg. von Hermann Wilhelm. München 1996.

Elisabeth von Österreich
Bestenreiner, Erika: Sisi und ihre Geschwister. München 2003.
Cappon, Santo Cappon (Hg.): »Ich bereue nichts!«. Die Aufzeichnungen des Sisi-Mörders Luigi Lucheni. München 2000.
Corti, Egon Caesar: Elisabeth, »die seltsame Frau«. Nach dem schriftlichen Nachlass der Kaiserin, den Tagebüchern ihrer Tochter und sonstigen unveröffentlichten Tagebüchern und Dokumenten. Augsburg 2003.

Exner, Lisbeth: Elisabeth von Österreich. Rowohlt, Reinbek 2004.
Größing, Sigrid-Maria: Sisi und ihre Familie. Wien 2005.
Haderspeck, Elisabeth: Titania und der Meister. Kaiserin Elisabeth und Heinrich Heine. Saarbrücken 2013.
Hamann, Brigitte (Hg.): Kaiserin Elisabeth – Das poetische Tagebuch. Wien 1997.
Hamann, Brigitte: Elisabeth. Kaiserin wider Willen. München 1998.
Krüger, Answald; Matray, Maria: Das Attentat. Der Tod der Kaiserin Elisabeth und die Tat des Anarchisten Lucheni. München 2000.
Müller, Wolfgang: Wittelsbacher Schicksale. Ludwig II., Otto I. und Sisi. München 2006.
Nostitz-Rieneck, Georg: Briefe Kaiser Franz Josephs an Kaiserin Elisabeth. 1859–1889. Wien 1966.
Praschl-Bichler, Gabriele: Kaiserin Elisabeth. Mythos und Wahrheit. Wien 1996.
Praschl-Bichler, Gabriele: Kaiserin Elisabeths Fitneß- und Diätprogramm. Wien 2002.
Praschl-Bichler, Gabriele: Unsere liebe Sisi. Die Wahrheit über Erzherzogin Sophie und Kaiserin Elisabeth aus bislang unveröffentlichten Briefen. Wien 2008.
Schad, Martha (Hg.): Marie Valerie – Das Tagebuch der Lieblingstochter von Kaiserin Elisabeth. München 2006.
Schad, Martha: Elisabeth von Österreich. München 1998.
Schad, Martha: Kaiserin Elisabeth und ihre Töchter. München 1999.
Schäfer, Martin: Sissi. Glanz und Tragik einer Kaiserin. Eine Bildbiographie. München 2003.
Vocelka, Michaela und Karl: Sisi. Leben und Legende einer Kaiserin. München 2014.

Thérèse Humbert
Martin, Benjamin, F.: The Hypocrisy of Justice in the Belle Epoque. Baton Rouge 1984.
Spurling, Hilary: La Grande Thérèse. Die Geschichte eines Jahrhundertschwindels. Berlin 2006.
Thérèse Intime. Souvenirs de Mme. X. Paris 1903.
Vonoven, Henri: La Belle Affaire. Paris 1925.
Wallace, Edgar; Le Queux, William u.a. (Hgg.): Famous Crimes of Recent Times. London o.J.

Edith Cavell
Benn, Gottfried: Autobiographische und vermischte Schriften. Gesammelte Werke in vier Bänden. Hg. von Dieter Wellershoff. Bd. IV. Stuttgart 1986.

Got, Ambroise: L'affaire Miss Cavell. D'après les documents inédits de la justice allemande. Paris 1921.
Mann, Thomas: Betrachtungen eines Unpolitischen. Frankfurt/M. 1988.
Pickles, Katie: Transnational outrage: the death and commemoration of Edith Cavell. Basingstoke 2007.
Souhami, Diana: Edith Cavell. London 2010.

Greta Garbo
Acosta, Mercedes de: Here Lies the Heart. New York 1960.
Beaton, Cecil: Self-Portrait With Friends: The Selected Diaries of Cecil Beaton, 1926–1974. Hg. von Richard Buckle. New York 1979.
Blei, Franz: Die Göttliche Garbo. Gießen 1930.
Jansen, Peter W. und Wolfram Schütte (Hgg.): Mae West – Greta Garbo. Reihe Film 16. München 1978.
Paris, Barry: Garbo. Die Biographie. Wien und München 1995.
Payne, Robert: Greta Garbo. München 1986.
Sembach, Klaus-Jürgen: Greta Garbo. Portraits 1920–1951. München 1985.
Sjölander, Ture: Garbo. München 1971.
Walker, Alexander: Greta Garbo. München 1981.

Bonnie Parker
Hendley, Nate: Bonnie and Clyde. A Biography. Westport 2007.
Karl, Michaela: »Ladies and Gentlemen, das ist ein Überfall!« Die Geschichte von Bonnie & Clyde. St. Pölten, Salzburg, Wien 2013.
Ramsey, Winston G. (Hg.): On the Trail of Bonnie & Clyde: Then and Now. London 2003.
Schneider, Paul: Bonnie and Clyde. The Lives Behind the Legend. London 2009.

Nancy Wake
Braddon, Russell: Nancy Wake. The Story of a Brave Woman. London 1956.
Escott, Beryl E.: The Heroines of SOE. Britain's Secret Women in France. Stroud 2011.
Fitzsimons, Peter: Nancy Wake. London 2002.
Jürgs, Michael: Codename Hélène. Churchills Geheimagentin Nancy Wake und ihr Kampf gegen die Gestapo in Frankreich. München 2012.
List, Corinna von: Frauen in der Résistance 1940–1944. Paderborn 2010.
Wake, Nancy: The White Mouse. Melbourne 1985.